21世纪会计系列规划教材·致用型

Financial Analysis
Methods and Cases

（第四版）

财务分析 方法与案例

刘义鹏 主 编
徐光华 柳世平 副主编

东北财经大学出版社
Dongbei University of Finance & Economics Press
大连

图书在版编目（CIP）数据

财务分析：方法与案例 / 刘义鹃主编．—4版．—大连：东北财经大学出版社，2022.11

（21世纪会计系列规划教材·致用型）

ISBN 978-7-5654-4667-2

Ⅰ.财… Ⅱ.刘… Ⅲ.会计分析-教材 Ⅳ.F231.2

中国版本图书馆CIP数据核字（2022）第209104号

东北财经大学出版社出版

（大连市黑石礁尖山街217号　邮政编码　116025）

网　址：http：//www.dufep.cn

读者信箱：dufep@dufe.edu.cn

大连永盛印业有限公司印刷　东北财经大学出版社发行

幅面尺寸：185mm×260mm　字数：517千字　印张：22.25

2022年11月第4版　2022年11月第1次印刷

责任编辑：王　莹　吴　茜　责任校对：周　晗

封面设计：张智波　版式设计：原　皓

定价：49.00元

教学支持　售后服务　联系电话：（0411）84710309

如有印装质量问题，请联系营销部：（0411）84710711

第四版前言

本书自2012年8月出版、2015年11月再版、2019年2月第三版以来，得到了广大读者的认可，已经成为多所大学商学院“财务分析”课程的教材或主要参考资料，或者相关专业讲授类似课程的教材。

当前市场经济环境以及会计环境的不断变革，要求教材内容不断更新。本版在保持第三版精华的基础上，主要在如下几个方面进行了修订：

（1）根据课程思政的要求，本书在各个章节新设“思政元素”栏目，并将价值观塑造、诚实守信、社会责任等融入专业教学内容。

（2）根据读者学习规律及知识结构的顺序性、相关性，本书对部分章节的结构和内容进行了调整与完善，在突出新理论、新方法、新体系的同时，强调大数据环境下财务分析面向未来的决策支持功能。另外，本书也包含了国内外学者以及作者近年来一些新的研究成果。

（3）为了使读者在学完各章相关内容以后能够立即对现实问题展开分析并加以解决，本书对相关案例进行了重大调整，本版仅保留个别有典型意义的案例。

（4）根据财政部会计准则的最新变化，本书修订了各章中与财务报告及分析相关的内容，并全面更新了贯穿本书的案例企业的财务报表，使相关分析内容与分析方法更紧密联系实际。

通过本次修订，本书可以作为高等学校经济与管理类专业学生（包括本科生、专科生、MBA、MPAcc和MEM等专业学位学生）的教学用书。

全书共13章，其中第1、8、10、11章由徐光华修订，第3、4章由柳世平修订，第7、9章由刘义鹃修订，第5章由刘义鹃和宋玉修订，第2、13章由温素彬修订，第6、12章由邓德强修订。在本版的修订过程中，研究生赵纯逸、何荣殿、王晶洁、陈宇慧、刘匆、徐沁蔚、赵安迪、窦百灵、吴凡和蓝中穗等同学做了大量基础工作，特此致谢。同时，也借此机会向批评、支持和关心本书的朋友们表示衷心的感谢，正是你们的批评、支持和关心才使得本书的编写质量越来越好。

由于作者水平有限，书中疏漏、谬误之处恐难避免，恳请大家不吝指正，以使本书渐臻完善。

作　者

2022年8月于南京

第一版前言

财务分析是一门依据现代经济理论，运用企业价值最大化的经营理念，对现实中的财务报告资料及其他相关资料进行分析，为企业经营管理者、股权投资者、债权投资者、社会中介机构和政府职能部门等各种利益相关者做出正确决策提供准确信息或依据的经济应用性学科。

自美国学者本杰明·格雷厄姆（Benjamin Graham）将财务报表分析引入投资决策以后，人们已开始重视并接受这一概念，越来越多的人认识到财务报表分析的重要性，因为只有了解企业，才能做出科学的决策，而财务报表正是了解企业最为重要的窗口。与此同时，企业财务报表质量的高低、信息使用者对财务报表理解的深浅又将直接影响其决策的科学性和正确性。因此，学会全面、深入地解读和分析企业财务报表，对于了解企业真实的经营状况、更好地做出相应的预测和决策，已显得至关重要。

随着社会经济环境的变化，财务分析的需求与应用领域不断扩展，企业财务分析的内容及其深度和广度日益拓展，方法也日趋完善与丰富，因此教材编写需要不断跟上时代的要求。本书从体系到内容，我们力求有所突破、有所创新，主要体现在以下几个方面：

1. 逻辑严密、层次清晰。在研究和借鉴以美国为代表的西方财务报表分析体系与内容的基础上，吸收现代企业管理相关理论，结合我国企业财务报表分析实际，提出了“财务分析基础”、“财务报表解读”、“财务能力分析”和“财务运用分析”等四个模块组成的“大厦模式”财务报表分析体系，各部分逻辑严密、层次分明。

2. 内容翔实、案例丰富。全书内容分4篇，其中第1篇为全书的理论基础，第2、3篇为全书的主体内容，第4篇则是传统财务报表分析内容的拓展。各部分均融入相关案例，达到理论与实践的有机结合和相得益彰。

3. 格物致知、吐故纳新。面对经济发展突飞猛进、金融市场瞬息万变、财务信息急剧膨胀的当今社会，我们密切关注经济、管理理论与实践的最新发展，将Excel应用于企业财务分析，深入探究报表中财务指标变化的脉络和缘由，同时吸收国内外新的研究成果，以树立精品意识，提升教材品质。

4. 深入浅出、循序渐进。在教材内容的组织安排和编写过程中，无论是整体内容还是局部章节，都尽可能做到深入浅出、循序渐进，以达到理想的教学效果。

5. 体例新颖、形式灵活。每章设置“学习目标”、“重点与难点”、“引言”、“正文”（穿插“相关链接”）、“本章小结”、“讨论题”、“业务题”和“案例分析”等栏目。书末的“参考文献与推荐阅读”为学习者设计了一个较为科学的知识体系，以帮助大家更轻松有效地学习财务报表分析。

全书共分13章，其中第1、8、10、11章由徐光华撰写，第3、4章由柳世平撰写，第7、9章由刘义鹃撰写，第5章由刘义鹃和宋玉撰写，第2、13章由温素彬撰写，第6、12章由邓德强撰写，研究生江华参与了资料收集和书稿校对等教材编写工作，最后由刘义鹃总纂定稿。

本书可以作为高等学校经济与管理类专业（包括MBA、MPAcc等专业硕士学位和高职院校相关专业）的教学用书。

由于我们仓促走笔，书中缺点乃至错误恐难避免，恳请大家不吝指正，以使本书渐臻完善。

编　者

2012年5月于南京

目 录

第1篇 财务分析基础

第2篇 财务报表解读

第3篇　财务能力分析

第4篇　财务运用分析

第1篇

财务分析基础

{第1章}
财务分析概述
{第2章}
财务分析程序与方法

第1章

财务分析概述

分析财务报表，只是分析公司的开始并非终点。

——沃伦·巴菲特

不完全懂得财务报表分析的经营者，就好比是个不能得分的球员。

—— 罗伯特·C.希金斯

学习目标

1.了解财务分析的产生与发展；
2.理解财务分析的内涵与目标；
3.掌握财务分析的内容与形式；
4.了解财务分析的局限性。

思政元素

1.价值观塑造（社会主义核心价值观）与工匠精神；
2.社会责任、合作精神与法治意识；
3.制度自信与文化自信；
4.诚实守信与职业道德。

重点与难点

1.财务分析的目的；
2.财务分析的体系。

引　言

被称为“财务分析之父”的哥伦比亚大学经济学教授本杰明·格雷厄姆在美国国内并不为很多人所知，其实大名鼎鼎的投资大师沃伦·巴菲特（Warren Buffett）就是格雷厄姆的得意门生。巴菲特以杰出的投资业绩与显赫的财富而闻名于世，但在投资理念上几乎全部传承了格雷厄姆的学术精华。

1934年，格雷厄姆与大卫·陶德（David Dodd）合著的《有价证券分析》一书问世了，他在该书中创立了一整套关于有价证券的卓有成效的理论。由于他对定量分析的贡献巨大，格雷厄姆被公认为“财务分析之父”。巴菲特曾虔诚地说过：“在许多人的罗盘上，格雷厄姆就是到达北极的唯一路标。”大卫·刘易斯（David Lewis）甚至说：“格雷厄姆的证券分析学说是每一位华尔街人士的‘圣经’，而他则是当之无愧的‘华尔街教父’。”

那么，财务分析能够为人们提供什么样的信息或帮助呢？

信息是当今社会的重要资源之一，任何经济活动都离不开信息，而且都表现为信息处理过程，即对信息的收集、加工、处理与分析，依据分析结果做出经济决策、实施经济决策，并依据决策实施过程中反馈的信息加以控制。

企业财务报表是集中反映企业一定时期经营活动、投资活动和筹资活动等各类财务信息的载体，财务信息是企业日常经济活动中最重要的信息资源，而财务报表解读与分析（以下简称财务分析）则是研究如何利用财务信息进行科学决策的一门科学与艺术，包括使用简单数学方法理解会计在报表形成过程中的作用和评价企业战略，其目的是通过研究公司财务报表了解企业的历史面貌、当前状态及未来前景，为改善企业经营状况提供线索，同时在信用决策、评价证券、分析竞争者、评估经理人员业绩等方面起着重要作用。

1.1 财务分析的产生与发展

有了稳定的财务信息供给机制，企业外部的利益相关者还必须能够充分地利用这些信息，他们必须正确地理解与分析这些信息，必须具有利用信息进行决策的能力。财务分析正是研究各利益相关者出于各自经济决策的需要而分析、理解财务信息的原理、技术方法与技巧的一门学问。

1.1.1 财务分析的产生

财务分析自产生至今，其分析的重心逐渐转移，从最初的信用分析、投资分析发展到如今的内部分析。

1.信用分析

财务分析最早产生于美国，是美国工业大发展的产物，起源于美国银行家对企业进行的信用分析。在美国工业大发展前，企业规模较小，银行根据个人信用给企业贷款。然而，随着经济的发展，银行不能根据个人的信用给企业贷款，这样银行就更关心企业的财务状况，关心企业是否具有偿债能力。19世纪末20世纪初，美国银行为确保发放贷款的安全性，要求申请贷款的企业提供资产负债表。随后，美国银行家亚历山大·沃尔（Alexander Wall）作为财务综合评价领域的著名先驱者之一，创立了比率分析体系。在当时，沃尔的比率分析体系仅限于“信用分析”，所用的财务比率指标只有流动比率指标，主要为银行提供信用分析服务，以防范贷款的违约风险，对贷款人进行信用调查和分析，据以判断客户的偿债能力。所以，信用分析又称资产负债表分析，主要用于分析企业的流动资金状况、负债状况和资金周转状况等。

信用分析体系的形成，标志着财务分析作为一门独立学科的正式诞生。当时具有代表性的著作有沃尔的《信用分析》（1921）、《财务报表的比率分析》（1928）、《财务报表分析》（1930）、《财务报表之看法》（1936）和斯蒂芬·吉尔曼（Stephen Gilman）的《财务报表分析》（1921）等。

但应注意到，企业良好的偿债能力（尤其是长期偿债能力）必须以良好的经营状况和雄厚的财务实力为基础。因此，现代的财务分析不是仅对单纯的资产负债表进行分析，而是向着以利润表为中心的方向转变。实践调查表明，目前银行是通过混合采用多种不同的方法来做出是否贷款的决策的。对于方法的选择，明显与企业规模有关：对中小企业，重点考察的是企业的资产负债表；对大型企业，强调的重点则是企业的盈利能力。

2.投资分析

到了20世纪20年代，随着资本市场的形成，财务分析由主要为贷款银行服务扩展到为投资人服务。在资本市场上，随着社会筹资范围的扩大，非银行的贷款人和股权投资人增加，公众开始进入资本市场和债券市场，投资人对财务信息分析的要求更多。为确保和提高投资收益，广大投资者纷纷利用银行对不同企业及行业的分析资料进行投资决策。于是，财务分析由信用分析阶段进入投资分析阶段，其主要任务也从稳定性分析变为收益性分析，使财务分析涵盖了偿债能力、盈利能力、筹资结构、利润分配等分析内容，从而发展到比较完善的外部财务分析体系。

值得注意的是，稳定性分析变为收益性分析，并不是后者对前者的否定，而是以后者为中心的两者并存。可是，由于盈利能力的稳定性是企业经营稳定性的重要方面，企业的流动性在很大程度上依赖于盈利能力，所以随着稳定性分析的深化，收益性分析也成为稳定性分析的重要组成部分。这时的稳定性分析，其内涵不仅包括企业支付能力的稳定性，而且包括企业收益能力的稳定性。于是，财务分析又向着以收益性为中心的稳定性分析方向发展，逐步形成了目前企业财务分析的基本框架。

3.内部分析

财务分析在开始阶段只是用于外部分析，即企业外部利益相关者根据各自的要求所进行的分析。后来，企业在接受银行的分析与咨询过程中，逐渐认识到财务分析的重要性，开始由被动地接受分析逐步转变为主动地进行自我分析。尤其是在第二次世界大战以后，企业规模不断扩大，特别是公司制的企业组织形式出现后，经营活动日趋复杂。企业为了改善内部管理，在激烈的市场竞争中求生存、图发展，不得不借助于财务会计报告所提供的有关资料获取“资讯导向”，进行“目标管理”、“利润规划”及“前景预测”。这些都说明，财务分析开始由外部分析向内部分析拓展，并表现出两个显著特征：①内部分析不断扩大和深化，成为财务分析的重心；②分析所需和所用的资料非常丰富，为扩大分析领域、提高分析效果、发展分析技术提供了前提条件。

通过财务分析掌握企业的经营状况，预测企业未来的发展前景，已经成为现代企业及社会的一大要求。不过，无论是外部分析还是内部分析，它们所用的资料都主要来源于已公布的财务会计报告。也就是说，它们都是以企业对外公布的财务会计报告为中心解析财务会计信息的。

1.1.2 我国财务分析的产生和发展

在我国，过去将财务分析称为经济活动分析，理论界对其说法不一。我国著名会计学家李宝震教授在《论会计在经济管理中的重要作用》一文中认为，经济活动分析随会计一起产生和发展。在唐元和八年（公元813年），宰相李吉甫所著的《元和国计簿》（十卷）通过历年财政状况的比较，说明军费增加是导致财政困难的原因之一。可以说，这是我国经济活动分析最早的一部著作。而多数人认为，这部著作应被看作是我国会计理论发展史的一个里程碑，不应作为分析的开始。

中华人民共和国成立前，只存在财务分析的某些内容，并不具备经济活动分析的整体知识，分析方法主要是比率分析法。没有专著，只有一些译著，公开发表的文章也很少，主要有1939年《会计学刊》创刊号中的《决算报表与分析》、1940年《会计学刊》第3期中的《成本会计与成本变动的分析》、1947年《现代会计》第8期中的《销售毛利变动的分析》等。

中华人民共和国成立后，财政部于1951年11月召开第一次全国财务管理及会计工作会议，对国营企业财务报表的格式和种类做了统一规定。1952年年初，《国营企业决策报告编制暂行办法》颁布，为开展企业财务报表分析奠定了基础。此后，企业开始进行财务报表分析。1955年，国务院制定了《国营企业决算报告编送办法》，明确规定企业必须编送财务状况说明书，其内容包括：①生产、基建、劳动工资、供应、销售、成本、财务等计划的完成情况；②财务情况分析；③损益原因分析；④成本分析；⑤流动资金的运用情况；⑥固定资产的利用情况；⑦企业奖励基金等特种基金和其他预算拨款的使用情况；⑧财务会计工作情况和今后的改进意见。以上内容在年度终了要详细汇报，季度终了可以略报。

1953年前后，各高校开设经济活动分析课程，大多使用苏联教科书。1957年10月，我国第一本经济活动分析教科书正式出版，即《工业企业经济活动分析》。同期，一些有关经济活动分析的文章在全国范围内发表。进入20世纪60年代，企业经济活动分析的实践和理论研究基本停止。中共十一届三中全会以后，会计工作得到重视。1980年1月，中国会计学会成立，有力地推动了会计理论研究。杨纪琬教授和阎达五教授率先提出“会计的本质是一种管理活动”的观点，第一次突破了传统“工具论”的提法。会计除记录、反映外，还有分析经济情况、核算经济效果、监督经济活动、预测经济前景、参与经济决策的重要作用。1980年10月，财政部召开全国会计工作会议，研究如何适应新形势，进一步发挥会计的作用。自此，经济活动分析的实践和理论研究得以全面恢复并发展。

20世纪90年代初期进行的财务与会计制度改革，是我国企业财务分析和财务报表分析理论研究与实践发展的又一重大飞跃。从总体上看，新的财务分析理论在以下方面做了重大突破性改革：

第一，借鉴国际惯例，改革了报表体系，使企业财务分析能够更好地与国际惯例接轨，更好地适应社会主义市场经济发展的新要求。

第二，强化了报表分析和财务评价职能，并使报表分析和财务评价成为企业财务管理的一项专门化的重要功能，从而为企业报表分析和财务评价成为一门独立学科奠定了理论基础。

第三，改革了财务分析指标体系，使报表分析成为企业投资者、债权人、国家经济管理机关和企业内部管理者的共同需要，改变了单纯从政府角度评价企业的评价立场。新的报表分析指标体系，以工业企业为例，主要包括资产负债率、流动比率、速动比率、应收账款周转率、存货周转率、销售利税率、资本金利润率、成本费用利润率等八项。借助这套指标体系，可以从不同的角度分析和评价企业偿债能力、获利能力和营运能力，揭示企业当前的实际情况，以适应各方面的需要。

第四，改革了报表分析和财务评价方法。借助新指标体系，根据企业计划完成程度，更重要的是采取了指标实际值与标准值，判断企业目前所处的经营环境，以适应各方面的需要。

当前大数据时代已经来临，各行各业数据信息的使用与分析面临着根本性变革。在财务分析领域，企业必须转变传统思维，借助大数据的“洞察力”重新审视财务指标、财务体系乃至财务战略的规划与发展。具体而言，企业首先应当从战略层面重视“大数据”带来的巨大价值，主动迎接此次变革；其次，应当尽快将大数据的运用落实到具体业务上，在竞争中获得先机；最后，应当鼓励精通财务的员工积极学习数据挖掘与分析的理论知识和实践技巧。

【相关链接 1-1】

财务分析与大数据时代

大数据，或称巨量资料，指的是所涉及的资料量规模巨大，大到无法通过目前主流软件工具在合理时间内达到撷取、管理、处理并整理成为帮助企业管理者进行经营决策等积极目的的资讯。它是基于互联网、云计算、传感技术等，将数量庞大、种类繁多、结构复杂的数据进行整合、处理而构成的数据集合，并通过数据的集成共享、交叉复用，变成智力资源，达到将知识服务化的用途。大数据对财务分析的作用体现在以下几个方面：

一、提高财务分析的质量与速度

企业传统的财务分析是从财务报表中获取财务数据，进而计算一系列财务指标并进行评价。而财务报表是根据以前会计期间的经济活动生成的报告，若企业仅凭“局限的”“过期的”财务数据来推断企业现在及未来的经营状况，则具有极大的不准确性和滞后性，严重影响了企业评价经营业绩、制订未来经营计划的效果。企业可以利用大数据提高财务分析的质量与速度。非结构化数据是大数据的重要构成部分，利用非结构化数据能够拓宽企业财务分析的数据来源，克服以前财务数据大多为结构化数据，不够全面、可靠的特点。大数据还具有实时性，当企业发生一项业务时，业务数据就会立即传到数据库，随即再传送到财务报表，缩短了企业编制财务报表的周期。

二、延伸财务分析的职能

传统的财务分析的职能是对企业过去各类活动的各项能力进行分析和评价，无法对企业未来的财务信息进行合理预测。大数据凭借其巨量数据和高速处理的特点，为企业财务分析的职能拓展提供了可能性。具体过程如下：财务分析人员先列举出财务分析所需的数据的类型和种类，再通过大数据系统进行检索和收集，随后通过建立预测模型将相关的财务数据代入模型，即可得到预测结果。这使得财务分析的结果具有预测性，克服了以前财务分析结果的滞后性、局限性等缺陷，大大降低了企业决策失误的可能性，也降低了企业展望未来发展情况、调整经营策略的成本，有利于企业财务分析职能从事后评价转变为事中控制，最后达到事前预测。

三、提升财务信息的透明度

传统的财务分析大多在线下以纸质形式完成，这不仅增加了财务信息披露的难度，而且存在不能由多人多部门同时监管，导致可能存在篡改数据等一系列作假行为的问题，严重影响了企业财务数据的真实性。由于大数据的录入和输出工作均由财务人员在线上完成，人为干预的情况极少，因此大大提高了数据的真实性、有效性。同时，电子版财务分析报告也提高了财务信息的透明度，信息使用者可以随时查阅，不受空间和时间的限制。

资料来源 尤嘉苗，蒋伟. 浅析大数据对企业财务分析的双重影响 [J]. 商讯，2022（9）：69-72.

1.2 财务分析的内涵与目标

1.2.1 财务分析的内涵

关于财务分析，可以从财务会计与财务分析之间的区别与联系中理解什么是财务分析以及为什么需要财务分析。

财务会计的研究焦点在于如何提供信息，即研究如何向企业的利益相关者提供决策相关信息的有关理论与技术问题。从理论的角度来看，财务会计首先界定企业的利益相关群体，其次研究这些群体需要做出哪些经济决策，为做出这些决策需要哪些信息，最后研究如何确认、计量和报告交易与事项对决策的影响。换言之，财务会计是一门翻译学，主要研究如何将交易与事项对企业财务状况、经营成果与资金变动情况的影响翻译成会计语言（通用商业语言），并以财务报告的形式将这种影响同会计信息的用户（利益相关者）进行沟通，即财务会计是对企业目标实现程度、企业履行其义务的情况进行陈述与披露。

财务分析则从对企业所作的陈述和披露的解读与分析中，评价企业目标的实现程度及义务的履行情况，即财务分析主要研究企业利益相关者如何解读这些信息，信息的解读过程是信息生成过程的逆过程。不同的利益相关者与企业利益相关的性质不一样，其信息需求、对会计信息关注的重点（即分析目标）、使用的分析方法等也就不尽相同。财务分析这门课程不仅要讨论财务分析的一般目标与一般方法，还要分别研究不同利益相关者的不同分析目标与分析方法。

关于财务分析的概念，美国南加州大学瓦尔特·麦格斯（Walter B. Meigs）认为，财务分析的本质是一种收集与决策有关的各种财务信息并加以分析与解释的技术。美国纽约市立大学利奥波德·伯恩斯坦（Leopold A. Bernstein）认为，财务分析是一种判断的过程，旨在评估企业现在或过去的财务状况及经营成果，其主要目的在于对企业未来的状况及经营业绩进行最佳预测。中国的台湾政治大学洪国赐等认为，财务分析以审慎选择财务信息为起点，作为探讨的根据；以分析信息为重心，以揭示其相关性；以研究信息的相关性为手段，以评核其结果。

综上所述，财务分析是以会计核算和报表资料及其他相关资料为依据，采用一系列专门的分析技术和方法，对企业等经济组织过去和现在开展筹资活动、投资活动、经营活动的偿债能力、盈利能力、营运能力和发展能力状况等进行分析与评价，为企业的投资者、债权人、经营者及其他关心企业的组织或个人了解企业过去、评价企业现状、预测企业未来、做出正确决策提供准确信息的应用经济学科。

其实，财务分析的概念有狭义与广义之分。狭义的概念是指以企业财务会计报告反映的财务指标为主要依据，通过分析，包括对财务会计报告数据的进一步加工，生成一些新的数据，对企业在运营过程中的利弊得失、企业的财务状况和经营结果进行评价和剖析，为报表使用者做出投资判断和决策提供重要财务信息的一种分析活动。广义的概念是在此基础上还包括行业分析、企业战略分析、企业环境分析、企业发展前景分析和资本市场分析等。因此，财务分析概念体系如图1-1所示。

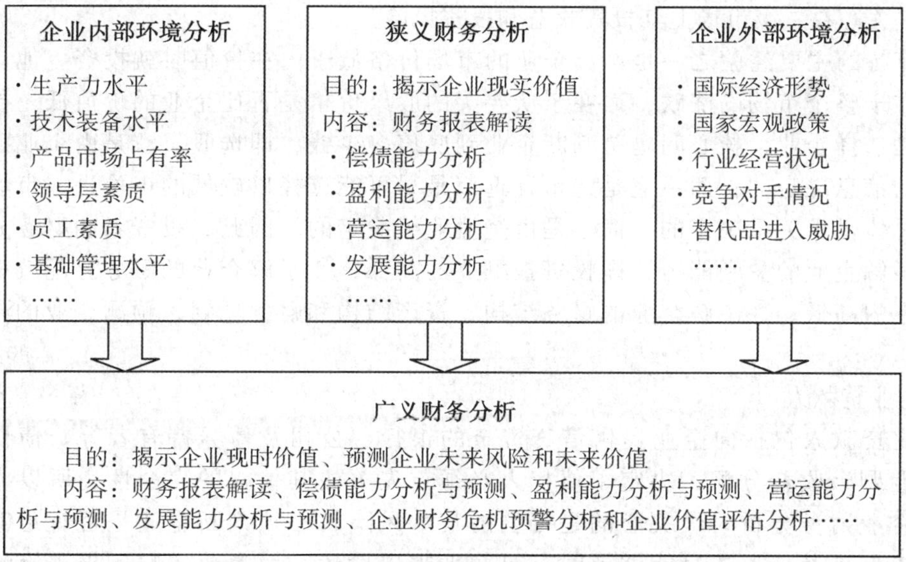

图1-1　财务分析概念体系

从图1-1中可以看出，狭义的财务分析是以财务报表为基础的，其主要目标是揭示企业的现时价值，但这不是最终目的。只有在狭义财务分析的基础上，结合企业内部环境和外部环境的分析，运用一定的分析方法，才能对企业未来进行有效的预测分析。报表使用者不仅关心企业的过去和现在，更关心企业的未来。

1.2.2　财务分析的主体及目标

财务信息与决策密切相关，它是决策过程中不可缺少的依据。由于进行财务分析并做出决策的主体各不相同，因此，他们进行财务分析的目标也各不相同。

财务分析的主体是指与企业存在一定的现时或潜在的经济利益关系，为特定目的对企业进行财务分析的单位、团体和个人。一般而言，与企业有着经济利益关联的方方面面都会成为企业财务报表的用户，并且他们站在各自的立场上，出于各自的目的，对企业的财务状况、经营成果及现金流量进行分析和评价。这些用户构成了财务分析的主体，包括企业所有者、企业贷款人、企业经营管理者、供应商和客户、政府部门、员工、竞争对手、潜在投资者等。

1.企业所有者

按照现代企业理论，股东或业主是企业的所有者，拥有企业净资产的所有权，他们与企业经营者之间存在委托代理关系。由于现代企业所有权与经营权相分离，作为委托代理关系的委托人，一方面，他们有权要求企业提供有关财务信息，了解企业财务状况、经营成果及现金流量，对其投资风险和投资回报做出估计和判断，为投资决策提供依据；另一方面，委托人需要选择优秀的经营管理者从事企业的经营活动，只有通过财务信息对企业经营者受托责任的履行情况进行分析和评价，才能为选择经营管理者提供依据。因此，企业所有者是最重要的主体，他们对企业的投资回报及投资风险最为关注。就一般投资者来讲，他们关心的是企业股息、红利的发放水平；而就拥有企业控制权的投资者来讲，他们考虑更多的则是如何增强竞争实力，扩大市场占有率，降低财务风险，减少纳税支出，追求长期利益的持续、稳定增长。另外，就上市公司的股东而言，他们还关心公司股票的市场价值，关心在二级市场上其投资收益和投资风险。

巴菲特的主要经验之一是，当企业的市场价格低于内在价值时就投资。他认为，买股票不在于整个市场的涨跌，而在于所要买的股票价格是否比企业的价值低。投资股票本质上是选择企业，核心问题是判断企业到底值多少钱，即选股，它是由企业财务会计报告中的信息决定的；而不应是选市，选市是尽可能选择以较低的市价进入市场，它是由股票总体供求关系决定的，而不是由企业业绩决定的。因此，投资者的财务分析目标为：①了解企业的盈利能力，即投资报酬率的高低；②了解企业的财务分配政策，即股利分配率的高低；③了解企业的财务结构、资产结构和财务规划，预测企业的未来发展趋势。

2.企业贷款人

企业贷款人包括向企业提供信贷资金的银行、公司及债券持有者等。债权人不能参与企业剩余收益分配，决定了债权人必须首先关注其债权的安全性，所以，债权人在进行企业财务分析时最关心的是自己的贷款风险，必须判断企业是否有足够的支付能力，以保证其债务本息能够及时、足额地得以偿还。而企业的财务报表恰恰能够帮助贷款人判断其偿债能力，因此，贷款人需要对企业的信用和风险情况及其偿债能力进行分析。

短期债权人和长期债权人关注的重点又有所不同。短期借款需动用企业当期的资产偿付，所以短期债权人对企业的财务流动性的关注程度超过企业的收益性，他们更重视对企业短期财务状况和短期偿债能力的分析；长期贷款则由企业在数个会计年度内偿付，因而，长期贷款人更重视企业未来较长时间内偿债能力的分析，要求根据企业现在的经营情况和财务状况预测其经营前景以及未来的收益能力和偿付能力。

3.企业经营管理者

按照委托代理理论，企业经营者受托代理企业的经营管理业务，对股东投入的资本负有保值增值的责任。他们负责企业的日常经营活动，必须确保企业能支付给股东与所承担的风险相适应的收益，及时偿还各种到期债务，并使企业的各种经济资源得到有效利用。为满足不同利益主体的需要，协调各方面的利益关系，企业经营者必须对企业经营管理的各个方面，包括营运能力、偿债能力、盈利能力、社会贡献能力的全部信息予以详尽了解和掌握，以便及时发现问题，采取对策，规划和调整市场定位目标、策略，以进一步挖掘潜力，为经济效益的持续稳定增长奠定基础。因此，经营者的财务分析目标为：①了解企业资产的收益能力和流动能力；②了解企业资产存量结构、权益结构；③预测企业资产未来的收益能力和流动能力；④进行财务筹资、投资决策；⑤评价企业各项决策的执行情况。

4.供应商和客户

供应商是企业原材料等资源的提供者，在现代企业契约关系中，供应商是企业的利益相关者。在赊购业务过程中，企业与供应商形成了商业信用关系，因此，供应商和贷款人类似，他们必须判断授信企业的信用状况、风险情况及偿债能力。

企业商品的消费者是客户，他们也是企业的利益相关者。企业在为客户提供商品和劳务的同时，也承担着商品质量担保的义务。客户关心的是企业连续提供商品和劳务的能力，希望通过财务信息了解企业的销售能力和发展能力。

5.政府部门

政府与企业的关系表现为多种形式。一方面，政府可以通过持有股权对企业行使全部或部分的业主权益，此时政府除关注投资所产生的社会效益外，还必然对投资的经济效益予以考虑。在谋求资本保全的前提下，期望能够同时带来稳定增长的财政收入；另一方面，政府对几乎所有企业实行程度不同的管制，此时政府是以社会管理者的身份利用企业财务报表，获取对其进行宏观经济管理、制定宏观经济政策有用的信息。

因此，政府在考察企业经营管理状况时，不仅需要了解企业所占用的资金的使用效率，预测财务收入增长情况，有效地组织和调整社会资源的配置，而且需要借助财务分析，检查企业是否存在违法乱纪、浪费国家财产的问题，最后通过综合分析对企业的发展前景以及对社会的贡献程度进行考察。

6.员工

企业的员工通常与企业存在着较为长期而持续的关系。他们关心工作岗位的稳定性、工作环境的安全性及取得报酬的持续性和增长性，因此，他们关注企业的盈利能力及发展前景。

7.竞争对手

竞争对手希望获取关于企业财务状况的会计信息及其他信息，借以判断企业的相对效率。同时，还可为未来可能出现的企业兼并提供信息。因此，竞争对手可能把企业作为接管目标，因而他们对企业财务状况的各个方面均感兴趣。

8.潜在投资者

潜在投资者的投资目的尽管千差万别，但都是出于对投资收益和资源有效利用的考虑，因此为了对未来的投资收益率做出合理的判断和评估，他们理所当然地会关注未来投资对象的财务状况和经营成果。

尽管不同利益主体进行财务分析时有着各自的侧重点，但总体来看，财务分析可归纳为三个方面：偿债能力分析、营运能力分析、盈利能力分析。其中，偿债能力是财务目标实现的保证，营运能力是财务目标实现的物质基础，盈利能力是两者共同作用的结果，同时也对两者的增强起着推动作用。三者相辅相成，共同构成企业财务分析的基本目标与内容。

9.其他

注册会计师通过对企业财务报表的分析，确定审计重点；咨询机构通过对企业财务报表的分析，为各类报表使用人提供专业咨询服务。

从前面的讨论中，我们可以得出以下结论：

（1）财务信息使用者所要求的信息大部分是面向未来的；

（2）不同的信息使用者各有其目的，因此，即使对待同一对象，他们所要求得到的信息也是不同的；

（3）不同的信息使用者所需信息的深度和广度不同；

（4）企业财务报表中并不包括使用者需要的所有信息。

【相关链接 1-2】

不同群体对会计信息的需求特征分析

在我国，会计信息的主要使用者是政府、债权人、投资者，还包括企业员工、分析顾问、社会大众等。即使是对同一个事件，这些对财务信息有着不一样的兴趣和目的的信息使用者也会有不一样的信息需求。

就政府而言，其各个部门对会计信息的需求特征表现为会计信息的可靠性、及时性。政府的各个部门对会计信息的使用需求主要集中在税收方面，其次是监管和引导市场行为方面。由于政府部门能够对一家企业乃至一个行业产生巨大的影响，因此，政府不管是作为控制者、购买者还是作为债权人，比起其他信息使用者，都要求企业提供更加详尽的财务信息。

就债权人而言，他们对会计信息披露的及时性是有很高要求的。结合我国实际情况，企业融资近期内还将采用以银行为主导的以间接融资为主的模式。我国银行业的风险管理水平对会计信息的可靠性提出了较高的要求。此外，随着新的技术和金融工具的不断出现，风险的产生与积聚变化加快，这就需要企业及时披露反映业务运作状况的会计信息，为银行经营管理提供及时、准确的决策依据，使各种风险得以及时发现和控制。

就投资者而言，在不同的国家，投资者的会计信息需求不完全相同。我国投资者有其独有的特征。第一，大多数上市公司仍然属于国有控股企业。大股东本应是公司财务报告最主要的使用者，但由于不少上市公司的大股东控制了上市公司，他们已不再是会计信息的需求者。第二，大多数社会公众股东是分散的个人或者小股东，约占社会公众股东的80%以上。大多数人仅仅关注一些财务指标，投资决策的做出目前很少依赖于科学的财务报表分析。因此，财务报告信息的决策有用性在这些投资者身上没有完全体现出来。第三，机构投资者还处于初创阶段，要在证券市场中培育出较为成熟的分析、研究、利用财务信息的专业财务分析师队伍还需要时间。可见，在我国现阶段，最主要的投资者是管理型投资人，要求会计信息真实、可靠、完整，而社会公众股东需要的信息更注重会计信息的可靠性。因此，我国投资者在现阶段的会计信息需求应该以可靠性为主，相关性为辅。

就其他会计信息使用者而言，因人数较多，人员构成复杂，存在文化水平、认知能力、理解能力、接受能力等方面的差异，会计信息的相关性、可理解性更为重要。

资料来源　吴拥军. 不同群体对会计信息的需求特征分析［N］. 中国会计报，2018-03-16.

1.3　财务分析的内容与形式

1.3.1　财务分析的内容

财务分析作为一门独立学科，必然涉及对财务分析目标、分析方法、分析内容和体系的界定与安排。我国财务分析经过几十年的演变和发展，还没有形成统一的分析体系。本书在研究财务分析产生和发展、界定财务分析内涵、明确财务分析目标的基础上，吸收现代企业管理相关理论，结合我国企业实际，将财务分析归纳为四篇十三章的内容，并构建了“财务分析基础、财务报表解读、财务能力分析、财务运用分析”的财务分析体系，其中，财务报表解读与财务能力分析为主体内容和核心内容，财务分析理论与方法为基础，财务运用分析为辅助内容。如图1-2所示，首先基于“财务分析理论基础”进行“财务报表解读”，然后基于财务报表解读进行“财务能力分析”，最后基于财务能力分析进行“财务运用分析”，四个部分有机结合，构建起财务分析“大厦”。

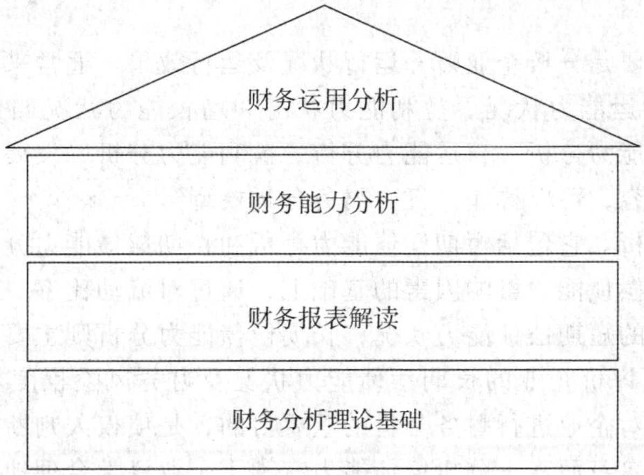

图1-2　财务分析“大厦”模式示意图

1.财务分析理论基础

财务分析理论基础要解决的是为什么分析、分析什么、怎样分析以及依据什么进行分析等问题。财务分析基本理论、财务分析基本方法构成了财务分析理论基础的整体架构。

财务分析基本理论包括：界定财务分析的内涵、目的；探索财务分析产生与发展的影响因素；说明财务分析的供给与需求对财务分析发展的促进及影响；介绍我国财务分析体系的内容与形式，了解财务分析的局限性。

2.财务报表解读

财务报表解读是财务分析的核心内容之一，只有在正确、透彻地阅读与解剖财务报表的基础上，才能对财务报表进行更深入的分析，对企业做出更准确的诊断，进而做出更科学的预测和决策。

财务报表解读主要是对四大报表的阅读与解剖，即资产负债表分析、利润表分析、现金流量表分析以及所有者权益变动表分析。

（1）资产负债表分析，包括对资产负债表的水平分析、结构分析，以及资产、负债和所有者权益项目的分析。按照我国当前会计准则，资产负债表是最重要的财务报表。通过资产负债表分析，可以了解资产、负债及所有者权益的构成，从而了解企业偿债能力、资产的使用效率等。

（2）利润表分析，包括对利润表的水平分析、结构分析，以及利润项目的分析。通过利润表分析，可以了解利润的变动和构成，从而全面了解企业的盈利能力以及影响企业盈利能力的因素，以便为报表使用者的决策提供依据。

（3）现金流量表分析，包括对现金流量表的水平分析、结构分析、补充资料分析，以及现金流量表主要项目的分析和现金流量质量分析。利润表说明了利润的构成，从稳定性的角度反映了利润的质量。通过现金流量表分析，可以进一步从利润现金保证性的角度评价利润质量，并对支付能力评价做出补充说明。

（4）所有者权益变动表分析，包括对所有者权益变动表的水平分析、结构分析、项目分析，以及所有者权益变动对财务状况的影响。所有者权益变动表不仅说明了所有者权益增减变动的情况，而且说明了所有者权益增减变动的原因，从而有助于正确评价企业资本保值增值的能力。

3.财务能力分析

财务能力分析主要是分析企业财务运行状况及运行效果。通常来说，企业财务状况可从偿债能力状况、营运能力状况、盈利能力状况和增长能力状况四个方面得以体现。因此，本部分包括偿债能力分析、营运能力分析、盈利能力分析、发展能力分析和财务综合能力分析五个方面内容，可以称作“五力财务分析模型”。

（1）偿债能力分析。它包括短期偿债能力分析和长期偿债能力分析两部分。短期偿债能力分析在明确短期偿债能力影响因素的基础上，通过对流动比率、速动比率等指标的计算与分析，评价企业的短期偿债能力状况；长期偿债能力分析则主要通过对资产负债率等指标的计算与分析，评价企业的长期偿债能力状况及财务风险程度。偿债能力评价是银行、供应商等债权人对企业进行财务分析的重要目的，是债权人判断其资金能否如期收回的主要依据；就企业自身而言，分析偿债能力有利于企业科学合理地进行筹资决策和投资决策。

（2）营运能力分析。首先，对企业全部资产营运能力进行分析；然后，分别对流动资产营运能力和非流动资产营运能力进行分析。流动资产营运能力分析是企业营运能力分析的重点，主要包括对流动资产周转率的分析，即对各项流动资产周转率的分析及流动资产周转加速对资产与收入的影响分析。资产周转的快慢影响资产的变现能力，因而影响企业的资产流动性；资产周转的快慢也影响企业的利润，资产周转越快，说明资产的利用效率越高，在其他条件不变的情况下利润就越多，盈利能力就越强。

（3）盈利能力分析。首先，对企业资本经营盈利能力进行比率分析与因素分析；其次，对资产经营盈利能力进行分析；再次，对商品经营能力及影响盈利能力的关键因素（即主营业务利润）进行因素分析；最后，对企业盈利能力进行分析。

（4）发展能力分析。首先，对企业产品生命周期各阶段的增长能力特点进行分析；其次，对增长策略（包括竞争策略和财务策略）进行分析；再次，对发展能力指标进行分析；最后，对企业发展的动因进行分析。

（5）财务综合能力分析。首先，对全部资产及相应权益变动情况和结构状况进行综合分析；其次，对企业利润与现金流量状况进行综合分析；最后，应用杜邦分析法对企业综合能力进行分析。

4.财务运用分析

财务运用分析主要是对日常经营活动、投资活动和筹资活动所衍生的财务活动进行解剖与分析，也是基于财务报表解读和财务能力分析进行综合分析。本书所述财务运用分析主要包括企业财务危机预警分析和Excel在财务分析中的运用。

（1）企业财务危机预警分析。它是以企业的财务报表及其他相关的经营资料为依据，根据相关管理理论，采用定性与定量相结合的方法，对企业在经营管理活动中的潜在风险进行跟踪与监控，及早发现危机信号，将企业所面临的危险情况预先告知企业经营者和其他利益相关者，并分析企业发生财务危机的原因和企业财务运营体系隐藏的问题，以便企业提早着手实施预防控制的过程，主要包括财务危机预警的基本模型与方法和财务危机预警系统设计。

（2）Excel在财务分析中的运用。在进行财务分析时，多数企业是利用手工计算财务指标的，计算工作量较大。有些企业按照上级要求计算财务指标，很少自行设计，因而很难全面、系统地进行财务分析，难以充分发挥本身的积极性和主动性，不利于管理水平的提高；还有些企业虽然实现了会计电算化，但对会计软件中原有的财务分析指标如果不能增加或修改，往往难以充分满足需要。针对上述种种问题，我们主张利用Excel电子表格进行分析，其优点是分析方法不限、分析指标不限、分析内容不限。

【相关链接 1-3】

中小企业绿色财务管理应用的问题与对策

绿色财务管理是指企业在进行投资、筹资、运营和分配等财务管理活动时充分利用有限资源，在保持和改善生态资源环境的前提下，实现企业的财务目标与社会目标，最终促使企业经济效益与社会效益、生态效益的统一发展。

绿色财务管理不仅顺应了国家政策，适应了经济发展的需求，也能够促使企业承担相应的社会责任，赢得良好的社会声誉，从而实现全面可持续发展。根据财务管理的内容，绿色财务管理主要包括以下方面：一是绿色筹资，即企业在筹资时选择具有可持续发展的绿色思想的投资方；二是绿色投资，即企业在投资时应当着重选择绿色产品、绿色企业、绿色产业和绿色技术进行投资；三是绿色营运，即企业在生产经营中应注意环保，避免因环保问题产生绿色成本；四是绿色分配，即企业在进行利润分配时对绿色投资者有所倾斜，从而吸引更多的投资者进行绿色投资。

然而，全面推行绿色财务管理还存在诸多问题。首先，企业绿色财务管理意识淡薄。由于缺少经验与社会支持，加之绿色财务管理带来的效益模糊，管理者在决策时更愿意选择经济效益而不是环境效益。其次，环境效益计量难度大。环境因素对企业的影响具有较大的不确定性，量化环境效益、界定产权等方面也存在较大的困难，因此，推行绿色财务管理需要多措并举。一方面，企业应当转变固有观念，重视绿色管理，加强对员工的培训，尤其是加强对财务人员绿色财务管理专业知识的培训，培育绿色文化；另一方面，政府部门可以采取对绿色产业提供财政补贴等直接方式，或采用税收优惠、信贷倾斜等间接方式，也可以在采购时给予绿色企业更多的机会，对其进行鼓励和提供支持，让真正的绿色企业获益。最后，要加强绿色财务管理方面的理论研究，使企业能够准确地对环境因素的影响进行确认、记录、计量和报告，增加企业绿色财务管理的可行性和科学性。

资料来源　张亚丽，万相宜．中小企业绿色财务管理应用的问题与对策［J］．中国中小企业，2020（3）：146-147.

1.3.2　财务分析的形式

财务分析的形式由于财务分析主体、客体和目的不同而不同。要准确分析企业的财务状况，实现分析目标，需要明确不同财务分析形式的特点及用途。通常来说，财务分析的形式可以进行如下分类：

1.内部分析和外部分析

（1）内部分析。内部分析主要指企业内部经营者对企业财务状况的分析，目的在于判断和评价企业生产经营是否正常、顺利。通过流动性分析，可检验企业的资金运营速度、货款支付能力或债务偿还能力；通过收益性分析，可评价企业的盈利能力和资本保值、增值能力；通过分析企业经营目标完成情况，可考核与评价企业的经营业绩，及时、准确发现企业的问题与不足，为未来生产经营顺利进行、提高效益指明方向。

（2）外部分析。外部分析主要指企业外部的投资者、债权人及政府部门等根据各自需要分析企业有关情况。投资者在对企业进行财务分析时，主要关注企业的盈利能力和发展后劲，以及资本的保值和增值状况；债权人在对企业进行财务分析时，主要关注企业的偿债能力和信用状况，判断其本金和利息能否及时、足额收回；政府部门在对企业进行财务分析时，主要关注企业经营行为的规范性、合法性以及对社会的贡献情况。在现代企业制度条件下，外部分析是财务分析的重要形式。

值得注意的是，内部分析和外部分析不能割裂开来。要保证财务分析的准确性，内部分析有时应站在外部分析的角度进行，而外部分析也应参考内部分析的结论，减少片面性。

2.全面分析和专题分析

（1）全面分析。全面分析主要指对企业一定时期内的生产经营情况进行系统、综合、全面的分析和评价，其目的在于寻找企业生产经营中带有普遍性的问题，全面总结企业在这一时期的成绩和问题，为协调各部门关系奠定基础，为做好下期生产经营安排提供依据。全面分析通常在年终进行，最终形成综合、全面的财务分析报告，向职工代表大会或股东大会汇报。

（2）专题分析。专题分析主要指根据不同分析主体或分析目的，深入分析企业生产经营过程中某一方面的问题。如经营者分析生产经营过程中某一环节存在的突出问题，投资者或者债权人分析自己关心的某个方面的问题等，都属于专题分析。专题分析可以深入地揭示企业在某方面的财务状况，为分析者提供详细的资料信息，对于解决企业的关键性问题有重要作用。例如，当企业某时期资金紧张时，通过财务专题分析，可以从筹资结构、资产结构、现金流量设计以及支付能力等方面研究资金紧张的原因，找到对策。

为了全面、深入地揭示企业存在的问题，正确评价企业各方面的状况，应将全面分析和专题分析相结合。

3.静态分析和动态分析

（1）静态分析。静态分析是根据某一时点或某一时期的财务报表信息，分析同一报表内各项目或报表之间各项目关系的财务分析形式。例如，可通过某一财务比率或某几个财务比率揭示财务关系；也可通过垂直分析或结构分析揭示总体中各项目的水平。静态分析的目的在于寻找财务活动的内在联系，揭示其相互影响，以及经济效益和财务现状。

（2）动态分析。动态分析指根据几个时期的财务报表或相关信息，分析财务变动状况。例如，水平分析或趋势分析就属于动态分析。动态分析的目的在于通过对不同时期的财务活动进行对比分析，揭示财务活动的变动及其规律。

尽管静态分析和动态分析各有优点和不足，但是要对财务报表进行综合分析，两者都是必需的。

【相关链接 1-4】

业财融合的作用

一、业财融合有助于提高企业价值创造能力

企业财务管理的目标是创造价值，实现利益最大化。财务活动只有与企业的业务经营有机结合，才能更好地促进企业的价值创造。在企业经营管理过程中，如果脱离了财务的监督控制和价值创造牵引，业务活动的开展就会变成只注重数量和效果而忽视风险和效益的过程，难以实现价值最大化的目标。通过业财融合，财务部门可以将价值最大化目标渗透到经营管理活动的各个环节，在开展业务活动的全过程进行成本控制，帮助企业调整经营策略，挖掘利润增长空间，提升价值创造能力。

二、业财融合有助于促进企业提升管理水平

业财融合需要企业转变管理思路、调整管理模式、再设控制流程、重建组织架构等，是对企业管理活动所进行的全局性、系统性的改变，能够促进企业提升管理水平，促使企业更好地达成战略发展目标。业财融合以财务管理为核心，以业务流程为基础，把财务活动渗入事前决策与规划、事中反映与控制、事后评估与分析的全过程，一方面帮助财务部门熟悉经营业务，广泛参与到业务流程的控制中，及时解决业务流程中存在的问题，为业务活动提供优质的财务服务；另一方面使业务部门及其人员清晰地了解财务控制的逻辑和需求，在开展活动时加强财务控制意识，使财务管理拓展到企业生产、销售、投资等各个活动中去，进而提升企业的精细化管理水平。

三、业财融合有助于优化企业资源配置方案

业财融合树立了"一体化"的理念，通过业财融合，财务人员可以及时共享业务活动数据，从提高经济效益的角度出发，对业务活动各环节占用资源的效能和流转状况进行分析和评价，提示管理者对资源占用的薄弱环节加强管控，协助业务人员调整资源使用计划，修正和优化资源配置方案，减少不必要的资源消耗和闲置资源占用，促使企业资源达到最佳使用效率，充分发挥其使用价值。

四、业财融合有助于防范控制企业经营风险

在复杂多变的市场经济环境下存在着各种不确定的内外因素，这使企业不可避免地面临各种经营风险。由于业财融合扩大了风险监控的边界，因此有助于企业建立起更加全面的风险防控体系，对防范控制经营风险发挥重要作用。业财融合要求财务人员在业务开展前或开展初期就开始参与过程管理，监控经营过程中的风险因素，分析评价资金投入的安全性，及时发现运营过程中存在的风险，根据异常情况制定应对措施。通过业财融合中财务控制的前置，企业可以完善风险防控体系，对业务活动中的风险点及时预警，尽可能降低财务风险对企业经营发展产生的不利影响。

资料来源　王小平. 加强业财融合，提高财务管理水平 [J]. 财经界，2022 (7)：128-130.

1.4　财务分析的局限性和发展预测

1.4.1　财务分析的局限性

由于财务分析的主要依据是企业财务报告，因此，由财务报告本身缺陷所造成的财务分析缺陷在所难免。

(1) 财务报告是对企业以往发生的经济业务及事项的信息反映，以历史成本作为计价基础，这使得财务报告所提供的信息欠缺及时性，从而影响财务分析对未来经济事项的预测。

(2) 财务报告是基于企业会计政策和会计估计编制的，运用不同会计政策和会计估计在一定程度上会影响企业财务信息的可比性，进而影响财务分析结果的合理性和可利用性。

(3) 财务报告所反映的信息没有包含企业所有可被利用的经济资源。一方面，财务报表反映的是符合货币计量前提要求的可计价的经济资源；另一方面，现行财务报表附注主要侧重于反映企业选择、确定及变更会计政策和会计估计，说明或有事项、资产负债表日后事项、关联方关系及其交易、重要的资产转让、出资、企业合并、分立，解释说明盈亏、投资、融资等重大事项，但有关人力资源、创新能力等其他内容不能得到全面披露，而这些内容对财务分析以及相关的经营与投资决策等具有重大影响。因此，以财务报告为主要信息依据的财务分析结果会导致反映内容方面的局限性。

（4）财务报告在编制过程中受到人的主观能动性和其他人为因素的影响，使得它所反映的有关信息极有可能被人为操纵或粉饰，据此所进行的财务分析便不可避免地带有人为修饰的痕迹，无法准确、客观地评价企业现状。

（5）财务分析，特别是在财务报表分析中，采用比较多的方法当属各类比率分析。然而，在比率计算中，一些数据的确定、时间上的对应等问题，会影响比率分析所反映内容的可比性及准确度。例如，在计算各类周转率时，确定周转额以及相关资产平均占用资金带有很大程度的估计因素，难免与企业实际情况存在一定程度的脱节。

1.4.2 财务分析的发展预测

随着经济环境的发展和技术的不断进步，未来的财务分析内容将得到不断扩充。上述财务分析的一些局限性将被减弱或弥补。有关人力资源因素的财务分析、绿色环保信息分析、衍生金融工具的财务分析等内容都有可能得到补充和利用，企业日常财务、会计信息的及时获得将有所保证，能大大缩短财务分析的展期或滞后时间，从而提高财务分析结果的参考价值和利用价值。

此外，现代化技术手段的运用，使越来越多的财务、会计处理事项转为自动化数据处理。财务分析所需要的大量原始数据和信息，绝大部分可以通过网络得到快速及时的收集，进而通过计算机加以整理、分析和传递，这在显著降低分析成本、提高同步信息处理的同时，能有效提高财务分析结果的质量和及时性。

【相关链接 1-5】

当前企业财务分析工作存在的问题和应对

一、财务分析人员素质问题

财务分析工作不仅涉及企业各方面的业务活动和各个业务环节，而且涉及其他方面的知识，诸如产品、技术、财经税收法规以及经济环境等方面的知识，所以，财务分析人员不仅要掌握企业财务分析的知识和方法，而且要有宽泛的知识面。因此，财务分析人员在对数据反映出来的问题进行分析时，应该结合企业发展现状，具体问题具体分析，而不是只停留在数据比对阶段，避免财务信息失去真实性。此外，财务分析人员需要深入了解企业管理与决策，使得财务分析在企业管理和决策中可以发挥应有的作用。再者，必须遵循客观经济规律，进行客观分析。

二、财务分析工作中的认识问题

许多企业的财务分析人员对于当前企业的财务管理工作（尤其是财务分析工作）没有正确的认识，也并不了解企业财务发展的方向。他们的认识只停留在核算阶段，认为财务分析的目的是满足领导或上级主管部门的需求。并且，许多企业的管理者只注重销售额和利润率的变化，忽视了财务分析对企业管理的重要作用。此外，财务分析应该由多个部门协同完成，但在实际工作中，许多企业的财务分析往往只由财务部门独自完成，而财务分析人员对企业的运营情况并不完全了解。上述问题均导致企业的财务分析存在很大的片面性。

三、财务分析中的非财务指标分析

非财务指标是指与企业发展息息相关的因素，包括顾客满意度、产品质量、创新能力等，是影响企业持续发展的重要因素。非财务指标的分析也是财务分析的重要一环，而有些财务分析人员经常忽视非财务指标，仅关注对财务指标的分析，这也体现出上述企业财务分析的局限性。

四、财务分析中的方法单一问题

一些财务分析人员分析方法单调，对于内外部的变化不够敏感，从而导致分析难以与时俱进。运用单调的分析方法所得到的分析结果有很大的局限性，甚至对企业制定将来的财务管理策略以及运营方针造成不良影响。

资料来源　陈群芳. 企业财务分析存在的问题及改进策略［J］. 商业会计，2018（1）：112-113.

本章小结

企业财务报表是集中反映企业一定时期经营活动、投资活动和筹资活动等各类财务信息的载体。财务信息是企业日常经营活动中最重要的信息资源，而财务报表解读与分析则是研究如何利用财务信息进行科学决策的一门科学与艺术。

财务分析是以会计核算和报表资料及其他相关资料为依据，采用一系列专门的分析技术和方法，对企业等经济组织过去和现在开展筹资活动、投资活动、经营活动的偿债能力、盈利能力、营运能力和发展能力状况等进行分析与评价，为企业的投资者、债权人、经营者及其他关心企业的组织或个人了解企业过去、评价企业现状、预测企业未来提供准确信息、做出正确决策的应用经济学科。财务分析的产生至今已有一百多年的历史，在不同时期，其分析重心也有所不同，从最初的信用分析、投资分析发展到如今的内部分析。

财务信息与决策密切相关，它是决策过程中不可缺少的依据。由于进行财务分析并做出决策的主体各不相同，因此，他们进行财务分析的目标也各不相同。

本书结合我国企业财务分析实际，在研究财务分析概念体系的基础上提出了“财务分析理论基础、财务报表解读、财务能力分析和财务运用分析”的财务分析体系，这四部分构成财务分析的“大厦”。要准确分析企业财务状况，实现分析目标，需要明确不同财务分析形式的特点及用途。通常来说，可以将财务分析的形式划分为内部分析和外部分析、全面分析和专题分析，以及静态分析和动态分析。由于财务分析的主要依据是企业财务报告，因此由财务报告本身缺陷所造成的财务分析缺陷也在所难免。

讨论题

1.什么是财务分析？为什么要对财务报表进行分析？

2.财务分析是如何产生和发展的？不同时期有何不同特点？

3.财务分析的主体有哪些？他们各自要达到什么目的？

4.财务分析的形式有哪些？

5.你认为掌握财务分析的原理与方法有何用途？当今著名的财务分析专家有哪些？他们各自有何观点和影响？

案例分析

A公司与B公司财务数据比较

表1-1、表1-2和表1-3是A公司与B公司2017—2021年营业收入、现金性资产占总资产的比重以及总负债占总资产的比重相关数据。

表1-1　营业收入对比表　金额单位：万元

年份	A公司	增长率	B公司	增长率
2017年	82 67 218.00		58 923 150.00	
2018年	94 597 131.00	14.71%	68 798 928.00	16.76%
2019年	98 803 345.00	4.45%	80 458 496.00	16.95%
2020年	95 503 854.00	−3.34%	76 734 434.00	−4.63%
2021年	101 611 056.00	6.39%	82 355 847.00	7.33%

表1-2　现金性资产占总资产的比重对比表

年份	A公司	B公司
2017年	4.60%	15.54%
2018年	2.12%	9.88%
2019年	17.86%	20.69%
2020年	17.12%	28.87%
2021年	16.63%	20.47%

表1-3　总负债占总资产的比重对比表

年份	A公司	B公司
2017年	68.94%	56.28%
2018年	71.21%	59.61%
2019年	75.35%	56.21%
2020年	77.28%	59.77%
2021年	75.20%	61.95%

A公司与B公司的营业收入在2018年、2019年得到了较快的增长；2020年由于新冠肺炎疫情发生两家公司的发展都受到了制约；在疫情得到有效控制后，两家企业在2021年恢复了较快的增长。2017—2021年，A公司现金性资产占总资产的比重均低于B公司，说明其短期偿债能力不如B公司；A公司总负债占总资产的比重均高于B公司且处于较高的水平，说明A公司总体的偿债能力低于B公司。财务报表是投资者进行投资决策的重要参考。A公司虽然在营业收入金额方面高于B公司，但其偿债能力不如B公司。

问题探讨：

请问哪家公司更适合投资？

第2章

财务分析程序与方法

在我看来，手段的完美性和目标的迷惑性是我们这个时代的特征。

——爱因斯坦

一个钟情于计算、沉迷于资产负债表而不能自拔的投资者，多半不能成功。

——彼得·林奇

学习目标

1.了解财务分析的程序与步骤；
2.理解战略分析的原理与思路；
3.掌握财务报表分析的一般方法和技术。

思政元素

1.大局意识与价值观塑造（社会主义核心价值观）；
2.科学思维与系统思维；
3.制度自信与文化自信；
4.社会责任、合作精神与法治意识。

重点与难点

1.财务分析的依据；
2.财务分析的技术。

引　言

你了解自己买的股票吗？你知道自己作为股东的上市公司的经营状况和财务状况吗？投资大师彼得·林奇曾说过："不进行研究的投资，就像打扑克从不记牌一样，必然失败。"对于投资者而言，在选择股票之前或持有股票期间对上市公司进行财务分析，有助于投资者更好地把握股票投资价值，规避投资风险。

巴菲特曾在1990年提醒投资者，尽管财务报表上都是精确的数据，但这些数据经常被企业管理层操纵和歪曲，并不能反映企业真实的经营盈利情况："利润项目总是有一个精确的数值。当利润数据伴随着不合格会计师的无保留审计意见时，投资人可能就会以为利润数据像圆周率一样精确无误，甚至可以精确计算到小数点后好几十位。可是，事实上，如果是缺乏诚信的公司出具的财务报告，利润就会被蓄意操纵。尽管最后会真相大白，但在这个过程中财富已经转手。事实上，一些美国富豪通过会计造假编造出海市蜃楼般的发展前景，以此推高公司股价，创造巨额财富，这些会计操纵方法在美国大型公司财务报表中屡见不鲜。因此，投资人必须时刻提高警惕，在试图计算出一家公司真正的经济利润时，应把会计数据作为起点，而不是终点。”巴菲特告诉投资者，要想看透企业管理层操纵的财务报表数据，就必须精通财务会计：“你必须懂得财务会计，而且你必须要懂得财务会计的微妙之处。财务会计是商业世界通用的语言，尽管它是一种并不完美的语言。除非你愿意投入时间和精力学习并掌握财务会计，学会如何阅读和分析财务报表，否则你就无法真正独立地选择股票。”

2.1 财务分析的程序与步骤

财务分析程序，也称财务分析的一般方法，是指进行财务分析时所要遵循的一般规定和程序。财务分析程序是进行财务分析的基础，它为财务分析工作的具体开展提供了规范的行为路径。

财务分析的程序与步骤根据企业实际情况可以有所不同，但一般分为四个阶段：财务分析信息收集和整理阶段；战略分析阶段；财务分析实施阶段；财务分析综合评价和管理决策评价阶段。

2.1.1 财务分析信息收集和整理阶段

财务分析信息收集和整理阶段主要完成三个任务：

（1）确定要收集哪些财务数据。这是由财务分析的目的决定的。有什么样的财务分析目的，就决定了需要什么样的财务数据。同样，也只有明确了财务分析的目的，才能有效地、正确地找到相关的财务数据。财务分析人员收集相关财务数据的过程就是对财务报表的理解过程，在这个过程中需要准备把握财务报表的局限性，并对财务报表中的关键项目做出适当调整，增强其真实性、可靠性和公允性。

（2）确定以怎样的程序来收集这些数据。在明确了要收集哪些数据的基础上，应制订具体的收集计划，包括人员安排、时间调控、其他资源调度以及拟采用的财务分析技术和路径。这个步骤是保证后续财务分析步骤合理有效展开的必要铺垫。对于一些复杂的、大型的财务分析项目，一般应以书面的形式制订相应的程序和计划；而对于简单的项目，则可以用草图、口头说明等方式，但一般不应跳过该步骤而直接进入实施阶段。

（3）执行既定的程序。程序的执行是计划的延伸，但不是一维、单向的延伸，当在执行过程中发现计划的不足之处时应该做相应的调整。另外，很多财务分析信息并不是随时随地就能取得的，因此也要注意平时对相关财务信息的积累。

2.1.2 战略分析阶段

在明确了收集什么信息以及怎么收集的基础上，财务分析应该进入战略分析阶段，即分析企业所处行业的经济特征。行业经济特征是企业财务分析的基础，只有了解和把握企业所处行业的经济特征，才有可能真正理解财务报表的经济意义，并发挥财务分析在企业管理决策中的作用。

战略分析常用的方法是波特提出的五力分析模型。波特五力分析模型，又称波特竞争力模型，是哈佛大学商学院教授迈克尔·波特（Michael E.Porter）于1979年创立的用于行业分析和商业战略研究的理论模型。该模型在产业组织学基础上推导出决定行业竞争强度和市场吸引力的五种力量：①供应商的讨价还价能力；②购买者的讨价还价能力；③潜在进入者的威胁；④替代品的威胁；⑤来自目前在同一行业的公司的竞争。

另外，3C模型也常被用于战略分析。3C模型是由日本战略研究专家大前研一提出的，强调成功的战略有三个关键因素：①公司自身（corporation），主要考察公司的优势，包括人才、技术、成本、差异化、品牌、文化等方面；②顾客（customer），主要为顾客着想，包括顾客目的细分、顾客市场细分；③竞争对手（competition），重点分析采购、设计、制造、销售及服务等功能领域的差异化、品牌差异化、利润和成本的差异化。在制定任何经营战略时，都必须考虑这三个因素。只有将公司、顾客与竞争对手整合在同一个战略内，可持续的竞争优势才有存在的可能。

《麦肯锡季刊》经广泛调查和研究，得出了进行战略测试的十项标准：

（1）你的战略会战胜市场吗？

（2）你的战略发掘了优势的真正来源吗？

（3）你的战略是否精细化地定义了在何处参与竞争？

（4）你的战略能否使你领先于趋势？

（5）你的战略是否基于独到的见解？

（6）你的战略是否考虑到了不确定性？

（7）你的战略能否在承诺与灵活性之间保持平衡？

（8）你的战略是否受到偏见的影响？

（9）你对按照自己的战略采取行动有足够的信心吗？

（10）你是否将自己的战略转化成了行动计划？

经过上述十项标准的测试，能够对公司战略的合理性进行综合评价和优化。

企业战略层面的分析对后续的财务分析有重要的意义。这是因为，一个企业的战略行为能够在更高的层面影响战术层，从而影响企业的各个方面。同时，一个好的战略分析也使得后续的财务分析能够更有方向感。

2.1.3 财务分析实施阶段

1.财务指标分析

对财务指标进行分析是财务分析的一项重要内容。会计信息在综合性上的突出特点，使得财务分析能够通过挖掘会计信息的内涵来窥探企业的真实经营信息。

不同的财务分析目标会导致主体使用不同的财务指标来进行相关的分析。对于权益投资人来说，资产的保值和增值是最为重要的，因此资本收益率、总资产回报率以及每股股利等都是他们较为常用的指标；而对于债权人来说，贷款的风险是其最为关注的领域，因此债权人一般更多地使用长期或短期的偿债能力指标，如流动比率、速动比率等。

企业的财务分析结果需要与参照标准进行比较，发掘企业的优势和不足，但是参照标准的选择不仅要参考行业的标准指标体系，还要考虑竞争对手绩效值、平均资本成本值乃至股东期望值等，这样的参照系才能更好地体现企业在行业中所处的位置。

2.基本因素分析

基本因素分析法要在财务指标分析的基础上，通过替代等数学手段，揭示某些财务指标变化的原因。

但要说明的是，会计信息并不能完全反映一家企业经营的原貌，因此基于会计信息的财务分析也不可能对企业经营过程中产生的所有问题都给出一个完整的答案，因此，基本因素分析法所揭示的财务指标变动的原因并不一定是唯一的原因，也不一定是根本原因，只是从财务视角给出的一个解释。

2.1.4 财务分析综合评价和管理决策评价阶段

财务分析综合评价的主要任务是延续财务分析实施阶段的工作。在财务分析实施阶段，由于大量地采用财务指标分析和比率分析的方法，因此在得到有用数据的同时也使得财务分析的结果偏重于某一具体的事件而缺少综合性。财务分析综合评价就是要将财务分析实施阶段的不同指标综合在一起考察，以得出正确的财务分析结论，进而做出相应的管理决策评价。管理决策是一个范围很广的概念，就财务分析而言，管理决策主要包括投资决策、信贷决策以及内部经营决策。其中，投资决策和信贷决策涉及企业估价问题，又可归结为盈利能力和风险评估，通过对企业过去以及当前盈利和风险的研究，结合对未来一般经济状况、特定行业状况以及公司能力和战略等方面的判断来预测企业未来的收益和风险，并将这些预测转换成预计财务分析报告；内部经营决策旨在通过财务诊断提高企业的管理效能，以实现企业内部各环节生产技术和经济活动的高度协调及资源的合理配置与利用。

在这个阶段，企业不但要对现有的经营情况加以分析，还要对企业未来的发展趋势加以预测和评价。

最终，在财务分析的综合评价阶段应给出财务分析报告。这是采用书面形式对财务分析的目的所给出的系统的、完整的回答。

2.2 财务分析的信息基础

2.2.1 财务分析信息的种类

财务分析信息是财务分析的基础和不可分割的组成部分。没有财务分析信息，财务分析就如同“无米之炊”，进行财务分析是不可能的，而为了满足不同的分析目的所使用的财务分析信息可能是不同的。根据不同的标准，财务分析信息可以分成不同的类别。

1.企业内部信息和企业外部信息

财务分析信息根据信息的来源不同可以分为企业内部信息和企业外部信息。

企业内部信息是指从企业内部获取的信息，主要包括企业财务报告、财务计划、招股说明书、上市公告书及其他相关资料。

企业外部信息是指从企业外部获取的信息，主要包括注册会计师出具的审计报告、行业财务信息、中介机构出具的评估报告等。

2.定期信息和不定期信息

财务分析信息根据取得时间的确定性程度可以分为定期信息和不定期信息。

定期信息是指企业经常需要、可定期取得的信息。定期信息为企业定期进行财务分析提供了可能。定期信息主要包括：①会计信息。会计信息尤其是财务会计信息是以会计制度规定的时间按月度或年度核算和编报的，是企业财务分析中可定期取得的信息。②统计信息。企业的统计月报、季报和年报信息也是财务分析的定期信息之一。③综合经济部门的信息。综合经济部门的信息有的按月公布，有的按季公布，有的按年公布，也有一些市场信息是按日或按旬公布的。④中介机构信息。

不定期信息则是企业根据临时的分析需要收集的信息，或者由于不能定期提供而形成的信息。不定期信息主要包括：①宏观经济政策信息；②企业间不定期交换信息；③国外经济信息；④主要报纸杂志信息等。

企业在进行财务分析时应注重定期信息的收集与整理，也应及时收集不定期信息。

3.实际信息和标准信息

财务分析信息根据实际发生与否可分为实际信息和标准信息。

实际信息是指反映各项经济指标实际完成情况的信息。

标准信息是指用于作为评价标准而收集与整理的信息，如预算信息、行业信息、经验信息等。

财务分析通常是以实际信息为基础进行的，而标准信息对于评价企业财务状况也是不可或缺的。

4.会计信息和其他信息

会计信息包括对外披露的财务报告和内部管理信息。

根据《企业会计准则第30号——财务报表列报》，对外披露的财务报告如图2-1所示。

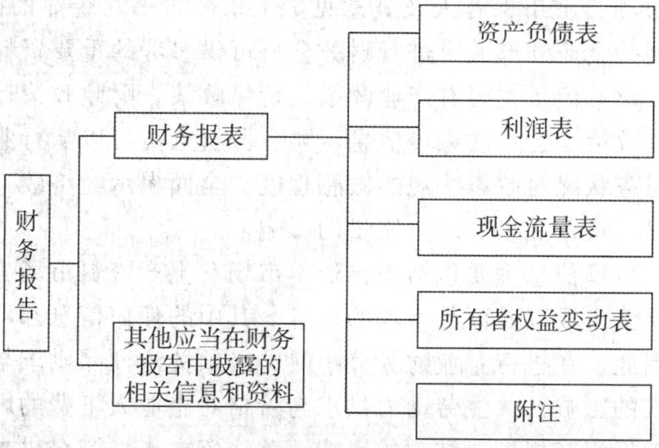

图2-1 对外披露的财务报告

企业除了按照规定编报满足外部利益相关者需求的财务报告外，还需要编制满足内部管理控制需要的成本费用报表（如图2-2所示），提供成本分析所需的信息。

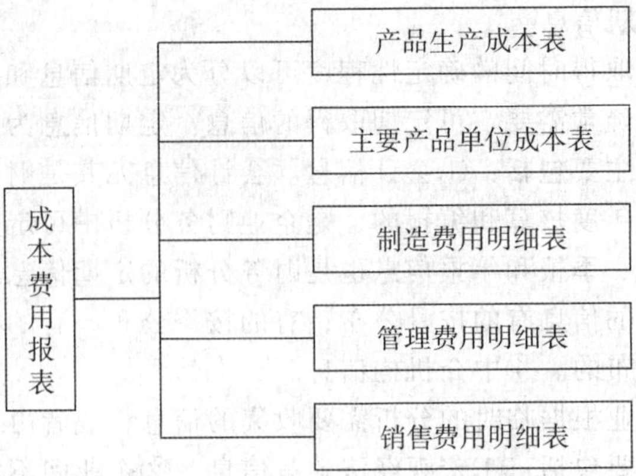

图2-2　成本费用报表

除企业对外披露的财务报告和成本费用报表所提供的信息外，进行财务分析还需要其他信息，主要包括以下信息：

（1）审计报告。审计报告是企业委托注册会计师根据独立审计准则的要求，对企业对外披露的财务报告的合法性、公允性和一贯性做出的独立鉴证报告。它是财务分析人员判断公司会计信息真实程度的重要依据。

（2）招股说明书。招股说明书是股份有限公司在向社会公众发行股票时，按照规定向社会公众公开有关信息的书面文件。招股说明书通常包括本次发行概况、风险因素、发行人基本情况、业务和技术、募股资金运用、发行定价及股利分配政策等事项。它是社会公众了解发起人和将要设立公司的情况并做出购买公司股票决策的重要依据。

（3）上市公告书。上市公告书是发行人在其股票上市前，向公众公告与发行上市有关事项的文件。公司股票获准在证券交易所交易后，须公布上市公告书。上市公告书除了包括招股说明书的重要内容外，还包括：发行人对公告内容的承诺；股票上市情况；发行人、股东和实际控制人情况；股票上市前已发行股票的情况；招股说明书刊登日至公告书刊登日发生的重要事项；上市保荐人及其意见。上市公告书对企业的情况披露比较充分，是财务分析人员特别是企业外部人士进行财务分析可供参考的重要资料。

（4）政策信息。政策信息主要有产业政策、价格政策、财政政策、金融政策、货币政策、分配政策、税收政策、会计政策等信息。财务分析人员可以从行业性质、企业组织形式等角度分析企业财务状况对政策法规的敏感程度，全面揭示经济政策变化及法律制度的调整对企业财务状况、经营成果和现金流量的影响。

（5）市场信息。市场信息主要包括来自资本市场、生产资料市场、劳动力市场、技术市场、土地市场等要素市场以及商品市场的信息。其中的任何信息都可能与企业经营及财务状况息息相关。因此，在进行企业财务分析时，必须关注商品供求与价格变化对企业产品或服务质量与收入的影响，关注劳动力供求与价格对企业人工费的影响，关注技术市场供求及价格对企业无形资产规模、结构的影响，关注资本市场资金供求渠道及价格对企业投资、融资的影响，以便从市场环境变化中分析企业财务状况变化的成因及趋势。

（6）行业信息。行业信息主要指企业所处行业的相关企业、产品、技术、规模、效益等方面的情况，在进行财务分析时应着重关注平均水平、先进水平以及行业发展前景等相关信息，以客观评价企业当前的经营现状，合理预测、把握企业财务状况、经营业绩与现金流量的发展趋势，为决策提供可靠的信息依据。

2.2.2　财务报表

财务分析中最重要的资料就是财务报表。财务报表是对企业财务状况、经营成果和现金流量的结构性表述。财务报表至少应当包括下列组成部分：资产负债表、利润表、现金流量表、所有者权益变动表、附注。企业应当以持续经营为基础，根据实际发生的交易和事项，按照《企业会计准则——基本准则》和其他各项会计准则的规定进行确认和计量，在此基础上编制财务报表。

1.资产负债表

资产负债表是反映企业在某一特定日期财务状况的财务报表，例如公历12月31日的财务状况。

资产负债表主要提供有关企业财务状况方面的信息，即某一特定日期企业资产、负债、所有者权益及其相互关系。资产负债表的作用如下：第一，可以提供某一日期的资产总额及其结构，表明企业拥有或控制的资源及其分布情况，使用者可以一目了然地从资产负债表上了解企业在某一特定日期所拥有的资产总额及其结构；第二，可以提供某一日期的负债总额及其结构，表明企业未来需要用多少资产或劳务清偿债务以及清偿时间；第三，可以反映所有者所拥有的权益，据以判断资本保值、增值的情况以及偿还负债的保障程度。

资产负债表遵循“资产=负债+所有者权益”这一会计恒等式，把企业在特定时点所拥有的经济资源、与之相对应的企业所承担的债务、清偿以后属于所有者的权益充分反映出来。因此，资产负债表应当分别列示资产总计项目与负债和所有者权益之和的总计项目，并且这二者的金额应当相等。

我国企业会计准则中规定的适用于已执行新金融准则、新收入准则和新租赁准则的企业的资产负债表格式见表2-1。

表2-1　　　　**资产负债表**　　　　会企01表

编制单位：　　　　____年__月__日　　　　单位：元

资产	期末余额	上年年末余额	负债和所有者权益（或股东权益）	期末余额	上年年末余额
流动资产：			流动负债：		
货币资金			短期借款		
交易性金融资产			交易性金融负债		
衍生金融资产			衍生金融负债		
应收票据			应付票据		
应收账款			应付账款		
应收款项融资			预收款项		
预付款项			合同负债		
其他应收款			应付职工薪酬		
存货			应交税费		

续表

资产	期末余额	上年年末余额	负债和所有者权益（或股东权益）	期末余额	上年年末余额
合同资产			其他应付款		
持有待售资产			持有待售负债		
一年内到期的非流动资产			一年内到期的非流动负债		
其他流动资产			其他流动负债		
流动资产合计			流动负债合计		
非流动资产：			非流动负债：		
债权投资			长期借款		
其他债权投资			应付债券		
长期应收款			其中：优先股		
长期股权投资			永续债		
其他权益工具投资			租赁负债		
其他非流动金融资产			长期应付款		
投资性房地产			预计负债		
固定资产			递延收益		
在建工程			递延所得税负债		
生产性生物资产			其他非流动负债		
油气资产			非流动负债合计		
使用权资产			负债合计		
无形资产			所有者权益（或股东权益）：		
开发支出			实收资本（或股本）		
商誉			其他权益工具		
长期待摊费用			其中：优先股		
递延所得税资产			永续债		
其他非流动资产			资本公积		
非流动资产合计			减：库存股		
			其他综合收益		
			专项储备		
			盈余公积		
			未分配利润		
			所有者权益（或股东权益）合计		
资产总计			负债和所有者权益（或股东权益）总计		

2.利润表

利润表是反映企业一定期间生产经营成果的财务报表。利润表的列报必须充分反映企业经营业绩的主要来源和构成，有助于报表使用者判断净利润的质量及其风险，有助于报表使用者预测净利润的持续性，从而做出正确的决策。

利润表可以反映企业一定会计期间收入的实现情况，如实现的营业收入有多少，实现的投资收益有多少，实现的营业外收入有多少等；可以反映企业一定会计期间的费用耗费情况，如耗费的营业成本有多少，税金及附加有多少，销售费用、管理费用、研发费用、财务费用各有多少，营业外支出有多少等；可以反映企业生产经营活动的成果，即净利润的实现情况，据以判断资本保值、增值等情况。

利润表格式（适用于已执行新金融准则、新收入准则和新租赁准则的企业）见表2-2。

表2-2　**利润表**　会企02表

编制单位：　____年__月　单位：元

项　目	本期金额	上期金额
一、营业收入		
减：营业成本		
税金及附加		
销售费用		
管理费用		
研发费用		
财务费用		
其中：利息费用		
利息收入		
加：其他收益		
投资收益（损失以“-”号填列）		
其中：对联营企业和合营企业的投资收益		
以摊余成本计量的金融资产终止确认收益（损失以“-”号填列）		
净敞口套期收益（损失以“-”号填列）		
公允价值变动收益（损失以“-”号填列）		
信用减值损失（损失以“-”号填列）		
资产减值损失（损失以“-”号填列）		
资产处置收益（损失以“-”号填列）		
二、营业利润（亏损以“-”号填列）		
加：营业外收入		

续表

项 目	本期金额	上期金额
减：营业外支出		
三、利润总额（亏损总额以“-”号填列）		
减：所得税费用		
四、净利润（净亏损以“-”号填列）		
（一）持续经营净利润（净亏损以“-”号填列）		
（二）终止经营净利润（净亏损以“-”号填列）		
五、其他综合收益的税后净额		
（一）不能重分类进损益的其他综合收益		
1.重新计量设定受益计划变动额		
2.权益法下不能转损益的其他综合收益		
3.其他权益工具投资公允价值变动		
4.企业自身信用风险公允价值变动		
……		
（二）将重分类进损益的其他综合收益		
1.权益法下可转损益的其他综合收益		
2.其他债权投资公允价值变动		
3.金融资产重分类计入其他综合收益的金额		
4.其他债权投资信用减值准备		
5.现金流量套期储备		
6.外币财务报表折算差额		
……		
六、综合收益总额		
七、每股收益		
（一）基本每股收益		
（二）稀释每股收益		

3.现金流量表

现金流量表是以现金为基础编制的财务状况变动表。现金流量表反映企业一定期间内现金的流入和流出，表明企业获得现金的能力。

现金流量表所指的现金一般包括现金及现金等价物。现金是指企业库存现金以及可以随时用于支付的存款。不能随时用于支付的存款不属于现金。现金等价物是指企业持有的期限短、流动性强、易于转换为已知金额现金、价值变动风险很小的投资。期限短，一般是指从购买日起三个月内到期。现金等价物通常包括三个月内到期的债券投资等。权益性投资变现的金额通常不确定，因而不属于现金等价物。企业应当根据具体情况，确定现金等价物的范围，一经确定不得随意变更。

现金流量是指现金和现金等价物的流入与流出。

编制现金流量表的目的是为财务报表使用者提供企业一定会计期间内有关现金的流入与流出的信息。企业一定时期的现金流入与流出是由各种因素产生的，现金流量表首先要对企业各项经营业务产生或运用的现金流量进行合理的分类，通常按照企业经营业务发生的性质将企业一定期间内产生的现金流量归为三类：一是经营活动产生的现金流量。经营活动是指企业投资活动和筹资活动以外的所有交易和事项，包括销售商品或提供劳务、经营租赁、购买货物、接受劳务、制造产品、广告宣传、推销产品、缴纳税款等。二是投资活动产生的现金流量。投资活动是指企业长期资产的购建和不包括在现金等价物范围内的投资及其处置活动。三是筹资活动产生的现金流量。筹资活动是指导致企业资本及债务规模和构成发生变化的活动，包括吸收投资、发行股票、分配利润等。

现金流量表的结构包括基本报表和补充资料。

基本报表的内容有六项：一是经营活动产生的现金流量，主要包括销售商品、提供劳务、购买商品、支付工资、缴纳税款等；二是投资活动产生的现金流量，主要包括收回投资和取得投资收益，购建和处置固定资产、无形资产和其他长期资产等；三是筹资活动产生的现金流量，主要包括吸收投资、借入款项、偿还债务、分配利润等；四是汇率变动对现金及现金等价物的影响；五是现金及现金等价物净增加额；六是期末现金及现金等价物余额。

补充资料的内容有三项：一是将净利润调节为经营活动现金流量；二是不涉及现金收支的重大投资和筹资活动；三是现金及现金等价物净变动情况。

现金流量表格式（适用于已执行新金融准则、新收入准则和新租赁准则的企业）见表2-3。

表2-3 **现金流量表** 会企03表

编制单位： ____年__月 单位：元

项 目	本期金额	上期金额
一、经营活动产生的现金流量：		
销售商品、提供劳务收到的现金		
收到的税费返还		
收到其他与经营活动有关的现金		
经营活动现金流入小计		
购买商品、接受劳务支付的现金		
支付给职工以及为职工支付的现金		
支付的各项税费		
支付其他与经营活动有关的现金		
经营活动现金流出小计		
经营活动产生的现金流量净额		

续表

项　目	本期金额	上期金额
二、投资活动产生的现金流量：		
收回投资收到的现金		
取得投资收益收到的现金		
处置固定资产、无形资产和其他长期资产收回的现金净额		
处置子公司及其他营业单位收到的现金净额		
收到其他与投资活动有关的现金		
投资活动现金流入小计		
购建固定资产、无形资产和其他长期资产支付的现金		
投资支付的现金		
取得子公司及其他营业单位支付的现金净额		
支付其他与投资活动有关的现金		
投资活动现金流出小计		
投资活动产生的现金流量净额		
三、筹资活动产生的现金流量：		
吸收投资收到的现金		
取得借款收到的现金		
收到其他与筹资活动有关的现金		
筹资活动现金流入小计		
偿还债务支付的现金		
分配股利、利润或偿付利息支付的现金		
支付其他与筹资活动有关的现金		
筹资活动现金流出小计		
筹资活动产生的现金流量净额		
四、汇率变动对现金及现金等价物的影响		
五、现金及现金等价物净增加额		
加：期初现金及现金等价物余额		
六、期末现金及现金等价物余额		

企业应当采用间接法在现金流量表补充资料中披露将净利润调节为经营活动现金流量的相关信息。现金流量表补充资料格式见表2-4。

表2-4　**现金流量表补充资料**　单位：元

补充资料	本期金额	上期金额
1.将净利润调节为经营活动现金流量：		
净利润		
加：资产减值准备		
信用减值损失		

续表

补充资料	本期金额	上期金额
固定资产折旧、油气资产折耗、生产性生物资产折旧		
无形资产摊销		
投资性房地产折旧及摊销		
长期待摊费用摊销		
使用权资产折旧与摊销		
处置固定资产、无形资产和其他长期资产的损失（收益以“-”号填列）		
公允价值变动损失（收益以“-”号填列）		
财务费用（收益以“-”号填列）		
投资损失（收益以“-”号填列）		
递延所得税资产减少（增加以“-”号填列）		
递延所得税负债增加（减少以“-”号填列）		
存货的减少（增加以“-”号填列）		
回购业务净减少（增加）额		
经营性应收项目的减少（增加以“-”号填列）		
经营性应付项目的增加（减少以“-”号填列）		
经营活动产生的现金流量净额		
2.不涉及现金收支的重大投资和筹资活动：		
债务转为资本		
一年内到期的可转换公司债券		
融资租入固定资产		
3.现金及现金等价物净变动情况：		
现金的期末余额		
减：现金的期初余额		
加：现金等价物的期末余额		
减：现金等价物的期初余额		
现金及现金等价物净增加额		

4.所有者权益变动表

所有者权益变动表是反映构成所有者权益的各组成部分当期的增减变动情况的报表。所有者权益变动表应当全面反映一定时期所有者权益变动的情况，不仅包括所有者权益总量的增减变动，还包括所有者权益增减变动的重要结构性信息，特别是要反映直接计入所有者权益的利得和损失，让报表使用者准确理解所有者权益增减变动的根源。

所有者权益变动表格式（适用于已执行新金融准则、新收入准则和新租赁准则的企业）见表2-5。

表 2-5

所有者权益变动表

会企 04 表

编制单位：　　　　＿＿年度　　　　单位：元

项　目	本年金额											上年金额										
	实收资本（或股本）	其他权益工具			资本公积	减：库存股	其他综合收益	专项储备	盈余公积	未分配利润	所有者权益合计	实收资本（或股本）	其他权益工具			资本公积	减：库存股	其他综合收益	专项储备	盈余公积	未分配利润	所有者权益合计
		优先股	永续债	其他									优先股	永续债	其他							
一、上年年末余额																						
加：会计政策变更																						
前期差错更正																						
其他																						
二、本年年初余额																						
三、本年增减变动金额（减少以“-”号填列）																						
（一）综合收益总额																						
（二）所有者投入和减少资本																						
1.所有者投入的普通股																						
2.其他权益工具持有者投入资本																						
3.股份支付计入所有者权益的金额																						
4.其他																						
（三）利润分配																						
1.提取盈余公积																						
2.对所有者（或股东）的分配																						
3.其他																						
（四）所有者权益内部结转																						
1.资本公积转增资本（或股本）																						
2.盈余公积转增资本（或股本）																						
3.盈余公积弥补亏损																						
4.设定受益计划变动额结转留存收益																						
5.其他综合收益结转留存收益																						
6.其他																						
四、本年年末余额																						

5.财务报表附注

财务报表附注是财务报表不可或缺的组成部分，是对资产负债表、利润表、现金流量表和所有者权益变动表等报表中列示项目的文字描述或明细资料，以及对未能在这些报表中列示项目的说明等。

财务报表中的数字是经过分类与汇总后的结果，是对企业发生的经济业务的高度简化和浓缩。如果没有形成这些数字所使用的会计政策以及理解这些数字所必需的披露，财务报表就不可能充分发挥效用。因此，财务报表附注与资产负债表、利润表、现金流量表、所有者权益变动表等报表具有同等的重要性，是财务报表的重要组成部分。报表使用者要了解企业的财务状况、经营成果和现金流量，就应当全面阅读附注。

附注应当按照如下顺序披露有关内容：

（1）企业的基本情况。

① 企业注册地、组织形式和总部地址。

② 企业的业务性质和主要经营活动，如企业所处行业、所提供的主要产品或服务、客户的性质、销售策略、监管环境的性质等。

③ 母公司以及集团最终母公司的名称。

④ 财务报告的批准报出者和财务报告批准报出日。

（2）财务报表的编制基础。

（3）遵循企业会计准则的声明。企业应当声明编制的财务报表符合企业会计准则的要求，真实、完整地反映了企业的财务状况、经营成果和现金流量等有关信息，以此明确企业编制财务报表所依据的制度基础。如果企业编制的财务报表只是部分地遵循了企业会计准则，附注中不得做出这种表述。

（4）重要会计政策和会计估计。根据《企业会计准则第30号——财务报表列报》的规定，企业应当披露采用的重要会计政策和会计估计，不重要的会计政策和会计估计可以不披露。

（5）会计政策和会计估计变更以及差错更正的说明。企业应当按照《企业会计准则第28号——会计政策、会计估计变更和差错更正》及其应用指南的规定，披露会计政策和会计估计变更以及差错更正的有关情况。

（6）报表重要项目的说明。企业应当以文字和数字描述相结合、尽可能以列表形式披露报表重要项目的构成或当期增减变动情况，并且报表重要项目的明细金额合计应当与报表项目金额相衔接。在披露顺序上，一般应当按照资产负债表、利润表、现金流量表、所有者权益变动表的顺序及其项目列示的顺序进行披露。

（7）其他需要说明的重要事项。这主要包括或有和承诺事项、资产负债表日后非调整事项、关联方关系及其交易等，具体的披露要求须遵循相关准则的规定。

【相关链接 2-1】

从企业财务报表附注中获取有效信息的具体建议

要使报表信息使用者通过报表附注获取充分、有效的会计信息，一是需要政府部门建立健全相关的法律法规，让编制报表附注的会计人员有法可查、有据可依；二是要加大执法力度，提高违法犯罪成本，任何一次惩罚都要起到威慑作用；三是证监会、审计署、财政部门等相关政府部门，以及注册会计师等外部审计组织和企业内部审计机构要构成有效的监督体系，形成合力，不能相互推诿。作为报表信息使用者，自身也要认识到财务报表附注是信息载体，是可以用来获取会计信息的工具。

（1）结合审计报告看附注。一般情况下，上市公司每年4月30日之前在公布财务报告的同时要公告附有注册会计师签字的审计报告，可以重点关注审计报告中提及的关键审计事项、强调事项段和其他事项段。

（2）结合财务报表看附注。报表上下看、左右比，找出变动幅度较大的项目，分析异常变动的原因，这些原因应该就隐藏在财务报表附注中，财务报表是附注的基础和依托，附注是财务报表的恰当补充和具体说明，两者之间应该相互印证，而不是互相矛盾，如果发现矛盾之处，则很有可能就是错误。

（3）纵向比较前后年度的报表附注，有的放矢，查找异常变动，将它作为重点或突破口，这样可以提高效率。如企业股权结构发生较大变动、关联关系异常变化、关联交易占总交易的百分比等发生变化都需要特别关注，"事出反常必有妖"是有一定道理的。

（4）借助重要的财务指标进行分析，关注甚至深度挖掘有关企业的财经报道、网络新闻、证监会以及企业发布的各种公告。

（5）全面关注企业的商誉和优秀的管理团队及其管理水平，充分了解企业的各种经济资源。

（6）关注企业的主营业务受国家政策影响的程度，预测未来变化的趋势及可能性。

资料来源 胡彬彬. 企业财务报表附注的探析［J］. 农村经济与科技，2021，32（2）：140-141.

2.2.3 审计报告

由于一般财务报表使用者的专业知识、时间、精力及条件有限，很难对财务报表的真实性和合规性做出判断，为了增强企业提供的财务报表的可靠性，降低信息风险，需要聘请独立于企业的外部专业人士即注册会计师进行审计，对财务报表的公允性、合法性等发表审计意见。因此，审计报告是财务报表披露质量的鉴定书。

审计报告是注册会计师根据独立审计准则的要求，在实施必要的审计程序后，以经过核实的审计证据为依据，对被审计单位年度财务报表发表审计意见的书面文件。

审计报告应当说明审计范围、会计责任与审计责任、审计依据和已实施的主要审计程序等事项。审计报告应当说明被审计单位财务报表的编制是否符合企业会计准则及国家其他财经法规的规定，在所有重大方面是否公允地反映了其财务状况、经营成果和现金流量情况，以及所采用的会计处理方法是否遵循了一贯性原则。

审计报告根据意见类型可分为无保留意见、保留意见、否定意见和无法表示意见四种类型的审计报告。在出具保留意见、否定意见或无法表示意见审计报告时，应明确说明理由，并在可能的情况下指出其对财务报表反映信息的影响程度。

2.3 财务分析的方法与技术

2.3.1 水平分析和结构分析

1.水平分析

水平分析是指将反映企业报告期财务状况的信息（也就是财务报表信息资料）与反映企业前期或历史某一时期财务状况的信息进行对比，研究企业各项经营业绩或财务状况的变动情况的财务分析方法。

水平分析的基本要点是：将报表资源中不同时期的同项数据进行对比。水平分析所进行的对比，一般而言，不是单指标对比，而是对反映某方面情况的数据的全面、综合对比分析。变动数量的计算公式是：

变动数量=分析期某项指标实际数-前期同项指标实际数

变动率的计算公式是：

变动率（%）=变动数量/前期实际数量×100%

式中：公式所说的前期，可以指上年度，也可以指以前某一年度。

按上述方法编制的报表形式，可称为比较财务报表。比较财务报表也可以同时选取多期（两期以上）会计数据进行比较，称为长期比较财务报表。长期比较财务报表的优点是，可以提醒使用者排除各年份非常事项或偶然事项的影响，对企业若干年的财务报表按时间序列加以分析，能更准确地看出企业发展的总体趋势，有助于更好地预测未来。

在进行水平分析时，还应特别关注相关指标的可比性，是否存在因会计政策或会计处理方法变动而影响了报表中某些项目前后的可比性，同时也应了解各项目相对比例的变化。

水平分析具体有两种方法：比较分析法和指数趋势分析法。

（1）比较分析法。比较分析法是将公司两个年份的财务报表进行比较分析，旨在找出单个项目各年之间的不同，以便发现某种趋势。在进行比较分析时，除了可以针对单个项目研究其趋势，还可以针对特定项目之间的关系进行分析，以揭示出隐藏的问题。比如，如果发现销售收入增长10%，销售成本增长14%，也就是说成本比收入增长得更快，这与我们通常的假设是相悖的（我们通常假设：当产品和原材料价格不变时，销售收入和销售成本同比例增长）。现在出现了这种差异，一般有三种可能：一是产品价格下降；二是原材料价格上升；三是生产效率降低。要确定具体的原因，就需要借助其他方法和资料作进一步的分析。

（2）指数趋势分析法。当需要比较三年以上的财务报表时，比较分析法就变得很麻烦，于是就产生了指数趋势分析法。指数趋势分析的具体方法是，在分析连续几年的财务报表时，以其中一年的数据为基期数据，将基期的数据值定为100，将其他各年的数据转换为基期数据的百分比，然后比较分析相对数的大小，得出有关项目的趋势。在使用指数趋势分析法时要注意的是，由指数得到的百分比的变化趋势都是以基期为参考的，是相对数的比较，好处就是可以观察多个期间数值的变化，得出一段时间内数值变化的趋势。如果将通货膨胀的因素考虑在内，用指数除以通货膨胀率，就会得到去除通货膨胀因素后的金额的实际变化，更能说明问题。这个方法在用过去的趋势对将来的数值进行推测时是有用的，还可以观察数值变化的幅度，找出重要的变化，为下一步的分析指明方向。

2.结构分析

结构分析是以财务报表中的某个总体作为100%，再计算出各组成项目占总体的百分比，从而得出各个项目的结构比例及对总体的影响大小。这既可以用于同一公司不同时期财务状况的纵向比较，又可以用于不同公司之间的横向比较，同时可以消除不同规模差异的影响，有利于分析公司的财务状况和经营成果。

财务结构分析，又称资本结构分析，是诊断企业健康与否的根据，是评估企业长期偿债能力与长期安全性的一项重要指标。

一般而言，从资产负债表可以看出股本结构、资产负债结构、流动资产与流动负债的结构、流动资产内部结构、长期资产内部结构、长期资产与长期资本的结构、负债与股东权益的结构、负债内部结构、股东权益内部结构等。上述九种财务结构的风险主要体现在：资本结构之间钩稽关系是否匹配合理；财务杠杆与财务风险、经营杠杆与经营风险是否协调；股东权益内部结构与企业未来融资需求是否具有战略性；各种资本结构有无人为操纵现象等。

从利润表可以看出各种收益对净利润的贡献大小和耗蚀程度，包括收入结构、成本结构、费用结构、税务支出结构、利润结构和利润分配结构等。

从现金流量表可以看出现金流入比、现金流出比和现金流入流出比等。

财务结构是否合理、合规、合法，是否能够为实现企业价值最大化起到促进作用，是否会成为将来企业财务风险的隐患，都是企业财务管理人员和学者极为关注的财务问题。虽然说世界上没有公认的财务结构标准，但是一些有意无意遵循的规律，还是对识别和防范财务结构风险有一定裨益。

常用的结构分析指标主要有以下几种：

（1）股东权益比率。其计算公式为：

$$股东权益比率=\frac{股东权益总额}{资产总额}\times100\%$$

$$=\frac{股东权益总额}{股东权益总额+负债总额}\times100\%$$

股东权益比率显示企业总资产中企业自有资本所占的比率，反映企业的基本财务结构是否稳定。

（2）资产负债率。其计算公式为：

$$资产负债率=\frac{负债总额}{资产总额}\times100\%$$

$$=\frac{负债总额}{股东权益总额+负债总额}\times100\%$$

资产负债率可衡量企业的总资产中究竟有多少是依赖外来资金提供的。

资产负债率与股东权益比率可以说是一体两面，两者总和恰好是100%。

（3）资本负债率。其计算公式为：

$$资本负债率=\frac{负债总额}{股东权益总额}\times100\%$$

此项比率比资产负债率能更准确地揭示企业的长期偿债能力状况。

（4）权益乘数。其计算公式为：

$$权益乘数=\frac{资产总额}{股东权益总额}\times100\%$$

（5）流动负债占总负债比率。其计算公式为：

$$流动负债占总负债比率=\frac{流动负债}{负债总额}\times100\%$$

流动负债为企业对外负债中须于短期内偿还的债务。此项比率过大，将影响资金流动的安全性。

（6）利息保障倍数，又称已获利息倍数。其计算公式为：

$$利息保障倍数=\frac{所得税及利息费用前净利润}{利息费用}$$

$$=\frac{税前净利润(净损失)+利息费用}{利息费用}$$

利息保障倍数不仅反映了企业获利能力的大小，而且反映了获利能力对偿还到期债务的保证程度，它既是企业举债经营的前提，也是衡量企业长期偿债能力大小的重要指标。要维持正常偿债能力，利息保障倍数至少应大于1，且比值越高，企业长期偿债能力越强。如果利息保障倍数过低，企业将面临亏损、偿债的安全性与稳定性下降的风险。即使公司短期的速动比率及流动比率符合标准，但若是负债过重，获利不足以支付利息，那么从中长期来看公司也将面临亏损乃至倒闭的风险。

2.3.2 比率分析

比率分析是利用财务经济指标之间的相互关系，通过计算财务比率来剖析、评价企业财务活动和财务关系的一种方法。财务比率在财务分析中处于极为重要的地位，所以通常将其作为一种专门的分析方法。

采用比率分析法进行分析时，需要根据分析的内容和要求计算出有关的比率，然后进行分析。由于各种比率的计算方法各不相同，因此比率分析的目的以及所起的作用也各不相同。根据计算方法的不同，财务比率分析大体上可以分为三类：相关比率分析、结构比率分析和动态比率分析。

1.相关比率分析

相关比率是指同一时期财务报表中两项相关数值的比率。此类比率包括：①反映偿债能力的比率，如流动比率、速动比率、资产负债率、权益乘数等；②反映营运能力的比率，如存货周转率、应收账款周转率、流动资产周转率等；③反映盈利能力的比率，如净资产收益率、总资产报酬率、销售净利率、成本费用利润率等；④反映现金流动能力的比率，如现金比率、经营活动现金流量与净利润的比率、现金负债率等。

2.结构比率分析

结构比率是指财务报表中个别项目数值与全部项目总和的比率。这类比率揭示了部分与整体的关系，通过不同时期结构比率的比较还可以揭示公司财务业绩构成和结构的发展变化趋势。结构比率的计算方法通常是：

$$结构比率=\frac{某指标某部分的数值(部分)}{该指标的总体数值(总体)}\times 100\%$$

结构比率指标通常表现为各种比重。在财务报表分析中常用的结构比率包括：①利润表的结构比率，如营业利润占利润总额的比重、主营业务利润占营业利润的比重等；②资产负债表的结构比率，如存货与流动资产的比率、流动资产与全部资产的比率、流动负债占总负债的比重、所有者权益占总资本的比重等；③现金流量表的结构比率，如经营活动现金流量占总现金流量的比重、投资活动现金流量占总现金流量的比重、筹资活动现金流量占总现金流量的比重等。

【例2-1】S公司资产负债表资产情况汇总表见表2-6。

表2-6 资产负债表资产情况汇总表[①]

编制单位：S公司 2021年12月31日

项 目	本期金额（元）	比重（%）	上期金额（元）	比重（%）
流动资产合计	105 592 773 820.55	36.55%	106 012 818 341.25	38.52%
非流动资产合计	183 336 554 467.72	63.45%	169 226 608 989.45	61.48%
资产总计	288 929 328 288.27	100%	275 239 427 330.70	100%

从表2-6可见，S公司2021年的流动资产占比36.55%，与2020年的38.52%相比，下降幅度较小；非流动资产占比63.45%，与2020年的61.48%相比，上升幅度较小。因此，S公司的资产主要由非流动资产构成，资产结构较为稳定。

3.动态比率分析

动态比率是指财务报表中某个项目不同时期的两项数值的比率，又称为趋势分析或水平分析。公司的经济现象受多方面因素变化的影响，只从某一时期或某一时点上很难完整地分析公司财务状况的发展规律和趋势，必须把若干数据按时期或时点的先后顺序整理为数列，并计算出发展速度、增长速度、平均发展速度和平均增长速度等，才能探索其发展规律和发展趋势。

根据财务指标的时间特征的不同，财务指标的时间数列可分为时期数列和时点数列。时期数列反映某种经济现象在一定时期内发展过程的结果及总量，它是各个时期的数值不断累计的结果。例如，销售收入、利润总额等利润表项目所构成的数列就是时期数列。时点数列表明在特定时点上的某种经济现象所处的状态的数值。由于各时点上的数值大部分是现象的重复，因此时点数列不能相加，如年末的资产总计、所有者权益合计、流动资产合计等资产负债表项目所构成的时间数列就是时点数列。

根据财务指标的时间数列，可以计算出相关指标的增长量、发展速度、增长速度等指标，以反映相关财务指标的发展规律。

（1）增长量。增长量反映某种经济现象在一定时期内增加（或减少）的绝对数，是比较期与基期的差额，增长量指标由于作为比较标准的时期不同，分为逐期增长量（即把前一期作为基期逐期比较）和累计增长量（即把各个比较期统一与某个固定基期比较）。增长量的计算公式为：

增长量=比较期数值（报告期水平）-基期数值（基期水平）

（2）发展速度。发展速度是表明某种经济现象发展程度的比率，它是全部数列中各比较期与基期水平之比。发展速度指标根据比较标准的时期不同，分为定基发展速度和环比发展速度。定基发展速度是报告期水平与固定基期水平对比；环比发展速度是报告期水平与前一期水平对比。

$$\text{定基发展速度}=\frac{\text{报告期某指标数值}}{\text{固定基期该指标数值}}\times 100\%$$

$$\text{环比发展速度}=\frac{\text{报告期某指标数值}}{\text{前一期该指标数值}}\times 100\%$$

在财务分析中使用动态比率分析，能够对连续数年的财务报表中的某重要项目进行

① 本教材所有报表如不特别说明均采用S公司母公司报表。

比较，计算该项目前后期的增减方向和幅度，以说明公司财务状况或财务成果的变动趋势。

下面以营业收入和净利润为例进行趋势分析。

【例2-2】S公司2019—2021年营业收入趋势分析见表2-7。

表2-7 **S公司营业收入趋势分析表**

项 目	2019年	2020年	2021年
营业收入（元）	63 840 991 415.99	60 044 044 174.49	7 0391 603 895.15
定基发展速度	100%	94.05%	110.26%
环比发展速度	100%	94.05%	117.23%

从表2-7的数据可见，该公司营业收入在2019年至2021年呈先下降后上升的趋势。与2019年相比，2020年略有降低，定基发展速度为94.05%，2021年定基发展速度为110.26%；2020年环比发展速度为94.05%，2021年环比发展速度为117.23%。

【例2-3】S公司2019—2021年净利润趋势分析见表2-8。

表2-8 **S公司净利润趋势分析表**

项 目	2019年	2020年	2021年
净利润（元）	19 225 567 975.14	11 388 261 865.75	17 064 074 223.52
定基发展速度	100%	59.23%	88.76%
环比发展速度	100%	59.23%	149.84%

由表2-8的数据可见，与2019年相比，该公司净利润在2020年减少幅度较大，为59.23%，2021年为88.76%；从环比发展速度来看，2020年为59.23%，2021年增速明显，为149.84%。

结合表2-7和表2-8可以发现，该公司营业收入在2020年下降了近6%的情况下，净利润却下降了约40%，说明其营业利润率也明显下降。尽管2021年营业收入与净利润明显回升，但其净利润仍低于2019年，说明2021年营业利润率虽高于2020年，但仍然低于2019年，总体处于下降趋势。

由此可见，在运用动态比率分析时，不仅要分析单个项目的发展速度，而且要对比分析相关指标和财务比率的发展速度，这样才能较全面地掌握公司的发展状况。

2.3.3 因素分析

因素分析是依据财务指标与其驱动因素之间的关系，从数量上确定各因素对指标影响程度的一种方法，具体可分为连环替代法和差额分析法两种形式，差额分析法实际上是连环替代法的一种简化形式。

连环替代法的基本程序如下：

第一，确定分析指标及其影响因素。运用指标分解法，对财务总指标进行分解或扩展，从而得到分析指标与其影响因素之间的关系式。

例如，对资产净利率可以进行如下分解：

$$资产净利率=\frac{净利润}{平均总资产}$$

$$=\frac{总产值}{平均总资产}\times\frac{销售收入}{总产值}\times\frac{净利润}{销售收入}$$

$$=资产产值率\times产品销售率\times销售净利率$$

通过上述分解可见，企业资产净利率的影响因素有资产产值率、产品销售率和销售净利率三个因素。这三个因素分别反映了企业的生产效率、销售效率和生产成本水平。对资产净利率进行分析，并按照因素分解进行分析，能够发现影响资产净利率变动的具体原因，进而为提高资产净利率提供科学、准确的指导。

再如，对净资产收益率可以进行如下分解：

$$净资产收益率=\frac{净利润}{平均净资产}$$

$$=\frac{净利润}{销售收入}\times\frac{销售收入}{平均总资产}\times\frac{平均总资产}{平均净资产}$$

$$=销售净利率\times总资产周转率\times权益乘数$$

上式即著名的杜邦分析法。

对净资产收益率还可以进行如下分解：

$$净资产收益率=\frac{净利润}{平均净资产}$$

$$=\frac{息税前利润}{销售收入}\times\frac{销售收入}{平均总资产}\times\frac{税前利润}{息税前利润}\times\frac{平均总资产}{平均净资产}\times\frac{净利润}{税前利润}$$

$$=经营利润率\times总资产周转率\times财务成本效应\times财务杠杆效应\times税收效应$$

如果使用变动成本法资料，对净资产收益率还可以进行如下分解：

$$净资产收益率=\frac{净利润}{平均净资产}$$

$$=\frac{净利润}{销售收入}\times\frac{销售收入}{平均总资产}\times\frac{平均总资产}{平均净资产}$$

$$=\frac{安全边际}{销售收入}\times\frac{边际贡献}{安全边际}\times\frac{销售收入}{平均总资产}\times\frac{平均总资产}{平均净资产}\times（1-所得税税率）$$

$$=安全边际率\times边际贡献率\times总资产周转率\times权益乘数\times（1-所得税税率）$$

$$=\frac{1}{经营杠杆系数}\times\frac{1}{财务杠杆系数}\times总资产周转率\times权益乘数\times（1-所得税税率）$$

第二，确定因素顺序。在确定影响因素后，还需要对影响因素进行排序，不同的排列顺序会产生不同的计算结果。如何确定正确的排列顺序呢？这是一个理论上和实践中尚未解决的问题。按照统计学的一般原则，通常的做法是：数量指标在前，质量指标在后。现在也有人提出按照重要性原则进行先后排序。一般地，排列在前的因素对经济指标影响的程度不受其他因素影响或影响较小，排列在后的因素中含有其他因素共同作用的成分。目前的一般原则是：先数量指标，后质量指标；先基础指标，后派生指标；先实物量指标，后价值量指标；相邻指标相乘要有意义。例如，对净资产收益率进行分解时，将销售性指标排在前面，结构性指标排在后面，并且相邻指标相乘具有经济意义。

第三，分别计算报告期和基期的指标。以净资产收益率（即权益净利率）为例，两项指标的计算为：

基期净资产收益率=基期销售净利率×基期总资产周转率×基期权益乘数

报告期净资产收益率=报告期销售净利率×报告期总资产周转率×报告期权益乘数

净资产收益率的变动=报告期净资产收益率−基期净资产收益率

第四，进行因素连环替代和因素影响的分解。进行因素连环替代的原则是：对于被分析的因素，分别取报告期数值和基期数值进行计算；对于被分析因素之前的因素，固定在报告期；对于被分析因素之后的因素，固定在基期。

连环替代法用公式表示如下：

基期指标　　$R_0=A_0\times B_0\times C_0$　　(1)

第一次替代　　$A_1\times B_0\times C_0$　　(2)

第二次替代　　$A_1\times B_1\times C_0$　　(3)

第三次替代　　$R_1=A_1\times B_1\times C_1$　　(4)

（2）−（1）表示驱动因素A对指标R的影响，（3）−（2）表示驱动因素B对指标R的影响，（4）−（3）表示驱动因素C对指标R的影响，（4）−（1）表示各驱动因素对指标R的总影响。

差额分析法的分析原理同连环替代法，其分析公式如下：

驱动因素A对指标R的影响=$(A_1-A_0)\times B_0\times C_0$

驱动因素B对指标R的影响=$A_1\times(B_1-B_0)\times C_0$

驱动因素C对指标R的影响=$A_1\times B_1\times(C_1-C_0)$

各驱动因素对指标R的总影响=$A_1\times B_1\times C_1-A_0\times B_0\times C_0$

可见，运用连环替代法和差额分析法得出的分析结论是一致的。

第五，因素分析。对替代结果进行因素分析，确定各因素对分析指标的影响程度或影响量。

【例2-4】对S公司2021年对比上年权益净利率的变化进行因素分析。

权益净利率=销售净利率×总资产周转率×权益乘数

本年权益净利率=24.24%×24.95%×133.17%=8.06%

上年权益净利率=18.97%×22.15%×131.44%=5.52%

与上年相比，本年权益净利率上升了2.54%，这主要是受到销售净利率上升的影响，总资产周转率和权益乘数在本年略有上升。利用因素分析针对三种驱动因素变动对权益净利率的影响程度进行如下定量分析：

（1）销售净利率变动的影响=（24.24%−18.97%）×22.15%×131.44%=1.54%

（2）总资产周转率变动的影响=24.24%×（24.95%−22.15%）×131.44%=0.89%

（3）权益乘数变动的影响=24.24%×24.95%×（133.17%−131.44%）=0.11%

（4）各驱动因素变动的总体影响=1.54%+0.89%+0.10%=2.53%

分析得知，销售净利率上升了5.28%，使权益净利率上升了1.54%；总资产周转率上升了2.80%，使权益净利率上升了0.89%；权益乘数上升了1.73%，使权益净利率上升了0.11%。三种驱动因素共同影响，使2021年与2020年相比权益净利率上升了2.54%。

2.3.4　财务综合分析

财务综合分析是将偿债能力、资产管理能力和盈利能力等诸方面的分析纳入一个有机的整体中，以全方位地对企业经营状况、财务状况及企业经济效益的优劣做出准确的评价与判断。财务综合分析的方法很多，其中应用比较广泛的有杜邦分析法和沃尔比重评分法。

1.杜邦分析法

杜邦分析法是利用各主要财务比率间的内在联系，对企业综合财务状况及经济效益进行系统分析评价的一种分析方法，因其最初由美国杜邦公司创立与成功运用而得名。杜邦分析法中权益净利率是最具综合性与代表性的指标，在整个财务分析体系中居于核心地位，其他各项指标都是围绕这一核心的。

杜邦分析法主要反映了权益净利率、资产利润率、销售净利率、总资产周转率以及权益乘数几项财务比率之间的关系。权益净利率计算公式如下：

$$\text{权益净利率}=\frac{\text{净利润}}{\text{销售收入}}\times\frac{\text{销售收入}}{\text{总资产}}\times\frac{\text{总资产}}{\text{股东权益}}$$

$$=\text{销售净利率}\times\text{总资产周转率}\times\text{权益乘数}$$

销售净利率、总资产周转率以及权益乘数是权益净利率的三个重要驱动因素。销售净利率和总资产周转率反映了企业的经营战略，权益乘数反映了企业的财务政策。提高权益净利率可以通过提高销售净利率或总资产周转率进而提高资产利润率来实现，但销售净利率与总资产周转率在很多情况下不能同时提高，二者经常呈反向变动。在资产利润率不变的情况下，可以通过提高财务杠杆来提高权益净利率，但同时也会增加财务风险。

杜邦分析法通过对财务比率和相关数据进行自上而下的分析，实现了系统、全面评价企业经营成果和财务状况的目的。

2.沃尔比重评分法

在进行财务分析时，分析者遇到的难题之一就是不能准确判断各项财务比率的实际值是偏高还是偏低，而与本企业的历史数据比较，也只能看出自身的变化，却难以评价其在市场竞争中的地位。为此，财务状况综合评价的先驱者之一亚历山大·沃尔在20世纪初出版的《信用晴雨表研究》和《财务报表比率分析》中提出了信用能力指数的概念，把若干个财务比率用线性关系结合起来，以此评价企业的信用水平。沃尔比重评分法包含流动比率、产权比率、固定资产构成率、存货周转率、应收账款周转率、固定资产周转率和权益资本周转率七种财务比率，分别给定了各财务比率所占的比重，总和为100，然后确定标准值，将各财务比率的实际值与标准值比较，评出每项财务比率的得分，最后得出总评分，从而对企业信用水平做出评价。沃尔比重评分法见表2-9。

表2-9 **沃尔比重评分法**

财务比率	权重 ①	标准值 ②	实际值 ③	相对值 ④=③÷②	评分 ⑤=①×④
流动比率	25				
产权比率	25				
固定资产构成率	15				
存货周转率	10				
应收账款周转率	10				
固定资产周转率	10				
权益资本周转率	5				
合　计					

沃尔比重评分法在一定程度上解决了对财务比率的实际值进行评价的问题，但也存在缺陷。首先，所选取的财务比率和对财务比率权重的设定缺乏理论上的说服力；其次，在进行实际评分时，当某项指标严重异常时，会对总评分产生不合逻辑的重大影响。

2.3.5 图解分析

图解分析是以各种图示或表格表示企业有关财务状况、经营成果的各种关系和趋势的一种分析方法。图表方式能够使信息使用者一目了然，迅速掌握财务状况和经营成果的相关信息。

1.S公司权益净利率趋势分析

S公司2017—2021年的权益净利率及其驱动因素变动情况如图2-3、图2-4所示。

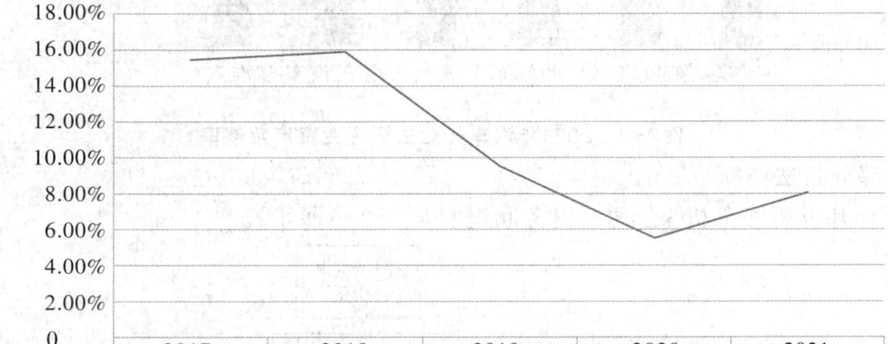

	2017	2018	2019	2020	2021
—权益净利率	15.46%	15.90%	9.52%	5.52%	8.06%

图2-3 S公司权益净利率趋势分析图

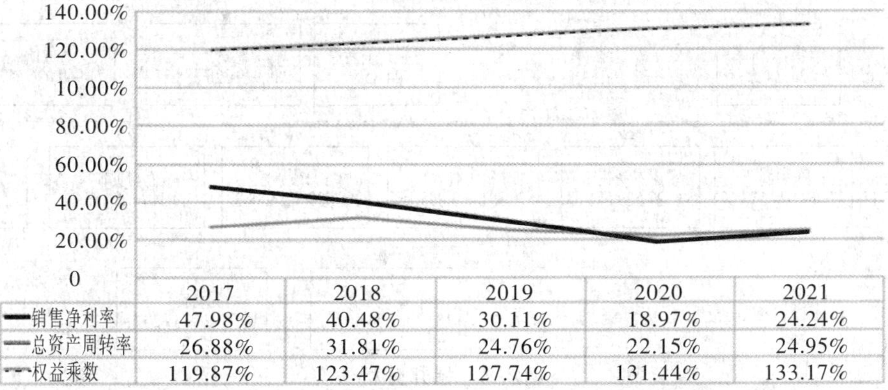

	2017	2018	2019	2020	2021
—销售净利率	47.98%	40.48%	30.11%	18.97%	24.24%
—总资产周转率	26.88%	31.81%	24.76%	22.15%	24.95%
--权益乘数	119.87%	123.47%	127.74%	131.44%	133.17%

图2-4 S公司权益净利率驱动因素趋势分析图

S公司2017—2021年的权益净利率有一定波动性。与2020年相比，2021年权益净利率增长了2.54%。销售净利率、权益乘数和总资产周转率均有所上升，从而使得S公司2021年权益净利率呈上升的趋势。

2.S公司资产负债率行业对比

2021年汽车行业主要企业资产负债率如图2-5所示。对比2021年S公司所在行业其他企业的资产负债率，S公司的资产负债率明显偏低，S公司有必要对其现有的负债规模进行分析，现有的资产负债率反映出S公司的资金可能没有得到充分利用。

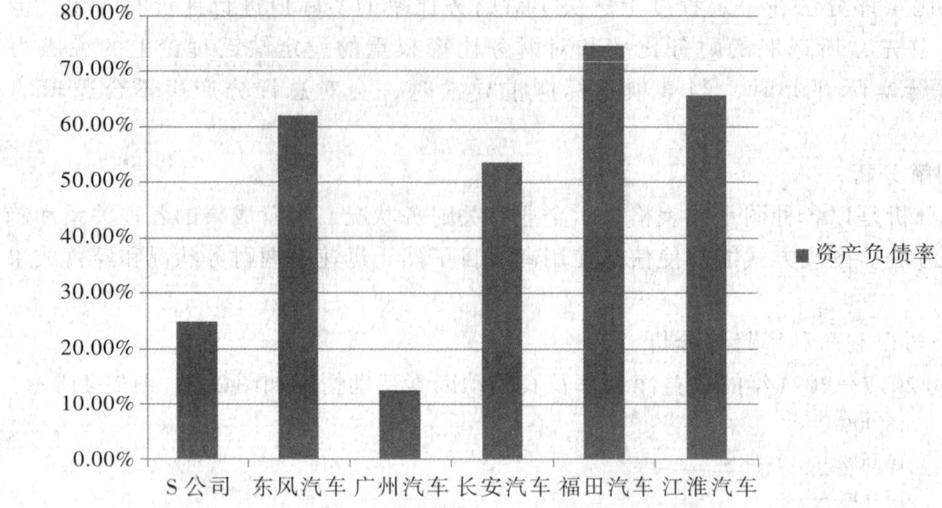

图2-5　2021年汽车行业主要企业资产负债率

3.杜邦分析法图解

运用杜邦分析法分析S公司的财务状况（如图2-6所示）。

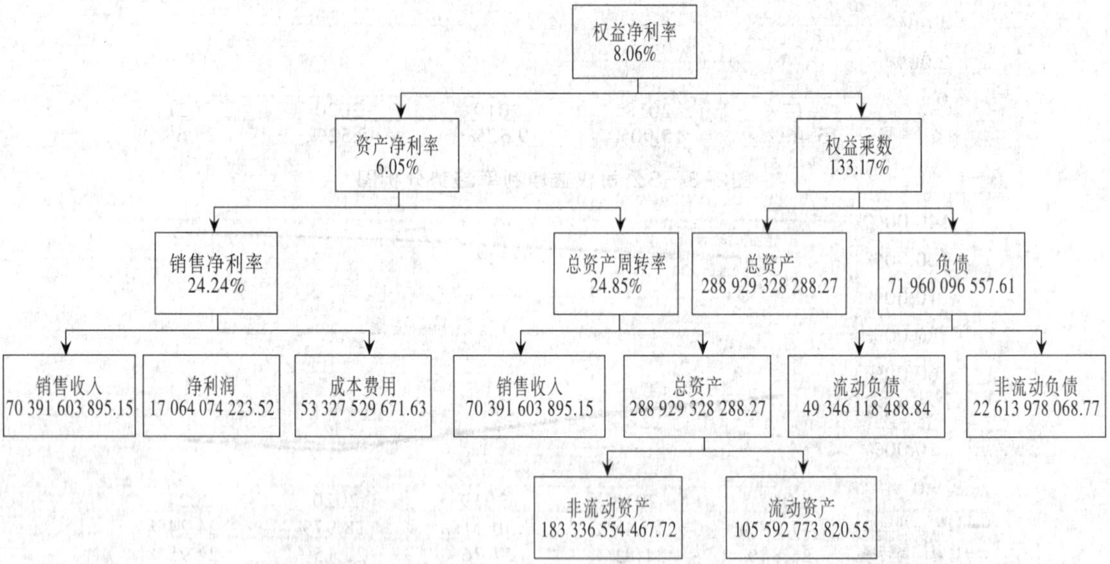

图2-6　杜邦分析法

本章小结

本章重点介绍财务报表分析的程序和基本方法。

财务报表分析的程序包括四个阶段：财务分析信息收集和整理阶段；战略分析阶段；财务分析实施阶段；财务分析综合评价和管理决策评价阶段。

财务分析信息是财务分析的基础和不可分割的组成部分。没有财务分析信息，财务分析就如同“无米之炊”，进行财务分析是不可能的。财务分析信息多种多样，包括企业内部信息和企业外部信息、定期信息和不定期信息、实际信息和标准信息、会计信息和其他信息等。

财务分析通常使用相对指标进行，包括水平指标、结构指标、比率指标、发展指标等。

财务综合能力分析方法主要有杜邦分析法和沃尔比重评分法等。

讨论题

1.财务分析分为哪几个阶段？各个阶段的任务是什么？

2.简述三种常用的战略分析方法。

3.简述比率分析的作用和不足。

4.运用因素分析法应该注意哪些问题？

5.请对杜邦分析法进行改进，以使其包括现金流量的分析内容。

6.请对杜邦分析法进行改进，以使其包括变动成本法的成本信息。

业务题

1.某企业2020年和2021年的相关财务指标见表2-10。

表2-10 相关财务指标数据

指　标	2020年	2021年
权益净利率（ROE）（%）	4.98	5.95
营业杠杆系数（DOL）	1.87	1.70
财务杠杆系数（DFL）	2.30	2.40
安全边际率（RSM）（%）	23.30	24.50
边际贡献率（RMC）（%）	30.80	31.90
资产周转率（CTR）（次）	0.65	0.71
权益乘数（CER）	1.53	1.56
账面所得税税率（T）（%）	30.10	31.30

要求：请运用连环替代法分析该企业的权益净利率发生变化的原因。

2.某企业2021年12月31日资产负债表（简表）见表2-11。

表2-11 资产负债表（简表） 单位：元

资产	期末余额	上年年末余额（略）	负债和所有者权益	期末余额	上年年末余额（略）
流动资产合计	190 970		流动负债合计	99 808	
其中：速动资产	70 890		非流动负债合计	150 040	
非流动资产合计	412 300		负债合计	249 848	
其中：固定资产	239 870		所有者权益合计	353 422	
无形资产	120 000				
资产总计	603 270		负债和所有者权益总计	603 270	

要求：

（1）对资产负债表进行结构分析。

（2）计算资产负债表的相关比率。

（3）对该企业的资产负债表进行评价。

案例分析

A公司2019—2021年的主要财务数据和财务比率见表2-12。

表2-12　A公司主要财务数据和财务比率

项　目	2019年	2020年	2021年
销售收入（万元）	4 000	4 300	3 800
总资产（万元）	1 430	1 560	1 695
普通股（万元）	100	100	100
盈余公积（万元）	500	550	550
所有者权益合计（万元）	600	650	650
流动比率	1.19	1.25	1.2
平均收现期（天）	18	22	27
存货周转率	8	7.5	5.5
债务/所有者权益	1.38	1.4	1.61
长期债务/所有者权益	0.5	0.46	0.46
销售毛利率（%）	20	16.3	13.2
销售净利率（%）	7.5	4.7	2.6
总资产周转率（%）	2.8	2.76	2.24
总资产净利率（%）	21	13	6

假设该公司没有营业外收支和投资收益，所得税税率不变。

问题探讨：

（1）分析说明该公司资产获利能力的变化及其原因。

（2）按顺序确定2021年与2020年相比销售净利率和资产周转率变动对资产获利能力的影响数额（百分位取整）并加以分析。

（3）分析说明该公司资产、负债和所有者权益的变化及其原因。

（4）假如你是该公司的财务经理，在2022年应从哪些方面改善公司的财务状况和经营业绩？

第2篇

财务报表解读

{第3章}
资产负债表分析
{第4章}
利润表分析
{第5章}
现金流量表分析
{第6章}
所有者权益变动表分析

第3章

资产负债表分析

当你读不懂某一公司的财务状况时，不要投资。股市的最大的亏损缘于投资了在资产负债方面很糟糕的公司。先看资产负债表，搞清该公司是否有偿债能力，再投钱冒险。

——彼得·林奇

学习目标

1. 了解资产负债表的定义、结构、编制方法、作用及局限性；
2. 掌握资产负债表列报的内容；
3. 熟悉资产负债表的水平分析；
4. 熟悉资产负债表的结构分析；
5. 掌握资产质量的内涵；
6. 掌握流动资产与非流动资产项目分析；
7. 掌握流动负债与非流动负债项目分析；
8. 掌握所有者权益项目分析。

思政元素

1. 大局意识与价值观塑造（社会主义核心价值观）；
2. 利益相关者之间的和谐与公平；
3. 高质量发展与供给侧结构性改革；
4. “三去一降一补”重要任务（去产能、去库存、去杠杆、补短板）。

重点与难点

1. 资产质量的内涵；
2. 资产负债表的结构分析。

引言

2003年春天，巴菲特得知沃尔玛有意出售一个年营业额约230亿美元的非核心事业，该事业名为麦克林（McLane）。多年以来，每当《财富》杂志调查“全球最受尊重企业”

时，巴菲特一直把自己的一票投给沃尔玛，因为他对沃尔玛的诚信和经营能力有着高度的信心。当时整个收购交易出奇地简单迅速，巴菲特和沃尔玛的首席财务官面谈了两小时，对于购买金额，巴菲特当场点头同意，而沃尔玛的首席财务官只打了通电话请示首席执行官，交易就宣告结束。29天后，购买麦克林的15亿美元款项就由伯克希尔-哈撒韦公司直接汇入沃尔玛的账户，中间没有任何投资银行介入。这种交易是否过于草率？巴菲特说，他相信沃尔玛财务报表所提供的一切数字，因此计算合理的收购价格对他来说轻而易举。事后也证明，沃尔玛提供给巴菲特的各项数据的确坦诚无欺。

3.1 资产负债表分析的目的和内容

3.1.1 资产负债表分析的目的

1.资产负债表的定义

资产负债表是反映企业在某一特定日期财务状况的财务报表。它反映企业在某一特定日期所拥有或控制的经济资源、所承担的现时义务和所有者对净资产的要求权，是静态反映企业财务状况的财务报表。

资产负债表是根据资产、负债和所有者权益之间的相互关系，按照一定的分类标准和一定的顺序，将企业在某一特定日期的资产、负债和所有者权益各项目予以适当排列，并根据会计账簿日常记录的大量数据浓缩整理后编制而成的。

2.资产负债表分析的目的

（1）通过资产负债表可了解企业拥有或控制的经济资源，据以解释、评价和预测企业的短期偿债能力。偿债能力是指企业以其资产偿付债务的能力，短期偿债能力主要体现在资产的流动性上。流动性是指资产转换成现金或负债到期清偿所需的时间。企业拥有和控制的经济资源包括流动资产、固定资产及其他资产。企业的流动资产，除库存现金及银行存款可随时偿还负债外，其余流动资产变现越快，其流动性就越强，偿债能力也就越强，一般来讲，交易性金融资产的流动性较应收票据和应收账款强，而应收账款的变现能力又较存货强。可见，通过对企业流动资产构成的分析，可以识别企业的短期偿债能力。

（2）通过资产负债表可了解企业的资本结构，据以解释、评价和预测企业的长期偿债能力。企业的长期偿债能力主要指企业以全部资产清偿全部负债的能力。一般认为，资产越多，负债越少，其长期偿债能力就越强，反之，若资不抵债，企业则缺乏长期偿债能力。资不抵债往往由企业长期亏损、蚀耗资产引起，还可能由举债过多所致。所以，企业的长期偿债能力一方面取决于它的获利能力，另一方面取决于它的资本结构。通过资本结构分析，可以识别企业的长期偿债能力及财务稳定性。

（3）通过资产负债表可了解企业资源分布及资财权益，据以识别企业的财务弹性。财务弹性指标反映企业两个方面的综合财务能力，即迎接各种环境挑战、抓住经营机遇的适应能力，包括进攻性适应能力和防御性适应能力。进攻性适应能力，是指企业有财力去抓住经营中出现的稍纵即逝的获利机会，及时进行投资，不致放任其流失；防御性适应能力，是指企业能在客观环境极为不利的情况下或因某一决策失误使其陷入困境时转危为安的生存能力。企业的财务弹性主要来自资产变现能力、经营活动产生现金流入的能力、对外筹集和调度资金的能力，以及在不影响正常经营的前提下变卖资产获取现金的能力。资产负债表本身并不直接提供有关企业财务弹性的信息，但是可通过对资财分布状况及资财权益的分析，间接识别企业财务弹性。

（4）通过资产负债表可了解企业资源占用情况，有助于识别与评价企业的经营业绩。企业的经营业绩主要取决于其获利能力。企业获利能力的大小，直接影响到企业盈利水平及其稳定的增长，也关系到能否向债权人还本付息和向投资者支付较高股利。但企业要获得盈利，必须占用一定数额的资源，资源占用状况对获利有一定影响，将获得利润与占用资源相比称为资金利润率或投资利用率，它是衡量获利能力的重要指标。可见，了解企业资源占用状况，为分析、识别、评价企业的经营业绩奠定了基础。

【相关链接 3-1】

财务报告的妙用

受格雷厄姆的影响，彼得·林奇对阅读财务报告也足够重视，他常常根据公司财务报告中的账面价值去搜寻公司的隐蔽性资产。

彼得·林奇对如何阅读公司的财务报告有其独特的看法：无数财务报告的命运是被送进废纸篓，这不足为奇。封面和彩页上的东西可以看懂，但却无甚价值。后面所附的数字犹如天书，但又相当重要。不过，有个办法可以只花几分钟就从财务报告中得到有用的信息。那就是翻过封面和彩页介绍，直接找到印在较差纸张上的资产负债表（包括财务报告在内的一些资料遵循着这样一条规律：纸张越差，所印内容越有价值）。资产负债表中所列出的资产和负债，对投资者来说才是至关重要的。彼得·林奇认为，通过公司的资产和负债，可以了解该公司的发展或衰退情况、财务地位的强弱等，有助于投资者分析该公司股票每股值多少现金之类的问题。

对于账面价值，彼得·林奇认为有一种理论是极为错误的，那就是如果账面价值为每股20美元，而实际售价只有每股10美元，那么投资者就以便宜一半的价钱买到了想要的股票。这种理论的错误之处在于，标出的账面价值常常与股票的实际价值毫无关系，账面价值常常大大超过或低于股票的实际价值。例如，1976年年末，阿兰伍德钢铁公司的账面价值为3 200万美元，即每股40美元。尽管如此，该公司在6个月后还是破产了。其原因在于，该公司更新了一套炼钢设备，该设备的账面价值为3 000万美元，但由于计划不周，操作上又出了差错，结果毫无用处。为了偿还部分债务，该公司以约500万美元的价格把轧钢板机卖给了卢肯斯公司，工厂的其他部分则几乎没有卖到多少钱。

在资产负债表右面的负债很多的情况下，左面的账面资产就更加不可靠。假定一家公司的资产为4亿美元，负债为3亿美元，结果账面价值是正的1亿美元。谁能确保资产部分的数字是实实在在的呢？假设4亿美元的资产在破产拍卖中只能卖到2亿美元，那么实际上账面价值就是负的1亿美元。公司不仅一文不值，还倒欠不少呢。投资者按账面价值购买一种股票时，必须对其真实价值有详细的了解。

账面价值可能超出实际价值，同样，它也可能低于实际价值。彼得·林奇认为，这正是投资者挖掘隐蔽性资产从而赚大钱的地方。

对于那些拥有诸如土地、木材、石油和稀有金属等自然资源的公司来说，这些资产只有一部分真实价值被登记在账面上……商誉作为公司的一项资产，常常使公司产生隐蔽性资产。

彼得·林奇认为，市场总是存在盲点，投资者可以以最低的风险去实现预期的利润。

投资者应保持足够的耐心和敏锐的分析能力，不断地发掘市场中的盲点。市场盲点一旦被整个市场认同，先迈一步的投资者就将会获得可喜的回报。

资料来源 佚名．彼得·林奇教你快速看财务报表［EB/OL］．［2012-02-21］．http：//www.southmoney.com/zhishi/jbmfx/275549.html.

3.1.2 资产负债表分析的内容

资产负债表分析的内容包括资产负债表水平分析、资产负债表结构分析和资产负债表项目分析。资产负债表水平分析也叫趋势分析，方法包括绝对额分析、环比分析和定基分析；内容包括资产的趋势分析、负债的趋势分析及所有者权益的趋势分析。对资产负债表的结构分析常常采用共同比资产负债表分析。资产负债表结构分析通常包括资产结构分析、资本结构分析及资产资本结构分析。资产负债表项目分析就是对资产、负债和所有者权益三个要素质量的分析。在下面的几节中我们将对这几种分析方法作详细的介绍。

要了解如何对资产负债表进行分析，首先要对资产负债表的内容作系统的了解。资产负债表列报，最根本的目标就是如实反映企业在资产负债表日所拥有的资源、所承担的负债及所有者所拥有的权益。因此，资产负债表应当按照资产、负债和所有者权益三大类分别列报（见表3-1，S公司已执行新金融准则、新收入准则和新租赁准则）。资产类项目分为流动资产和非流动资产，按照各项资产的流动性排列，其排列顺序是流动资产列于非流动资产之前。资产类项目至少包括以下单列项目：货币资金、交易性金融资产、应收票据、应收账款、预付款项、存货、长期股权投资、投资性房地产、固定资产、生产性生物资产、无形资产和递延所得税资产。负债类项目按照债务归还期的长短排列，其排列顺序是流动负债列于非流动负债之前。负债类项目至少包括以下单列项目：短期借款、交易性金融负债、应付票据、应付账款、预收款项、应付职工薪酬、应交税费、长期借款、应付债券、长期应付款、预计负债和递延所得税负债。所有者权益类项目按照永久性程度的高低排列，即永久性程度高者列于前，反之列于后，因此，股本项目列于其他权益类项目之前。所有者权益类项目至少包括以下单列项目：股本、资本公积、盈余公积和未分配利润。

表3-1 资产负债表 会企01表

编制单位：S公司 2021年12月31日 单位：元

资产	期末余额	上年年末余额	负债和所有者权益	期末余额	上年年末余额
流动资产：			流动负债：		
货币资金	80 313 249 046.95	79 670 638 441.55	短期借款	—	—
交易性金融资产	2 157 683 267.32	1 867 858 552.00	交易性金融负债	—	—
衍生金融资产	—	—	衍生金融负债	—	—
应收票据	6 013 260 391.19	9 164 804 838.97	应付票据	5 849 825 684.00	3 587 720 000.00
应收账款	4 590 263 830.58	5 418 380 341.65	应付账款	32 681 272 544.56	30 498 381 942.84
应收款项融资	—	—	预收款项	—	—
预付款项	1 107 742 469.60	562 963 184.76	合同负债	713 321 785.82	3 088 000 387.91
其他应收款	6 265 397 867.87	6 312 026 191.59	应付职工薪酬	1 476 732 363.58	1 647 012 941.56

续表

资产	期末余额	上年年末余额	负债和所有者权益	期末余额	上年年末余额
其中：应收利息	954 864 657.87	1 559 376 166.02	应交税费	487 710 774.76	508 780 748.92
应收股利	701 073 371.50	885 581 149.71	其他应付款	1 350 618 162.92	1 660 543 364.98
存货	4 017 144 419.72	1 434 116 333.02	其中：应付利息	47 505 127.38	45 780 821.86
合同资产	—	—	应付股利	—	—
持有待售资产	—	—	持有待售负债	—	—
一年内到期的非流动资产	465 000 000.00	—	一年内到期的非流动负债	6 786 637 173.20	1 730 076 088.00
其他流动资产	663 032 527.32	1 582 030 457.71	其他流动负债	—	754 835 727.38
流动资产合计	105 592 773 820.55	106 012 818 341.25	流动负债合计	49 346 118 488.84	43 475 351 201.59
非流动资产：			非流动负债：		
债权投资	11 087 106 860.00	11 675 069 020.00	长期借款	11 500 000 000.00	9 000 000 000.00
其他债权投资	—	—	应付债券	—	4 991 131 506.79
长期应收款	—	—	其中：优先股	—	—
长期股权投资	131 122 812 383.03	118 998 936 721.38	永续债	—	—
其他权益工具投资	15 106 228 789.62	13 630 029 876.90	租赁负债	61 742 046.69	—
其他非流动金融资产	—	—	长期应付款	570 374 070.77	635 718 389.35
投资性房地产	247 737 268.07	258 277 381.29	长期应付职工薪酬	3 341 689 009.39	3 253 847 264.39
固定资产	15 484 927 244.92	16 067 958 066.69	预计负债	2 148 618 448.34	2 185 841 429.11
在建工程	3 844 465 224.01	2 593 629 619.27	递延收益	3 260 011 081.53	3 511 947 358.28
生产性生物资产	—	—	递延所得税负债	1 731 543 412.05	1 510 113 575.14
油气资产	—	—	其他非流动负债	—	—
使用权资产	101 331 307.24	—	非流动负债合计	22 613 978 068.77	25 088 599 523.06
无形资产	3 869 605 395.59	3 542 408 706.79	负债合计	71 960 096 557.61	68 563 950 724.65
开发支出	2 349 728 227.54	2 318 369 674.55	所有者权益：		
商誉	—	—	股本	11 683 461 365.00	11 683 461 365.00
长期待摊费用	117 809 385.54	132 864 523.56	其他权益工具	—	—
递延所得税资产	—	—	其中：优先股	—	—
其他非流动资产	4 802 382.16	9 065 399.02	永续债	—	—
非流动资产合计	183 336 554 467.72	169 226 608 989.45	资本公积	65 129 333 550.92	65 129 333 550.92
			减：库存股	2 778 609 178.04	2 039 625 809.24

续表

资产	期末余额	上年年末余额	负债和所有者权益	期末余额	上年年末余额
			其他综合收益	10 916 623 434.59	9 771 273 508.80
			专项储备	—	—
			盈余公积	40 843 171 648.51	40 843 171 648.51
			未分配利润	91 175 250 909.68	81 287 862 342.06
			股东权益合计	216 969 231 730.66	206 675 476 606.05
资产总计	288 929 328 288.27	275 239 427 330.70	负债和所有者权益总计	288 929 328 288.27	275 239 427 330.70

3.2 资产负债表水平分析

3.2.1 比较资产负债表的编制

资产负债表水平分析也叫趋势分析，主要是对资产负债表进行横向分析，可以对企业进行多期比较分析，反映其发展趋势。趋势分析可以是绝对额的比较，也可以是相对额的比较；可以只作简单比较，也可以在表中计算出定基或环比发展趋势等进行比较。

3.2.2 资产负债表水平变动情况分析

1.资产项目的趋势解读与分析

（1）绝对额分析

将企业连续几年的流动资产、非流动资产的部分项目的绝对额进行对比，以查看这些资产项目的变化趋势，从而洞悉企业资产的变动情况。S公司2017—2021年的部分资产项目金额见表3-2。

表3-2 S公司部分资产项目金额 单位：元

项 目	2017年	2018年	2019年	2020年	2021年
货币资金	67 146 098 830.38	65 270 094 412.35	72 011 119 065.60	79 670 638 441.55	80 313 249 046.95
应收票据	2 064 032 626.26	3 685 023 144.94	6 071 016 788.76	9 164 804 838.97	6 013 260 391.19
应收账款	1 256 047 258.09	2 420 857 752.11	2 874 223 501.88	5 418 380 341.65	4 590 263 830.58
存货	3 571 572 233.70	5 066 183 360.72	2 798 712 159.80	1 434 116 333.02	4 017 144 419.72
流动资产合计	84 009 968 052.91	87 332 770 782.80	97 961 850 046.86	106 012 818 341.25	105 592 773 820.55
长期股权投资	114 971 393 203.26	126 617 133 347.57	123 983 204 581.05	118 998 936 721.38	131 122 812 383.03
固定资产	7 830 465 720.16	9 397 105 933.55	14 687 071 548.71	16 067 958 066.69	15 484 927 244.92
无形资产	1 827 782 312.36	2 687 633 257.29	3 067 833 723.25	3 542 408 706.79	3 869 605 395.59
非流动资产合计	148 015 576 595.91	161 532 468 020.98	168 860 646 584.47	169 226 608 989.45	183 336 554 467.72
资产总计	232 025 544 648.82	248 865 238 803.78	266 822 496 631.33	275 239 427 330.70	288 929 328 288.27

将表3-2中的数据反映在图形中，如图3-1所示。

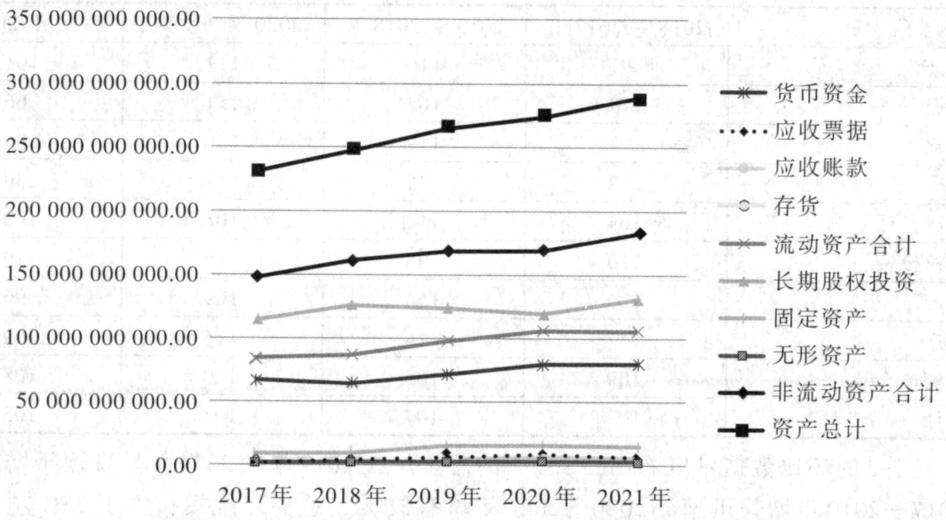

图3-1 S公司部分资产项目的绝对数趋势分析（单位：元）

由表3-2和图3-1可以看出，S公司的资产在2017—2021年这5年里呈持续上升趋势，尤其是在2017年至2019年之间上升速度很快。

流动资产总额除了2021年略有下降外，2017年到2020年间持续稳定增长，非流动资产在2017年到2021年期间持续稳定增长。但是流动资产的构成项目在2017年到2019年间变化各异。货币资金在2018年略有下降，在2019年至2021年间稳步增长，说明S公司货币资金比较充裕；但是存货变动极大，在2018年达到2017年存货的142%以后，2019年比2018年下降45%，2020年比2019年持续下降49%，而2021年又迅猛增长至2020年存货的280%，说明S公司存货水平非常不稳定，有可能是销售不畅导致产品积压的结果。应收票据和应收账款在2017年至2020年间逐年迅速增加，2021年又下降。这说明，企业有可能在2017至2020年间为了促销，放宽了信用政策，导致应收账款和应收票据迅速增加，而存货在2018年到2020年间也有下降的表现。2021年应收票据和应收账款下降，存货大量上升，可能是因为应收账款信用政策的收紧，导致销售困难，产品积压。

非流动资产的增加主要体现在长期股权投资上，总体来看长期股权投资从2017年至2021年有所增加，特别是在2020年至2021年增长较为迅速，原因可能是企业对外投资的增加。固定资产从2017年至2020年稳定增加，2021年略有下降，可能是因为固定资产出售、报废、毁损、投出、盘亏等。

（2）环比分析

环比分析，一般指的是报告期水平与前一期水平之比，表明项目逐期的发展速度。计算货币资金、存货、长期股权投资、固定资产等资产项目相邻两期的变动百分比，可以查看这些项目变动的方向和幅度，从而分析企业资产的变动情况。S公司2017—2021年部分资产项目的环比趋势分析见表3-3。

表3-3　S公司部分资产项目的环比趋势分析（%）

项　目	2018年/2017年	2019年/2018年	2020年/2019年	2021年/2020年
货币资金	97	110	111	101
应收票据	179	165	151	66
应收账款	193	119	189	85
存货	142	55	51	280
流动资产合计	104	112	108	100
长期股权投资	110	98	96	110
固定资产	120	156	109	96
无形资产	147	114	115	109
非流动资产合计	109	105	100	108
资产总计	107	107	103	105

由表3-3的环比数据可以看出，S公司的总资产在2017年到2021年呈现逐年增长的趋势，2017—2019年增长迅速，2020—2021年略有放缓，总资产规模扩大了25%左右。相应地，流动资产在2018—2019年增加尤为明显，2019年流动资产达到2018年的112%，其中，货币资金除了在2018年有所下降外，其他年份均增长迅速。应收票据和应收账款在2017—2020年呈现高增长趋势，在2021年有所下降。总体来说，由于货币资金占流动资产的比重较大，而货币资金总体增加，因此流动资产总体呈现不断增长的势头。非流动资产的变化趋势总体上也是逐年增长，且每年的增长率均较稳定。其中，无形资产每年增长稳定，而固定资产和长期股权投资的变化较大。固定资产在2017—2020年有所增长，但增长率波动较大，2021年固定资产相比2020年有所下降。长期股权投资在2019年和2020年持续比上年下降，2021年又恢复增长。总体来说，企业流动资产和非流动资产均呈现不断增加的趋势。因此，企业总资产呈现增长的趋势。

（3）定基分析

定基分析就是选定一个固定的期间作为基期，计算各分析期的流动资产、非流动资产等相关项目与基期相比的百分比。这种分析不仅能看出相邻两期的变动方向和幅度，而且可以看出较长期间的总体变动趋势，便于进行较长期间的趋势分析。S公司2017—2021年部分资产项目的定基趋势分析见表3-4。

表3-4　S公司部分资产项目的定基趋势分析（%）

项　目	2017年（基期）	2018年	2019年	2020年	2021年
货币资金	100	97	107	119	120
应收票据	100	179	294	444	291
应收账款	100	193	229	431	365
存货	100	142	78	40	112
流动资产合计	100	104	117	126	126
长期股权投资	100	110	108	104	114
固定资产	100	120	188	205	198
无形资产	100	147	168	194	212
非流动资产合计	100	109	114	114	124
资产总计	100	107	115	119	125

由表3-4可以看出，S公司总资产每年的增长都是较快速的。具体来看，流动资产中，货币资金、应收票据和应收账款在2017—2020年保持增长，应收票据和应收账款波动性较大。非流动资产中，固定资产在2017—2020年逐年增长，2021年有所下降，尤其是2020年，固定资产相比2017年增长了一倍；无形资产各年份与基期相比，从2017年到2021年逐年增加。总体来说，总资产规模的扩大得益于流动资产中的货币资金、应收票据和应收账款及非流动资产中的无形资产、固定资产等项目的增加。

2.负债项目的趋势解读与分析

（1）绝对额分析

将企业的负债项目的绝对额进行对比，可以看出这些项目的变化趋势，从而洞悉企业负债的变动方向。S公司2017—2021年的部分负债项目金额见表3-5。

表3-5 S公司部分负债项目金额 单位：元

项 目	2017年	2018年	2019年	2020年	2021年
短期借款	3 000 000 000.00	—	1 000 000 000.00	—	—
应付票据	—	455 182 068.00	4 768 554 262.85	3 587 720 000	5 849 825 684.00
应付账款	22 234 097 342.40	25 520 968 862.24	28 222 090 695.05	30 498 381 942.84	32 681 272 544.56
其他应付款	1 473 210 925.31	1 337 656 450.85	1 679 751 892.69	1 660 543 364.98	1 350 618 162.92
一年内到期的非流动负债	1 454 647 208.39	2 298 908 678.20	1 817 576 741.00	1 730 076 088.00	6 786 637 173.20
流动负债合计	32 203 603 485.40	33 790 895 636.76	41 043 636 317.18	43 475 351 201.59	49 346 118 488.84
长期借款	—	7 720 000 000.00	4 400 000 000.00	9 000 000 000.00	11 500 000 000.00
预计负债	1 587 722 471.21	1 950 623 933.94	2 056 596 984.62	2 185 841 429.11	2 148 618 448.34
递延所得税负债	1 136 429 634.38	637 884 700.77	1 213 788 352.22	1 510 113 575.14	1 731 543 412.05
非流动负债合计	8 332 682 643.35	17 096 234 056.34	20 048 811 345.16	25 088 599 523.06	22 613 978 068.77
负债合计	40 536 286 128.75	50 887 129 693.10	61 092 447 662.34	68 563 950 724.65	71 960 096 557.61

将表3-5中的数据反映在图形中，如图3-2所示。

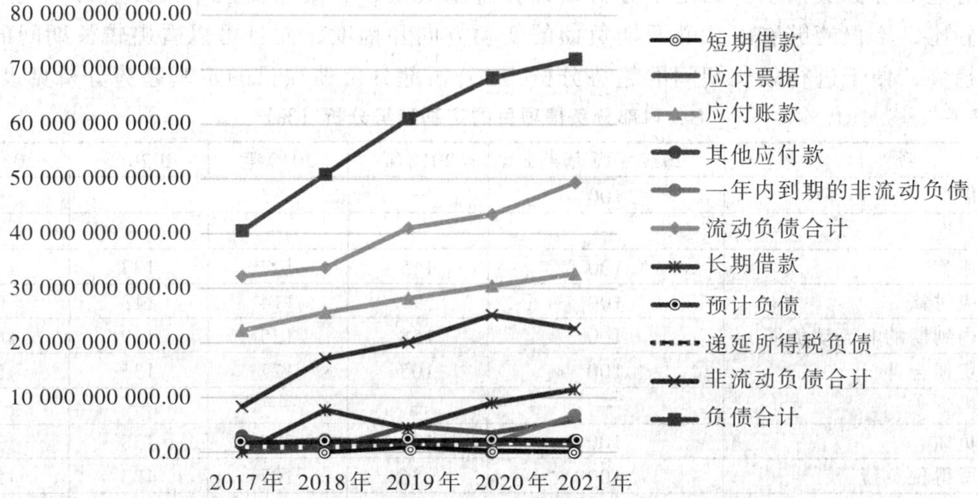

图3-2 S公司负债的绝对数趋势分析（单位：元）

由表3-5和图3-2可以看出，S公司的总负债在2017—2021年每逐年增加。通过负债的各项分析可以看出，在总负债的变动中，流动负债的变动与总负债大体相似。流动负债的变化更多地体现在应付票据和应付账款的波动上；非流动负债在2017—2020年间上升，在2021年下降，非流动负债的变化主要由长期借款的波动导致。

（2）环比分析

计算流动负债、非流动负债等相关项目相邻两期的变动百分比，以查看负债项目的变动方向和幅度，从而分析企业的偿债能力。S公司部分负债项目的环比趋势分析见表3-6。

表3-6 S公司部分负债项目的环比趋势分析（%）

项 目	2018年/2017年	2019年/2018年	2020年/2019年	2021年/2020年
应付票据	—	1 048	75	163
应付账款	115	111	108	107
其他应付款	91	126	99	81
一年内到期的非流动负债	158	79	95	392
流动负债合计	105	121	106	114
长期借款	—	57	205	128
预计负债	123	105	106	98
递延所得税负债	56	190	124	115
非流动负债合计	205	117	125	90
负债合计	126	120	112	105

通过表3-6可以看出，负债在2017—2021年逐年递增，从2018年起增长幅度开始下降。流动负债的波动趋势与负债类似，而一年内到期的非流动负债波动较大，增长和下降都比较明显，尤其在2021年，是上年年末金额的3倍多。另外，其他应付款在2019年有所增长，其他年份均下降；而预计负债的增长明显，在2020年达到峰值后开始下降。这大大影响了非流动负债的变化。总体来看，流动负债逐年增长，非流动负债在2017—2020年增长，在2021年有所下降，因此，企业的总负债呈现一定的波动性。

（3）定基分析

通过对部分负债项目的定基分析，计算流动负债、非流动负债等相关项目与基期相比的百分比，不仅能够看出相邻两期负债的变动方向和幅度，而且可以看出较长期间的总体变动趋势，便于进行较长期间的趋势分析。S公司部分负债项目的定基趋势分析见表3-7。

表3-7 S公司部分负债项目的定基趋势分析（%）

项 目	2017年（基期）	2018年	2019年	2020年	2021年
短期借款	100	—	33	—	—
应付票据	—	—	—	—	—
应付账款	100	115	127	137	147
其他应付款	100	91	114	113	92
一年内到期的非流动负债	100	158	125	119	467
流动负债合计	100	105	127	135	153
长期借款	—	—	—	—	—
预计负债	100	123	130	138	135
递延所得税负债	100	56	107	133	152
非流动负债合计	100	205	241	301	271
负债合计	100	126	151	169	178

对于负债的定基分析，以2017年为基期，通过分析可以看出，2018—2021年负债呈现快速增长趋势。流动负债持续增长，尤其是2021年，达到基期的153%，当年流动负债的增加主要是因为应付账款和一年内到期的非流动负债大幅增长，可以判断2021年即将到期的负债较多，如何处理这些负债是S公司下一年将要关注的重点。就非流动负债而言，预计负债的快速增长也是一个值得关注的信号，S公司应对长期债务比率保持密切关注，同时应对预计负债做好事前监控与预防，在实际发生时冲减。总体来看，以2017年为基期，负债每年都在增长且在2018—2019年涨幅较大，财务杠杆提高，应注意防范财务风险。

3.所有者权益项目的趋势解读与分析

（1）绝对额分析

S公司2017—2021年所有者权益项目金额见表3-8。

表3-8　**S公司所有者权益项目金额**　单位：元

项　目	2017年	2018年	2019年	2020年	2021年
股本	11 683 461 365.00	11 683 461 365.00	11 683 461 365.00	11 683 461 365.00	11 683 461 365.00
资本公积	65 129 333 550.92	65 129 333 550.92	65 129 333 550.92	65 129 333 550.92	65 129 333 550.92
盈余公积	37 746 485 600.86	40 843 171 648.51	40 843 171 648.51	40 843 171 648.51	40 843 171 648.51
未分配利润	69 338 856 965.79	75 828 297 096.69	80 181 046 477.51	81 287 862 342.06	91 175 250 909.68
股东权益合计	191 489 258 520.07	197 978 109 110.68	205 730 048 968.99	206 675 476 606.05	216 969 231 730.66

将表3-8中的数据反映在图形中，如图3-3所示。

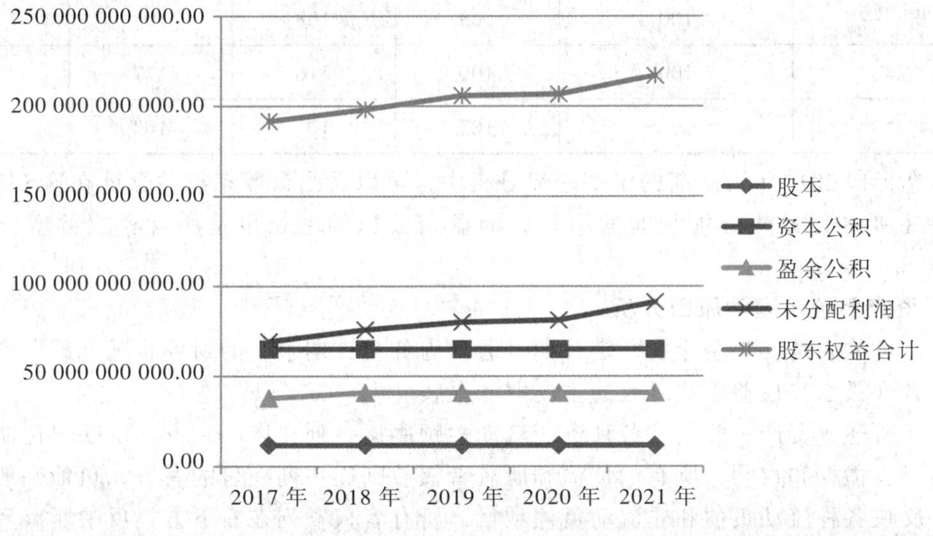

图3-3　S公司所有者权益的绝对数趋势分析（单位：元）

由表3-8和图3-3可以看出，S公司在2017—2021年的5年时间里，所有者权益总额逐年增长。其中，股本和资本公积一直不变，这说明企业在5年内未增发股票。另外，盈余公积在2018年有所增长，2019—2021年保持不变，说明企业用于发展的资金充足。未分配利润一直保持增长趋势。总体来说，公司的所有者权益在2017—2021年逐步增长。

（2）环比分析

S公司所有者权益项目的环比趋势分析见表3-9。

表3-9　S公司所有者权益项目的环比趋势分析（%）

项　目	2018年/2017年	2019年/2018年	2020年/2019年	2021年/2020年
股本	100	100	100	100
资本公积	100	100	100	100
盈余公积	108	100	100	100
未分配利润	109	106	101	112
股东权益合计	103	104	100	105

从S公司5年间所有者权益项目的环比分析结果可以看出，所有者权益的增长基本在5%左右浮动，股本和资本公积在2017—2021年没有变化；2020年由于未分配利润增长幅度的下降，所有者权益总额增长幅度呈下降趋势。

（3）定基分析

S公司所有者权益项目的定基趋势分析见表3-10。

表3-10　S公司所有者权益项目的定基趋势分析（%）

项　目	2017年（基期）	2018年	2019年	2020年	2021年
股本	100	100	100	100	100
资本公积	100	100	100	100	100
盈余公积	100	108	108	108	108
未分配利润	100	109	116	117	131
股东权益合计	100	103	107	108	113

在选择以2017年为基期的定基趋势分析中，可以看出，股东权益合计在这5年间持续增长，主要原因是未分配利润的增长，而盈余公积的增长也是所有者权益增长的原因之一。

3.2.3　资产负债表变动原因分析

资产负债表是反映企业在一定日期（通常为各会计期末）的财务状况（即资产、负债和所有者（股东）权益的状况）的主要财务报表。

如前所述，资产一般是按各种资产流动性顺序逐一列在表的左方，反映单位所有的财产、物资、债权和权利；所有的负债和所有者权益则逐一列在表的右方，负债一般列于右上方，反映各种流动负债和非流动负债项目，所有者权益列在右下方，反映所有者的资本和盈余。左右两方的数额相等。

阅读资产负债表，通过绝对数分析、环比分析和定基分析，可以寻找资产、负债项目变动的原因。

（1）从投资或资产角度进行分析。分析总资产规模的变动状况以及各类、各项资产的变动状况；发现变动幅度较大或对总资产影响较大的重点类别和重点项目；分析资产变动的合理性与效率性；考察资产规模变动与所有者权益总额变动的适应程度，进而评价企业财务结构的稳定性和安全性；分析会计政策变动的影响。

（2）从筹资或权益角度进行分析。分析权益总额的变动状况以及各类、各项筹资的变动状况；发现变动幅度较大或对权益影响较大的重点类别和重点项目；评价表外业务的影响。

（3）对资产负债表变动原因进行分析。资产负债表项目的变动基本通常由四种情况引起：①负债变动型，当企业的负债发生变动时，资产负债表右上部分的负债项目发生变动，同时，负债的产生使资产也发生相应的变动，例如当企业取得银行借款时，负债增加，同时银行存款也增加；②追加投资变动型，当所有者追加投资时，资产负债表右下部分的权益项目发生变动，同时资产项目相应变动，例如当投资者投入房产时，实收资本和固定资产同时发生变动；③经营变动型，当企业的经营发生变动时，资产项目发生变动，例如当企业销售产品时，资产部分的存货和应收款项同时发生变动；④股利分配变动型，例如，当企业发放股利时，所有者权益部分的未分配利润发生变动，同时也引起资产部分相关资产的减少。

3.3 资产负债表结构分析

3.3.1 共同比资产负债表的编制

共同比，是指在一张财务报表中，某一部分在其总体中所占的百分比。共同比分析，是通过计算共同比来反映财务报表中各项目相互间垂直（或纵向）关系和内部整体构成情况的分析方法，又称结构分析。广义而言，共同比分析涵盖纵向共同比分析与横向共同比分析，横向共同比分析通常称为趋势分析。本部分的共同比分析是指纵向分析。下面以S公司为例进行分析（见表3-11和表3-12）。

表3-11 共同比资产负债表（资产部分） 金额单位：元

项 目	2020年	2021年	占合计数百分比（%）		占总计数百分比（%）	
			2020年	2021年	2020年	2021年
流动资产：						
货币资金	79 670 638 441.55	80 313 249 046.95	75.15	76.06	28.95	27.80
交易性金融资产	1 867 858 552.00	2 157 683 267.32	1.76	2.04	0.68	0.75
衍生金融资产	—	—	—	—	—	—
应收票据	9 164 804 838.97	6 013 260 391.19	8.64	5.69	3.33	2.08
应收账款	5 418 380 341.65	4 590 263 830.58	5.11	4.35	1.97	1.59
应收款项融资	—	—	—	—	—	—
预付款项	562 963 184.76	1 107 742 469.60	0.53	1.05	0.20	0.38
其他应收款	6 312 026 191.59	6 265 397 867.87	5.95	5.93	2.29	2.17
其中：应收利息	1 559 376 166.02	954 864 657.87	1.47	0.90	0.57	0.33
应收股利	885 581 149.71	701 073 371.50	0.84	0.66	0.32	0.24

续表

项 目	2020年	2021年	占合计数百分比（%）		占总计数百分比（%）	
			2020年	2021年	2020年	2021年
存货	1 434 116 333.02	4 017 144 419.72	1.35	3.80	0.52	1.39
合同资产	—	—	—	—	—	—
持有待售资产	—	—	—	—	—	—
一年内到期的非流动资产	—	465 000 000.00	—	0.44	—	0.16
其他流动资产	1 582 030 457.71	663 032 527.32	1.49	0.63	0.57	0.23
流动资产合计	106 012 818 341.25	105 592 773 820.55	100.00	100.00	38.52	36.55
非流动资产：						
债权投资	11 675 069 020.00	11 087 106 860.00	6.90	6.05	4.24	3.84
其他债权投资	—	—	—	—	—	—
长期应收款	—	—	—	—	—	—
长期股权投资	118 998 936 721.38	131 122 812 383.03	70.32	71.52	43.23	45.38
其他权益工具投资	13 630 029 876.90	15 106 228 789.62	8.05	8.24	4.95	5.23
其他非流动金融资产	—	—	—	—	—	—
投资性房地产	258 277 381.29	247 737 268.07	0.15	0.14	0.09	0.09
固定资产	16 067 958 066.69	15 484 927 244.92	9.49	8.45	5.84	5.36
在建工程	2 593 629 619.27	3 844 465 224.01	1.53	2.10	0.94	1.33
生产性生物资产	—	—	—	—	—	—
油气资产	—	—	—	—	—	—
使用权资产	—	101 331 307.24	—	0.06	—	0.04
无形资产	3 542 408 706.79	3 869 605 395.59	2.09	2.11	1.29	1.34
开发支出	2 318 369 674.55	2 349 728 227.54	1.37	1.28	0.84	0.81
商誉	—	—	—	—	—	—
长期待摊费用	132 864 523.56	117 809 385.54	0.08	0.06	0.05	0.04
递延所得税资产	—	—	—	—	—	—
其他非流动资产	9 065 399.02	4 802 382.16	0.01	0.003	0.003	0.002
非流动资产合计	169 226 608 989.45	183 336 554 467.72	100.00	100.00	61.48	63.45
资产总计	275 239 427 330.70	288 929 328 288.27			100.00	100.00

表3-12　　**共同比资产负债表（负债和所有者权益部分）**　　金额单位：元

项　目	2020年	2021年	占合计数百分比（%）		占总计数百分比（%）	
			2020年	2021年	2020年	2021年
流动负债：						
短期借款	—	—	—	—	—	—
交易性金融负债	—	—	—	—	—	—
衍生金融负债	—	—	—	—	—	—
应付票据	3 587 720 000.00	5 849 825 684.00	8.25	11.85	1.30	2.02
应付账款	30 498 381 942.84	32 681 272 544.56	70.15	66.23	11.08	11.31
预收款项	—	—	—	—	—	—
合同负债	3 088 000 387.91	713 321 785.82	7.10	1.45	1.12	0.25
应付职工薪酬	1 647 012 941.56	1 476 732 363.58	3.79	2.99	0.60	0.51
应交税费	508 780 748.92	487 710 774.76	1.17	0.99	0.18	0.17
其他应付款	1 660 543 364.98	1 350 618 162.92	3.82	2.74	0.60	0.47
其中：应付利息	45 780 821.86	47 505 127.38	0.11	0.10	0.02	0.02
应付股利	—	—	—	—	—	—
持有待售负债	—	—	—	—	—	—
一年内到期的非流动负债	1 730 076 088.00	6 786 637 173.20	3.98	13.75	0.63	2.35
其他流动负债	754 835 727.38	—	1.74	—	0.27	—
流动负债合计	43 475 351 201.59	49 346 118 488.84	100.00	100.00	15.80	17.08
非流动负债：						
长期借款	9 000 000 000.00	11 500 000 000.00	35.87	50.85	3.27	3.98
应付债券	4 991 131 506.79	—	19.89	—	1.81	—
其中：优先股	—	—	—	—	—	—
永续债	—	—	—	—	—	—
租赁负债	—	61 742 046.69	—	0.27	—	0.02
长期应付款	635 718 389.35	570 374 070.77	2.53	2.52	0.23	0.20
长期应付职工薪酬	3 253 847 264.39	3 341 689 009.39	12.97	14.78	1.18	1.16
预计负债	2 185 841 429.11	2 148 618 448.34	8.71	9.50	0.79	0.74

续表

项　目	2020年	2021年	占合计数百分比（%）		占总计数百分比（%）	
			2020年	2021年	2020年	2021年
递延收益	3 511 947 358.28	3 260 011 081.53	14.00	14.42	1.28	1.13
递延所得税负债	1 510 113 575.14	1 731 543 412.05	6.02	7.66	0.55	0.60
其他非流动负债	—	—	—	—	—	—
非流动负债合计	25 088 599 523.06	22 613 978 068.77	100.00	100.00	9.12	7.83
负债合计	68 563 950 724.65	71 960 096 557.61			24.91	24.91
所有者权益（或股东权益）：						
股本	11 683 461 365.00	11 683 461 365.00	5.65	5.38	4.24	4.04
其他权益工具	—	—	—	—	—	—
其中：优先股	—	—	—	—	—	—
永续债	—	—	—	—	—	—
资本公积	65 129 333 550.92	65 129 333 550.92	31.51	30.02	23.66	22.54
减：库存股	2 039 625 809.24	2 778 609 178.04	0.99	1.28	0.74	0.96
其他综合收益	9 771 273 508.80	10 916 623 434.59	4.73	5.03	3.55	3.78
专项储备	—	—	—	—	—	—
盈余公积	40 843 171 648.51	40 843 171 648.51	19.76	18.82	14.84	14.14
未分配利润	81 287 862 342.06	91 175 250 909.68	39.33	42.02	29.53	31.56
股东权益合计	206 675 476 606.05	216 969 231 730.66	100.00	100.00	75.09	75.09
负债和所有者权益总计	275 239 427 330.70	288 929 328 288.27			100.00	100.00

3.3.2　资产负债表结构变动情况分析

就共同比资产负债表而言，通过分析可以清楚了解企业资金的来源和企业资源分配的情况。根据上面两表所示的各项目共同比，可分析评价该企业的资源分配和资金结构情况。

（1）货币资金变化不大，2020年和2021年占总资产的百分比基本维持在28%左右。货币资金占比较大，虽然偿债能力强，但是公司可能没有充分利用现金进行投资，影响公司的盈利能力。应收票据和应收账款由2020年的5.30%下降到2021年的3.67%，存货由2020年的0.52%上升到2021年的1.39%。应收票据和应收账款占比降低，而存货占比上升，可能是因为信用政策趋严，产品销量下降，存货上升。存货占比上升也有可能是存货计价方法改变所致。

（2）长期股权投资呈现增长趋势，由2020年占总资产的43.23%上升到2021年的

45.38%，说明企业可能追加了对外投资，也有可能是因为被投资单位所有者权益增加，从而使长期股权投资增加，企业投资有成效。

（3）固定资产共同比有所下降，由2020年占总资产的5.84%下降到2021年的5.36%。固定资产减少，而总资产和非流动资产却增加，说明企业可能减少了固定资产的投资，或者加大了固定资产的清理，导致企业生产能力下降。

（4）流动资产占比有所下降，而流动负债占比有所上升，应结合企业实际评价其变动的合理性。例如，流动负债共同比的上升可能在很大程度上是由于一年内到期的非流动负债共同比的上升；其次是公司应付票据和应付账款的增加导致，说明企业相对于供应商的议价能力进一步增强。

（5）非流动负债占比下降，而长期借款占比增加。非流动负债占比下降的主要原因是应付债券于2021年清偿完毕，占比为零，以及长期应付款、长期应付职工薪酬、预计负债和递延收益占比的小幅下降。所有者权益中未分配利润占比增长迅速，说明企业盈利，保值增值能力强。

（6）负债和所有者权益是提供企业资金的两大来源。负债共同比和所有者权益共同比不变，说明该企业的资本结构稳定。但是总体来说，该企业的负债共同比远远低于所有者权益共同比，财务杠杆作用甚微。

3.3.3　资产结构和资本结构的具体分析

1.资产结构分析

（1）资产结构概述

资产结构是指企业在某一时点上资产的各个组成项目的排列和搭配关系。资产结构反映了资产的组成情况。资产负债表中资产各项目是按流动性的大小依次排列的。资产负债表的左方由流动资产、长期投资、固定资产、无形资产和递延资产等构成。同时，由于企业资金运用形成各具用途的各种资产，因此，资产负债表又清楚地表明了资产的运用结构。

资产结构主要反映流动资产与非流动资产之间的比例关系。揭示资产结构的一个重要指标是流动资产率。其计算公式为：

$$流动资产率=\frac{流动资产}{资产总额}$$

一般地，流动资产率越大，说明流动资产占资产总额的份额越大，也就意味着企业的日常经营活动越重要，所需要的流动资金越多。当企业处于蓬勃发展阶段时，企业的战略性经营管理就显得非常重要，非流动资产占资产总额的比率就可能比较大。

流动资产、非流动资产占资产总额的比重能反映不同的信息。对股东而言，首先，企业流动性强的资产所占的比重大，说明企业资产的变现能力强，企业的财务安全性就高；其次，要保全股东的投入资本，除了要求资产的净损失不得冲减资本金外，还要有高质量的资产作为其物质基础，否则资本保全无从谈及；最后，企业的资产结构影响企业的收益。对债权人而言，通过分析资产结构的各个类别，尤其是流动资产与非流动资产的比例分析、企业的资产周转期限结构与债务的偿还期结构的匹配情况分析，有助于债权人判断其债权的物质保障程度和安全性，并可从资产结构角度对企业进行信用等级评价，为与企业开展长期融资合作奠定基础。

（2）资产结构的类型

不同的资产种类和搭配关系会形成不同的经营风险。企业在构建资产结构时应在各种生产经营风险之间加以平衡。不同企业对资产风险的偏好不同，在实践中存在三种资产风险结构类型，即保守型资产结构、适中型资产结构和激进型资产结构。

① 保守型资产结构是指企业在一定产销量水平上维持大量的金融资产，持有较大量的保险性存货，从而使流动资产处于较高的水平。这种类型的资产结构既可降低财务风险，又拥有足够的存货以保证生产之需。然而，由于低收益的流动资产占用大量资金，会降低资产的营运效率和盈利水平。

② 适中型资产结构是指企业在一定产销量水平上维持中等水平的货币资金、存货资产和信用资产，从而使流动资产维持在某一平均水平。这种资产结构由于注意到风险和收益的平衡，是一种风险中性和收益中性的结构，在实践中常被使用。

③ 激进型资产结构则是尽量少地持有金融资产、存货资产和信用资产，从而使流动资产维持在较低水平，而固定资产等非流动资产的比重较高。采用这种结构，企业资产的流动性差，变现能力弱，然而如果经营顺利，资金的盈利水平就会提高，所以，这是一种高风险、高收益的资产结构。

（3）决定资产结构的因素

① 行业特点和经营性质。企业所处的行业特点和经营性质，通常对企业的资产结构有着极其重要的影响。制造业企业固定资产的比重一般要大于商品流通企业，而机械行业的企业存货比重一般要高于食品行业的企业，航空运输企业的固定资产所占比重一般较大，母公司相对于子公司而言长期投资的比重通常较高。

② 企业规模。企业的不同规模也是影响资产结构的重要因素。一般来讲，规模大的企业多半大范围地购置过固定资产，走规模经济的路径，所以固定资产的比重较高，流动资产的比重较低，抗风险能力较强。跨国企业、跨区域经营的公司、母公司与子公司之间往往是通过投资联系起来的，所以，跨国企业、跨区域经营的公司、母公司的投资比重较大。

③ 产品生产周期。企业的产品一般经历成长、成熟、衰退、死亡等几个阶段。与产品所处的生命周期阶段相适应，企业的资产结构并非一成不变，而应随着各阶段的交替适应性地变化。比如，产品处于成长期的企业，会大量添置固定资产，为更多地占领市场而采取宽松的销售信用政策，应收票据和应收账款所占的资金较多，现金等货币性资产则相对短缺。一旦产品进入衰退期，企业则会缩短战线，大规模地回笼资金，这时，企业货币资金增多，存货等资产的比重降低。因而，应紧密结合产品生命周期评价企业的资产结构。

④ 宏观经济环境。宏观经济环境是影响企业资产结构变化的外部条件。宏观经济环境决定着对外投资机会的多少、投资收益的高低和风险的大小，从而直接影响企业的长期投资数额。处于朝阳产业的企业，前景广阔，非流动资产规模与日俱增；处于夕阳产业的企业，经营日益萎缩，货币资金充裕，流动资产占总资产的比重上升。

2.资本结构分析

（1）资本结构概述

资本结构是指企业的资金来自所有者投资与向外借入长期债务的比率关系，也指企业所拥有的资产与所有者权益及负债各组成要素的比率关系。

企业的资本结构状况是企业各利益相关者十分关注的问题，对资本结构的分析能够帮助报表使用者正确评价企业的价值水平，从而为其科学决策提供良好的基础。对股东而言，资本结构分析有助于判断自己可能获得的财务杠杆利益以及承担的财务风险，并做到对企业的运营安全性和稳定性心中有数；对债权人而言，资本结构分析有利于其判明债权的保障程度，并采取有效措施保护自身权益；对经营者而言，资本结构分析有助于其对资本结构的合理性做出判断，并根据情况的变化动态地优化资本结构。

资本结构分析最重要的功能是揭示资金的不同性质。所有者权益是企业对外清偿债务和承担风险的后盾。若企业经营情况不佳或因受到外部因素的冲击而发生财务危机时，所造成的损失必须由所有者承担。因此，对于所有者投入的资金，并无固定的偿还期限，而且其权益地位也缺乏特定的保障。然而，从企业的立场上讲，所有者权益对企业偿债能力与风险承担能力起到很强的稳定作用；资本公积和留存收益转增资本的部分属于企业的永久性资金，可用于购买经营活动所需要的固定资产。至于对外负债，不论是流动负债还是非流动负债，其性质与所有者权益都完全不同，因为对外债务一般具有一定的偿还期限。债务期限越长，企业支付债务的压力就越小，债务为企业提供服务的期限也越长。另外，负债所占的比例越大，企业偿还本金及支付固定利息的负担就越重，债务到期无法清偿的可能性也越大。

（2）资本结构的类型

不同资本结构的收益和风险是不同的，最佳的资本结构应是收益与风险之间达到平衡，企业应根据自身的特点选择恰当的资本结构。资本结构具有以下三种类型：

① 保守型资本结构。保守型资本结构是指在资本中主要采取权益性融资，且负债融资中又以非流动负债融资为主。在这种结构下，企业对流动负债的依赖性较低，从而减轻了短期偿债的压力，风险较低；但与此同时，由于权益性融资和非流动负债融资的成本较高，企业资金成本又会增加。因此，这是一种低风险、高成本的资本结构。

② 适中型资本结构。在这种结构下，权益性融资和负债融资的比重主要根据资金使用用途来确定：用于非流动资产的资金由权益性融资和非流动负债融资提供，用于流动资产的资金主要由流动负债融资提供。同时，权益性融资和负债融资的比重保持在较为合理的水平上。因此，这是一种中等风险和成本的资本结构。

③ 风险型资本结构。风险型资本结构是指在资本中全部采用或主要采用负债融资，并且流动负债融资被大量用于非流动资产。显然，这是一种高风险、低成本的资本结构。

（3）决定资本结构的因素

① 企业销售增长情况。预计未来销售增长率，决定财务杠杆在多大程度上扩大每股盈余，如果销售增长速度很快，那么，使用有固定财务费用的债务筹资，就会增加普通股的每股盈余。除了销售增长率外，销售是否稳定对资本结构也有重要影响。如果企业销售比较稳定，则可较多地负担固定的财务费用；如果销售和盈余有周期性，则负担固定的财务费用将承担较大的财务风险。

② 企业所有者和管理人员的态度。企业所有者和管理人员的态度对资本结构也有重要影响，这是因为企业资本结构的决策最终是由他们做出的。

③ 贷款人和信用评级机构的影响。每位公司的财务经理对如何运用财务杠杆都有自

己的分析，但贷款人和信用评级机构的态度实际上往往成为决定资本结构的关键因素。

④ 行业因素。不同行业的资本结构有很大差别。财务经理必须考虑本企业所处的行业，以便选择最佳的资本结构。

⑤ 企业规模。一般而言，企业规模越大，筹集资金的方式就越多。

⑥ 企业的财务状况。获利能力越强、财务状况越好、变现能力越强的公司，就越有能力负担财务上的风险。因而，随着企业变现能力、财务状况和盈利能力的增强，举债融资就更有吸引力。

⑦ 资产结构。资产结构会以多种方式影响企业的资本结构：拥有大量固定资产的企业主要通过取得非流动负债和发行股票筹集资金；拥有较多流动资产的企业，更多依赖流动负债来筹集资金；资产适用于抵押贷款的公司举债金额往往较大，如房地产公司的抵押贷款就相当多，以技术研究开发为主的公司则负债很少。

⑧ 所得税税率的高低。企业利用负债可以获得减税利益，因此，所得税税率越高，负债的好处就越多；反之，如果税率很低，则采用举债方式时，减税利益就不是十分明显。

⑨ 利率水平的变动趋势。

以上因素都可能影响企业的资本结构，财务管理人员应在认真分析上述因素的基础上，结合经验确定企业的资本结构。

3.3.4 资产与资本的对称性分析

企业的资金来源和资金占用之间不仅存在着数量上的相等关系，而且存在着结构上的平衡关系，主要表现为：①流动资产应主要由流动负债形成，这样，可在一定的财务风险下降低资金成本；②固定资产等非流动资产主要由非流动负债与股东权益资金形成。

实务中，在进行资产负债表分析时，往往在资产与资本的各项目之间进行对称性分析。资产与资本的平衡结构有如下三种类型：

1.稳健型结构

在这种结构下，企业的固定资产等非流动资产、部分流动资产由非流动负债与股东权益资金提供，流动负债只用于满足部分临时性流动资产之需。企业的偿债压力较小，但是由于长期资金来源的资金成本一般高于短期资金来源的资金成本，因此，筹资成本较高，这会降低企业的盈利水平。

2.激进型结构

在这种结构下，流动负债除了满足全部流动资产之需，还用于购置部分固定资产等非流动资产。企业的偿债压力较大，但筹资成本相对较低，会在一定程度上提高企业的盈利水平。

3.适中型结构

适中型结构是介于稳健型与激进型两种结构之间的一种形式。其十分注重使资本与资产之间的流动性达到平衡，用于固定资产等非流动资产的资金由非流动负债与股东权益来提供。在这种结构下，企业偿债压力和筹资水平都处于中等水平。

依据S公司2020年和2021年资产负债表中的部分数据（见表3-13和表3-14），可得出该公司资产与资本之间的平衡结构。

表3-13　　资产负债表部分数据

编制单位：S公司　　2020年12月31日　　单位：元

资产	期末余额	负债和股东权益	期末余额
流动资产	106 012 818 341.25	流动负债	43 475 351 201.59
非流动资产	169 226 608 989.45	非流动负债与股东权益	231 764 076 129.11

表3-14　　资产负债表部分数据

编制单位：S公司　　2021年12月31日　　单位：元

资产	期末余额	负债和股东权益	期末余额
流动资产	105 592 773 820.55	流动负债	49 346 118 488.84
非流动资产	183 336 554 467.72	非流动负债与股东权益	239 583 209 799.43

从表3-13和表3-14可以看出，S公司2020年和2021年两年年末的流动资产所需资金由全部流动负债和部分长期资金提供，趋向是稳健型结构，稍稍降低了企业的盈利水平，而且资产与资本间的搭配关系没有发生变化，可见公司倾向于并维持着稳健型结构。当然，这样的结构是否有利于公司的进一步发展，还需要做进一步的分析。

3.4　资产负债表项目分析

资产负债表是反映企业财务状况的报表，资产负债表项目分析也叫质量分析，就是对企业财务状况质量进行分析。财务状况质量，是指企业财务运转的质量情况，它受资产、负债和所有者权益三个要素质量的制约。资产负债表按照资产、负债和所有者权益三大类分别列报，资产负债表项目分析就是对这三个要素质量的分析。

3.4.1　资产项目分析

资产的质量是指资产的变现能力或资产在未来被进一步利用的质量。资产质量的好坏，主要表现在资产的账面价值与其变现价值或被进一步利用的潜在价值（可以用资产的可变现净值或公允价值来计量）之间的差异上。资产按照质量分类如下：①按照账面价值的金额变现的资产，如货币资金；②按照低于账面价值的金额贬值变现的资产，如应收票据、应收账款、其他应收款、部分存货、部分对外投资、部分固定资产等；③按照高于账面价值的金额增值变现的资产，如大部分存货、部分对外投资、部分固定资产、已经提足折旧继续使用的固定资产等。

1. 货币资金分析

资产负债表中反映的货币资金包括企业的库存现金、银行存款、外埠存款、银行汇票、银行本票、信用证、信用卡和在途资金等。货币资金的特点是：①流动性强，是现实的支付能力和偿债能力；②既是企业各种收支业务的集中点，也是资金循环控制的关键环节。

货币资金质量分析的要点如下：

第一，判断货币资金规模与企业的规模和行业特点是否相适应。一般而言，企业的资产规模越大，相应的货币资金规模应当越大，业务收支越频繁，处于货币形态的资产也应越多。在相同的总资产规模条件下，不同行业（如制造业、商业、金融业）的企业货币资金的规模也不同。同时，货币资金规模还受企业对货币资金的运用能力的影响。货币资金规模过大，可能意味着企业正在丧失潜在的投资机会，也可能表明企业管理人员生财无方。

第二，分析企业筹资能力。如果企业信誉较好，在资本市场上就能够较容易地筹集资金，向金融机构借款也较方便，企业能更好地应对突发事件从而降低风险，这种情况下企业就没有必要持有大量的货币资金；反之，如果企业信誉不好，借款能力有限，企业就不得不储存较多的现金来应付各种可能发生的突发性现金需求。

第三，分析货币资金的构成内容。企业的银行存款和其他货币资金中有些不能随时用于支付的存款，例如不能随时支取的一年期以上的定期存款、有特定用途的信用证存款、商业汇票存款等，它们必将减弱货币资金的流动性，对此，应在报表附注中加以列示，以正确评价企业资产的流动性及支付能力。

第四，分析货币资金内部控制制度的完善程度以及实际执行质量，包括企业货币资金收支的全过程，如客户的选择、销售折扣与购货折扣的谈判与确定、付款条件的确定、具体收付款环节的设计以及会计处理等。

拓展阅读

永煤控股遭证监会行政处罚

2.交易性金融资产分析

交易性金融资产是指企业持有的以公允价值计量且其变动计入当期损益的金融资产，包括为交易目的所持有的债券投资、股票投资、基金投资、权证投资等和直接指定为以公允价值计量且其变动计入当期损益的金融资产。其特点如下：一是企业持有的目的是短期性的，即在初次确认时即确定其持有目的是短期获利。一般此处的短期也应该是在1年内（含1年）。二是该资产具有活跃市场，公允价值能够通过活跃市场获取。

（1）金融资产的分类

金融资产主要包括库存现金、应收票据、应收账款、银行存款、贷款、垫款、其他应收款、应收利息、债权投资、股权投资、基金投资、衍生金融资产等。

金融资产的分类与金融资产的计量密切相关。已执行新金融准则、新收入准则和新租赁准则的企业应当在初始确认金融资产时，将其划分为下列三类：①以摊余成本计量的金融资产；②以公允价值计量且其变动计入其他综合收益的金融资产；③以公允价值计量且其变动计入当期损益的金融资产（在资产负债表中列示为“交易性金融资产”）。

（2）交易性金融资产分析

金融资产满足下列条件之一的，应当划分为交易性金融资产：

① 取得该金融资产主要是为了近期内出售、回购或赎回。

② 属于进行集中管理的可辨认金融工具组合的一部分，且有客观证据表明企业近期采用短期获利方式对该组合进行管理。

③ 属于衍生工具，比如国债期货、远期合同、股指期货等，其公允价值变动大于零时，应将其相关变动金额确认为交易性金融资产，同时计入当期损益。但是，如果衍生工具被企业指定为有效套期关系中的套期工具，那么该衍生工具初始确认后的公允价值变动应根据其对应的套期关系（即公允价值套期、现金流量套期或境外经营净投资套期）不同，采用相应的方法进行处理。

交易性金融资产质量分析的要点如下：

第一，关注交易性金融资产的目的性与报表金额的特点。由于交易性金融资产具有易变现、持有时间短、盈利与亏损难以把握等特点，因此，交易性金融资产在报表中的表现具有金额经常波动、公允价值变动损益易变等特点。如果报表中交易性金融资产金额跨年度长期不变且金额较为整齐，则有可能是企业故意将长期投资的一部分人为地划分为交易性金融资产，以改变流动比率，但不可能改变公司的现金支付能力和其他流动资产项目的变现能力，所以，如果一个公司的流动比率状况好但现金支付能力差，这本身就是一个信号。

第二，关注交易性金融资产的计量。交易性金融资产是以公允价值计量的。在公允价值计量模式下，资产和负债按照在公平交易中熟悉情况的交易双方自愿进行资产交换或者债务清偿的金额计量。分析交易性金融资产必须注重其与金融市场的紧密结合性，反映该类金融资产相关市场变量变化对其价值的影响，进而分析其对企业财务状况和经营成果的影响。

第三，关注交易性金融资产对当期损益的影响。资产负债表日，企业应将交易性金融资产按公允价值计量，并将其变动计入公允价值变动损益。处置该交易性金融资产时，其公允价值与初始入账金额之间的差额应确认为投资收益，同时调整公允价值变动损益。由此可见，公允价值变动损益是未实现的损益，易变且风险较大。

第四，关注与交易性金融资产有关的股利、利息。企业取得交易性金融资产所支付的价款中包含已宣告但尚未发放的现金股利或已到付息期但尚未领取的债券利息，应当单独确认为应收项目，在持有期间取得的利息或现金股利，应当确认为投资收益。

3.应收票据分析

在我国，应收票据是指企业因赊销产品、提供劳务等在采用商业汇票结算方式下收到的商业汇票而形成的债权，包括商业承兑汇票和银行承兑汇票。一般而言，应收票据是一种流动性相对较强的资产，应收票据分为不带息应收票据和带息应收票据。根据企业现金需求的变化，对应收票据还可进行贴现。

报表分析者在了解应收票据特点和分类的基础上，应该重点加强对应收票据贴现和转让的管理，降低应收票据的风险。

4.应收账款分析

应收账款是指企业因销售商品、提供劳务等原因，应向购货客户或接受劳务的客户收取的款项或代垫的运杂费等。应收账款的发生具有经常性的特点，并且存在一定的风险。

一般来讲，企业的应收账款符合下列条件之一的，应确认为坏账：①债务人死亡，以其遗产清偿后仍然无法收回；②债务人破产，以其破产财产清偿后仍然无法收回；③债务人较长时间内未履行其偿债义务，并有足够的证据表明无法收回或收回的可能性极小。

在确定坏账准备的计提比例时，企业应当根据以往的经验、债务单位的实际财务状况和现金流量等相关信息予以合理估计。坏账损失的核算方法有直接转销法和备抵法两种。我国企业会计准则规定，企业只能采用备抵法核算坏账损失。企业采用备抵法进行坏账核算时，首先应按期估计坏账损失，计入管理费用，实际发生坏账时，冲减计提的坏账准备。

应收账款质量分析的要点如下：

第一，关注应收账款的规模。应收账款的规模受诸多因素影响，应结合企业所属的行业特点、经营方式、信用政策来分析。例如，广告企业往往采用预收账款方式；制造业企业常常采用赊销方式，应收账款较多；而商品流通企业相当一部分业务是现金销售，因此应收账款较少。企业放松信用政策，刺激销售，就会增加应收账款；反之，就会减少应收账款。

第二，分析坏账损失风险。在市场经济条件下，企业生产经营存在着各种风险，采用商业信用赊销商品也难免发生坏账损失，即出现货款长期被拖欠甚至收不回来而给企业造成损失的情况。因此，分析应收账款的质量可从以下几点进行：

① 账龄分析。一般而言，未过信用期或已过信用期但拖欠期较短的债权出现坏账的可能性比已过信用期较长时间的债权发生坏账的可能性要小。涉及与其他企业比较时，应参考其他企业的计算口径、确定标准。

② 对债务人的构成进行分析，包括债务人的区域构成、债务人的所有权性质、债权人与债务人的关联状况、债务人的稳定程度，以及应收账款的大部分是否集中于少数几个客户。

③ 对形成债权的内部经手人的构成进行分析。

④ 分期付款应收账款较其他应收账款流动性要差，在对其进行分析时要区别于一般应收账款。

第三，考察应收账款有无真实的交易背景，分析企业是否利用虚无信用来创造销售，或利用无真实交易背景的应收票据向银行贴现，加大企业信用风险。

第四，判断企业所处的市场状况。如果应收账款和应收票据之和远远大于资产负债表右方的预收款项，说明企业的产品市场是典型的买方市场，产品销售难度很大。

第五，分析应收账款的坏账准备提取得是否充足。坏账准备提取比例的高低直接影响当期利润，上市公司常常利用应收账款坏账准备的提取来操纵公司业绩。

【相关链接 3-2】

上市公司应收账款坏账准备政策制定现状和存在问题

一、上市公司现行应收账款坏账准备政策制定方式

企业按照现行方式制定坏账准备政策共分四步，每一步都需要开展多项操作。

第一步，对应收账款单项金额重大的判断标准予以明确。自2007年开始施行的《企业会计准则》并未对单笔资金额度进行明确规定，只是简单要求企业对单笔数额较大的应收账款分别进行减值测试。因此，企业应首先根据应收账款对会计信息影响程度、完全收回概率及经营特性等确定应收账款重大与否的判断标准，以提升企业会计信息可比性。标准确定后，企业可据此对每一项新发生的应收账款进行判断。当前，较为通用的判断标准主要有占比式、定额式及排名式三种。

第二步，选取信用风险特征并将其作为标准将应收账款划分为不同的类别。不同的应收账款发生呆账、坏账的概率及相应数额也存在差异，因此，企业应对所有的应收账款进行分类，合理进行减值测试，然后根据不同标准计提坏账准备。当前，企业较为常用的分类方法主要有账龄区分法。此外，企业还可以按照账款属性、业务对象性质及所处地域等进行划分。

第三步，确定各分组的坏账准备计提方式。在对应收账款进行合理分组后，需要对各组应收账款的坏账准备计提方式进行确定。对于不同组别的应收账款，需要采用不同的坏

账准备计提方式。

第四步，确定计提比例。企业在确定坏账准备计提方式后需要确定相应的计提比例。企业通常会采用行业通用计提比例，也可以依据企业自身实际经验加以确定。

二、现行方式存在的问题

1.单项金额重大标准中存在的问题

通过对企业年报进行分析发现，我国上市公司并未建立统一的“单项金额”划分标准，部分企业将其认定为单笔应收资金，也有部分企业将其认定为某一客户需要支付的资金总额，还有部分企业只是直接利用这一名词。财政部于2017年对《企业会计准则第22号——金融工具确认和计量》进行了修订，但是无论修订前还是修订后，准则均未对单项金额进行明确阐述，我国上市公司划分单项金额时仍然存在较大的主观性，划分的科学性较低。同时，《企业会计准则》也未对单项金额重大程度或标准进行明确，企业只是利用应收账款占比、定额及排名进行简单划分，划分标准不统一导致相应会计处理存在差异，不同企业间的数据对比无法有效开展，企业会计信息质量也无法得到有效保障。

2.组合减值存在的问题

《企业会计准则》要求企业首先对应收账款进行组合划分，然后按照相应标准进行减值测试，组合划分依据为类似信用风险特征，但并未对具体标准进行详细说明，企业在划分组合并计提减值准备时具有较高的自主性。此种情况的存在导致部分企业组合划分科学性不足，减值测试结果的准确性较差，企业无法有效结合自身特性确定坏账准备计提方式，各组合之间的差别无法得到有效反映。当前，上市公司并未充分认识到应收账款分组的积极作用，且对如何进行准确分组认识不清，坏账准备计提比例设置不当问题也较为明显，对企业会计信息质量提升造成一定影响。

资料来源 罗雁. 上市公司应收账款坏账准备政策制定优化探讨［J］. 财会通讯，2019（34）：71-74.

5.预付款项分析

拓展阅读

应收账款票据化的优势

预付款项是指企业按照购货合同规定预付给供货单位的款项。从资产的流动性来看，预付账款是特殊的流动资产，由于款项已经支付，除一些特殊情况外（如预收货款的企业未能按约提供产品、预付保险单被提前注销等），在未来会计期间不会导致现金流入，即在这种债权收回时，流入的不是货币资金，而是存货。因此，该项目的变现性极差。

6.存货分析

存货是指企业在正常生产经营过程中持有以备出售的产成品或商品，或者为了出售仍然处在生产过程中的在产品，或者将在生产过程或提供劳务过程中耗用的材料、物料等。存货在同时满足以下两个条件时，才能加以确认：①该存货包含的经济利益很可能流入企业；②该存货的成本能够可靠地计量。

存货质量分析的要点如下：

一是存货的物理质量分析。例如，商品流通企业的商品是否完好无损，制造业企业的产成品质量是否符合相应的等级要求等。

二是存货的时效状况分析。例如，食品是否超过保质期，出版物的内容是否过时，工业产品的技术是否落伍等。

三是存货的品种结构分析，即盈利产品占企业所有产品品种的比例，市场发展前景和产品抗变能力如何。

四是存货跌价准备计提是否充分。例如，存货披露是否遵循成本与市价孰低法，存货有无相应的所有权证。

五是存货的计价问题。不同的存货计价方法会使存货数额产生极大的差异，尤其是在通货膨胀导致存货价格大幅波动的时候。对于着重分析企业短期偿债能力的报表使用者来说，企业利润的虚实影响不大，关键是要了解存货的变现价值。

六是存货的日常管理分析。企业存货的质量，不仅取决于存货的账面数字，还与存货的日常管理密切相关。只有适当保持各项存货的比例和库存周期，材料存货才能为生产过程所消化，商品存货才能及时实现销售，从而使存货顺利变现。

【相关链接 3-3】

獐子岛的存货之谜

獐子岛集团从2014年开始频频站在资本市场的风口浪尖。究其原因，獐子岛集团的扇贝“精通”财务报表，不断上演“跑路”“出逃”“饿死”等戏码，一次又一次地将獐子岛集团的财务报表扭亏为盈，避免了被退市的风险。

2014年10月，獐子岛集团发布公告称，由于饲养扇贝的北黄海遭遇冷水团，造成扇贝大幅绝收，第三季度财务报表亏损将近8亿元，同年，财务报表共计亏损11.89亿元。资本市场哗然。

2018年2月，獐子岛集团再次发布公告称，由于海洋温度较低，使得扇贝长期处于饥饿状态，最终大量扇贝“饿死”，当年财务报表再次呈现巨亏状态。

2019年4月，獐子岛集团发布第一季度财务报表，财务报表显示，由于扇贝受灾减产，獐子岛集团2019年第一季度亏损4 000多万元。

此时，投资者和社会大众虽对獐子岛集团的扇贝离奇死亡和“跑路”感到不解，但也无可奈何，毕竟，獐子岛的扇贝属于生物资产，又主要生活在海底，要想完全对其进行盘点，具有极高的难度。但是獐子岛集团的扇贝频频出事，这究竟是天灾还是人为造假呢？终于，2018年2月，证监会立案调查。随后，证监会动用北斗卫星，利用第三方公司，对獐子岛集团过去两年的27条采捕船只的海上航行数据进行定位分析，最终得出獐子岛集团海产品的实际养殖面积和账面面积严重不符，存在财务造假行为，严重破坏了资本市场的诚信基础。

资料来源　刘金金. 生物资产存货审计风险问题研究——以獐子岛集团为例［J］. 现代商业，2021（15）：181-183.

7.其他应收款分析

其他应收款号称企业财务报表的“垃圾桶”，包括企业除应收票据、应收账款、预付账款以外的各种应收、预付款项，如应收的各种赔款、各种罚款、存放的保证金、应收出租包装物的租金、预付给企业内个人或单位的备用金、应向职工个人收取的各种垫付款项等。此外，“应收利息”和“应收股利”科目也并入其他应收款一起核算。

8.长期股权投资分析

长期股权投资是指通过投资取得被投资单位的股份。企业对其他单位的股权投资，通常是为了长期持有，以期通过股权投资控制被投资单位，或对被投资单位施加重大影响，或与被投资单位建立密切关系，以分散经营风险。股权投资通常具有投资额大、投资期限长、风险大以及能为企业带来较大的利益等特点。

长期股权投资包括企业持有的对其子公司、合营企业及联营企业的权益性投资以及企业持有的对被投资单位不具有控制、共同控制或重大影响，且在活跃市场中没有报价、公允价值不能可靠计量的权益性投资。

长期股权投资的质量分析，可从以下几个方面进行：

第一，分析长期股权投资的构成（投资方向、投资规模、持股比例等）。通过分析可以了解企业投资对象的经营状况及盈利情况，评价企业长期股权投资的质量和风险。

第二，分析长期股权投资的核算方法。长期股权投资的核算方法有权益法和成本法。在采用权益法的情况下，投资企业取得长期股权投资后，应当按照应享有或应分担的被投资单位实现的净损益的份额，确认投资损益，按照被投资单位宣告发放的现金股利或利润计算应分得的部分，相应减少长期股权投资的账面价值；在采用成本法的情况下，被投资单位实现净利润时，不进行账务处理，但被投资单位宣告发放现金股利或利润时，投资企业确认投资收益。因此，应对利润表中长期股权投资收益与现金流量表中因长期股权投资收益而收到的现金之间的差异进行分析。

第三，判断长期股权投资减值准备计提是否充足。分析企业是否通过多提或少提长期股权投资减值准备，达到虚减或虚增投资账面价值和利润的目的。

9.投资性房地产分析

拓展阅读

股权投资成科技创新加速器

投资性房地产，是指为赚取租金或资本增值，或两者兼有而持有的房地产。投资性房地产应当能够单独计量和出售。

投资性房地产质量分析的要点如下：

第一，关注投资性房地产的计量模式。在成本计量模式下，按照固定资产或无形资产的有关规定计提折旧或摊销，存在减值迹象的，还应当按照资产减值的有关规定进行处理；在公允价值计量模式下，不对投资性房地产计提折旧或进行摊销，以资产负债表日投资性房地产的公允价值为基础调整其账面价值，公允价值与原账面价值之间的差额计入当期损益（公允价值变动损益），投资性房地产取得的租金收入，确认为其他业务收入。因此，两种计量模式对净利润往往产生不同的影响。

第二，关注投资性房地产的范围。

【相关链接 3-4】

宜华健康玩转"财技"仍可能被特别处理

公告显示，宜华健康于2021年12月28日召开董事会及监事会，审议通过《关于自用房地产转为投资性房地产及会计政策变更的议案》，公司拟将部分原自用房地产改为长期对外出租，自2021年10月31日（以下简称转换日）起计入投资性房地产并后续以公允价值模式计量。

宜华健康称，计入投资性房地产及采用公允价值进行后续计量后，相关资产不需要计提折旧和摊销。经初步测算，上述会计估计及会计政策的变更可以让宜华健康少计提折旧或摊销，于"无形"中增加2021年归属于母公司所有者的净利润（简称归母净利润）641.89万元。此外，宜华健康还获得中国东方资产管理股份有限公司深圳市分公司（以下简称东方资管深圳分公司）4 663.04万元的债务豁免。这笔债务豁免预计增加公司合并利润表的投资收益4 278.34万元。

近年来，不少A股上市公司把自用房地产转为投资性房地产。ST雪莱（002076，SZ）在2020年就使用了该方法。当年10月底，ST雪莱宣布将部分闲置自用房地产转为投资性房地产，用于出租获取收益。此项变更后，ST雪莱2020年实现归属于上市公司股东的净利润4 375.05万元。ST雪莱宣布这项会计变更后，很快就修正了年度盈利预测，公司业绩扭亏为盈。当然，ST雪莱此举少不了惹来深交所的监管关注。尽管如此，ST雪莱还是“有惊无险”地利用会计估计变更实现了2020年业绩扭亏为盈。东百集团（600693，SH）也曾于2020年11月宣布公司投资性房地产后续计量方法拟由成本计量模式变更为公允价值计量模式。追溯调整后，东百集团2020年前三季度净利润由1.6亿元变更为2.1亿元。

一名资深会计人士称，自用房地产转为投资性房地产日，公允价值增值部分不计入当期损益，而计入所有者权益，只有减值的部分才计入当期损益，因此，通过自用房地产转为投资性房地产转换日调增企业利润。投资性房地产从成本计量模式变更为公允价值计量模式，属于会计政策变更，将追溯调整企业利润，存在上市公司为调整企业利润而进行变更的可能。

“上市公司在预计亏损的情况下，出于维持公司业绩或者获得融资资格的需要，有可能操纵投资性房地产的评估值，通过提高房地产的公允价值增加当期公允价值变动损益，扭亏为盈。因此，上市公司这种调节利润的方式还是比较常见的。”上述会计人士表示。

她也提到，证监会曾在关于上市公司2008年年报披露工作的要求中明确指出继续谨慎采用公允价值模式计量投资性房地产，除非有明确的证据表明投资性房地产的公允价值能够可靠取得外，应当采用成本模式对投资性房地产进行后续计量。

资料来源 陈鹏丽，陈浩．“会计变更+债务豁免”挽救业绩 宜华健康玩转“财技”仍可能被ST[N]．每日经济新闻，2022-01-13.

10.固定资产分析

固定资产是指使用期限较长、单位价值较高，并在使用过程中保持其实物形态基本不变的资产项目。在资产负债表中，固定资产反映企业各种固定资产原价减去累计折旧和累计减值准备后的净额。其特点是：长期拥有并在生产经营中发挥作用；投资数额大，风险也大；反映企业生产的技术水平、工艺水平；对企业的经济效益和财务状况影响巨大；变现能力差。

固定资产质量分析的要点如下：

第一，分析固定资产规模的合理性。固定资产的规模应与企业经营的总体规模、产品的市场前景以及企业所处的发展阶段等相适应，也应与流动资产的规模保持合理的比例关系。如果企业盲目添置固定资产，不但占用资金金额巨大，而且极易导致资产闲置和快速贬值，对企业的财务状况与经营业绩均会产生较大的负面影响。

第二，关注固定资产原值在年内的变化。各个期间固定资产原值的变化，应朝着优化企业内部固定资产结构、改善固定资产质量、提高固定资产利用效果的方向努力。因此，从年度固定资产结构的变化与生产经营特点之间的吻合程度，可以对固定资产质量的变化情况做出判断。

第三，分析固定资产的构成。在各类固定资产中，生产用固定资产（尤其是生产设备）在全部固定资产中应占较大比重，非生产用固定资产、未使用和不需用固定资产占全部固定资产的比重应该较低。因此，可分析企业固定资产的利用率或闲置率，评价企业固定资产的使用效率。此外，固定资产更新改造程度越高，通常意味着企业固定资产的质量和性能越好，企业的发展潜力越大。

第四，固定资产质量好坏的关键在于它能否给企业带来未来的经济利益，是否具有增值潜力。这种增值，或是由于特定资产的稀缺性（如土地）引起的，或是由于特定资产的市场特征表现出较强的增值特性（如房屋、建筑物等）引起的，或是由于会计处理的原因导致账面上虽无净值但对企业而言仍有利用价值引起的（如已经提足折旧但企业仍可在一定时间内使用的固定资产）。

第五，关注固定资产的会计核算政策。这主要关注四个方面：①固定资产的确认标准。不同的确认标准对企业业绩会有不同程度的影响。②计提折旧的方法。采用合理的方法计提固定资产折旧，对于加强企业经济核算、正确核算成本利润和应纳企业所得税额、确保固定资产再生产的顺利进行均有重要意义。③固定资产减值准备。在分析时应关注固定资产实质上已经减值但却不提或少提减值准备的情况，这会虚增资产和利润，造成会计信息失真，企业潜亏严重。④固定资产清理的情况。

11.在建工程分析

资产负债表上的在建工程项目，反映企业期末各项未完工程的实际支出，包括交付安装的设备价值，未完建筑安装工程已经耗用的材料、工资和费用支出，预付出包工程的价款，建筑安装完毕但尚未交付使用的建筑安装工程等的可收回金额。在建工程是企业正在建设的与固定资产有关的工程项目，包括固定资产新建工程、改扩建工程和大修理工程。

在建工程质量分析的要点如下：

第一，“在建工程”科目不包括尚未使用的工程物资的实际成本；尚未使用的工程物资的成本，在“工程物资”科目核算。对已执行新金融准则、新收入准则和新租赁准则的企业而言，“工程物资”科目也并入在建工程项目一并核算。

第二，用借款建设的工程所发生的借款利息，在固定资产达到预定可使用状态之前，计入在建固定资产的成本；在固定资产达到预定可使用状态之后发生的，计入当期损益。

第三，在建工程减值准备的计提。企业应当定期或者至少于每年年度终了时，对在建工程进行全面检查，如果有证据表明在建工程已经发生减值，应当计提减值准备。存在下列一项或若干项情况的，应当计提在建工程减值准备：①长期停建并且预计在未来三年内不会重新开工的在建工程；②所建项目无论性能还是技术都已经落后，并且给企业带来的经济利益具有很大的不确定性；③其他足以证明在建工程已经发生减值的情形。

“工程物资”科目核算企业为基建工程、更改工程和大修理工程准备的各种物资的实际成本，包括为工程准备的材料、尚未交付安装的需要安装设备的实际成本，以及预付大型设备款和基本建设期间根据项目概算购入为生产准备的工具及器具等的实际成本。

12.无形资产分析

无形资产是指企业拥有或者控制的没有实物形态的可辨认非货币性资产，主要包括专利权、非专利技术、商标权、著作权、特许权等。

无形资产质量分析的要点如下：

第一，无形资产的质量主要体现在特定企业内部的利用价值和对外投资或转让的价值能全面反映其真正的价值和潜力。

第二，商誉的存在无法与企业自身分离，不具有可辨认性。资产负债表中的无形资产项目不包括商誉。

第三，土地使用权属于无形资产，但企业如果改变其用途，将土地使用权用于出租、增值等目的，要将其转为投资性房地产核算。

第四，企业内部产生的品牌、人力资源、报刊名等，由于其不能可靠计量，不应确认为无形资产。

第五，石油、天然气等开采权归国家所有，且开采具有特殊性，不包括在无形资产中。

13.开发支出分析

开发支出反映企业开发无形资产过程中能够资本化形成无形资产成本的支出部分。

在开发阶段，可将有关支出资本化计入开发支出，但必须同时满足下列条件：

第一，完成该无形资产以使其能够使用或出售在技术上具有可行性。判断无形资产的开发在技术上是否具有可行性，应当以目前阶段的成果为基础，并提供相关证据和材料，证明企业进行开发所需的技术条件等已经具备，不存在技术上的障碍或其他不确定性。

第二，具有完成该无形资产并使用或出售的意图。企业能够说明其开发无形资产的目的。

第三，无形资产产生经济利益的方式，包括能够证明运用该无形资产生产的产品存在市场或无形资产自身存在市场。无形资产将在内部使用的，应当证明其有用性。

第四，有足够的技术、财务和其他资源支持，以完成该无形资产的开发，并有能力使用或出售该无形资产。企业能够证明可以取得无形资产开发所需的技术、财务和其他资源，以及获得这些资源的相关计划。企业自有资金不足以提供支持的，应能够证明存在外部其他方面的资金支持，如银行等金融机构声明愿意为该无形资产的开发提供所需资金等。

第五，归属于该无形资产开发阶段的支出能够可靠地计量。企业对研究开发的支出应当单独核算，比如直接发生的研发人员工资、材料费，以及相关设备折旧费等。同时从事多项研究开发活动的，所发生的支出应当按照合理的标准在各项研究开发活动之间进行分配；无法合理分配的，应当计入当期损益。

无法区分研究阶段和开发阶段的支出，应当在发生时作为管理费用，全部计入当期损益。

14.长期待摊费用和其他非流动资产分析

长期待摊费用是指不能全部计入当期损益，应当在以后年度内分期摊销的各项费用，包括开办费、租入固定资产改良支出、固定资产大修理支出、筹建期汇兑净损失等。

其他非流动资产是指企业正常使用的固定资产、流动资产等以外的，由于某种特殊原因，企业不得随意支配的资产。这种资产一经确定，未经许可，企业无权支配和使用，但仍应加强管理，单独核算。其主要包括：特准储备物资、银行冻结存款和冻结物资以及涉及诉讼中的财产。

15.表外资产和或有资产分析

资产负债表的表外资产是指那些因会计处理原因或计量手段的限制而未能在资产负债表中体现净值，但可以为企业在未来做出贡献的资产项目。其主要包括：已经提足折旧，但企业仍然继续使用的固定资产；企业正在使用，但已经作为低值易耗品一次摊销到费用中、资产负债表尚未体现价值的资产；人力资源等。

或有资产是指过去的交易或事项形成的潜在资产，其存在需通过未来不确定事项的发生或不发生予以证实。或有资产具有以下特征：①或有资产由过去的交易或事项产生；②或有资产的结果具有不确定性。

3.4.2　负债项目分析

负债（债权人权益）是指过去的交易、事项形成的现时义务，履行该义务预期会导致经济利益流出企业。负债包括流动负债和非流动负债。

1.流动负债分析

流动负债是指将在一年内或超过一年的一个营业周期内偿还的债务。它包括短期借款、应付票据、应付账款、预收款项、应付职工薪酬、应交税费、其他应付款等。其特点是：偿还期限短；偿还数量和金额确定；有明确的债权人。

（1）流动负债项目分析

①短期借款分析

短期借款反映企业借入但尚未归还的一年期以下（含一年）的借款，包括短期流动资金借款、结算借款、票据贴现借款等。

因短期借款期限较短，企业在举借时应测算短期借款到期时的现金流量状况，确保届时企业有足够的现金偿还本息。我国企业的短期借款在流动负债总额中所占份额较大。在对短期借款进行分析时，应关注短期借款的数量是否与流动资产的相关项目相适应，有无不正常之处；还应关注借款的偿还时间，预测企业未来的现金流量，评判企业的短期借款偿还能力。

②应付票据分析

应付票据反映企业为了抵付货款等开出、承兑的尚未到期付款的票据，包括银行承兑汇票和商业承兑汇票。应付票据是一种信用，与短期借款相比，其付款时间更具约束力，如到期不能支付，不仅会影响企业信誉，影响企业以后筹集资金，而且会受到银行的处罚。

③应付账款分析

应付账款反映企业购买原材料、商品和接受劳务供应等而应付给供应单位的款项。与应付票据相比，应付账款作为一种商业信用行为，要求以企业的商业信用作保证。

分析应付账款时，应结合存货进行分析，在供货商赊销政策一定的条件下，企业应付账款的规模会与采购规模有一定的对应关系。如果企业产销较平稳，应付账款规模还应与营业收入保持一定的对应关系。通常情况下，企业应付账款平均付款期较为稳定，如果企业购销状况没有发生很大变化，同时供货商没有放宽赊销的信用政策，而企业应付账款规模不正常增加、平均付款期不正常延长，就表明企业的支付能力恶化。

④预收款项分析

预收款项反映企业预收购买单位的账款。预收款项是企业按购销合同规定向购买商品或接受劳务的单位预先收取的款项。对于企业来说，预收款项越多越好，因为预收款项作为企业的短期资金来源，在企业发送商品或提供劳务之前，可以无息使用。同时，企业预收款项较多，也表明企业的产品或劳务销售情况良好，市场供不应求。一般情况下，因为预收款项是按销售收入的一定比例预先收取的，所以通过预收款项的变化可以预测企业未来营业收入的变动。

⑤应付职工薪酬分析

应付职工薪酬是企业对职工个人的一项流动负债。职工薪酬是指企业为获得职工提供的服务而给予各种形式的报酬以及其他相关支出，包括职工在职期间和离职后提供给职工的全部货币性薪酬和非货币性福利。企业提供给职工配偶、子女或其他被赡养人的福利等，也属于职工薪酬。

在分析应付职工薪酬时，应当清楚应付职工薪酬是否为企业真正的负债，注意企业是否有通过应付职工薪酬调节利润的情况。

⑥应交税费分析

应交税费反映企业按照税法规定计算应交纳的各种税费，包括增值税、消费税、所得税、资源税、土地增值税、城市维护建设税、房产税、土地使用税、车船税、教育费附加、矿产资源补偿费等。企业代扣代交的个人所得税，也通过本项目列示。企业所交纳的税金不需要预计应交数的，如印花税、耕地占用税等，不在本项目列示。

在分析应交税费的质量时，由于应交税费涉及较多税种，报表使用者应当了解应交税费的具体内容，有针对性地分析该项负债的形成原因。如果该项目为负数，则表明企业多交而财税机关应当退回给企业或由企业以后期间抵交的税金。

⑦其他应付款分析

其他应付款反映企业除应付票据、应付账款、预收款项、应付职工薪酬、应交税费等经营活动以外的其他各项应付、暂收的款项，如包装物租金、应付保险费、存入保证金、应付统筹退休金等。这个项目常常被称为企业财务报表的“聚宝盆”，因此分析时注意企业是否利用该项目隐藏利润。

此外，“应付利息”和“应付股利”科目也并入其他应付款一起核算。应付利息反映企业按照规定应当支付的利息，包括分期付息到期还本的长期借款、企业债券等应支付的利息。分析该项目时，应注意到期还本付息的长期借款应支付的利息不包括在该项目中，该项目必须结合长期借款和应付债券进行分析。

应付股利是指企业经董事会或股东大会确定应分配的期末应付给股权投资者的股利。企业进行利润分配后应给予股权投资者的投资回报，在投资者领取之前形成企业的一项流动负债。在分析应付股利时应注意：资产负债表上所反映的应付股利是企业应付未付的现金股利，不包括股票股利。股份有限公司可采用的股利分配形式有现金股利和股票股利等，分派股票股利实质上是股东权益结构调整的重大财务决策行为，并不涉及现实负债问题。

⑧一年内到期的非流动负债分析

一年内到期的非流动负债反映企业非流动负债中将于资产负债表日后一年内到期部分的金额，这部分负债从时间长短上来看已属于流动负债的范围。

（2）流动负债质量分析

① 分析流动负债的结构，判断企业流动负债主要来自何方，分析其性质和数额、偿还紧迫程度如何，衡量企业的财务风险。

② 分析中要同企业的性质、经营形势相联系，分析企业采购政策、付款政策、利润

分配政策及其他经营特点。就商品流通企业而言，正常情况下是流动负债和销售收入或实现利润都有所增长；就工业企业而言，常常是非流动负债和实现利润都在增长，而流动负债并无明显变化。

③ 分析中要同企业的流动资产相联系，以判断企业短期偿债能力是好转还是恶化。

2.非流动负债分析

非流动负债是指偿还期在一年或超过一年的一个营业周期以上的长期债务，包括长期借款、应付债券、长期应付款等。其特点是：金额大、偿还期长、企业使用成本高。

由于非流动负债的偿还期较长，受货币时间价值影响较大，非流动负债的价值一般应根据合同或契约规定的在未来必须支付的本金和所付利息之和按适当贴现率折现后的折现值来确定。

（1）非流动负债项目分析

①长期借款分析

长期借款反映企业向银行或其他金融机构借入的期限在一年以上（不含一年）的借款本息，一般用于固定资产的购建、固定资产改扩建工程、固定资产大修理工程等。长期借款是银行信用，具有很强的偿还约束性，企业须严格按借款协议规定的用途、进度等使用借款。在进行报表分析时，应对企业长期借款的数额、增减变动及其对企业财务状况的影响给予足够的重视。

在分析长期借款的质量状况时，应注意长期借款是否与企业固定资产、无形资产的规模相适应，是否与企业的当期收益相适应。此外，还应关注长期借款费用处理的合规性与合理性。

②应付债券分析

应付债券反映企业发行的尚未偿还的各种长期债券的本息。应付债券因债券的法律凭据性而使偿还具有较强的法律约束性，当债券的偿付遇到困难或者预期存在困难时，债券的价格必然下降，企业的信誉和财务形象将受损，企业将遇到再融资的困难，这就迫使企业按期偿付。这说明债券的偿付具有较强的社会约束性或市场约束性，它比长期应付款的流动性要强。在进行报表分析时，应对应付债券的金额、增减变动及其对财务状况的影响给予足够的关注。

③长期应付款分析

长期应付款反映企业除长期借款和应付债券以外的其他各种长期应付款，如应付引进设备款等。应付引进设备款，其特点是用企业的产品偿还债务，既销售了产品又偿还了债务。此外，“专项应付款”也并入长期应付款一并核算。专项应付款是企业接受国家拨入的具有专门用途的款项所形成的不需要以资产或增加其他负债偿还的负债，如新产品试制费拨款、中间试验费拨款和重要科学研究补助费拨款等科技三项拨款等。在进行报表分析时，应对长期应付款的数额、增减变动及其对企业财务状况的影响给予足够的关注。

④长期应付职工薪酬分析

长期应付职工薪酬是指会计上在“应付职工薪酬”科目核算的，但预计支付时间在资产负债表日后12个月之后的部分的账面价值，包括离职后福利和其他长期职工福利。离职后福利涉及设定受益计划和设定提存计划，粗略地可以理解为员工长时间服务后享受到的企业提供的养老金。由于对其他长期职工福利是参考设定受益计划和设定提存计划进行会计处理的，因而大致上可以理解为长期应付职工薪酬包括两种情况，即设定受益计划和设定提存计划。

在对长期应付职工薪酬进行分析时，应尤其关注该项目费用的实际变动与划分类别。相关款项实际支付时，应作为经营活动现金流，所以“经营性应付项目的增加（或减少）”项目中要考虑长期应付职工薪酬项目增减变动的影响。但是需要注意的是，长期应付职工薪酬项目发生额中对应于财务费用和其他综合收益的部分不能纳入“经营性应付项目的增加（或减少）”项目金额的计算中，只有发生额对应于成本费用（财务费用除外）和实际支付的部分才能纳入“经营性应付项目的增加（或减少）”项目的统计。

⑤预计负债分析

预计负债反映企业对外担保、商业票据背书转让或贴现、未决诉讼、未决仲裁、产品质量保证等很可能产生的负债。

企业的或有事项有可能同时满足以下三个条件：该义务是企业承担的现时义务，这是指与或有事项有关的义务为企业承担的现时义务而非潜在义务；该义务的履行很可能导致经济利益流出企业（很可能指发生的可能性“大于50%但小于或等于95%”）；该义务的金额能够可靠地计量。在满足上述三个条件的情况下，可以按预计负债项目在资产负债表中予以确认。

【相关链接 3-5】

预计负债与主观判断

中国石油在2021年年报中披露了预计负债情况（见表3-15）与资产弃置费用统计情况。

表3-15 **中国石油预计负债情况** 单位：百万元

项　目	2021年	2020年
1月1日余额	114 819	137 935
本期增加	20 769	9 531
本期减少（减少以“-”号列示）	-6 183	-32 647
12月31日余额	129 405	114 819

根据中国石油财务报表以及弃置费用统计情况，对于将油气资产弃置费用确认为预计负债的判断如下：

一是根据石化行业惯例，将弃置费用归类为现时义务，这满足了预计负债会计职业判断中的第一个条件。与此同时，相应的资产是流出到中国石油之外的，并且在弃置过程中这部分费用也是能够计量的，因此满足了预计负债会计职业判断的三个必要条件。

二是除了资产时间价值相关说明之外，中国石油弃置费用处理信息从公开获取的信息来看是比较合理的。从2020年和2021年财务报表数据可知，就油气资产原值中与资产弃置义务相关的部分而言，2021年12月31日为1 144.89亿元，2020年12月31日为966.57亿元，2019年12月31日为1 056.10亿元，分别占油气资产原值的4.67%、4.10%和4.67%；就油气资产计提影响损益的折耗金额而言，2021年为1 382.37亿元，2020年为1 353.62亿元，2019年为1 286.84亿元，分别占油气资产原值的5.64%、5.74%、5.69%，占比均比较稳定；中国石油于2021年、2020年和2019年分别确认弃置费用29.44亿元、47.66亿元和48.64亿元。

三是石化行业涉及资金额庞大，相关财务数据计算量非常大，对于会计专业水平的要求相对较高。而弃置费用计算需要更多的会计职业判断，更具主观性，随着油气资产使用年限的增加，弃置费用增加，同财务费用一起为管理层隐藏真实利润提供了便利，因此，石化行业中将弃置费用确认为预计负债的会计职业判断是一把双刃剑。

资料来源　李为毅. 企业预计负债会计职业判断探析［J］. 财会通讯，2018（7）：72-75. 中国石油2020年度财务报告、中国石油2021年度财务报告.

（2）非流动负债质量分析

企业能够长期占用的资金主要有投资者投入的资本和举借的非流动负债，因此，举借的非流动负债是企业很重要的一项资金来源。举借非流动负债主要是为了购置机器设备或厂房、购入土地使用权等扩大再生产而进行的必要投资。举借非流动负债对于投资者来说，一方面，可以保持其投资比例，即不因筹措长期资本而影响投资者的投资比例；另一方面，在企业的总资产报酬率高于非流动负债的固定利率时，负债具有杠杆作用，使投资者可以享受剩余的盈余。因为债务的本金和利息通常是固定的，债务人只需按期偿还举借的本金和固定的利息，不再有任何其他义务，即不需要支付股利。另外，举借非流动负债还可以减轻税负，这是因为债务利息可以作为一项费用支出在缴纳所得税前扣除。

分析非流动负债可以从以下几方面考虑：

第一，考察企业非流动负债的关键是适度负债，使企业既能利用长期借款弥补资金缺口，获得杠杆收益，又不至于因此陷入财务困境。如果企业在非流动负债增长的同时，经济效益、实现利润明显提高，说明企业负债经营正确，企业财务状况良好。

第二，将非流动负债与流动负债的变化结合起来分析。企业非流动负债增加，流动负债减少，说明企业生产经营资金有长期保证，是扩大业务规模的好机会。在这种情况下，如果销售收入确实增长，则表明企业抓住了机会，经营有方；如果销售收入并未增长，那么，企业不是通过增加在建工程进行结构性调整（这时要分析项目的预期效益），就是通过恶化资金结构、降低结构稳定性来暂时回避短期资金紧张问题。

第三，由于租赁对于企业用作保证的自有资金的数量要求比长期借款低得多，出租企业承担的风险需要从承租企业支付的费用中得到补偿，因而要特别关注企业运用租赁资金来源的风险性。

第四，关注非流动负债费用的归属问题，即非流动负债产生的利息、折价或溢价摊销、辅助费用以及因外币借款而发生的汇兑差额，是应归属于发生当期的费用，还是予以资本化计入资产。我国企业会计准则对借款费用的处理有如下规定：①为购建固定资产、投资性房地产等而发生的非流动负债费用，在固定资产、投资性房地产等未达到预定可使用状态前所发生的，予以资本化，计入在建工程价值；在固定资产、投资性房地产达到预定可使用状态后所发生的，直接计入当期损益（财务费用）。②为存货生产而借入的借款费用，在符合资本化条件的情况下应当予以资本化。

3.表外负债和或有负债分析

（1）表外负债分析

表外负债是企业在资产负债表中未予以反映的负债，即资产负债表的右方无该项目，左方也无相应的资产，而表外负债所形成的费用以及取得的经营成果在利润表中却又得到反映。表外负债的具体形式有以下三种：

① 直接表外负债，是指企业以不转移资产所有权的特殊借款形式直接负债，如代销商品等。

② 间接表外负债，是指由另一个企业的负债代替本企业负债，使本企业表内负债保持在合理限度内。最常见的方法是：母公司投资于子公司或附属公司，把应由自己经营的产品拨给一个子公司或附属公司，子公司或附属公司将生产出的产品销售给母公司，子公司或附属公司负债经营。这种情况下，子公司或附属公司的负债实际上是母公司的负债。本应由母公司负债经营的部分，鉴于母公司负债的限度，转由子公司或附属公司作为与母公司同样独立的法人负债，使得各方的负债都能保持在合理范围内。

③ 转移表外负债，是将表内的项目转移到表外进行负债，包括应收票据贴现、出售有追索权的应收账款和资产回租等形式。

（2）或有负债分析

或有负债是指过去的交易或事项形成的潜在义务，其存在需要通过未来不确定事项的发生或不发生予以证实，或者过去的交易或事项形成的现时义务，履行该义务不是很可能导致经济利益流出企业或该义务的金额不能可靠地计量。或有负债的具体形式有商业票据背书转让或贴现、未决诉讼、未决仲裁、产品质量保证、担保、应收账款抵押等。

【相关链接 3-6】

“机油门”事件进入沉默期　上汽通用用户被迫提起诉讼

来自国家缺陷汽车产品召回综合管理信息平台的汽车投诉数据显示，2018年第一季度共收到汽车投诉10 692起，突破万件。其中，涉及“机油门”事件的投诉共有6 742起，占第一季度汽车投诉总量的一半以上，以53%的速度高速增长，以“绝对优势”持续居投诉榜“榜首”。

除了东风本田，受累于“机油门”的企业还有重庆长安汽车股份有限公司生产的长安轿车，在第一季度共有投诉682起，其中2月份的投诉量相对于1月份环比增长1 377%、3月份相对于2月份环比增长274%，如此高的投诉增长比例，让人着实吓出一身冷汗。

上汽通用在第一季度共收到投诉517起，其中1月份收到投诉219起，2月份收到投诉91起，3月份收到投诉207起，由此可见，上汽通用的投诉量波动较大，或许存在隐藏的安全风险。

在短短一个季度之内超过万起汽车投诉，且一些质量抱怨热点“高烧不退”。2018年1月份，全国各地不断爆发本田“机油门”维权风潮，一时间全国各地本田车主沸沸扬扬，轰动整个汽车界。虽然本田方面面对公众的质疑做出了解释和说明，并且拿出了解决方案，但是，他们的解释和解决方案并不为广大车主所接受，截至4月初也没有看到其解决方案正式在国家质检机构备案。其间，国家质检相关部门约谈本田，虽然舆论稍有缓和，但截至4月初仍未看到本田官方就“机油门”事件提出进一步的解决方案，数万消费者的投诉就这样被搁置。

被“机油门”事件盖过风头的上汽通用连续数月投诉量处于第一阵营，通过数据分析发现上汽通用的投诉问题集中体现在传动系和发动机。从2017年年底中国质量新闻网一直跟踪报道的数起上汽通用投诉案中，其质量问题集中在发动机、变速箱、底盘等，均涉及安全和重大质量故障点。

资料来源　李恩江."机油门"事件进入沉默期 上汽通用用户被迫提起诉讼［EB/OL］.［2018-04-11］. http://www.cqn.com.cn/auto/content/2018-04/11/content_5652154.htm.

3.4.3　所有者权益项目分析

所有者权益是指企业资产扣除负债后由所有者享有的剩余权益。公司的所有者权益又称股东权益。所有者权益的来源包括所有者投入的资本、直接计入所有者权益的利得和损失、留存收益等。所有者权益可分为实收资本（股本）、资本公积、盈余公积和未分配利润等部分。其中，盈余公积和未分配利润统称留存收益。

所有者权益项目质量分析的要点如下：

第一，所有者权益是长期偿债能力的安全保证。在资产的要求权需要偿还时，负债具有优先偿还权，因而所有者权益对于企业偿债能力及风险承担具有重大的稳定作用，是反映其经济实力的基础，是确保企业存在、稳定和发展的基石。对债权人而言，所有者权益在资本中所占的比例越高，其债权就越有保障，对债权人也就越有利。总之，企业所有者权益增加，说明企业可动用的资金增多，经济实力增强。企业通过内部发展筹集的资金越多，企业的经济效益和经营管理水平就越高；反之，企业通过外部筹集的资金越多，企业的经营风险也就越大。

第二，分析所有者权益内部的股东持股构成状况与企业未来发展的适应性。在企业的股东构成中，控股股东有权决定企业的财务和经营政策，重大影响性股东具有参与决策的权利，因此，控股股东、重大影响性股东将决定企业未来的发展方向。在对企业所有者权益进行分析时，必须关注企业的控股股东、重大影响性股东的背景状况、是否有战略眼光、有没有能力将企业引向光明的未来等。

第三，分析企业实收资本与注册资本的一致性。如果不一致，是否存在注册资本不到位的现象，对此进行进一步的了解，搞清资本金未到位的原因，查清企业注册资本是否可靠。

第四，关注资本公积的合理性。注意企业是否存在通过资本公积项目来改善财务状况的情况，这是因为有的企业在未经法定资产评估的情况下，通过虚假资产评估来虚增企业的所有者权益——资本公积，虚增固定资产、在建工程、存货、无形资产等资产项目，借此降低企业的资产负债率，蒙骗债权人。

第五，了解留存收益的总量变动及其原因和趋势，分析留存收益的构成及变化。留存收益的增加有利于增强企业的实力，有利于财务资本的保全，降低财务风险，缓解财务压力。留存收益的变化取决于企业的盈亏状况和利润分配政策。

【相关链接 3-7】

贵州茅台高派现股利政策研究

一、贵州茅台股利分配方式

贵州茅台一直秉承连续稳定高派现的股利政策。从2010年起已连续多年居于A股每股派息排行榜首位。每股股票的现金股息大约是其他公司的10倍。下面以2014—2019年的股利分配数据为基础进行研究。由表3-16可以看出，2014年贵州茅台的股利支付率较低，仅为32.51%；2015年至2019年，公司的股利支付率均超过50%，并呈现出逐年上升的趋势。

表3-16 股利分配情况 金额单位：元

年份	股利分配方案	每股现金股利	每股收益	股利支付率（%）
2019	10股派170.25元（含税）	17.03	32.80	51.92
2018	10股派145.39元（含税）	14.54	28.02	51.89
2017	10股派109.99元（含税）	10.99	21.56	50.97
2016	10股派67.87元（含税）	6.78	13.31	50.94
2015	10股派61.71元（含税）	6.17	12.34	50.00
2014	10股送1股派43.74元（含税）	4.37	13.44	32.51

1.股利分配政策总体比较连续。2000年以后，贵州茅台每年均采用现金分红的政策。从2008年开始，企业的每股股利保证在1元以上，除2012年外，其余年份贵州茅台每股股利的变动幅度较小，可以体现出股利政策的连续性及稳定性。

2.股利分配以现金方式为主。贵州茅台自开始实施分红政策以来，所选择的一直是高派现股利政策，并且在2002年、2010年、2013年和2014年实施的政策中包含送股政策。

3.公司的每股股利排在总榜较前端的位置。贵州茅台的每股派息较为动荡，2010—2012年呈现上升的趋势，2013年大幅下降，2013年后保持在逐年增加的状态，但贵州茅台每年的每股派息数额仍排在A股市场的第一名，由此可以看出贵州茅台是我国证券市场上每股派息最多的公司。

4.股利支付率呈分阶段上升趋势。

二、股利政策的原因分析

1.满足公司的再融资需求。因为公司再融资会受到净资产收益率的限制，所以，不少公司把股利当作再融资的方式，采取高股利提升公司的净资产收益率，可以对公司的再融资活动和股利分配活动产生有利的影响。

2.传递良好的经营信号。贵州茅台利用高派现分红政策向投资人传达了企业管理人员对今后企业发展较为自信的信号，同时传递出企业发展前景较好的消息。这时一些中小投资者就会被高派现政策吸引，在对公司进行深入调查，充分认识公司的运行情况和盈利能力之后，购买该公司的股票。

3.增强股票的流动性。上市公司需要向证券交易所登记，获得许可后才能进行现金分红。在进行分红后，证券交易所会根据实际情况调整公司股票的价格。此时，市场中规模较小的企业或个人投资者会借此机会购买该公司的股票，因此提升了股票的流动速度。

4.向大股东输送现金流。依托“理性经济人”假设，经济主体的决策是理性的，换言之，即以达到最优化的利益为其出发点。高派现需要充裕的留存收益和现金流，合理的高派现股利政策可以为投资者带来真实收益，而异常的高派现则蕴含着大股东进行财富转移的动机，需要仔细加以甄别。

资料来源 杨雨辰. 贵州茅台高派现股利政策研究［J］. 中国管理信息化，2021（5）：10-11.

本章小结

资产负债表是反映企业某一特定日期财务状况的财务报表，它反映企业在某一特定日期所拥有或控制的经济资源、所承担的现时义务和所有者对净资产的要求权，是一张静态反映企业财务状况的财务报表。

资产负债表的格式有账户式资产负债表、报告式资产负债表和管理型资产负债表三种。

资产负债表列报，最根本的目标就是如实反映企业在资产负债表日所拥有的资源、所承担的负债及所有者所拥有的权益。因此，资产负债表应当按照资产、负债和所有者权益三大类分别列报。

资产负债表的水平分析方法包括绝对额分析、环比分析和定基分析。内容包括资产的趋势分析、负债的趋势分析及所有者权益的趋势分析。

对资产负债表进行结构分析常常采用共同比资产负债表分析。资产负债表结构分析通常包括资产结构分析、资本结构分析及资产资本结构分析。资产负债表质量分析就是对资产、负债和所有者权益三个要素质量的分析。

资产的质量是指资产的变现能力或资产在未来被进一步利用的质量。资产质量的好坏，主要表现在资产的账面价值与其变现价值或被进一步利用的潜在价值（可以用资产的可变现净值或公允价值来计量）之间的差异上。

负债是指过去的交易、事项形成的现时义务，履行该义务预期会导致经济利益流出企业。负债质量分析包括流动负债分析和非流动负债分析。

所有者权益是指企业资产扣除负债后由所有者享有的剩余权益。所有者权益可分为股本、资本公积、盈余公积和未分配利润等部分。其中，盈余公积和未分配利润统称为留存收益。

讨论题

1.什么是资产负债表？资产负债表的作用如何？其存在什么局限性？

2.如何对资产负债表进行水平分析？

3.如何对资产负债表进行结构分析？

4.如何理解资产质量的概念？资产按照质量可以分成哪几类？

5.货币资金的构成如何？如何对货币资金进行质量分析？

6.如何理解金融资产的分类？如何对交易性金融资产进行质量分析？

7.如何进行应收账款的确认？如何对应收账款和应收票据进行质量分析？

8.如何理解存货的概念、构成？如何对存货进行质量分析？

9.长期投资包括哪些内容？如何对长期投资进行质量分析？

10.如何对固定资产、在建工程、无形资产进行质量分析？

11.如何分析流动负债和非流动负债？

12.简述所有者权益项目质量分析的要点。

业务题

请上网（http：//finance.sina.com.cn）下载上市公司一汽解放（000800）2021年资产负债表，与S公司2021年年报进行水平和结构的对比分析，比较S公司发展的优势和劣势。

案例分析

资产质量的相对性——白送企业要不要①

A外国投资者在B市找到了C企业。双方商定，由A和C共同出资500万美元，引进全套生产线，兴建一个合资企业（中方出资150万美元，外方出资350万美元），产品将以某外国品牌全部用于出口。同时，中方投资者为了表示对此项合作的诚意，决定将自己现有的已经经营十余年的生产类似产品（全部用于国内销售）的D企业无偿赠送给未来的合资企业。

A方的财务顾问在得知有关情况后认为，必须对D企业的财务状况进行审查。D企业的财务报表显示：资产总额1亿元，其中，应收账款0.4亿元，估计回收率为50%；负债1.3亿元，所有者权益−0.3亿元。对此，A方的财务顾问认为，D企业已经处于资不抵债状态，如果再考虑到应收账款50%的回收率所带来的坏账损失0.2亿元，D企业的净资产实际只有−0.5亿元。这就是说，如果接受D企业，即使C企业对合资企业再入资0.5亿元，D企业对合资企业的贡献也只是零。因此，A方不应接受这种“赠送”。

在得知A方财务顾问的意见后，C企业的负责人认为，D企业有多种增值因素：（1）企业的品牌在当地有一定声望，具有无形资产性质；（2）企业有自己的销售网络；（3）企业有自己的管理模式；（4）企业有与现有生产线相关的技术；（5）企业有房屋、建筑物和土地等资产，其价值将高于现有账面价值。

A方财务顾问认为，在上述因素中，只有房屋、建筑物和土地等资产可以为未来的合资企业做出贡献，其他因素不可能为未来的合资企业做出贡献，因而不可能在未来的合资企业中“享受资产的待遇”。

问题探讨：

（1）是否可以根据资产公允价值与账面价值的差异来判断资产质量的好坏？

（2）根据你的独立判断，你认为A方财务顾问的观点是否正确？为什么？

（3）D企业现有的品牌、销售网络、管理模式、技术等因素是否依然具有一定的价值？

---

① 张新民，王秀丽. 解读财务报表——案例分析方法［M］. 北京：对外经济贸易大学出版社，2003.

第4章

利润表分析

你必须能够读懂财务报表。但是，在美国，有95%的人看不懂财务报表，也分不清什么是资产，什么是负债。如果你想致富的话，必须要读懂金钱的语言，就像你如果从事计算机工作，必须要懂得计算机语言一样。

——罗伯特·T.清崎

学习目标

1.了解利润表的作用、格式和编制方法；

2.熟悉利润表列报的内容；

3.掌握利润表的水平分析与结构分析；

4.掌握利润表中营业收入的确认；

5.掌握利润表中各项目的质量分析方法。

思政元素

1.大局意识、价值观塑造（社会主义核心价值观）与可持续发展；

2.科学思维与系统思维；

3.制度自信与道路自信；

4.社会责任、诚实守信与职业道德。

重点与难点

1.收入、成本费用项目的分析；

2.利润质量分析以及各指标的计算与分析。

引　言

1937年，麦当劳兄弟（Dick and Mac）在美国加州巴赛迪那（Pasadena）销售汉堡、热狗、奶昔等25种产品。1940年左右，他们做了简单的财务报表分析，意外地发现80%的销量竟然来自汉堡。虽然三明治或猪排等产品味道很好，但销售平平。麦当劳兄弟于是决定简化产品线，专攻低价但销售量大的产品。他们将产品由25种减少为9种，并将汉堡价格由30美分降低到15美分。从此之后，麦当劳的销售额及获利激增，为后来发展成世界级企业奠定了基础。

4.1 利润表分析的目的和内容

4.1.1 利润表分析的目的

1.利润表的定义

利润表是反映企业在一定会计期间的经营成果的财务报表，是把一定期间的收入与同一会计期间相关的成本费用进行配比，以计算出企业一定时期的净利润（或净亏损）的财务报表。

利润表的列报必须充分反映企业经营业绩的主要来源和构成，有助于报表使用者判断净利润的质量及风险，有助于报表使用者预测净利润的持续性，从而做出正确的决策。利润表可以反映企业一定会计期间的收入实现情况，如实现的营业收入有多少，实现的投资收益有多少，实现的营业外收入有多少等；可以反映一定会计期间的费用耗费情况，如耗费的营业成本有多少，税费有多少，销售费用、管理费用、财务费用各有多少，营业外支出有多少等；可以反映企业生产经营活动的成果，即净利润的实现情况，据以判断资本保值增值情况。

2.利润表分析的目的

利润额的高低及其发展趋势是企业生存与发展的关键，也是企业投资者及其他利益相关者关注的焦点，因此，利润表的编制与信息披露对报表使用者是至关重要的。具体来说，利润表分析的目的主要包括以下几个方面：

（1）分析、评价、预测企业经营成果和获利能力。经营成果和获利能力都与利润紧密相关。经营成果（或经营业绩）指企业在其所控制的资源上取得的报酬（扣除理财成本、筹资成本等减项），它可直接体现为一定期间的利润总额；而获利能力则指企业运用一定的经济资源（如人力、物力）获取经营成果的能力，它可通过各种相对指标予以体现，如资产收益率、净资产收益率、成本收益率以及人均收益率等。当期利润表数据可反映一个企业当期的经营成果和获利能力。通过比较和分析同一企业不同时期、不同企业同一时期的收益情况，可以评价企业经营成果的好坏和获利能力的高低，预测未来的发展趋势。

（2）分析、评价、预测企业未来的现金流动状况。我们知道，报表使用者主要关注各种预期的现金来源、金额、时间及不确定性。这些预期的现金流动与企业的获利能力具有密切的联系。美国财务会计准则委员会在《第1号财务会计概念公告——企业财务报告目标》（SFAC No.1）中指出："投资人、债权人、雇员、顾客和经理们对企业创造有利的现金流动能力具有共同的利益。"利润表揭示了企业过去的经营业绩及利润的来源、获利水平，同时，通过表格部分（收入、费用、利得和损失等）充分反映了它们之间的关系，可据以评价一个企业的产品收入、成本、费用变化对企业利润的影响。尽管过去的业绩不一定意味着未来的成功，但对一些重要的趋势可从中进行分析和把握。如果过去的经营成果与未来的活动之间存在着相互联系，那么，由此即能可靠地预测未来现金流量及其不确定程度，评估未来的投资价值。

（3）分析、评价、预测企业的偿债能力。偿债能力是指企业以资产清偿债务的能力。利润表本身并不能直接提供关于偿债能力的信息，但企业的偿债能力不仅取决于资产的流动性和权益结构，而且取决于企业的获利能力。获利能力不强，企业资产的流动性和权益结构必将逐步恶化，最终危及企业的偿债能力，使企业陷入资不抵债的困境。因此，从长远看，债权人和管理人员通过比较、分析利润表的有关信息，可以间接评价、预测企业的偿债能力，尤其是长期偿债能力，并揭示偿债能力的变化趋势，进而做出各种信贷决策和改进企业管理工作的决策。例如，债权人可据以决定维持、扩大或收缩现有信贷规模，并提出相应的信贷条件；管理者可据以找出偿债能力不强的原因，努力提高企业的偿债能力，改善企业的形象。

（4）评价、考核管理人员的绩效。企业实现利润的多少，是体现管理人员绩效的一个重要方面，是经营管理成功与否的重要体现。通过比较前后期利润表上各种收入、费用、成本及收益的增减变动情况，并分析发生差异的原因，可以评价各职能部门和人员的业绩，以及他们的业绩与整个企业经营成果的关系，以便评判各管理部门的功过得失，及时做出生产、人事、销售等方面的调整，提出奖惩任免的建议。

（5）作为企业经营成果分配的重要依据。现代企业也可以被看成在市场经济条件下以法律、章程为规范而由若干合同（契约）结合的经济实体。究其实质，可将现代企业理解为由不同利益集团组成的“结合体”。各利益集团之所以贡献资源（资金、技术、劳动力等）或参与企业的活动，目的在于分享企业的经营成果。利润表直接反映企业的经营成果，在一定的经济政策、法律规定和企业分配制度的前提下，利润额的多少决定了各利益相关者的分享额，如国家税收收入、股东的股利、员工和管理人员的奖金等。

4.1.2 利润表分析的内容

利润表分析主要是对利润额增减变动、利润结构变动及影响利润的收入与成本费用进行分析。

1.利润额增减变动分析

对利润表进行水平分析，可以从利润的形成角度反映利润额的变动情况，揭示企业在利润形成过程中的管理业绩及存在的问题。

2.利润结构变动分析

利润结构变动分析，主要是在对利润表进行垂直分析的基础上，揭示各项利润及成本费用与收入的关系，以反映企业各环节的利润构成及成本费用水平。

3.收入分析

收入是影响利润的重要因素。企业收入分析的内容包括：收入的确认与计量分析；影响收入的价格因素与销量因素分析；企业收入的构成分析等。

4.成本费用分析

成本费用分析包括产品销售成本分析和期间费用分析两部分。产品销售成本分析包括销售总成本分析和单位销售成本分析；期间费用分析包括销售费用分析和管理费用分析。

4.2 利润表水平分析

4.2.1 比较利润表的编制

利润表通过一定的表格来反映企业的经营成果。由于不同的国家和地区对财务报表的信息要求不完全相同，因此利润表的结构也不完全相同。但目前比较普遍的利润表结构有单步式利润表和多步式利润表两种格式。

1.单步式利润表的结构和内容

单步式利润表是将本期所有的收入加总在一起，然后将所有的费用加总在一起，通过一次计算求出本期收益。单步式利润表分为收入、费用、净利润三部分。收入包括营业收入、投资收益、营业外收入等；费用包括生产商品支出、工资支出、利息支出、折旧支出、所得税支出等；净利润是两者之差。

单步式利润表对于收入和一切费用支出一视同仁，不分彼此先后。由于单步式利润表所表示的都是未经加工的原始资料，所以便于财务报表使用者理解。单步式利润表的格式见表4-1。

表4-1 单步式利润表

编制单位： 年 月 单位：元

项 目	本月数	本年累计数
一、收入		
二、费用		
三、净利润		

2.多步式利润表的结构和内容

多步式利润表通过对当期的收入、费用、支出项目按性质加以归纳，按利润形成的主要环节列示一些中间性利润指标，分步计算当期经营损益。多步式利润表的格式见表4-2。

表4-2 多步式利润表

编制单位： 年 月 单位：元

项 目	本月数	本年累计数
一、营业收入		
二、营业利润		
三、利润总额		
四、净利润		
五、其他综合收益的税后净额		
六、综合收益总额		
七、每股收益		

多步式利润表的优点在于：便于对企业的生产经营状况进行分析，有利于不同企业之间的比较分析，更重要的是利用多步式利润表有利于预测企业今后的盈利能力。目前，我国企业会计准则规定采用多步式利润表（格式见表4-3）。

表4-3　**利润表**　会企02表

编制单位：S公司　2021年度　单位：元

项　目	本期金额	上期金额
一、营业收入	70 391 603 895.15	60 044 044 174.49
减：营业成本	67 031 956 263.16	55 904 535 154.61
税金及附加	1 670 076 535.92	1 451 134 127.70
销售费用	4 514 648 104.43	5 439 199 540.59
管理费用	2 177 826 517.47	1 806 295 929.60
研发费用	5 987 954 901.06	3 393 391 350.42
财务费用	-656 082 774.73	-317 440 560.91
其中：利息费用	449 061 459.72	414 922 179.76
利息收入	1 293 564 452.13	1 395 954 088.18
加：其他收益	1 279 752 405.16	613 170 032.70
投资收益（损失以“-”号填列）	25 412 957 992.09	18 873 522 135.96
公允价值变动收益（损失以“-”号填列）	581 769 647.64	—
信用减值损失（损失以“-”号填列）	-46 545 026.13	20 739 028.88
资产减值损失（损失以“-”号填列）	-43 371 424.26	-322 649 551.38
资产处置收益（损失以“-”号填列）	202 019 670.91	17 313 007.55
二、营业利润（亏损以“-”号填列）	17 051 807 613.25	11 569 023 286.19
加：营业外收入	32 667 422.64	11 854 903.12
减：营业外支出	20 400 812.37	192 616 323.56
三、利润总额（亏损总额以“-”号填列）	17 064 074 223.52	11 388 261 865.75
减：所得税费用	—	—
四、净利润（净亏损以“-”号填列）	17 064 074 223.52	11 388 261 865.75
（一）持续经营净利润（净亏损以“-”号填列）	17 064 074 223.52	11 388 261 865.75
（二）终止经营净利润（净亏损以“-”号填列）	—	—
五、其他综合收益的税后净额	1 145 349 925.79	1 878 237 581.75
六、综合收益总额	18 209 424 149.31	13 266 499 447.50
七、每股收益	—	—

4.2.2 利润增减变动情况分析

1.绝对额分析

绝对额分析是将企业连续几年的利润表项目的绝对额进行对比，以查看这些项目的变化趋势。S公司2017—2021年的利润表项目金额见表4-4。

表4-4 S公司利润表项目金额 单位：元

项 目	2017年	2018年	2019年	2020年	2021年
一、营业收入	57 228 436 306.37	76 495 518 517.85	63 840 991 415.99	60 044 044 174.49	70 391 603 895.15
减：营业成本	47 084 054 324.58	64 003 685 490.33	57 911 804 806.57	55 904 535 154.61	67 031 956 263.16
税金及附加	972 055 787.95	1 246 928 922.66	1 299 870 485.86	1 451 134 127.70	1 670 076 535.92
销售费用	6 597 196 731.55	8 574 596 577.61	7 704 254 806.29	5 439 199 540.59	4 514 648 104.43
管理费用	795 914 663.91	1 499 593 300.39	1 989 319 481.45	1 806 295 929.60	2 177 826 517.47
研发费用	6 340 978 501.93	7 328 439 354.91	4 138 495 827.68	3 393 391 350.42	5 987 954 901.06
财务费用	−306 053 060.55	−1 446 454 329.83	−1 185 882 309.53	−317 440 560.91	−656 082 774.73
其中：利息费用	414 237 177.92	536 987 692.03	523 601 568.24	414 922 179.76	449 061 459.72
利息收入	1 251 737 198.06	1 571 669 874.31	1 486 523 251.56	1 395 954 088.18	1 293 564 452.13
加：其他收益	197 955 441.41	1 144 926 440.90	1 112 456 065.69	613 170 032.70	1 279 752 405.16
投资收益（损失以“-”号填列）	31 910 734 152.21	34 614 802 616.71	26 334 907 737.65	18 873 522 135.96	25 412 957 992.09
公允价值变动收益（损失以“-”号填列）	—	—	—	—	581 769 647.64
信用减值损失（损失以“-”号填列）	—	—	−26 375 413.30	20 739 028.88	−46 545 026.13
资产减值损失（损失以“-”号填列）	−132 348 233.64	−110 953 042.40	−201 984 205.85	−322 649 551.38	−43 371 424.26
资产处置收益（损失以“-”号填列）	5 964 755.58	31 347 790.31	15 121 888.96	17 313 007.55	202 019 670.91
二、营业利润（亏损以“-”号填列）	27 726 595 472.56	30 968 853 007.30	19 217 254 390.82	11 569 023 286.19	17 051 807 613.25
加：营业外收入	8 675 063.17	8 094 413.56	14 019 763.75	11 854 903.12	32 667 422.64
减：营业外支出	275 740 496.88	10 086 944.36	5 706 179.43	192 616 323.56	20 400 812.37
三、利润总额（亏损总额以“-”号填列）	27 459 530 038.85	30 966 860 476.50	19 225 567 975.14	11 388 261 865.75	17 064 074 223.52
减：所得税费用	—	—	—	—	—
四、净利润（净亏损以“-”号填列）	27 459 530 038.85	30 966 860 476.50	19 225 567 975.14	11 388 261 865.75	17 064 074 223.52
（一）持续经营净利润（净亏损以“-”号填列）	27 459 530 038.85	30 966 860 476.50	19 225 567 975.14	11 388 261 865.75	17 064 074 223.52
（二）终止经营净利润（净亏损以“-”号填列）	—	—	—	—	—
五、其他综合收益的税后净额	4 763 628 265.98	−3 097 275 587.94	3 399 190 477.49	1 878 237 581.75	1 145 349 925.79
六、综合收益总额	32 223 158 304.83	27 869 584 888.56	22 624 758 452.63	13 266 499 447.50	18 209 424 149.31
七、每股收益	—	—	—	—	—

将表4-4中相关数据反映在图形中，如图4-1和图4-2所示。

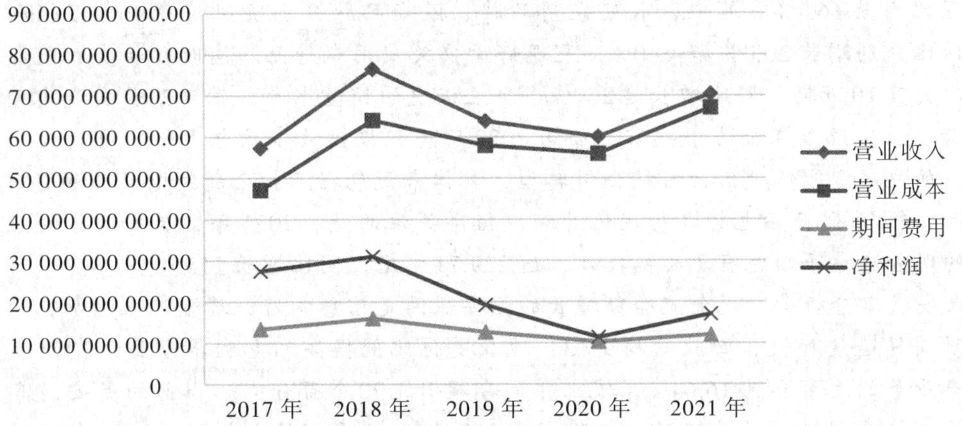

图4-1　S公司利润表绝对额趋势分析（单位：元）

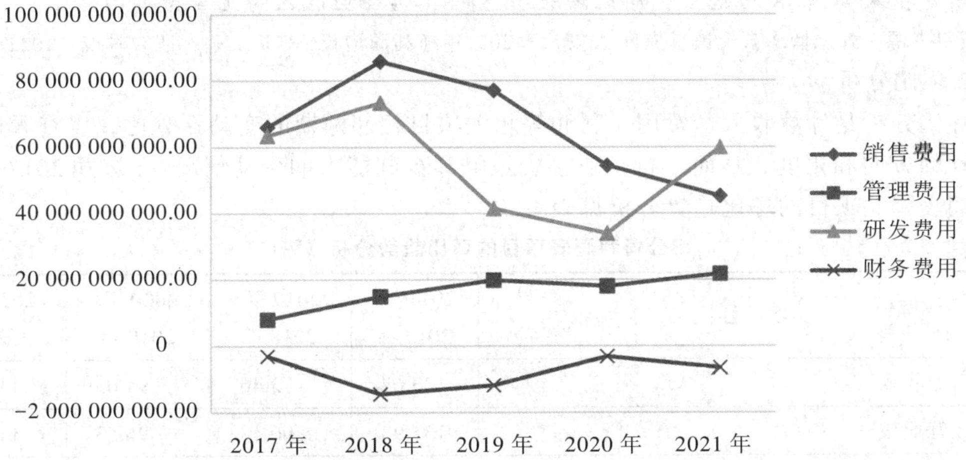

图4-2　S公司期间费用绝对额趋势分析（单位：元）

从表4-4、图4-1和图4-2可见，2017—2021年，虽然S公司的营业规模波动较大，但总的来说净利润呈现盈利的态势。营业收入和营业成本的变化基本同步，2018年上升，2019—2020年出现下滑，2021年又呈现上升趋势。5年间，管理费用缓慢上升；销售费用则从2019年开始持续下降；研发费用波动较大，2018年达到峰值后急速下降，2021年有所抬升；财务费用波动较小，一直为负，说明S公司的利息收入始终大于利息支出。在非营业项目中，营业外收入总体呈上升的趋势，营业外支出则波动很大。

【相关链接4-1】

自主销量提升 长安汽车2021年净利润增长6.87%

2022年4月27日，长安汽车（000625）披露2021年年度报告，公司营业收入1 051.41亿元，同比增长24.33%；净利润35.52亿元，同比增长6.87%。扣除非经常性损益后的净利润（简称扣非净利润）由亏转盈，达16.53亿元，同比增长150.85%。公告显示，报告期内公司净利润的改善得益于自主板块的销量提升，使得利润实现同比大幅增长。同时，合资板块的盈利能力也总体向好。

2021年，长安汽车全年实现销量230.1万辆，同比增长14.8%，市场占有率同比提升

0.8个百分点，重回主流汽车集团销量排名第四。其中，长安系中国品牌汽车销售175.5万辆，同比增长16.7%。其中，长安乘用品牌、欧尚品牌分别实现销量96.6万辆和22.8万辆，同比分别增长20.0%和49.0%，表现好于狭义乘用车行业。同时，长安新能源汽车销量首次突破10万辆，同比增长超200%。自主板块的销量攀升，带动了长安汽车整体业绩的提升。长安汽车在公告中披露，公司2022年将积极投放多款电气化、电动化、智能化产品，加快向智能低碳出行科技公司转型，具体来说包括三款全新纯电产品和UNI系列三款产品，CS系列产品也将进行优化升级。值得关注的是，2021年，长安汽车的经营活动产生的现金流量净额也有了大幅提升，达229.71亿元，同比增长115.17%。

长安汽车分析称，现金流净额增长的主要原因是销售向好，现金流入增加，同时经销商存货周转速度加快，回款结构变化，现款支付比例提高。毛利率方面，2021年长安汽车汽车业务的毛利率为16.64%，较上年同期提升1.90个百分点。当前的长安汽车正处于向智能科技公司转型的关键时刻，研发方面的投入比重也随之加强。2021年，长安汽车累计研发投入金额48.27亿元，同比增长24.51%，占营业收入的比重为4.59%。

资料来源　韩忠楠．自主销量提升 长安汽车2021年净利润增长6.87% [N]．证券时报，2022-04-27.

2.环比分析

环比分析是计算收入、费用、利润等相关项目相邻两期的变动百分比，以查看这些项目变动的方向和幅度，从而分析企业投资报酬和盈利能力的变动情况。S公司2017—2021年利润表相关项目的环比趋势分析见表4-5。

表4-5　S公司利润表项目的环比趋势分析（%）

项　目	2018年/2017年	2019年/2018年	2020年/2019年	2021年/2020年
一、营业收入	133.67	83.46	94.05	117.23
减：营业成本	135.93	90.48	96.53	119.90
税金及附加	128.28	104.25	111.64	115.09
销售费用	129.97	89.85	70.60	83.00
管理费用	188.41	132.66	90.80	120.57
研发费用	115.57	56.47	82.00	176.46
财务费用	472.62	81.99	26.77	206.68
其中：利息费用	129.63	97.51	79.24	108.23
利息收入	125.56	94.58	93.91	92.67
加：其他收益	578.38	97.16	55.12	208.71
投资收益（损失以“-”号填列）	108.47	76.08	71.67	134.65
公允价值变动收益（损失以“-”号填列）	—	—	—	—
信用减值损失（损失以“-”号填列）	—	—	-78.63	-224.43
资产减值损失（损失以“-”号填列）	83.83	182.04	159.74	13.44
资产处置收益（损失以“-”号填列）	525.55	48.24	114.49	1166.87

续表

项　目	2018年/2017年	2019年/2018年	2020年/2019年	2021年/2020年
二、营业利润（亏损以“-”号填列）	111.69	62.05	60.20	147.39
加：营业外收入	93.31	173.20	84.56	275.56
减：营业外支出	3.66	56.57	3 375.57	10.59
三、利润总额（亏损总额以“-”号填列）	112.77	62.08	59.23	149.84
减：所得税费用	—	—	—	—
四、净利润（净亏损以“-”号填列）	112.77	62.08	59.23	149.84
（一）持续经营净利润（净亏损以“-”号填列）	112.77	62.08	59.23	149.84
（二）终止经营净利润（净亏损以“-”号填列）	—	—	—	—
五、其他综合收益的税后净额	-65.02	-109.75	55.26	60.98
六、综合收益总额	86.49	81.18	58.64	137.26
七、每股收益	—	—	—	—

由表4-5可见，2018年与2017年相比，经营情况有所改善。营业收入增长了33.67%，投资收益增长了8.47%，同时营业成本上升了35.93%，使得营业利润增长了11.69%。在收入上升的同时，费用也呈上升趋势，销售费用增加29.97%，管理费用上升88.41%，财务费用为负，且负值进一步增大。2018年的营业外收入和营业外支出均出现不同程度的下降。利润总额增长12.77%，净利润增长12.77%，增长态势明显。

2019年与2018年相比，经营情况开始出现下滑。营业收入下降了16.54%，伴随着营业收入的下降，营业成本下降了9.52%，销售费用下降了10.15%。税金及附加出现小幅上升，增长4.25%，管理费用的上升幅度较大，是2018年的132.66%。同时，投资收益大幅下降，使得营业利润也随之下降。营业外收入增长了73.20%，营业外支出减少了43.43%，使得利润总额和净利润大幅下降，均为上年的62.08%。

2020年与2019年相比，收入情况仍继续下降，且下降态势明显。营业收入下降了5.95%，相应地，营业成本下降了3.47%。税金及附加上升了11.64%，但销售费用、管理费用都出现了下降，分别下降29.40%、9.20%，由表4-4可以看出，财务费用为负，但负值大幅减少，减少比例为73.23%，下降幅度均大于营业收入的下降幅度，使得营业利润下降39.80%。营业外收入也出现了下降的情况，但营业外支出大幅增加，达到上年的3 375.57%，这样大幅度的增加需要进一步查明原因，最终使得2020年S公司的利润总额和净利润都出现下降，仅为2019年的59.23%。

2021年与2020年相比，经营情况有所好转。营业收入增长了17.23%，与此同时，营业利润增长了47.39%。在收入增长的同时，营业成本、税金及附加、管理费用出现不同程度的增长，分别增长了19.90%、15.09%、20.57%，销售费用下降了17%。由表4-4可知，财务费用仍为负，但负值有所增大。2021年的营业外收入出现较大幅的上升，为2020年的275.56%，但营业外支出变化显著，大幅下降，仅为2020年的10.59%，总体上使得利润总额和净利润分别增长了49.84%。

从总体情况来看，S公司的经营规模各年有所波动。营业收入、营业成本、期间费用均呈现先下降后上升的态势，而利润总额和净利润的波动更为剧烈，S公司应加强成本控制，提高盈利空间和利润率水平，提升经营韧性。

3.定基分析

定基分析就是选定一个固定的期间作为基期，计算各分析期的收入、费用、利润等相关项目与基期相比的百分比。这种分析不仅能看出相邻两期的变化方向和幅度，还可以看出一段较长期间的总体变化趋势，便于进行较长期间的趋势分析。

S公司2017—2021年利润表相关项目的定基趋势分析见表4-6。

表4-6　S公司2017—2021年利润表相关项目的定基趋势分析（%）

项　目	2017年（基期）	2018年	2019年	2020年	2021年
一、营业收入	100.00	133.67	111.55	104.92	123.00
减：营业成本	100.00	135.93	123.00	118.73	142.37
税金及附加	100.00	128.28	133.72	149.29	171.81
销售费用	100.00	129.97	116.78	82.45	68.43
管理费用	100.00	188.41	249.94	226.95	273.63
研发费用	100.00	115.57	65.27	53.52	94.43
财务费用	100.00	472.62	387.48	103.72	214.37
其中：利息费用	100.00	129.63	126.40	100.17	108.41
利息收入	100.00	125.56	118.76	111.52	103.34
加：其他收益	100.00	578.38	561.97	309.75	646.49
投资收益（损失以“-”号填列）	100.00	108.47	82.53	59.14	79.64
公允价值变动收益（损失以“-”号填列）	—	—	—	—	—
信用减值损失（损失以“-”号填列）	—	—	—	—	—
资产减值损失（损失以“-”号填列）	100.00	83.83	152.62	243.79	32.77
资产处置收益（损失以“-”号填列）	100.00	525.55	253.52	290.26	3386.89
二、营业利润（亏损以“-”号填列）	100.00	111.69	69.31	41.73	61.50
加：营业外收入	100.00	93.31	161.61	136.65	376.57
减：营业外支出	100.00	3.66	2.07	69.85	7.40
三、利润总额（亏损总额以“-”号填列）	100.00	112.77	70.01	41.47	62.14
减：所得税费用	—	—	—	—	—
四、净利润（净亏损以“-”号填列）	100.00	112.77	70.01	41.47	62.14
（一）持续经营净利润（净亏损以“-”号填列）	100.00	112.77	70.01	41.47	62.14
（二）终止经营净利润（净亏损以“-”号填列）	—	—	—	—	—
五、其他综合收益的税后净额	100.00	-65.02	71.36	39.43	24.04
六、综合收益总额	100.00	86.49	70.21	41.17	56.51
七、每股收益	—	—	—	—	—

从表4-6中可以清楚地看出S公司利润表项目的变化趋势。与基期相比，2018—2021年投资收益、营业利润、利润总额、净利润总体呈下降趋势；营业收入有所增长，其中，2019年和2020年增速有所放缓，2021年又出现较大幅度的回升；销售费用呈逐年下降的趋势，2021年销售费用仅为2017年的68.43%；2017—2021年财务费用均为负值，总体处于波动状态。

与基期相比，营业外收入变化显著，总体呈上升趋势，2019—2021年分别达到2017年的161.61%、136.65%、376.57%；营业外支出波动很大，2018年和2019年分别为基期的3.66%、2.07%，2020年有所增加，为基期的69.85%，2021年又有所下降，为基期的7.40%。

【相关链接 4-2】

中科创达2021年利润增长46%　拟定增募资31亿元加码智能汽车等领域

在2021年实现业绩增长的同时，中科创达（股票代码300496）定增加码智能汽车等领域研发项目。2022年3月3日，中科创达发布公告称，拟定增募资不超31亿元，投向整车操作系统研发等一系列软件技术项目。

具体来看，募集资金中6.5亿元投向整车操作系统研发项目，10亿元投向边缘计算站研发及产业化项目，3.6亿元投向扩展现实（XR）研发及产业化项目，1.85亿元投向分布式算力网络技术研发项目，另外还有9亿元用作补充流动资金。

中科创达同时披露了2021年年报，全年实现营业收入41.27亿元，同比增长57.04%；归母净利润6.47亿元，同比增长45.96%。公司拟每10股派发现金红利3.05元，共分配现金红利1.3亿元，在全年净利润中占比20%。

智能操作系统是中科创达的核心业务，在2021年全年营收中，软件开发、技术服务、商品销售及其他营收占比分别为36.47%、32.83%和27.61%。公司2021年研发投入大幅提升至8.26亿元，同比增长72%，在营收中占比达20%。

公司在年报中特别提到，报告期内智能网联汽车业务实现营业收入12.24亿元，同比增长58.91%。其中，软件开发、技术服务收入10.82亿元，软件许可等收入1.42亿元。

智能化成为2022年汽车市场发展的重要趋势，核心供应商或将受益。开源证券在研报中表示，目前座舱域和自动驾驶域渗透率仍比较低，汽车进入智能网联时代后，智能座舱已成为提供差异化服务的必争之地，未来渗透率将加速提升，中科创达业务量有望持续增长；此外，在架构和算力不断融合的趋势下，公司在智能驾驶方面超前布局，有望实现跨域算法整合。

资料来源　毛可馨. 中科创达2021年利润增长46% 拟定增募资31亿元加码智能汽车等领域［N］. 证券日报，2022-03-03.

4.3　利润表结构分析

利润表结构分析就是将相关收入、费用和利润项目金额与相应的合计金额或特定的项目金额进行对比，以查看这些项目的结构，从而洞悉企业盈利能力的一种分析方法。

企业的利润表结构是指构成企业利润的各种性质的项目有机搭配比例。从质的方面来理解，其表现为企业的利润是由什么样的利润项目组成的，不同的利润项目对企业盈利能力的评价有极不相同的作用；从量的方面来理解，其表现为不同的利润项目占总利润的比重，不同的利润比重对企业盈利能力的影响程度也不相同。所以，在利润表结构分析中，不仅要认识不同的收入、费用项目对企业利润影响的性质，而且要掌握其各自的影响程度。企业利润表中的利润一般是通过收入与支出的配比计算出来的。所以，分析利润表结构，既要分析利润表收支结构，也要分析其利润结构。利润表结构分析常常采用共同比利润表来分析。

4.3.1 共同比利润表的编制

共同比报表分析又称垂直分析。共同比利润表分析的具体方法为：利润表中的所有项目用营业收入的百分比来表示。

由于营业收入相对于投资收益、营业外收入来说更具有稳定性和可持续性，因此通过其他各项收入占营业收入的百分比可以看出企业盈利能力的稳定性和可持续性。

营业收入只有弥补了各项费用之后才能为企业带来利润，因此，通过各项费用占营业收入的百分比可以看出企业各项费用的相对高低，从而洞悉影响企业盈利能力的症结或找到提高企业盈利能力的关键。

营业利润是企业利润的主要源泉，因此通过各项利润占营业收入的百分比可以看出企业营业收入的盈利能力，即主营业务为企业带来的盈利空间。

综上所述，利润表结构分析中所关注的结构主要指各项收入、费用和利润占营业收入的百分比。

利润表结构分析还可以结合趋势分析，查看各项目在连续几个期间的变化。

S公司的共同比利润表见表4-7。

表4-7　　S公司共同比利润表（%）

项　目	2017年	2018年	2019年	2020年	2021年
一、营业收入	100.00	100.00	100.00	100.00	100.00
减：营业成本	82.27	83.67	90.71	93.11	95.23
税金及附加	1.70	1.63	2.04	2.42	2.37
销售费用	11.53	11.21	12.07	9.06	6.41
管理费用	1.39	1.96	3.12	3.01	3.09
研发费用	11.08	9.58	6.48	5.65	8.51
财务费用	−0.53	−1.89	−1.86	−0.53	−0.93
其中：利息费用	0.72	0.70	0.82	0.69	0.64
利息收入	2.19	2.05	2.33	2.32	1.84
加：其他收益	0.35	1.50	1.74	1.02	1.82
投资收益（损失以“-”号填列）	55.76	45.25	41.25	31.43	36.10
公允价值变动收益（损失以“-”号填列）	—	—	—	—	—
信用减值损失（损失以“-”号填列）	—	—	−0.04	0.03	−0.07
资产减值损失（损失以“-”号填列）	−0.23	−0.15	−0.32	−0.54	−0.06
资产处置收益（损失以“-”号填列）	0.01	0.04	0.02	0.03	0.29
二、营业利润（亏损以“-”号填列）	48.45	40.48	30.10	19.27	24.22

续表

项　目	2017年	2018年	2019年	2020年	2021年
加：营业外收入	0.02	0.01	0.02	0.02	0.05
减：营业外支出	0.48	0.01	0.01	0.32	0.03
三、利润总额（亏损总额以“-”号填列）	47.98	40.48	30.11	18.97	24.24
减：所得税费用	—	—	—	—	—
四、净利润（净亏损以“-”号填列）	47.98	40.48	30.11	18.97	24.24
（一）持续经营净利润（净亏损以“-”号填列）	47.98	40.48	30.11	18.97	24.24
（二）终止经营净利润（净亏损以“-”号填列）	—	—	—	—	—
五、其他综合收益的税后净额	8.32	-4.05	5.32	3.13	1.63
六、综合收益总额	56.31	36.43	35.44	22.09	25.87
七、每股收益	—	—	—	—	—

从表4-7可以很容易看出S公司收支结构中的两个特点：一是营业成本、销售费用和管理费用比重太高；二是投资收益在利润构成中占很大比例。S公司2017—2021年的营业成本、销售费用和管理费用比例之和分别为95.19%、96.84%、105.90%、105.18%和104.73%，从这些合计数可以看出，S公司的主营业务盈利质量并不高，成长性不足，营业收入甚至不能弥补成本和各项费用之和，只能靠别的利润收入弥补主营业务的亏损，这使得其他项目的变动极易导致利润的剧烈波动。值得强调的是，S公司的营业成本比重过高，2017—2021年营业成本的比例分别为82.27%、83.67%、90.71%、93.11%和95.23%，呈上升趋势，近年来，S公司对营业成本也采取了相应的控制措施，应继续加强营业成本管理，提升利润空间。S公司之所以连续盈利，投资收益起了很大的作用，尤其是2017—2019年每年投资收益均达到营业收入的40%以上，但近年来S公司投资收益下降趋势较为明显，2020年投资收益占营业收入的31.43%。这样的盈利结构不禁让人质疑S公司主业的经营情况或者业务结构，针对其存在的问题需要进一步加以分析。

4.3.2 利润构成及其变动情况分析

利润是企业一定时期生产经营活动的最终成果。根据新准则的利润表构成，企业利润由营业利润和营业外收支净额两大部分组成，将投资收益归入了营业利润。不同的利润来源及各自在利润总额中所占比重，往往能反映出企业不同的经营业绩和经营风险。

对利润构成进行分析，不仅有利于管理者看到自身取得的成绩，更重要的是让管理者发现企业存在的问题，并找到问题的根源，在此基础上加强对筹资、投资、营运资金、营销活动的管理，真正做到从各个环节降低成本，化解风险，提高利润，实现企业价值最大化。

1.利润构成对盈利内在品质影响的分析

利润构成分析的内容之一就是分析企业总利润中各种利润所占的比重。一般来说，企业的利润总额虽然可以揭示企业当期盈利的总规模，但是不能表明企业盈利是怎样形成的，或者说不能揭示企业盈利的内在品质。企业盈利的内在品质就是指盈利的趋高性、可靠性、稳定性和持久性。只有通过利润构成分析，才能对盈利水平、盈利的稳定性和持续性等做出评价。

（1）利润构成对盈利水平的影响

盈利水平可用利润总额来反映，有时也可用利润率来反映，它与利润构成存在着内在联系。不同的业务有不同的盈利水平，一般情况下营业活动是形成利润的主要因素，它对盈利水平的高低起决定性作用。企业一定时期的营业活动越扩展，营业利润占总利润的比重越高，企业盈利水平就越高。

（2）利润构成对盈利稳定性的影响

盈利稳定性是指企业盈利水平变动的基本态势。盈利水平可以说是企业的收益率，盈利稳定性则表明企业盈利的风险。如果企业盈利水平很高，但缺乏稳定性，这也是一种不好的经营状况。对盈利稳定性可以有两种理解：一种理解是企业盈利水平上下波动的幅度较小，企业盈利稳定；另一种理解是企业盈利水平向下波动的幅度小，向上波动的幅度很大，也说明企业盈利稳定。在现实中，一般是按第二种理解来解释盈利稳定性的。一家企业的盈利在一定水平的基础上不断上扬，应是盈利稳定性的现实表现。盈利稳定性首先取决于收支结构的稳定性。当收入和支出同方向变动时，只有收入增速不低于支出增速，或者收入降幅不超过支出降幅，盈利才具有稳定性；当收入和支出反方向变动时，收入增长而支出下降，盈利稳定，反之则不稳定。

企业一般会力求营业利润稳定，因而营业利润的变动性相对于非营业利润来说较小。企业营业利润所占的比重大小，可以反映出企业盈利稳定性的强弱。

（3）利润构成对盈利持续性的影响

盈利持续性是指从长期来看，盈利水平能保持目前的变动趋势。

盈利稳定性与持续性的区别是，盈利持续性是指目前的盈利水平能较长时间地保持下去，而盈利稳定性是指盈利在持续时不发生较大的向下波动。可见，盈利持续性体现的是总体发展趋势，而盈利稳定性体现的是总体发展趋势中的波动性。

企业利润构成对盈利持续性有很大的影响。企业的业务一般分为长久性业务和临时性业务。长久性业务是企业设立、存在和发展的基础，企业正是靠它们才能保持盈利水平持久；临时性业务是由市场或企业经营的突然变动或突发事件引起的，由此产生的利润也不会持久。长久性业务主要包括企业的主营业务，所以企业营业利润比重越大，企业盈利水平持续下去的可能性越强。

2.S公司的利润构成分析

表4-8为S公司的利润总额构成分析表。

表4-8　　S公司利润总额构成分析表（%）

项　目	2017年	2018年	2019年	2020年	2021年
营业利润	100.97	100.01	99.96	101.59	99.93
其中：投资收益	116.21	111.78	136.98	165.73	148.93
营业外收支净额	-0.97	-0.01	0.04	-1.59	0.07
利润总额	100.00	100.00	100.00	100.00	100.00

从表4-8可见，S公司的利润总额基本上是由营业利润构成的，特别是投资收益做出了主要贡献，每一年的投资收益均大于营业利润，说明扣除投资收益后由经营活动所带来

的营业利润为负值，营业收入不能完全弥补总的营业成本和费用，5年来主营业务活动都在亏损。

投资收益是一种间接获得的收益。投资是通过让渡企业部分资产而换取另一项资产，即通过其他单位使用投资人投入的资产所创造的收益后分配所得的，或通过投资改善贸易关系等手段达到获取利益的目的。正是由于对外投资这种间接获取收益的特点，企业对投资收益的高低及真实性不易控制。

投资收益成为利润的主要来源，则意味着企业潜伏着较大风险，因为企业花费主要人力、财力、物力去精心经营的主业，取得的利润却低于对外投资取得的收益，甚至亏损，这是值得企业深思的问题。S公司的投资收益占利润总额的比重如此之大，意味着该公司在自己行业中的处境不妙，需要引起重视。

营业外收支净额对利润总额的影响除了2020年达到-1.59%外，其他年份的影响都非常微小。在这里我们要进一步分析营业外收支净额为负数的原因，如果主要是由固定资产盘亏或者因违约支付赔偿金和违约金造成的，那么，管理者应采取相应措施，加强管理，杜绝不必要的损失发生。

【相关链接 4-3】

如何利用财务指标对公司进行体检

1.从利润总额的来源构成看公司

由公式“利润总额=营业利润+营业外收支净额”可以得出，公司利润总额的来源构成包括营业利润和营业外收支净额。正常情况下，“利润总额>营业利润>0”，而且“0<营业利润占利润总额的比重≤100%”。如果“利润总额<营业利润”，就意味着营业外收支净额是负数，必然导致“营业利润占利润总额的比重>100%”，那么表明利润总额的来源构成出现了异常的情况。

桂冠电力、桂东电力2018—2020年的利润总额来源构成情况见表4-9。

表4-9　**桂冠电力、桂东电力利润总额来源构成情况**　金额单位：亿元

指标	2018年		2019年		2020年	
	桂冠电力	桂东电力	桂冠电力	桂东电力	桂冠电力	桂东电力
利润总额	33.46	1.44	28.96	2.51	29.62	3.57
营业利润	33.34	1.28	29.30	2.52	30.04	3.44
营业外收支净额	0.12	0.16	-0.34	-0.01	-0.42	0.13
营业利润占利润总额的比重（%）	99.64	88.89	101.17	100.40	101.42	96.36

由表4-9可知，桂冠电力2019年和2020年的营业利润占利润总额的比重都大于100%，原因是这两年的营业外收支净额均为负数，这是异常情况；桂东电力的营业利润占利润总额的比重也在2019年大于100%，原因是这一年的营业外收支净额为负数，也属于异常情况。

2.从净利润的来源构成看公司

由公式“净利润=利润总额-所得税费用”可以得出，公司的净利润来源于利润总额减去所得税费用后的余额。正常情况下，“0<净利润<利润总额”，“0<净利润占利润总额

的比重≤100%”。如果“净利润=利润总额”，就意味着“所得税费用=0”；如果“净利润>利润总额”，就意味着“所得税费用<0”（即所得税费用为负数）。“所得税费用=0”和“所得税费用<0”的出现，都表明公司存在某些特殊（或异常）情况。

桂冠电力、桂东电力2018—2020年的净利润来源构成情况见表4-10。

表4-10　**桂冠电力、桂东电力净利润来源构成情况**　金额单位：亿元

指标	2018年		2019年		2020年	
	桂冠电力	桂东电力	桂冠电力	桂东电力	桂冠电力	桂东电力
利润总额	33.46	1.44	28.96	2.51	29.62	3.57
净利润	27.11	1.01	23.99	1.91	24.95	2.88
所得税费用	6.35	0.43	4.97	0.60	4.67	0.69
净利润占利润总额的比重（%）	81.02	70.14	82.84	76.10	84.23	80.67
所得税费用占利润总额的比重（%）	18.98	29.86	17.16	23.90	15.77	19.33

由表4-10可知，2018—2020年，桂冠电力、桂东电力的净利润占利润总额的比重连续三年都没有超过100%，属于正常情况。此外，所得税费用占利润总额的比重可以代表公司所得税的税负水平。2018—2020年，桂冠电力、桂东电力的所得税费用占利润总额的比重均逐年下降，说明它们的所得税税负水平在逐年下降，但桂东电力的占比水平明显高于桂冠电力的占比水平，说明桂东电力的所得税税负水平明显高于桂冠电力的所得税税负水平。

3.综合判断

综合如上两表分析，可以判断桂冠电力、桂东电力总体上还是正常的，但需要通过控制营业外支出的发生来加以改进。此外，在所得税税负水平方面，桂东电力明显高于桂冠电力。

资料来源　韦德洪．如何利用财务指标对公司进行体检［J］．会计之友，2022（7）：75-86.

4.4　利润表项目分析

4.4.1　营业收入分析

收入是指企业在日常活动中形成的、会导致所有者权益增加的、与所有者投入资本无关的经济利益的总流入。其中，日常活动是指企业为完成其经营目标所从事的经常性活动以及与之相关的其他活动。因此，这里的收入通常就是指营业收入。

1.主营业务收入分析

根据《企业会计准则第14号——收入》（财会〔2017〕22号），收入的确认和计量大致分为五步：第一步，识别与客户订立的合同；第二步，识别合同中的单项履约义务；第三步，确定交易价格；第四步，将交易价格分摊至各单项履约义务；第五步，在履行了各单项履约义务时分别确认收入。其中，第一步、第二步和第五步主要与收入的确认相关，第三步和第四步主要与收入的计量有关。

(1) 识别与客户订立的合同

合同，是指双方或者多方之间订立的有法律约束力的权利和义务的协议。合同有书面形式、口头形式以及其他形式。

企业应当在履行了合同中的履约义务，即在客户取得相关商品控制权时确认收入。取得相关商品控制权，是指能够主导该商品的使用并从中获得几乎全部的经济利益。

当企业与客户之间的合同同时满足下列条件时，企业应当在客户取得相关商品控制权时确认收入：①合同各方已批准该合同并承诺将履行各自义务；②该合同明确了合同各方与所转让商品或提供劳务（以下简称"转让商品"）相关的权利和义务；③该合同有明确的与所转让商品相关的支付条款；④该合同具有商业实质，即履行该合同将改变企业未来现金流量的风险、时间分布或金额；⑤企业因向客户转让商品而有权取得的对价很可能收回。

对于不能同时满足上述五个收入确认条件的合同，企业只有在不再负有向客户转让商品的剩余义务且已向客户收取的对价无须退回时，才能将已收取的对价确认为收入；否则，应当将已收取的对价作为负债进行会计处理。没有商业实质的非货币性资产交换，不确认收入。

(2) 识别合同中的单项履约义务

合同开始日，企业应当对合同进行评估，识别该合同所包含的各单项履约义务，并确定各单项履约义务是在某一时段内履行，还是在某一时点履行，然后，在履行了各单项履约义务时分别确认收入。履约义务，是指合同中企业向客户转让可明确区分商品的承诺。企业应当将下列向客户转让商品的承诺作为单项履约义务：

①企业向客户转让可明确区分商品（或者商品或服务的组合）的承诺。满足下列条件的，应当作为可明确区分商品：第一，客户能够从该商品本身或从该商品与其他易于获得资源一起使用中受益；第二，企业向客户转让该商品的承诺与合同中其他承诺可单独区分。

下列情形通常表明企业向客户转让该商品的承诺与合同中其他承诺不可单独区分：第一，企业需提供重大的服务以将该商品与合同中承诺的其他商品整合成合同约定的组合产出转让给客户；第二，该商品将对合同中承诺的其他商品予以重大修改或定制；第三，该商品与合同中承诺的其他商品具有高度关联性。

②企业向客户转让一系列实质相同且转让模式相同的、可明确区分商品的承诺。企业应当将实质相同且转让模式相同的一系列商品作为单项履约义务，即使这些商品可明确区分。

(3) 确定交易价格

交易价格，是指企业因向客户转让商品而预期有权收取的对价金额。企业代第三方收取的款项以及企业预期将退还给客户的款项，应当作为负债进行会计处理，不计入交易价格。企业应当根据合同条款，并结合其以往的习惯做法确定交易价格。在确定交易价格时，企业应当考虑可变对价、合同中存在的重大融资成分、非现金对价、应付客户对价等因素的影响，应当按照分摊至各单项履约义务的交易价格计量收入。

(4) 将交易价格分摊至各单项履约义务

合同中包含两项或多项履约义务的，企业应当在合同开始日，按照各单项履约义务所承诺商品的单独售价的相对比例，将交易价格分摊至各单项履约义务。企业不得因合同开始日之后单独售价的变动而重新分摊交易价格。单独售价，是指企业向客户单独销售商品的价格。单独售价无法直接观察的，企业应当综合考虑能够合理取得的全部相关信息，采用市场调整法、成本加成法、余值法等合理估计单独售价。

（5）在履行了各单项履约义务时分别确认收入

企业应当在履行了合同中的履约义务，即在客户取得相关商品控制权时确认收入。企业应根据实际情况，首先判断履约义务是否满足在某一时段内履行的条件，如不满足，则该履约义务属于某一时点履行的履约义务。对于在某一时段内履行的履约义务，企业应当选择恰当的方法来确定履约进度；对于在某一时点履行的履约义务，企业应当综合分析控制权转移迹象，判断其转移时点。

① 在某一时段内履行的履约义务的收入确认条件。满足下列条件之一的，属于在某一时段内履行履约义务，相关收入应当在该履约义务履行的期间内确认：第一，客户在企业履约的同时即取得并消耗企业履约所带来的经济利益；第二，客户能够控制企业履约过程中在建的商品；第三，企业履约过程中所产出的商品具有不可替代用途，且该企业在整个合同期间内有权就累计至今已完成的履约部分收取款项。

② 在某一时点履行的履约义务的收入确认条件。对于在某一时点履行的履约义务，企业应当在客户取得相关商品控制权时点确认收入。在判断客户是否已取得商品控制权时，企业应当考虑下列迹象：第一，企业就该商品享有现时收款权利，即客户就该商品负有现时付款义务；第二，企业已将该商品的法定所有权转移给客户，即客户已拥有该商品的法定所有权；第三，企业已将该商品实物转移给客户，即客户已实物占有该商品；第四，企业已将该商品所有权上的主要风险和报酬转移给客户，即客户已取得该商品所有权上的主要风险和报酬；第五，客户已接受该商品；第六，其他表明客户已取得商品控制权的迹象。

2.其他业务收入分析

其他业务收入是指企业除主营业务收入以外的其他销售或其他业务的收入，也是与企业为完成其经营目标所从事的经常性活动相关的活动实现的收入。如工业企业对外出售不需用的原材料、出租固定资产、出租无形资产、出租包装物和商品、用材料进行非货币性交易（非货币性交易具有商业实质且公允价值能够可靠计量）或债务重组等实现的收入。

3.营业收入项目分析的要点

（1）关注营业收入的增长幅度，以判断其收入增长的稳定性。只有收入较为稳定或稳步增长的企业，其生产和再生产才能正常进行，但也必须注意收入的增长是否在合理的范围内。像银广夏事件，利润表上收入增加几百个百分点，这往往是不可信的，问题非常明显。对于那些增长点在100%以上的企业，都要特别关注。

（2）分析企业营业收入的品种构成。在从事多品种经营的条件下，企业不同产品的营业收入构成对报告使用者有十分重要的意义，占营业收入比重大的产品是企业过去业绩的主要产品增长点。报表分析者可以通过对体现企业过去主要业绩的产品的未来发展趋势进行分析来判断企业的未来发展趋势。

（3）分析企业营业收入的地区构成。企业在不同地区销售商品或提供劳务的营业收入构成对报告使用者也具有重要价值，占营业收入比重大的地区是企业过去业绩的主要地区增长点。从消费者的心理与行为表现来看，不同地区消费者对不同商品具有不同的偏好和忠诚度，不同地区的市场潜力在很大程度上制约着企业的未来发展。

（4）分析与关联方交易的收入在营业收入中所占的比重。关联交易是在企业形成集团化经营的条件下，集团内各个企业之间发生的交易。关联方之间的交易既有企业间正常交易的成分，也有关联方之间为了“包装”某个企业的业绩而人为制造的一些业务，以进行财务报表的粉饰。因此，报表使用者必须关注关联交易的营业收入在交易价格、交易实现时间等方面的非市场化因素。

（5）分析营业收入的现金流入。通过将利润表中的“营业收入”与现金流量表中的“销售商品、提供劳务收到的现金”进行配比，可以观察营业收入的质量问题。如果营业收入远远高于销售商品、提供劳务收到的现金，则表明营业收入的质量不高，说明企业收入的增长是通过宽松的信用政策带来的，也意味着企业未来存在发生坏账的风险；反之，如果营业收入低于或等于销售商品、提供劳务收到的现金，则表明营业收入的质量较高。

（6）分析其他业务收入与主营业务收入的配比。若其他业务收入占主营业务收入的比重过高，则应分析企业是否存在关联交易行为，分析关联交易的真实性和合理性。一般情况下，其他业务收入占主营业务收入的比重不应过大。

【相关链接4-4】

科迪乳业虚增利润近3亿元 董事长被罚10年不得入市

2021年9月22日，河南科迪乳业股份有限公司（股票简称“*ST科迪”，股票代码002770，现已退市）发布了关于收到《行政处罚决定书》及《市场禁入决定书》的公告。

公告显示，科迪乳业2016年至2018年年度报告均存在虚假记载与重大遗漏。其中，2016年至2018年虚增收入分别为33 619.77万元、21 010.96万元、29 713.74万元；2016年至2018年虚增利润总额分别为11 843.35万元、6 864.13万元、11 275.39万元。同时，2016年至2019年，科迪乳业存在未按规定履行有关临时信息披露义务等违法事实。

公告显示，2016年至2019年，科迪乳业在未经过决策审批程序或授权程序的情况下，向控股股东科迪食品集团股份有限公司（以下简称科迪集团）及其关联方提供资金，未按规定及时在年度报告中进行信息披露，构成重大遗漏。其中，2016年科迪乳业累计向科迪集团及其关联方提供资金78 546.00万元，当期转回78 546.00万元；2017年科迪乳业累计向科迪集团及其关联方提供资金248 305.37万元，当期转回248 305.37万元；2018年科迪乳业累计向科迪集团及其关联方提供资金340 615.03万元，当期转回340 615.03万元；2019年科迪乳业累计向科迪集团及其关联方转出资金67 6691.74万元，当期转回479 184.93万元。另外，科迪乳业在未经过决策审批程序或授权程序的情况下，2017年至2019年累计提供11笔担保。

针对科迪乳业的上述行为，依照相关法律，中国证券监督管理委员会河南证监局决定：责令河南科迪乳业股份有限公司改正，给予警告，并处以60万元罚款。同时，对于相关责任人员分别给予警告并处以罚款，董事长张清海被采取10年证券市场禁入措施。

资料来源　马千惠．科迪乳业虚增利润近3亿元 董事长被罚10年不得入市［N］．河南商报，2021-09-23.

4.4.2　成本费用分析

费用是指企业在日常活动中发生的，会导致所有者权益减少的、与向所有者分配利润无关的经济利益的总流出。费用具有以下几个方面的特征：①费用应当是企业在日常活动中发生的；②费用应当会导致经济利益的流出，该流出不包括向所有者分配的利润；③费用应当最终会导致所有者权益的减少。

费用包括两方面内容，即产品（或劳务）成本和计入当期损益的费用。产品（或劳务）成本是指企业为生产产品、提供劳务而发生的各种耗费，包括为生产产品、提供劳务而发生的直接材料费用、直接人工费用和各种间接费用。企业应当在确认收入时，将已销售产品或已提供劳务的成本等从当期收入中扣除，即计入当期损益。在利润表中，成本主要是指营业成本；计入当期损益的费用一般是指企业在日常活动中发生的税金及附加、销售费用、管理费用、财务费用和资产减值损失等。

1.营业成本分析

营业成本是指与营业收入相关的，已经确定了归属期和归属对象的成本，反映企业经营主要业务和其他业务所发生的成本总额。本项目包括企业的主营业务成本和其他业务成本。

（1）主营业务成本

①合同履约成本

企业为履行合同发生的成本，不属于其他企业会计准则规范范围且同时满足下列条件的，应当作为合同履约成本确认为一项资产：第一，该成本与一份当前或预期取得的合同直接相关，包括直接人工、直接材料、制造费用（或类似费用）、明确由客户承担的成本以及仅因该合同而发生的其他成本；第二，该成本增加了企业未来用于履行履约义务的资源；第三，该成本预期能够收回。

企业应当在下列支出发生时，将其计入当期损益：一是管理费用；二是非正常消耗的直接材料、直接人工和制造费用（或类似费用），这些支出为履行合同发生但未反映在合同价格中；三是与履约义务中已履行部分相关的支出；四是无法在尚未履行的与已履行的履约义务之间区分的相关支出。

②合同取得成本

企业为取得合同发生的增量成本预期能够收回的，应当作为合同取得成本确认为一项资产，但是，该资产摊销期限不超过一年的，可以在发生时计入当期损益。增量成本，是指企业不取得合同就不会发生的成本（如销售、佣金等）。企业为取得合同发生的、除预期能够收回的增量成本之外的其他支出（如无论是否取得合同均会发生的差旅费等），应当在发生时计入当期损益，但是，明确由客户承担的除外。

在不同类型的企业里，主营业务成本有不同的表现形式。在制造业企业，主营业务成本表现为售出产品的生产成本；在商品流通企业，主营业务成本表现为售出商品的成本。制造业企业产品销售成本是指售出产品的实际生产成本，它是根据已销产品的数量和实际单位成本计算出来的。在实务中，往往是每月末汇总销售成本后一并结转，而不是在每次发出库存商品时立即结转产品销售成本。商品流通企业售出商品的成本，即商品采购成本，是商品流通企业为销售商品而在采购时支付的成本。

（2）其他业务成本

其他业务成本是指企业确认的除主营业务活动以外的其他经营活动所发生的支出，包括销售材料的成本、出租固定资产的折旧额、出租无形资产的摊销额、出租包装物的成本或摊销额等。采用成本模式计量投资性房地产的，其投资性房地产计提的折旧额或摊销额，也反映在本项目中。

(3) 营业成本项目分析的要点

① 分析影响营业成本水平高低的因素。营业成本水平影响因素既有企业不可控的因素，如受市场因素影响而引起的价格波动，也有企业可以控制的因素，如在一定的市场价格水平上，企业可以通过选择供货渠道、采购批量等来控制成本水平，还可以通过成本会计系统的会计核算（如通过对发出存货采用不同的计价方法）来控制企业制造成本。因此，对营业成本降低和提高的质量评价，应结合多种因素进行。

② 分析营业收入与营业成本的配比。从企业利润的形成过程来看，企业的营业收入减去营业成本后的余额为毛利。企业必须有毛利，才有可能形成营业利润。因此，关注企业一定规模的毛利和较高的毛利率是报表分析者的普遍心态。毛利率主要取决于行业，行业竞争度不同，企业所处行业的毛利率就不同；此外，毛利率还与企业内部的运作效率和经营方式相关。

【相关链接 4-5】

告别高利润时代 房企打响净利保卫战

随着各大上市房企陆续发布2021年上半年业绩报告，房企中报季已接近尾声。以销售规模为基础，北京商报记者梳理了50强房企归母净利润排行，整体来看，房地产行业利润下滑已成共识，近八成房企归母净利润增幅低于20%；上半年归母净利润同比上涨的有37家，占比74%，而同比下跌的有13家，占比26%。其中，“利润王”中海再次交出了一份不错的成绩单，也成为上半年唯一一家归母净利润突破200亿元的房企，但放缓至2%的增速也不容忽视；“老实本分”的万科虽然归母净利润突破百亿元，但上半年同比增幅呈现负增长。“利润保卫战”已经成为继“三条红线”（剔除预收款后的资产负债率不超过70%，净负债率不超过100%，现金短债比不小于1）之外，房企不得不面对的第二道考题。

地产开发商已经告别高利润时代，行业整体的“自律性”或主动或被动地被推至高点，政策限购、地价上涨、成本提升，未来的利润空间“压缩”也成常态化。

房地产行业整体“唱衰”，也更加期待拐点的到来，但更多的是房企对于市场的针对性调整。碧桂园的“多元化转型”、龙湖的“提质增效”、万科的“管理红利时代”都集中反映了房企对于行业认识的转变。

资料来源　卢扬，王寅浩．告别高利润时代 房企打响净利保卫战［N］．北京商报，2021-09-06.

2.税金及附加分析

税金及附加是企业进行日常经营活动应负担的各种税金及附加，包括消费税、城市维护建设税、资源税、教育费附加、房产税、车船税、土地使用税和印花税等相关税费。

分析该项目时，应注意与营业收入进行配比，如果两者之间不配比，则可能存在“漏税”之嫌。

3.研发费用分析

2018年6月财政部下发的《关于修订印发2018年度一般企业财务报表格式的通知》（财会〔2018〕15号）中新增“研发费用”项目，从“管理费用”中分拆出来。该项目反映企业进行研究与开发过程中发生的费用化支出。

分析该项目时，应注意与营业收入进行配比，一般情况下，比重小于2%表明企业不具有未来竞争力，2%～5%表明企业具有一般竞争力，10%以上表明企业具有明显的竞争优势。同时，应注重企业是否将研发支出过度资本化，导致计入当期的研发费用较少，从而达到调节利润的目的。

4.期间费用分析

期间费用是指企业发生的直接计入当期损益的费用，是企业主要经营活动中必定要发生的费用，但与营业收入的取得并不存在明显的直接因果关系。期间费用包括销售费用、管理费用和财务费用。

（1）销售费用

销售费用是企业销售商品或提供劳务过程中发生的费用，包括运输费、装卸费、包装费、保险费、展览费和广告费、商品维修费、预计产品质量保证损失以及为销售本企业商品而专设的销售机构（含销售网点、售后服务网点等）的职工薪酬、业务费、折旧费等经营费用。

销售费用与整个行业经营的形态有关，如来料加工企业的销售费用很少，而营销型企业的销售费用则很高。销售费用对于生产企业来说，只是可控成本中的一部分；贸易型公司的可控成本是销售费用，因此，需要对销售费用进行强化管理，甚至要强化到业务单位和个人身上。

（2）管理费用

管理费用是企业为组织和管理生产经营所发生的费用，包括企业在筹建期间内发生的开办费、企业的董事会和行政管理部门在经营管理中发生的或者应由企业统一负担的公司经费（包括行政管理部门职工薪酬、修理费、物料消耗、低值易耗品摊销、办公费和差旅费等）、董事会会费（包括董事会成员津贴、会议费和差旅费等）、聘请中介机构费、咨询费（含顾问费）、诉讼费、业务招待费、技术转让费等。

管理费用与企业发展阶段有关。比如，有些外资企业刚进入中国时，因为外籍高层管理人员比较多，支付的费用较高，所以企业的管理费用很高。再如，企业进入快速发展阶段以后，随着管理跨度和管理难度的增加，管理费用会成倍上升。

（3）财务费用

财务费用是企业为筹集生产经营所需资金而发生的费用，包括利息支出（减利息收入）、汇兑损失（减汇兑收益）以及相关的手续费等。为购建固定资产的专门借款所发生的借款费用，在固定资产达到预定可使用状态前按规定应予资本化的部分，不包括在财务费用内。

财务费用与企业每个阶段的融资风险是联系在一起的。产生融资行为，就会发生财务费用，于是就产生了财务风险。

（4）期间费用分析的要点

①分析销售费用、管理费用、财务费用与营业收入的配比。了解企业销售部门、管理部门的工作效率以及企业融资业务的合理性。其具体又分两种形式：一是营业收入以高于期间费用的速度增长，使得营业利润大量增加，表明公司经营业务呈上升趋势，产品市场需求大；二是营业收入与期间费用成比例增长，导致利润增长，说明公司主营业务处于一种成熟、稳定的状态，利润有一定保障。

②从销售费用的构成上看，有的与企业业务活动规模有关（如运输费、销售佣金、展

览费等)，有的与企业从事销售活动人员的待遇有关，也有的与企业未来发展、开拓市场、扩大品牌知名度有关。销售费用中的广告费用一般是作为期间费用处理的，有公司基于业绩反映的考虑，把广告费用列为长期待摊费用核算，这实际上是把期间费用资本化。

③片面追求在一定时期的管理费用降低，有可能对企业的长期发展不利。一方面，管理层可以对管理费用中诸如业务招待费、技术开发费、董事会会费、职工教育经费、涉外费、租赁费、咨询费、审计费、诉讼费、修理费、管理人员工资及福利费等采取控制或降低规模等措施，但是，这种控制或降低规模或者对企业的长期发展不利，或者影响有关人员的积极性。另一方面，折旧费、摊销费等是企业以前各个会计期间已经支出的费用，不存在控制支出规模的问题，对这类费用的处理更多的是受企业会计政策的影响。因此，在企业业务发展的条件下，不应当降低管理费用。

④财务费用的主体是经营期间发生的利息支出，其大小主要取决于三个因素：贷款规模、贷款利息率和贷款期限。从总体上说，如果因贷款规模导致财务费用下降，企业会因此改善盈利能力，但我们对此也要警惕，企业可能因贷款规模的降低而使发展受到限制；由于企业利率水平主要受外在环境的影响，因而我们不应对企业因贷款利率的宏观下调而导致的财务费用降低给予过高的评价；贷款期限的改变使得利率降低，从而降低财务费用，这往往又会导致企业财务风险加大。

财务费用包括汇兑损失。对有大量外汇业务的企业，应特别注意外汇市场汇率变动风险对企业理财的影响。

⑤依据《企业会计准则第11号——股份支付》的相关规定，期权公允价值必须在等待期内计入管理费用，从而使部分上市公司管理费用大幅上升，公司的账面业绩大幅下降，但股权激励费用的摊销是会计政策的规定，并不对公司的基本面产生不利影响，不影响公司现金流，不影响公司未来发展。

【相关链接4-6】

净利润增速背后“陷阱”多 4招区分“真伪”成长股

万得（Wind）统计数据显示，截至2018年7月28日，两市共有84家上市公司披露了2018年中报，其中，威华股份、广宇发展、*ST宝鼎等15家上市公司净利润增长率超过100%，占比超17.86%。由于取得了较高的净利润增长率，上述15家公司被投资者称为“高成长”公司。

一、净利润增长率背后的四个陷阱

当前以价值投资为主要市场投资风格，资金比较青睐“高成长”公司，投资者亦跟风追随，而作为反映“高成长”公司的一面明镜，净利润增长率较高的上市公司成为投资者关注的焦点，但是净利润增长率也可能存在一定的问题。因此，在利用净利润增长率这个指标之时，投资者需要警惕其背后存在的陷阱，不要被净利润增长率所欺骗。具体来看，净利润增长率背后主要存在以下四个陷阱：

1.偶发性暴涨

一家上市公司此前净利润增长率表现平平，但是某一年度或者季度净利润增长率突然“爆表”，这种情况可以称为偶发性暴涨，按照以往的经验，这种急剧变化不符合正常逻辑，有可能是公司出现了一些特殊情况，后续又回到原来的增长轨道。

以*ST宝鼎为例，7月24日，*ST宝鼎发布的2018年中报显示，2018年1—6月，公司实现营收1.39亿元、净利润2 255.84万元，同比分别增长23.86%、373.65%。从净利润增长率来看，2018年上半年，*ST宝鼎净利润增长超3倍，可以说是“高速成长”。不过，翻看其历年财务报表及季度财务报表可以发现，自2008年以来，*ST宝鼎每年净利润增长率均未超过40%，单季度净利润增长率最高时仅为151.23%，显然，本期净利润增长率变化幅度明显偏大，不符合公司历年发展情况。事实上，查看其2018年中报可以发现，*ST宝鼎之所以能实现“高速成长”，主要是前期收购标的上海复榆原始股东业绩承诺补款带来2 074.5万元的投资收益，占净利润总额的80.59%，不具备可持续性。

2.主业不济被“隐”

主营业务收入在公司的营收中占比较重，是影响公司经济效益的重要因素之一，一般而言，主营业务收入增长率与净利润增长率保持正相关性。不过，有些公司却出现相反的情况，净利润增长率可能增长较快，但是主营业务收入增长率却很低甚至为负，这也就意味着，这些公司的主营业务可能萎靡不振甚至处于更糟的状态，其发展缺乏内生动力的支撑，净利润快速增长主要是靠投资收益、政府补贴等贡献，主业不济的事实被较高的净利润增长率所“隐藏”。

3.净利润“虚”增

如果投资者在对一家公司进行分析时，简单地以营收、净利润同比的高增长来预测其未来的高增长，则有可能陷入净利润“虚”增的“陷阱”，即有的公司营收、净利润均高速增长，按理说，其净资产收益率（ROE）在不增资的情况下亦该同步上升，但相反，其净资产收益率却始终在一个区间徘徊甚至出现下降，那么，这说明该公司净利润增长率比较“虚”，不是靠自身净利润支撑的，而是依靠不断扩充资本金等方式来实现的。

4.对比基数藏“猫腻”

净利润增长率指当期净利润与上期净利润相比的增长幅度，因此，公司上期净利润额是重要的参考指标，也是需要关注的核心因素。值得注意的是，许多上市公司本期净利润额较高，但上期净利润额比较低甚至为负，这也就导致其本期净利润增长率非常高，从而跻身“高成长”行列。

二、寻找“真成长”公司的四大方法

1.纵向比较净利润增长率

纵向比较净利润增长率，即关注该公司的净利润增长率是否连续几年稳定增长或者中间有回落但又能迅速提升。如果一家公司的净利润增长率连续3～5年保持高速增长，则说明其净利润增长能力比较稳定，具有良好的增长趋势，是值得关注的“成长型”潜力公司；但是，如果该公司的净利润增长率连续3年大幅度下降或者逐年递减，则说明其盈利能力不稳定，不具备良好的增长势头。另外，对净利润增长率突然“爆表”的公司，则应该保持警惕，深入了解其中的原因，再考虑是否值得关注。

2.净利润增长率与主营业务收入增长率配合使用更可靠

主营业务收入直接影响着公司的经济利益，一般情况下与净利润增长率保持正相关性，不过，如果公司的主要净利润依靠投资收益、出售资产等贡献时，则会出现净利润增长率较高、主营业务收入增长率很低的情况。因此，将净利润增长率与主营业务收入增长率配合使用，可以看出净利润的增长是否来源于公司的主营业务。只有主营业务收入出现增长，净利润的增长才是真实而稳定的。

3. 净利润增长率须综合公司其他数据加以分析

要将净利润增长率指标与公司的其他数据搭配分析，比如主营利润增长率、营业利润增长率、销售增长率、净资产收益率等，观察这些指标是否都在稳步提升；同时，将公司的净利润增长率与其所处行业的平均净利润增长率进行对比分析，了解该公司所处行业的发展状况以及该公司处于行业中的位置。在此基础上找出综合实力较强、具备投资价值的标的公司。

4. 关注净利润的前期值

净利润前期和当期的变化也是我们应当注意的问题，通过观察公司净利润的前期值，理性看待该公司本期净利润增长率，判断投资价值。比如，甲、乙两个公司当期净利润分别为1 000万元和300万元，而前期净利润分别为10万元和200万元，对应的净利润增长率分别为900%和50%。从净利润增速来看，甲公司似乎更具有“成长性”，不过，从净利润的前期值来看，乙公司的净利润增速更稳定，相对于甲公司来说，乙公司才是具备投资价值的公司。

资料来源　方朝春. 净利润增速背后“陷阱”多 4招区分“真伪”成长股［N］. 重庆商报，2018-07-29.

4.4.3　营业利润分析

营业利润反映企业的营业收入与营业成本、税金及附加、期间费用、资产减值损失、公允价值变动损益及投资收益配比的结果。营业利润是公司利润的主要来源，营业利润占利润总额比例的稳定体现了公司盈利的稳定性和连续性。营业利润越高，企业凭借主营业务在行业中的地位就越高，企业的可持续发展能力就越强，投资价值也就越大。

1. 资产减值损失项目分析

资产减值损失反映企业根据资产减值等准则计提各项资产减值准备所形成的损失，包括坏账准备、存货跌价准备、长期股权投资减值准备、债权投资减值准备、固定资产减值准备、在建工程减值准备、工程物资减值准备、生产性生物资产减值准备、无形资产减值准备、商誉减值准备、贷款损失准备、抵债资产跌价准备、损余物资跌价准备等。

资产减值损失一经确认，在以后会计期间一般不得转回。但是，遇到资产处置、出售、对外投资、以非货币性资产交换方式换出、在债务重组中抵偿债务等情况，同时符合资产终止确认条件的，企业应当将相关资产减值准备予以转销。另外，企业计提坏账准备、存货跌价准备、债权投资减值准备、贷款损失准备等后，相关资产的价值又得以恢复的，应在原已计提的减值准备金额内，按恢复增加的金额冲减资产减值损失。

资产减值损失项目分析的要点如下：

分析时应注意当前使用的会计准则在资产减值计提方面有了很大的调整。之前，盈利上升，企业就会多计提跌价准备；盈利下滑，企业再将跌价准备冲回。这曾是上市公司调节盈利的手段之一，如科龙电器在2001年和2002年年报中就使用了该伎俩。但是，现行会计准则规定，对资产计提的减值准备一经确认不得转回，而且不得随意变更计提方法和计提比例。除了存货、应收账款、债权投资等有确凿证据证明能够收回的资产减值准备允许转回外，固定资产、摊销期限明确的无形资产等非流动资产减值准备不允许转回。

2. 公允价值变动损益项目分析

公允价值变动损益是指企业在初始确认时划分为交易性金融资产或金融负债，以及采用公允价值模式计量的投资性房地产、衍生工具、套期保值业务中公允价值变动形成的应计入当期损益的利得或损失。

资产负债表日，企业应按交易性金融资产或采用公允价值模式计量的投资性房地产的公允价值与其账面余额的差额，计入公允价值变动损益。出售交易性金融资产或采用公允价值模式计量的投资性房地产时，再将公允价值变动损益转入投资收益。

资产负债表日，企业应按交易性金融负债的公允价值与其账面余额的差额，计入公允价值变动损益。出售交易性金融负债时，再将公允价值变动损益转入投资收益。

注意公允价值变动损益主要是指未实现的投资收益。

3.投资收益项目分析

投资收益是指企业对外投资确认的投资收益或投资损失。

投资收益包括：长期股权投资采用成本法核算的，被投资单位宣告发放的现金股利或利润中属于本企业的部分；长期股权投资采用权益法核算的，资产负债表日，按被投资单位实现的净利润或经调整的净利润计算应享有的份额；出售长期股权投资时，实际收到的金额与其账面余额的差额；出售采用权益法核算的长期股权投资时，按处置长期股权投资的投资成本比例结转原记入“资本公积——其他资本公积”项目的金额；企业持有交易性金融资产、债权投资、其他债权投资期间取得的投资收益，以及处置交易性金融资产、债权投资、其他债权投资实现的损益。

投资收益与公允价值变动损益项目分析的要点如下：

① 在我国企业会计准则中，投资收益包括长期股权投资收益和金融资产投资收益。一般而言，长期股权投资所取得的投资收益是企业在正常的生产经营中所取得的可持续投资收益。例如，下属公司生产经营状况好转，有了比较大的收益，开始回报母公司，这部分投资收益越高，那么企业的可持续发展能力就越强，对于投资者来说，这种企业就越具有投资价值。

② 并不是所有的长期股权投资都是可持续的，比如企业处置长期股权投资所获得的投资收益就是一次性的。但是，这些收益是为企业带来真实现金流入的收益，实际上也是资本市场发展的产物。投资者没有理由否认它的存在。

③ 至于大家所关心的由于股价上升使得企业所持有的金融资产随之变动而获得的虚拟收益，在企业会计准则中并没有计入投资收益，而是计入公允价值变动损益和资本公积。这种确认方法一方面反映了企业所持有的金融资产的现时市场价值，另一方面由于这部分收益并未实现，从而没有将其计入投资收益。

④ 要分析投资收益在总利润中所占的比例和上市公司的资本运作情况。分析资本运作情况具体包括分析证券投资和项目投资在总投资中所占的比例，以及证券投资中投资其他上市公司证券和持有非上市公司股权的比例。如果上市公司的证券投资在总投资中的比例很高，且投资其他上市公司证券在证券投资中所占的比例很高，那么该上市公司的投资收益会随着证券市场的波动而变动，其可持续获利能力就比较差。最后，不能把上市公司报表中的公允价值变动收益作为上市公司的投资收益，它是随着市场价格的变动而发生的账面价值变化，是没有产生现金流的未实现收益。

4.其他收益项目分析

其他收益项目分析的要点如下：

分析时应注意当前使用的会计准则在政府补助列报方面有了很大的调整。之前，所有政府补助均计入营业外收入，但是，现行的会计准则对政府补助的列报有了更详细的规定。与资产相关的政府补助，冲减相关资产的账面价值或确认为递延收益，确认为递延收益的，在相关资产使用寿命内分期计入损益。与收益相关的政府补助，用于补偿以后期间的相关成本费用或损失的，确认为递延收益，并在确认相关成本费用或损失的期间，计入当期损益或冲减相关成本；用于补偿已发生的相关成本费用或损失的，直接计入当期损益或冲减相关成本。与日常活动相关的政府补助，按照经济业务实质，计入其他收益。与日常活动无关的政府补助，计入营业外收支。上述处理能更准确地反映获得政府补助的该项经济交易或事项的实质。其他收益成为营业利润项目的组成部分，而非以往的非经常性损益。

5.资产处置收益项目分析

在《财政部关于修订印发一般企业财务报表格式的通知》（财会〔2017〕30号）发布以前，上市公司出售划分为持有待售的非流动资产（金融工具、长期股权投资和投资性房地产除外）或处置组时确认的处置利得或损失，以及处置未划分为持有待售的固定资产、在建工程及无形资产而产生的处置利得或损失，在"营业外收入"或"营业外支出"项目列报。在财会〔2017〕30号文发布以后，上市公司出售划分为持有待售的非流动资产（金融工具、长期股权投资和投资性房地产除外）或处置组时确认的处置利得或损失，以及处置未划分为持有待售的固定资产、在建工程及无形资产而产生的处置利得或损失，在"资产处置收益"项目列报。

资产处置收益项目分析的要点如下：

要分析资产处置收益在营业利润和总利润中所占的比例。判断资产处置是否存在不公允的情况，管理层是否通过资产处置转移上市公司资产或虚增净利润，勉强维持上市公司头衔，此外，还可以通过资产处置分析企业经营战略的转变。其他收益成为企业营业利润项目的组成部分，而非以往的均计入营业外收支从而不影响营业利润。

4.4.4　利润总额分析

拓展阅读

上市公司密集"变脸"

利润总额是企业的营业利润加上营业外收入减去营业外支出后的余额。利润总额代表企业当期综合盈利能力，也直接关系到各利益相关者的利益分配问题。

1.营业外收入分析

营业外收入是指企业发生的与其经营活动无直接关系的各项净收入，主要包括非货币性资产交换利得、债务重组利得、盘盈利得、罚没利得、与企业日常活动无关的政府补助利得、因确实无法支付而按规定程序经批准后转作营业外收入的应付款项等。营业外收入相当于意外的利得或非常收益。

营业外收入项目分析的要点如下：

（1）注意分析营业外收入与营业收入的区别

① 营业收入是持续的、由主要或中心营业活动产生的，如销售商品收入；营业外收入是一种利得，是非持续的、由非营业活动产生的，且多半为管理层所不能控制或左右的，如罚没收入，数额一般较小，如果数额较大，则需要具体分析。

② 营业收入是总额概念，必须与费用相配比；营业外收入是净额概念，或者已经将

对立因素抵销（如出售资产净收益是售价与账面价值抵销后的净额），或者本来就只有一个金额，如诉讼获胜后的赔偿收入。营业外收入与营业外支出一般不存在直接的对应关系和配比关系。

（2）注意分析营业外收入形成的原因

债务重组会给债务企业带来营业外收入，但这种收益是一次性和临时性的，如果企业不以此为契机改善经营管理、盘活资金、提高资金使用效果，即使能一次性获得债务重组收益，也仍将陷入财务困难的泥潭。

2.营业外支出分析

营业外支出是企业发生的与其经营活动无直接关系的各项净支出，包括非流动资产毁损报废损失、非货币性资产交换损失、债务重组损失、罚款支出、捐赠支出、非常损失等。营业外支出相当于意外的损失。

分析营业外支出应注意其与费用的区别：费用是日常经营活动产生的，是总额概念；营业外支出是由非日常经营活动产生的，是净额概念。

拓展阅读

彩虹股份能否成为下一个“京东方”

4.4.5 净利润分析

净利润是企业最终的财务成果，是企业利润总额减去所得税费用的结果。净利润属于所有者权益，构成利润分配的对象。净利润是公司的净利，在其他条件不变的情况下，净利润越多，企业盈利能力就越强，经营成果也就越显著。从表面上看，它受收入和成本的影响，但实际上，它还反映公司产品产量及质量、品种结构、市场营销等方面的工作质量，因而，在一定程度上反映了公司的经营管理水平。

1.所得税费用项目分析

所得税费用是指按税法规定根据企业的生产经营所得和其他所得所交纳的税金，是企业当期的一项费用。

所得税会计是从资产负债表出发，比较资产负债表上列示的资产、负债按照企业会计准则规定确定的账面价值与按照税法规定确定的计税基础，对于两者之间的差额区分应纳税暂时性差异与可抵扣暂时性差异，确认相关的递延所得税负债与递延所得税资产，并在此基础上确定每一期间利润表中的所得税费用。

所得税费用项目分析的要点如下：

（1）将所得税费用与利润总额进行比较，分析所得税费用的合理性。利润表中的所得税费用，在不考虑时间性差异和永久性差异的条件下，应当与企业的利润总额成正比例。在考虑时间性差异和永久性差异的条件下，利润表中的所得税费用与企业的利润总额呈现出比较复杂的关系。企业在所得税费用方面的节约，属于企业税务筹划的范畴，与企业常规的费用控制具有明显的不同。因此，企业对所得税费用不存在常规意义上的降低或控制问题。

（2）关注纳税调整项目。纳税调整项目包括纳税调整增加项目和纳税调整减少项目。纳税调整增加项目主要包括税法规定不允许扣除项目，企业已计入当期费用但超过税法规定扣除标准的金额，如超过税法规定扣除标准的工资支出、业务招待费支出、税收罚款滞纳金、非公益性捐赠支出等；纳税调整减少项目主要包括按税法规定允许弥补的亏损和准予免税的项目，如5年内未弥补完的亏损、国债利息收入等。

2.净利润项目分析

将净利润作为评价指标，应注意其局限性。

（1）净利润是一个总量指标，用绝对数表示，不能反映公司的经营效率，缺乏公司之间的可比性。

（2）将净利润作为评价指标，容易使公司追求眼前利益，产生短期行为，不利于公司的长远发展。比如，可能导致公司不进行技术改造及设备更新，不开发新产品，不处理积压商品，不进行正常的设备维修与保养，只注重价格竞争，不注重公司综合实力的提高等。

（3）就目前我国相当数量企业的现状来看，企业往往过分强调盈利能力，忽视偿债能力，普遍对盈利能力与偿债能力的协调统一缺乏足够的认识。这些企业在短期内可能由于拖欠债务的偿还而增加生产经营的投入，表面上提高了企业的盈利能力，但实际的结果是，在生产经营过程中大量占用资金，削弱了资金的流动性，最后导致企业出现严重的债务危机，甚至出现破产的危险。针对这种盈利能力的提高，分析者应提高警惕。

此外，根据财会〔2017〕30号文，自2017年度起，利润表新增“（一）持续经营净利润”和“（二）终止经营净利润”项目，分别反映净利润中与持续经营相关的净利润和与终止经营相关的净利润；如为净亏损，以“-”号填列。终止经营的减值损失和转回金额等经营损益及处置损益应当作为终止经营损益列报。拟结束使用而非出售的处置组满足终止经营定义中有关组成部分的条件的，应当自停止使用日起作为终止经营列报。企业因出售对子公司的投资等原因导致其丧失对子公司控制权，且该子公司符合终止经营定义的，应当在合并利润表中列报相关终止经营损益。企业应当在利润表中将终止经营处置损益的调整金额作为终止经营损益列报。

4.4.6 盈利质量分析

1.盈利质量的内涵

什么是盈利质量？盈利质量应该包括什么内容？对于这些问题，目前尚无完全一致的看法。对盈利质量高低的衡量也尚无绝对准确的计量尺度，但可以从概念上对高质量盈利、低质量盈利和中间质量盈利做出相对区分。

高质量盈利或低质量盈利强调的是财务报表盈利所反映企业经济价值有关信息的可靠性。高质量盈利是对公司过去、现在和将来经济价值创造能力的可信性评价，而低质量盈利则表明对公司过去、现在的经营成果和将来经济前景的描述具有误导性。

【相关链接4-7】

科创板交出“硬核答卷” 盈利质量稳步提升

科创板以“硬核答卷”书写不平凡的2020年。截至2021年4月30日，科创板全部268家公司通过年度报告、上市公告书等形式披露了2020年度主要经营业绩信息。总体看，面对新冠肺炎疫情和复杂多变的国内外环境带来的严峻考验，科创板公司直面挑战、迎难而上，整体业绩延续高增长态势，实现了营业收入、净利润同比大幅增长。同时，科创板公司按照高质量发展要求，深耕科技创新，持续加大研发投入，创新成果竞相涌现。

2020年，科创板上市公司总体经营稳健，业绩持续向好。全年共计实现营业收入4 084.38亿元，同比增长15.51%；实现归母净利润500.86亿元，同比增长59.13%；实现扣非后归母净利润385.39亿元，同比增长42.70%。营业收入方面，近八成公司营业收入实现增长，12家公司实现营收翻番，三成公司营业收入超过10亿元。净利润方面，近七成公司归母净利润实现增长，31家公司增幅在100%以上，最高达6 527.90%。

作为实体经济高质量发展的生力军，科创板公司整体维持了较强的盈利质量，现金流良好。2020年经营活动现金流净额合计625.14亿元，同比增长38.76%。在当前国内外复杂经济形势下，维持良好的现金流回款抗风险能力，也是科创板公司“硬实力”的体现。

2020年，科创板六大行业均实现不同程度增长。其中，生物医药行业以营业收入44%、归母净利润256%的增速位列第一；以集成电路和数字“新基建”为代表的新一代信息技术行业持续高增长，营业收入和归母净利润增幅分别达到27%和68%；新能源行业产能扩张叠加需求旺盛，营业收入和归母净利润分别增长25%和80%；新材料、节能环保、高端装备也总体延续了稳定增长，归母净利润增速分别为27%、13%、8%。

科创板产业集聚和品牌效应逐步显现。在多个面向科技前沿的“硬科技”领域，科创板已汇聚了一批涉及各产业链环节、多应用场景的创新企业，在促进科技、资本和产业高水平循环中更进一步。澜起科技、沪硅产业等29家集成电路公司涵盖了上游芯片设计、中游晶圆代工及下游封装测试全产业链，同时兼备半导体材料和设备等支撑环节；金山办公、奇安信等32家软件公司产品广泛应用于云计算、大数据、人工智能、物联网等新兴数字产业；君实生物、微芯生物等22家生物制药公司重点介入癌症、艾滋病、乙肝、丙肝等治疗领域。此外，工业机器人产业链、光伏产业链、动力电池产业链等也均已初显规模。

资料来源　祁豆豆. 科创板交出“硬核答卷”　盈利质量稳步提升［N］. 上海证券报，2022-05-06.

2. 与盈利质量分析相关的因素

（1）会计政策的选择与运用

企业管理层对会计政策的选择与运用是决定盈利质量的重要因素。在会计政策的选择上有稳健（或保守）和不稳健（或乐观）之分。稳健的选择所产生的盈利与乐观的选择所产生的盈利相比，前者通常不会高估现实和未来的业绩，因此通常被认为是高质量的，相对于乐观的选择而言，对稳健会计政策下的盈利质量通常给予较高的评价。在分析会计政策的选用对盈利质量的影响时，还应关注以下几点：

① 会计政策的持续性如何，是否随意变更会计政策。会计政策的变更必须符合法律或会计准则等行政法规、规章的要求，或者这种变更能够提供有关企业财务状况、经营成果和现金流量等更可靠、更相关的会计信息。有的上市公司出于业绩支撑的压力，将原来采用的较稳健的会计政策调整为较乐观的会计政策，如随意延长固定资产的折旧年限、降低坏账准备的计提比例等，这种调整变更并不符合上述会计政策变更的要求，从而降低了盈利质量。

② 企业管理层可能通过会计政策的运用来影响收入和费用的确认，从而决定盈利的数额。例如，通过调整类似于维护与修理费、广告费、营销费、研发费等酌量性费用的发生时间或通过安排收入、资产销售的确认时间来达到操纵盈利水平的目的。以广告费为例，由于广告费支出中的大部分对未来会计期间的业绩产生影响，而与短期业绩之间的相关性较小，因此，管理层可以在不影响当期收入的前提下削减该项支出，从而提高当期的盈利水平，然而长期的销售将很可能受到影响。

③ 会计政策的过度稳健。过度稳健的会计政策虽然可以暂时提高盈利质量，但从长

远的角度来看却降低了盈利的可信性和相关性。报表分析者应关注在计提各项减值准备事项上采用过度稳健的做法是否出于“秘密准备”的考虑。

（2）盈利的持续稳定性

盈利的持续稳定性表现在收益水平是稳定的或收益增长趋势是稳定的，没有剧烈的上下波动。持续稳定的收益流所产生的盈利质量较高；反之，盈利质量则较低。在分析盈利的持续稳定性对盈利质量的影响时，应关注以下几点：

① 持续稳定的收益应主要来源于主营业务。如果公司主营业务的收益稳定，公司所从事的业务和生产的产品或提供的劳务具有良好的市场发展前景，则其具有相对较高的盈利质量。

② 持续稳定的收益应主要来源于经常性项目。一般认为，非经常性项目所产生的收益质量比经常性项目所产生的收益质量要低。长期投资控制力度较弱，属于风险性资产，其产生的收益尽管为经常性收益，但相对于营业收入而言，其盈利质量较低。

③ 持续稳定的收益应主要来源于非关联交易。关联交易因属于内部交易，透明度和可信性较低，相对非关联交易而言，其产生的收益质量较低。

④ 持续稳定的收益是否为管理层刻意安排的结果。有时，为了将收益在当期和未来之间转移以减少各期之间的收益大幅波动，管理层可能通过安排销售收入、资产销售、广告支出、研发支出、维护与修理支出等收入和费用的确认时间，或者选用更加宽松的会计方法等合法、“可接受的”会计政策及灵活的会计运用手段来达到收益调节的目的。

（3）现金流量的变化

现金流量是决定盈利质量的重要因素。高质量的盈利必须有与之相匹配的现金流。这就要求做到以下几点：

① 会计上反映的销售应能迅速转化为现金。在权责发生制下采用赊销方式所确认的收入，如果不能很快转化为现金或最终无法转化为现金，且没有计提较充分的坏账准备，那么，势必会降低盈利质量，从而影响企业现金的流动性和正常的商业运作。如果应收账款的增长幅度远远大于销售收入的增长幅度，且出现账龄延长的情况，则很有可能是盈利质量下降的信号。此外，如果应收账款的增加仅仅是由于公司大力促销使得存货从公司转移到分销商手中而引起的，那么，这种向未来透支销售的情形也会降低盈利质量。

② 在业务稳定发展阶段，公司经营活动产生的现金流量净额应当与公司的经营活动相对应。

（4）资产的质量

如果盈利的创造或确认没有透支其对应资产的质量，则盈利质量较高；反之，盈利质量较低。没有透支资产质量是指：

① 资产减值准备的计提与其对应的资产质量相符；

② 在收益创造过程中所使用的固定资产维修状况良好，不存在恶性使用且不进行正常维修保养的短期化行为；

③ 落后的生产设备能够正常淘汰和更新。

（5）税收政策的影响

目前，税收政策对上市公司盈利的影响较大。上市公司因享受各种税收优惠政策或各种财政补贴而导致的盈利水平的提高，并不代表公司实际盈利能力的提高，并且这种优惠和补贴很可能发生变化。因此，依赖税收优惠政策和财政补贴而产生的盈利质量相对较低。

（6）财务风险

在评价盈利质量时，不能不考虑财务风险的因素。行业及规模相近的两个企业，即便具有相同的盈利额或收益率水平，只要财务风险不同，其盈利质量就是不同的。分析财务风险对盈利质量的影响时应注意以下几点：

① 有无过分使用财务杠杆效应提高盈利。财务风险较高，收益波动倾向增强时，盈利质量也随之降低。

② 流动性是评价公司短期偿债能力的关键因素，尽管流动性对当期收益不产生直接影响，但如果不能偿还负债，公司就很可能会采取一些不当行为，而这些行为可能会使未来收益产生较大的不确定性，加大收益波动的风险，从而降低盈利质量。

③ 通过提高资产使用效率（资产周转率）而产生的盈利质量比通过获取较高的销售毛利率而产生的盈利质量要高，这是因为前者的财务风险相对较低。

④ 存在各类或有负债或表外负债（如对外担保、未决诉讼、产品保证等）的企业，因财务风险增加，其盈利质量相对较低。

（7）经营风险

经营风险较大的企业容易导致收益水平的较大波动，从而使盈利质量降低。经营风险与行业密切相关，高风险、竞争激烈以及周期特征明显的行业经营风险相对较大，其盈利质量相对较低。经营风险还与企业所处的经营环境相关，如设立在经济和政治因素不稳定国家（或地区）的企业，其生产经营可能随时受到冲击。此外，企业经营还可能受到限制资金和收益返还、币值变动以及其他政府管制因素的影响。复杂经营环境中的不确定性使得某些跨国集团的盈利质量通常被认为是较低的。经营杠杆系数（即总成本中固定费用所占份额）较高的公司，经营活动水平变化引起的潜在收益的变化较大，公司收益波动的幅度也较大，盈利质量较低。

【相关链接 4-8】

上市公司财务报表造假手段及危害

一、伪造收入、资产凭证，虚增收入

这是一种非常低级的财务报表造假手段，很容易被识别出来。例如，树苗销售公司“绿大地”伪造销售单据、公章，以及存货、固定资产、无形资产凭证，变成了高科技概念股，同时因为农林产品免收增值税而减少了造假成本，最终在9年中编造了2.5亿元收入，从A股市场骗走了3.46亿元。

二、虚构银行存款维持账面

上市公司在虚构收入之后，需要拿出货币资金、现金流来支撑，因此铤而走险，虚构银行存款。例如，证监会查处的九好集团在虚增收入的同时虚构了1.7亿元回款，虚构银行存款转入4 770万元，而转出的1亿元资金则未计入报表。为了维持这一假象，九好集团向关联公司借款，以便购买理财产品，再以此作为质押担保，让关联公司开出3亿元银行承兑汇票，玩起了资金循环游戏。

三、提前确认收入

上市公司为调节当期利润，往往会提前确认收入。提前确认收入是指，上市公司在拿到长期合同之后，虽然目前只收到了部分款项，比如第一年的付款，但是却将合同中的所有价款确认为收入。一些公司在销售款未到账的情况下提前确认收入，还有一些委托经销商在收到经销商的代销清单之前确认收入。

四、利用关联交易伪造财务报表

关联交易是指关联方之间的交易。关联方之间存在一方控制另一方，或共同控制另一方，或共同受另一方控制的关系，控制也可以是重大影响。关联交易的特点是定价、支付都比较灵活，或者说容易受到操纵。利用关联交易伪造报表有三种方式：其一，上市公司利用关联方弹性定价来调节利润，这样既可以少报成本，也可以多报收入。比如，在关联方之间，一方通过向另一方高价出售一批货物，然后由另一方在第二年退货的方式，增加第一年度的主营业务收入。其二，关联方之间通过转让股权、重组资产的方式伪造资产。例如，2010年年底，青海明胶公司将子公司禾正制药转让给重庆风投，避免了被特别处理（ST）。其三，几方虽然是关联方，但对外宣称不是关联方，以此调节业绩。

五、利用营业外收入增加利润

与上市公司日常生产经营活动没有直接关联的其他收入就是营业外收入。这种收入既不会损耗上市公司的日常营运资金，也无法按照收入费用配比原则来加以复核，是上市公司收入中不可持续的部分，只能暂时影响上市公司的损益，常被用来操纵利润。这方面的案例企业有长江控股、深华发A、东方航空公司等。

六、随意调节存货价值

我国企业可以自主选择计算存货价值的方法，从而影响企业财务报表中的损益情况。具体来说，如果一家上市公司期初存货计价过低，而期末存货计价过高，就会减少上市公司的主营业务成本，增加当期利润；反过来，如果期初存货计价过高，期末存货计价过低，就会增加上市公司的主营业务成本，减少当期利润。此外，还可以只在库存产品、在产品之间分摊产品定额成本差异，而不分摊到本期销售产品当中，以此降低主营业务成本，增加利润。

七、随意估计减值准备的计提

会计准则中，虽然有一些减值准备不允许转回，比如无形资产、固定资产、存货、在建工程，但是应收账款、长短期投资的减值准备可以转回，于是上市公司就可以利用这些项目来调节财务报表。对于上市公司的固定资产，每年都要复核其折旧年限、方法，以及预计净残值，并根据实际使用情况来调整，而且不追溯。于是，上市公司就可以主观地判断固定资产的使用寿命与原先估计的有无差别，以此决定是否调整财务报表。

八、将支出列为折旧从而分多次扣除

上市公司中的一些费用既可以计为一次性支出，在本年度财务报表中一次性扣除，也可以列为折旧，只在今年的财务报表中扣除一部分，再在接下来的几年中每年扣除一部分，直到扣除完毕。如果采用第二种财务报表计算方法，那么本年度的费用就会大大减少，而本年度的利润就会大大增加。这样的费用有很多种，比如升级改造软件的花费等。

九、用出售资产的收益抵减费用

会计准则允许上市公司在出售资产后用这项收益抵减费用。这种做法虽然不能增加财务报表中最终的利润，但好处在于，上市公司可以让经营性支出看起来比较低，从而吸引（误导）投资者来投资这家上市公司。例如，2001年，某公司被指减少了管理费用和销售费用，实际上就是在出售公司资产后，钻了上述会计准则的空子，用出售资产的所得钱款抵减了经营费用，而没有再计入收入。

十、通过兼并其他企业夸大增长

企业兼并后，上市公司的财务报告就会显示兼并后的数据，也就是两家（及两家以上）经济实体合并的增长结果，这会实现上市公司财务报告中账目数字的增长，从而隐蔽地干扰投资人的视线。

资料来源　程作杨. 上市公司财务报表造假手段及危害研究［J］. 纳税，2020（2）：120，123.

本章小结

利润表是反映企业在一定会计期间的经营成果的财务报表，是把一定期间的收入与同一会计期间相关的成本费用进行配比，以计算出企业一定时期的净利润（或净亏损）。利润额的高低及发展趋势，是企业生存与发展的关键，也是企业投资者及利益相关者关注的焦点。因此，利润表的编制与披露对报告使用者是至关重要的。

利润表通过一定的表格来反映企业的经营成果，目前比较普遍的结构有单步式和多步式两种。我国企业会计准则规定的利润表就是多步式利润表。

利润表项目主要有：营业收入、营业成本、税金及附加、销售费用、管理费用、研发费用、财务费用、其他收益、投资收益、公允价值变动收益、资产减值损失、资产处置收益、营业外收入、营业外支出、营业利润、利润总额及净利润等。

利润表结构分析常常采用共同比利润表分析。利润表结构分析就是将相关收入、费用和利润项目金额与相应的合计金额或特定的项目金额进行对比，以查看这些项目的结构，从而洞悉企业盈利能力的一种分析方法。在利润表结构分析中，不仅要认识不同的收入、费用项目对企业利润影响的性质，而且要掌握它们各自的影响程度。

利润表水平分析包括绝对额分析、环比分析和定基分析。

对利润表进行质量分析，实质上是对企业利润形成过程进行质量分析。通过对利润表收益结构的分析，还可以了解企业的市场营销战略、发展战略和技术创新战略等是否合理、有无创新。

利润形成过程质量分析可以按利润表上构成收益的营业利润、营业外收支、利润总额以及净利润等进行项目搭配、排列，从而形成多层次的收益结构，反映了从“核心业务”到“非核心业务”的扩展。这种利润层次体系有助于报表使用者形象地理解不同范围经营成果的形成原因，这是因为每一利润层次都可分解为相应收入与费用项目的比较。

讨论题

1. 什么是利润表？企业利润表的基本内容和具体结构如何？利润表的作用是什么？
2. 如何对利润表进行水平分析和结构分析？
3. 如何对利润表质量进行分析？
4. 收入的确认要符合哪些条件？收益与收入有什么区别？
5. 如何对营业收入项目进行分析？
6. 成本与费用有什么区别？如何对成本费用项目进行分析？
7. 如何正确认识公允价值变动损益和投资收益？

8.什么是盈利质量？与盈利质量分析相关的因素有哪些？

业务题

A公司2020年和2021年营业利润的计算见表4-11。

表4-11　　营业利润计算　　单位：元

项　目	2020年	2021年
一、营业收入	567 972	612 860
减：营业成本	482 022	508 168
税金及附加	1 256	2 004
销售费用	134	204
管理费用	6 684	5 621
研发费用	4 000	3 000
财务费用	3 056	2 849
加：资产减值损失（损失以"–"号填列）	0	–988
二、营业利润	70 820	90 026

要求：试对该公司营业利润的变动状况进行具体分析。

案例分析

参仙源财务造假案例分析

一、案情介绍

参仙源参业股份有限公司（以下简称参仙源）是一家以种植、销售野山参以及景区运营为主营业务的企业。2014年12月8日，参仙源挂牌新三板，当时号称"野山参第一股"，然而挂牌不到一年就被证监会以信息披露违法违规为由立案调查，2016年7月，证监会最终的行政处罚决定落地。

根据证监会调查情况，参仙源《公开转让说明书》披露的2013年度财务报告中，通过少计成本、价格不公允的关联交易方式虚增利润1.29亿余元。基于这一事实，证监会依据《非上市公众公司监督管理办法》第20条、第60条以及《中华人民共和国证券法》第193条对参仙源以及相关直接责任人员予以处罚。对参仙源处以60万元顶格罚款；对时任公司董事长于成波、总经理李殿文及相关人员给予警告以及5万～30万元不等的罚款。

二、造假手段

1.少计成本

根据证监会行政处罚决定书中的叙述，"参仙源在2013年与仲某同、佳业山货庄签订多份人参抚育协议，支付金额55 382 210元，但上述款项的实际用途为购买由仲某同、佳业山货庄联系货源的野山参。参仙源将上述外购野山参的成本55 382 210元以支付人参抚育费的名义支付给佳业山货庄和仲某同等人，计入了'管理费用'，后该笔'管理费用'被调整至'生产性生物资产'科目。最终销售时，参仙源未对外购野山参的成本进行结转，少计成本55 382 210元，虚增利润55 382 210元”。

2.虚增收入

证监会在行政处罚决定书中指出参仙源的另一个财务造假手段为虚增收入。“参仙源《公开转让说明书》中2013年度财务报告显示，该公司2013年主营业务收入为197 698 264.28元，主营业务成本为55 010 532.41元。其中，野山参销售收入为141 582 800元，成本为11 236 681.71元。根据销售明细，销售给参仙源酒业的野山参收入为141 568 800元。所有被销售的野山参来源均显示为自产人参，实际上绝大部分为前文所述的外购野山参。依照参仙源采购野山参的市场价计算，其销售给参仙源酒业的野山参合计可确认收入实际为67 839 473元，参仙源虚增收入73 729 327元，导致虚增利润73 729 327元。”

资料来源　李一铭．参仙源财务造假行政处罚案例分析——新三板财务造假第一案［EB/OL］.［2018-01-17］. http：//www.sohu.com/a/217201282_466906.

问题探讨：

根据上述资料，对于参仙源是否虚构利润，你做出怎样的判断？如果参仙源虚构利润，具体手段有哪些？请给出判断理由。

第5章

现金流量表分析

我们和许多公司一样，一直把注意力放在利润表的数字上，却很少讨论现金周转的问题。这就好像开着一辆车，只晓得盯着仪表盘上的时速表，却没注意到油箱已经没油了……戴尔新的营运顺序不再是“增长、增长、再增长”，取而代之的是“现金流量、获利性、增长”，依次发展。

——迈克尔·戴尔

如果你有三种可以依赖的度量方法，应该就是员工满意度、顾客满意度和现金进账。

——杰克·韦尔奇

学习目标

1.掌握现金流量表的内容和编制方法；
2.理解现金流量表、资产负债表和利润表的关系；
3.理解并掌握现金流量表的水平分析和结构分析；
4.掌握现金流量表补充资料的分析方法；
5.理解并掌握现金流量的质量分析。

思政元素

1.大局意识、价值观塑造（社会主义核心价值观）与可持续发展；
2.“三去一降一补”重要任务（去产能、去库存、去杠杆、降成本、补短板）；
3.科学思维与系统思维；
4.辩证唯物观与历史唯物观。

重点与难点

1.现金流量表的水平分析；
2.现金流量的质量分析。

引　言

1974年10月1日的《华尔街日报》上登载了一篇评论，该评论指出：“很多经理人员显然相信，如果他们能够找到妙法来夸大报告的会计盈利，他们的股票价格就会上升，即使这些夸大的会计盈利并不代表实质性的经济变化。换言之，经理人员认为自己是精明能干的，而市场则是愚笨无能的。显然，真正愚笨的是那些陷入每股收益谜团的管理者。”此后很长一段时间里，仍然有很多公司的管理者“崇拜”企业的每股收益，并花费大量的时间和精力一分一厘地估计下一会计期间的每股收益。

殊不知，仅仅关注公司会计利润的做法，往往会导致管理者做出毁损价值的决策。管理者应该把重点放在提高公司长期的自由现金流量上，最终使股票价格得以提升。本章将从公司现金流量表的构成入手，着重探讨现金流量表分析对于管理层和投资者的重要性。

5.1 现金流量表分析的目的和内容

5.1.1 现金与现金流量表

现金流量表是反映企业在一定会计期间现金和现金等价物流入与流出的报表，是以收付实现制为基础编制的。现金流量表不但反映了企业一定时期的现金净流量，更重要的是揭示了企业一定时期净现金流形成的原因，以配合资产负债表和利润表的分析，充分反映企业当前的财务状况和经营业绩的情况。

在现金流量表中，现金是一个广义的概念，它与现金等价物被视为一个整体。现金是指企业库存现金以及可以随时用于支付的存款。不能随时用于支付的存款不属于现金。现金等价物，是指企业持有的期限短、流动性强、容易转换为已知金额现金、价值变动风险很小的投资。典型的现金等价物包括自购买之日起3个月到期的短期债券，它们必须能轻易地转化为已知数额的现金。作为短期投资购入的可流通的股票，尽管期限短，变现能力也很强，但由于变现金额并不确定，价值变动风险较大，因而不属于现金等价物。企业可以根据具体情况确定现金等价物的范围，一经确定不得随意变更。

现金流量是某一段时期内企业现金流入和流出的数量。企业现金形式的转换，例如企业从银行提取现金，不会产生现金的流入和流出，不构成现金流量；同样，现金与现金等价物之间的转换也不属于现金流量，例如企业用现金购买3个月到期的国库券。

根据企业业务活动的性质和现金流量的来源，可以将企业一定期间产生的现金流量分为三类：经营活动产生的现金流量、投资活动产生的现金流量和筹资活动产生的现金流量。每类活动又分为各具体项目，这些项目从不同角度反映企业业务活动的现金流入与流出，表明企业经营状况是否良好、资金是否紧缺、企业偿付能力大小，从而为投资者、债权人、企业管理者提供非常有用的信息。

【相关链接 5-1】

透过现金流量表解读企业价值

一、透过现金流量表解读企业的价值创造能力

不管企业是购买生产所用的原材料、设备，还是生产经营耗费各类间接费用，都需要资金投入，因此充足的现金流是企业经营的必要条件。只有稳定的现金创造能力才是企业持续创造价值的基础，企业创造利润的终极目标就是获取更多的现金。通过企业所产生的现金流的金额及趋势等情况，可以判断该企业的价值创造能力和经营可持续性。

例如，对经营活动产生的现金流量数据加以分析，可以看出企业经营运转的效率以及销售盈利的质量，判断企业自身经营活动所带来的利润是否足以支付企业的股利；对企业需要支付的借款利息等加以分析，可以据此判断企业的资金状况。如果一家企业无法通过自身的经营活动获取足够的资金来偿还借款或支付利息、股利，则可以得出该企业价值创造能力差、经营无法长期持续的结论。

二、透过现金流量表解读企业的市场价值

市场上对于企业价值的评价，并不是以企业历史盈利情况作为评价基础的，而是对未来可产生现金流现值的一种评价。由此可见，衡量企业市场价值的基础是现金流而不是企业获取的利润，现金流更能反映企业收益的质量，即创造价值的质量。这是因为，如果企业所有的销售都是赊销，收不回资金，那么，即使企业产生的利润再大、商品销售收入再多，也会造成资金短缺，出现有利润但无现金流的情况。因此，在判断企业价值的时候，应当撇开利润指标中的水分，分析现金流量表中的现金流情况，通过关注现金流指标来决定企业的市场价值。

三、注重筹资活动和投资活动现金流对企业价值的影响

一是解读筹资活动现金流对企业价值的影响。除了经营活动现金流，筹资活动现金流也是企业资金的主要来源之一，它对企业整体现金净流量有重大影响。因此，对筹资活动现金流进行解读，可以为判断企业价值提供有力佐证。尽管筹资活动现金净流量是正数还是负数所代表的意义不同，但仍然不能仅看现金净流量的金额和方向，还应该结合企业所处的发展阶段来进行分析。如果筹资活动现金为净流入，就代表企业筹资规模较大，这时候就要分析企业是否处于创立初期，这是因为，若企业处于创立初期，则筹资金额比较大，但是支付的现金比较少；若企业不是处于创立初期，而筹资活动现金净流入金额较大，则可能出现闲置资金，导致企业的资金成本增加，影响企业价值。但是，如果筹资活动现金为净流出，就需要考虑企业的整体经营情况和所处的发展阶段是否会因为筹资不足而造成企业资金不足，无法维持正常的生产经营。

二是投资活动现金流对企业价值的影响。其实，对投资活动现金流的解读与对筹资活动现金流的解读有异曲同工之处，需要对比投资期内多年的数据，然后结合企业当时所处的生命周期阶段进行分析。企业在创立初期投资活动支出较大，而在投资回收期可能入不敷出，一般表现为现金净流出，所以，在企业初创和发展期，投资活动现金流为负数是正常的，不会影响对企业价值的判断，但是如果现金流与企业所处的生命周期阶段不匹配，则需要引起重视。

资料来源　陈莎. 透过现金流量表解读企业价值 [J]. 中国集体经济，2021 (16)：147-148.

5.1.2　现金流量表与主要财务报表之间的关系

根据我国企业会计准则的相关规定，企业对外提供的财务报表主要包括资产负债表、利润表、现金流量表和所有者权益变动表。现金流量表和其他报表之间不是相互脱离、彼此独立的，而是有着内在的钩稽关系，共同支撑了对投资决策有用的信息体系。例如，对于企业管理者而言，现金流量可以用来说明经营过程是否产生足够的现金流入来满足各项现金流出的需要，企业是否可以购置固定资产来满足未来经营活动的扩张需要，企业应做何投资、采用何种方式进行融资，以及如何清偿到期债务等。对于债权人而言，企业能否产生现金流入并按期支付利息和清偿到期债务，直接关系到债权人权益的保护。对于投资

者而言，其更关注企业的获利能力（即未来产生现金净流入的能力）和股利支付能力，确保得到合理的投资回报。然而，利润表提供的盈利相对抽象，现金流量表中的现金流量则十分具体。足够的现金流入是股利、利息和到期本金能够及时得以支付的保证。无法想象，没有盈利的企业会有正当和可靠来源的现金净流入。因此，有关现金流量表的分析应该结合利润表的分析，侧重从“现金偿付”的角度分析现金流量的质量。同时，对于现金流量的分析同样需要结合资产负债表的分析内容，对现金流入和流出情况的判断需要结合资产负债表的信息加以确认，这样才能对企业现金流量数字背后隐藏的经济实质给出相对准确的解答。财务报表间的相互联系如图 5-1 所示。

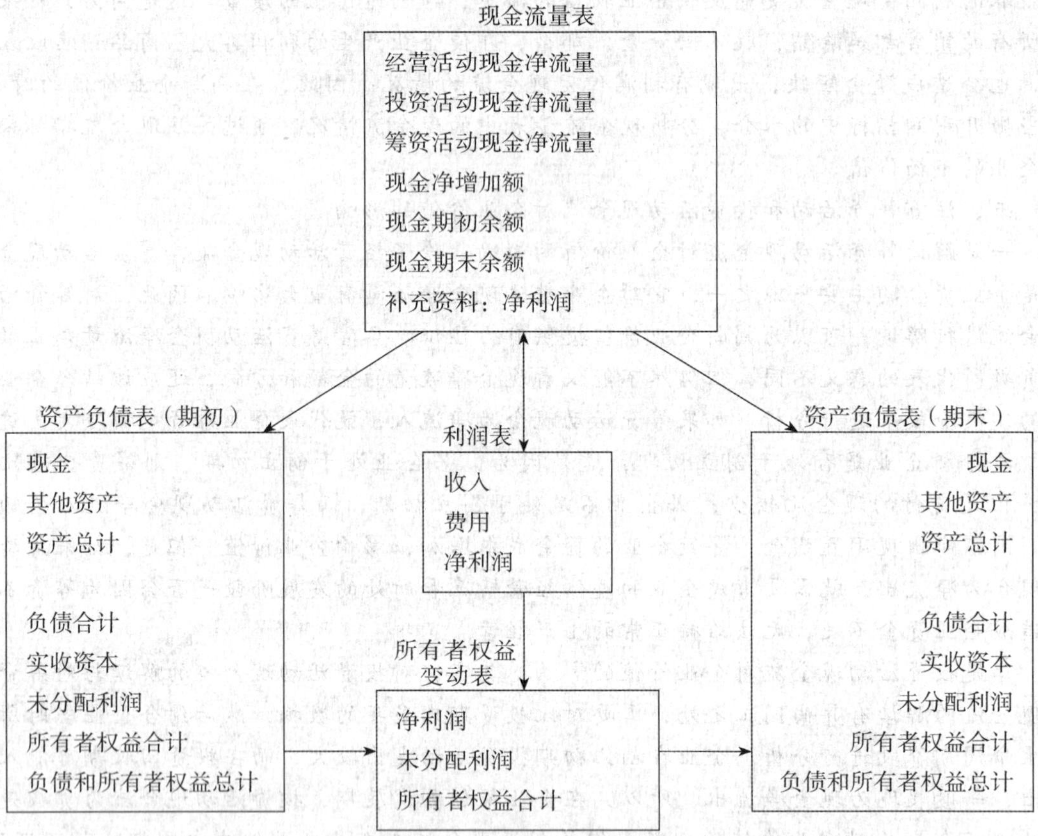

图5-1 财务报表间的相互联系

根据会计恒等式分析影响现金净流量的因素：

资产=负债+所有者权益

现金+非现金流动资产+非流动资产=流动负债+非流动负债+所有者权益

现金=流动负债+非流动负债+所有者权益-非现金流动资产-非流动资产

其中：

所有者权益=实收资本（或股本）+资本公积+盈余公积+未分配利润

未分配利润=净利润+年初未分配利润-提取的公积金-应付股利

以上分析表明，资产负债表和利润表与影响公司现金净流量的因素有关，非现金流动资产类项目的变化与现金净流量的变化方向相反；负债与所有者权益类项目的变化与现金净流量的变化方向相同。在其他因素不变的条件下，所有者权益的变化主要与未分配利润有关，而后者主要取决于企业经营活动创造的净利润以及企业的股利政策。

企业在一定时期创造的现金净流量是经营活动、投资活动和筹资活动现金净流量的总和。通过比较资产负债表期末货币资金（包括现金等价物）与期初货币资金的差额，可以分析公司一定时期现金净流量变动的动因；通过分析从净利润到经营活动现金净流量的调整过程，可以更好地理解现金流量表与利润表的关系。

5.1.3　现金流量表分析的目的

拓展阅读

现金流量表在企业财务管理中的地位及应用

现金流量表是反映企业一定会计期间内现金和现金等价物流入和流出信息的动态报表。通过现金流量表分析，报表使用者可以了解和评价企业获取现金和现金等价物的能力，并据以预测企业未来现金流量。具体来看，现金流量表分析的目的主要体现在以下几个方面：

第一，评价企业的支付能力、偿债能力和周转能力。

第二，预测企业的未来现金流量。

第三，分析企业的收益质量及影响现金净流量的因素，掌握企业经营活动、投资活动和筹资活动产生的现金流量，以便从现金流量的角度了解净利润的质量，为分析和判断企业的财务前景提供信息。

5.1.4　现金流量表分析的内容

现金流量反映了一个企业真实的盈利能力、偿债能力，现金流量表提供了资产负债表、利润表无法提供的更加真实、有用的财务信息，更为清晰地揭示了企业资产的流动性和财务状况。现金流量表分析主要包含以下几个方面：

一是现金流量表一般分析，包括现金流量表水平分析、结构分析，现金流量表补充资料分析，以及现金流量表主要项目的分析。

二是现金流量的质量分析，包括现金流量与净利润的关系分析以及现金流量与企业生命周期分析。首先，经营活动产生的现金流量净额直接关系到收入的质量及公司的核心竞争力，分析时应结合企业所属的行业特点和经营模式，将经营活动产生的现金流量与主营业务收入、净利润进行比较。经营活动产生的现金流量净额为负数的，要有合理解释。其次，应关注投资、筹资活动产生的现金流量与公司经营战略的关系。例如，公司投资和筹资活动产生的现金流量净额增加，表明企业实行的是扩张战略，处于发展阶段，此时需要关注其偿债风险。

【相关链接 5-2】

上市公司现金流量质量分析

在进行质量分析时不能只侧重于现金流量表各项目最终规模的大小，更应关注导致现金流量变化的原因、过程以及不同性质的现金流量各自的质量特点。

一、经营活动现金流量的质量分析

在企业正常发展阶段，经营活动现金流量往往是现金的主要来源，通常受到宏观经济环境、行业特征、信用政策和竞争实力等因素的影响，其反映的是企业的造血能力，经营活动现金流量的质量分析往往从充足性、合理性和稳定性三个方面展开。

充足性是指企业在发展过程中是否有足够的经营活动现金流量来满足企业自身的经营活动和其他业务的需要。企业的经营活动现金流量产生负值往往只存在于企业生命周期的个别特殊阶段或者行业环境不景气时。如果在其他情况下出现负值，则说明企业的造血能力不强，经营活动现金流量质量自然不高。但是，要使企业正常运行，除了要考虑经营活动现金流量，还要考虑收入是否能够抵减因获得收入而产生的相关费用，换言之，就是企业的现金流量净值不仅不能为零，还要远大于零。只有这样，企业的经营活动现金流量才是充足的，才能满足企业以后的再生产。

合理性是指企业的经营活动现金流入是否顺畅，流出是否恰当，流入与流出的数量是否匹配。顺畅主要涉及“销售商品、提供劳务收到的现金”项目，其构成了主要的现金流入，因此，只要涉及资产负债表中的应收项目和利润表中的营业收入项目，就要分析是否存在关联方恶意占用现金的情况，或者企业采用赊销的策略是否导致企业存在大量的应收项目，使得现金流入不顺畅；恰当主要考虑企业在经营的过程中是否存在过度支付的情况；匹配主要考虑避免企业出现现金空闲或者现金紧张的情况，因此主要对企业信用政策、收入和支出的时间与规模进行分析。

稳定性是指企业的现金流量规模在各会计期间是否存在剧烈波动，内部各项目的构成是否符合行业水平，是否出现异常的收付行为。如果企业的现金流量存在较大的波动，其经营活动就会存在很大的不确定性，同时存在较大的获利风险，这样的经营活动现金流量质量往往偏低。

二、投资活动现金流量的质量分析

企业投资活动现金流出和现金流入往往时间间隔较长，需要考虑战略契合度与营利性。

战略契合度主要是指企业对内和对外的战略规划，主要体现在“购建固定资产、无形资产和其他长期资产支付的现金”“处置固定资产、无形资产和其他长期资产收回的现金净额”“投资支付的现金”“收回投资收到的现金”等相关项目中。就内部战略而言，对内部经营不断优化升级的企业，购建资产支付的现金和处置资产收回的现金通常都是规模较大的；对于简单的扩大再生产，购建资产支付的现金通常大于处置资产收回的现金；当企业进行战略转移、缩小规模时，购建资产支付的现金通常小于处置资产收回的现金。就外部战略而言，若企业调整外部投资结构，投资支付的现金和收回投资收到的现金通常也都是规模较大的；若企业对外投资整体呈扩张态势，那么投资支付的现金通常大于收回投资收到的现金；若企业对外投资整体呈收缩态势，那么投资支付的现金通常小于收回投资收到的现金。同时，内外部投资也存在相互转化的现象，但是最终都体现在企业未来盈利能力和未来现金流量上。

对于营利性关注更多的是企业支付投资和收回投资之间的时间差异、盈利能力的大小以及企业投入的资本对核心利润的贡献程度。如果投资规模较大，那么投资收益通常会带来规模较大的现金流入。

三、筹资活动现金流量的质量分析

企业的筹资活动主要是满足经营活动和投资活动所产生的资金需要，通常从适应性、多样性、恰当性进行分析，在尽量降低融资成本的前提下获得较多的筹资。

适应性主要关注的是筹资活动现金流量是否与经营活动现金流量、投资活动现金流量相适应。当经营活动现金流量和投资活动现金流量之和出现负值时，企业无法通过自身的现金进行运转，需要加大筹资速度和筹资比例；反之，要降低闲置资金的比例，缩小投资，降低成本。

多样性是指企业在开展筹资活动时要考虑多种筹资渠道，尽可能地降低筹资成本，同时还要考虑各类资本的风险规模、偿还期限等一系列因素，很多企业大量使用银行承兑汇票，向银行支付巨额保证金，导致现金流出。

恰当性主要关注的是企业是否存在过度融资的现象以及被关联企业占用资金的行为。

现金流量表补充资料包含上述三大项目的补充资料以及不涉及现金收支的重大投资和筹资活动等，虽然这些活动可能不会引起本期现金流量的变化，但是有可能对今后各期产生影响。

资料来源 汪玮，周大伟．上市公司现金流量质量分析［J］．当代会计，2019（1）：32-34.

5.2 现金流量表的一般分析

5.2.1 现金流量表水平分析

1.现金流量表水平分析概述

现金流量表水平分析也叫趋势分析，是指将一定时期（两期或连续数期）的现金流量表数据在同一张报表上予以并列列示，直接观察各期有关项目增减变动的方向、数额和幅度，以判断企业的现金流量变动情况及发展趋势的财务报表分析方法。

水平分析并不是静态描述，而是动态分析。它以企业财务报表的历史数据为主要分析依据，对企业整个经营过程或最近几年的财务状况、经营成果和现金流量进行全方位的考察。它能有效地克服静态分析法在分析范围上的不足。

从分析比较的具体对象来看，现金流量表水平分析可以按绝对数进行比较，也可以按相对数进行比较；从分析比较的具体期间来看，现金流量表水平分析可以分为环比分析法和定基分析法。

2.绝对数水平分析

现金流量表绝对数水平分析，是指通过将连续数期的现金流量表数据并列起来，从中发现各项目的增减变动状况，来说明企业的现金流量变化。表5-1列示了S公司2017—2021年现金流量表的数据。通常情况下，为了更直观地反映各个项目增减变动的数额和增减变动幅度，往往在并列的连续几年财务报表的绝对数后面设置增减栏，反映增减变动的数额和增减百分比。本节采用趋势图来表现几个重要项目的增减变动状况。

表5-1 **S公司比较现金流量表** 单位：元

项 目	2017年	2018年	2019年	2020年	2021年
一、经营活动产生的现金流量：					
销售商品、提供劳务收到的现金	65 290 052 327.48	82 880 849 464.57	60 398 824 153.70	56 647 851 260.36	66 322 987 610.06
收到的税费返还	—	175 067 927.64	—	—	—
收到其他与经营活动有关的现金	2 107 922 619.23	3 078 669 222.58	3 510 404 347.75	1 845 538 418.11	2 943 831 970.22
经营活动现金流入小计	67 397 974 946.71	86 134 586 614.79	63 909 228 501.45	58 493 389 678.47	69 266 819 580.28
购买商品、接受劳务支付的现金	50 234 441 327.87	72 790 865 965.16	46 119 928 500.04	51 789 601 573.98	57 441 740 959.16
支付给职工以及为职工支付的现金	3 860 749 334.97	4 236 240 985.21	5 121 126 838.68	4 806 136 917.61	6 056 234 663.73
支付的各项税费	1 201 060 068.78	2 758 960 870.37	1 831 912 442.53	1 832 010 325.13	2 032 338 182.61

续表

项　目	2017年	2018年	2019年	2020年	2021年
支付其他与经营活动有关的现金	10 567 477 744.16	11 597 775 469.15	8 325 397 781.86	5 322 322 898.57	6 175 129 074.80
经营活动现金流出小计	65 863 728 475.78	91 383 843 289.89	61 398 365 563.11	63 750 071 715.29	71 705 442 880.30
经营活动产生的现金流量净额	1 534 246 470.93	−5 249 256 675.10	2 510 862 938.34	−5 256 682 036.82	−2 438 623 300.02
二、投资活动产生的现金流量：					
收回投资收到的现金	9 896 000 000.00	10 106 368 460.67	6 541 000 000.00	11 393 298 821.29	1 742 885 440.00
取得投资收益收到的现金	31 925 900 241.26	31 961 047 925.85	32 734 188 305.11	24 548 735 824.43	25 333 951 619.40
处置固定资产、无形资产和其他长期资产收回的现金净额	13 232 344.35	34 425 154.17	25 090 648.35	20 157 198.78	255 170 696.97
处置子公司及其他营业单位收到的现金净额	—	2 224 839 152.72	—	—	—
收到其他与投资活动有关的现金	—	—	—	—	—
投资活动现金流入小计	41 835 132 585.61	44 326 680 693.41	39 300 278 953.46	35 962 191 844.50	27 332 007 756.37
购建固定资产、无形资产和其他长期资产支付的现金	5 071 756 004.79	7 984 770 761.69	8 476 259 628.10	4 463 887 985.16	4 542 843 383.76
投资支付的现金	24 726 498 100.00	16 789 454 679.25	13 414 563 744.88	10 039 142 989.00	13 179 379 048.23
取得子公司及其他营业单位支付的现金净额	—	—	—	—	—
支付其他与投资活动有关的现金	—	—	—	—	—
投资活动现金流出小计	29 798 254 104.79	24 774 225 440.94	21 890 823 372.98	14 503 030 974.16	17 722 222 431.99
投资活动产生的现金流量净额	12 036 878 480.82	19 552 455 252.47	17 409 455 580.48	21 459 160 870.34	9 609 785 324.38
三、筹资活动产生的现金流量：					
吸收投资收到的现金	14 859 499 980.80	—	—	—	—
取得借款收到的现金	3 000 000 000.00	18 950 000 000.00	7 000 000 000.00	9 000 000 000.00	2 500 000 000.00
收到其他与筹资活动有关的现金	8 179 245.37	—	4 985 000 000.00	1 887 585 427.38	113 904 351.17
筹资活动现金流入小计	17 867 679 226.17	18 950 000 000.00	11 985 000 000.00	10 887 585 427.38	2 613 904 351.17
偿还债务支付的现金	500 000 000.00	13 310 000 000.00	10 040 000 000.00	5 600 000 000.00	—
分配股利、利润或偿付利息支付的现金	19 326 878 083.59	21 819 000 756.31	15 152 457 702.52	10 599 004 487.31	7 573 249 939.39
支付其他与筹资活动有关的现金	4 943 396.23	—	—	3 172 375 509.24	1 619 806 083.47
筹资活动现金流出小计	19 831 821 479.82	35 129 000 756.31	25 192 457 702.52	19 371 379 996.55	9 193 056 022.86
筹资活动产生的现金流量净额	−1 964 142 253.65	−16 179 000 756.31	−13 207 457 702.52	−8 483 794 569.17	−6 579 151 671.69
四、汇率变动对现金及现金等价物的影响	−2 090 498.37	−202 239.09	28 163 836.95	−59 164 888.40	−24 071 747.27
五、现金及现金等价物净增加额	11 604 892 199.73	−1 876 004 418.03	6 741 024 653.25	7 659 519 375.95	567 938 605.40
加：期初现金及现金等价物余额	55 541 206 630.65	67 146 098 830.38	65 270 094 412.35	72 011 119 065.60	79 670 638 441.55
六、期末现金及现金等价物余额	67 146 098 830.38	65 270 094 412.35	72 011 119 065.60	79 670 638 441.55	80 238 577 046.95

根据表5-1提供的数据资料，S公司2017—2021年现金及现金等价物净增加额呈现波动态势，2018年和2021年有所下降，其中2018年呈现剧烈下降趋势，2019年和2020年有所增长。是什么原因导致现金及现金等价物净增加额的波动呢？这需要结合公司不同活动产生的现金流量进行具体分析。图5-2显示，2017—2021年经营活动产生的现金流量净额虽然有所波动，但远不如投资活动产生的现金流量净额和筹资活动产生的现金流量净额的变化幅度大。经营活动产生的现金流量净额在2017年和2019年都为正，但在2018年、2020年和2021年都为负，说明这3年经营状况不甚理想。2017—2021年这5年投资活动产生的现金流量净额均为正，说明企业的投资活动开展得较为顺利。2017—2018年筹资净额持续走低，说明企业的筹资活动开展得不太顺利。

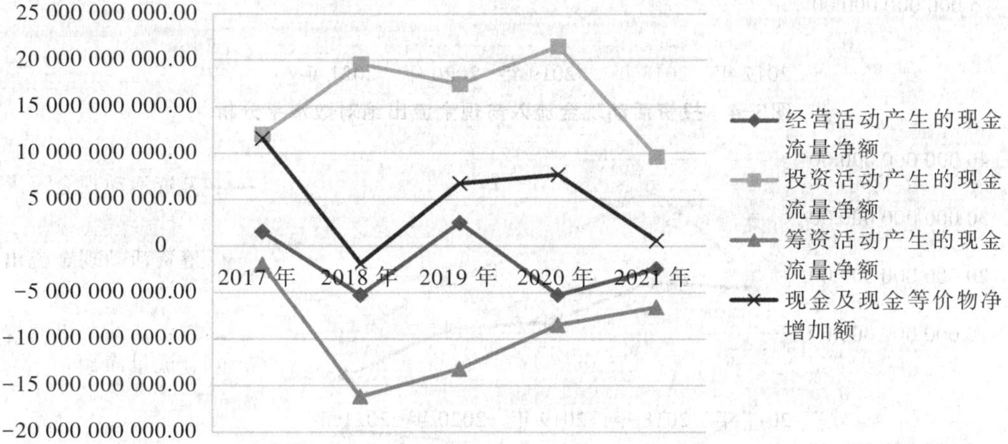

图5-2　S公司2017—2021年各类活动现金净流量绝对数趋势分析

为了更详细地分析S公司2017—2021年现金流量的变动情况和原因，我们分别绘制了该公司经营活动、投资活动和筹资活动现金流入与现金流出绝对数趋势分析图（如图5-3、图5-4和图5-5所示）。

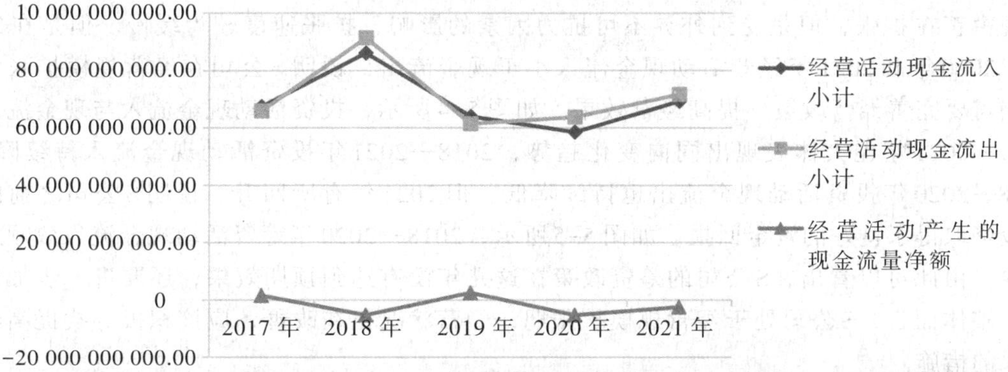

图5-3　经营活动现金流入与现金流出绝对数水平分析

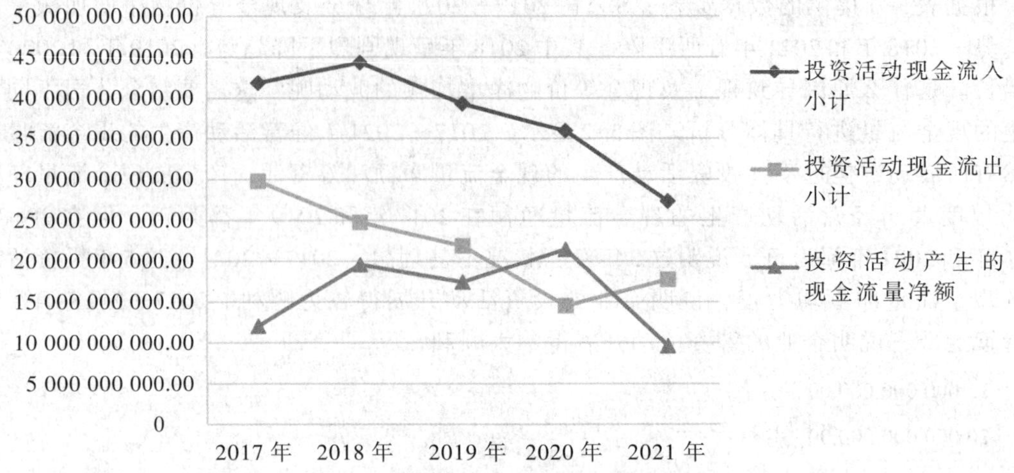

图5-4　投资活动现金流入与现金流出绝对数水平分析

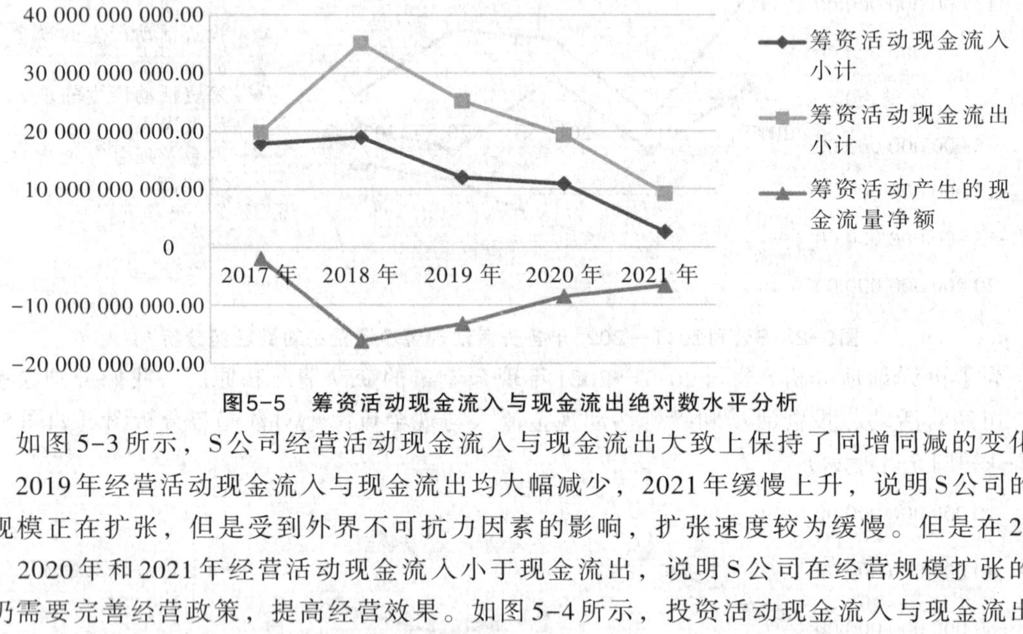

图5-5　筹资活动现金流入与现金流出绝对数水平分析

如图5-3所示，S公司经营活动现金流入与现金流出大致上保持了同增同减的变化趋势，2019年经营活动现金流入与现金流出均大幅减少，2021年缓慢上升，说明S公司的经营规模正在扩张，但是受到外界不可抗力因素的影响，扩张速度较为缓慢。但是在2018年、2020年和2021年经营活动现金流入小于现金流出，说明S公司在经营规模扩张的同时仍需要完善经营政策，提高经营效果。如图5-4所示，投资活动现金流入与现金流出在2017—2021年也大体表现出同向变化趋势，2018—2021年投资活动现金流入持续降低，2018—2020年投资活动现金流出也持续降低，但2021年有所回升，说明S公司之前的对外投资取得了良好的资金回报。如图5-5所示，2018—2020年筹资活动现金流入数额逐年减少。由此可以看出，S公司的筹资政策在这几年没有达到预期效果，还要进一步加以调整。整体而言，S公司处于经营规模扩张期，经营状况正在改善，应该积极寻找提高经营效果的措施。

3.环比分析

现金流量表环比分析是将相邻两年的现金流量表数据相比较，计算出趋势百分比。由于将前一期作为基数，因而能更明确地说明项目的变化速度。S公司现金流量环比趋势分析见表5-2。

表5-2　　S公司经营活动现金流量环比趋势分析（%）

项　目	2018年/2017年	2019年/2018年	2020年/2019年	2021年/2020年
一、经营活动产生的现金流量：				
销售商品、提供劳务收到的现金	126.94	72.87	93.79	117.08
收到的税费返还	—	—	—	—
收到其他与经营活动有关的现金	146.05	114.02	52.57	159.51
经营活动现金流入小计	127.80	74.20	91.53	118.42
购买商品、接受劳务支付的现金	144.90	63.36	112.29	110.91
支付给职工以及为职工支付的现金	109.73	120.89	93.85	126.01
支付的各项税费	229.71	66.40	100.01	110.93
支付其他与经营活动有关的现金	109.75	71.78	63.93	116.02
经营活动现金流出小计	138.75	67.19	103.83	112.48
经营活动产生的现金流量净额	−342.14	−47.83	−209.36	46.39
二、投资活动产生的现金流量：				
收回投资收到的现金	102.13	64.72	174.18	15.30
取得投资收益收到的现金	100.11	102.42	74.99	103.20
处置固定资产、无形资产和其他长期资产收回的现金净额	260.16	72.88	80.34	1265.90
处置子公司及其他营业单位收到的现金净额	—	—	—	—
收到其他与投资活动有关的现金	—	—	—	—
投资活动现金流入小计	105.96	88.66	91.51	76.00
购建固定资产、无形资产和其他长期资产支付的现金	157.44	106.16	52.66	101.77
投资支付的现金	67.90	79.90	74.84	131.28
取得子公司及其他营业单位支付的现金净额	—	—	—	—
支付其他与投资活动有关的现金	—	—	—	—
投资活动现金流出小计	83.14	88.36	66.25	122.20
投资活动产生的现金流量净额	162.44	89.04	123.26	44.78
三、筹资活动产生的现金流量：				
吸收投资收到的现金	—	—	—	—
取得借款收到的现金	631.67	36.94	128.57	27.78
收到其他与筹资活动有关的现金	—	—	37.87	6.03
筹资活动现金流入小计	106.06	63.25	90.84	24.01
偿还债务支付的现金	2 662.00	75.43	55.78	—
分配股利、利润或偿付利息支付的现金	112.89	69.45	69.95	71.45
支付其他与筹资活动有关的现金	—	—	—	—
筹资活动现金流出小计	177.13	71.71	76.89	47.46
筹资活动产生的现金流量净额	823.72	81.63	64.23	77.55
四、汇率变动对现金及现金等价物的影响	9.67	−1 3926.01	−210.07	40.69
五、现金及现金等价物净增加额	−16.17	−359.33	113.63	7.41
加：期初现金及现金等价物余额	120.89	97.21	110.33	110.64
六、期末现金及现金等价物余额	97.21	110.33	110.64	100.71

当表中的数据大于100%时，表明该项目相较前期处于增长态势；当表中的数据小于100%时，表明该项目较前期处于下降态势。以本期经营活动产生的现金流量净额与前一期经营活动产生的现金流量净额之比为例，当该比值大于100%时，说明公司经营活动现金流量呈上升趋势，这显然有利于公司经营规模的扩大；当该比值等于或接近100%时，说明公司经营活动现金流量较前一期没有增长，经营活动现金流量的成长能力不强，此时需要具体考察经营活动现金流量未能实现增长的具体原因，从而为今后改进现金流量动态管理指明方向；当该比值小于100%时，说明公司经营活动现金流量在逐步萎缩，这种情况的出现暗示公司的未来发展前景堪忧，此时需要深入分析其中的原因并及时采取相应的措施以扭转公司不利的局面。

S公司2018年经营活动产生的现金流量净额与2017年之比为-342.14%，且2018年该净额为负，表明2018年经营活动产生的现金流量净额与2017年相比大幅下降，经营效果很差；2019年经营活动产生的现金流量净额与2018年之比为-47.83%，由于2018年该净额为负，2019年该净额为正，表明2019年经营活动产生的现金流量净额较2018年明显上升，经营状况较好；2020年经营活动产生的现金流量净额与2019年之比为-209.36%，2019年该净额为正，2020年该净额为负，表明与2019年相比，2020年经营效果较差。2021年经营活动产生的现金流量净额与2020年之比为46.39%，表明S公司2021年经营活动产生的现金流量净额有所降低，具体原因需要结合企业的经营策略和整体战略安排加以分析。

同时需要注意，当表5-2中的比值出现负值时，增减幅度不能依据比值本身进行解释，需要考虑正负值的影响。特别要注意的是：第一，当前后两期的项目金额均为负数，前后期比值大于100%时，应该在上述比值的前面增加负号，否则会错误地解释数据的增减变动；第二，当后一期项目符号为正，而前一期项目符号为负时，应该在上述比值的前面去掉负号，否则也会错误地解释数据的增减变动。

拓展阅读

过度扩张为何破坏股东价值

4.定基分析

现金流量表定基分析就是首先固定某选定期间作为基期，然后用其余各期数据与基期数据比较，计算出趋势百分比。这样计算出的各会计期间的趋势百分比都是以基期为计算基准的，所以能够明确地反映出有关项目和基期相比发生了多大变化。S公司经营活动现金流量定基趋势分析见表5-3。

表5-3　S公司经营活动现金流量定基趋势分析（%）

项　目	2017年（基期）	2018年	2019年	2020年	2021年
一、经营活动产生的现金流量：					
销售商品、提供劳务收到的现金	100	126.94	92.51	86.76	101.58
收到的税费返还	—	—	—	—	—
收到其他与经营活动有关的现金	100	146.05	166.53	87.55	139.66
经营活动现金流入小计	100	127.80	94.82	86.79	102.77
购买商品、接受劳务支付的现金	100	144.90	91.81	103.10	114.35

续表

项　目	2017年（基期）	2018年	2019年	2020年	2021年
支付给职工以及为职工支付的现金	100	109.73	132.65	124.49	156.87
支付的各项税费	100	229.71	152.52	152.53	169.21
支付其他与经营活动有关的现金	100	109.75	78.78	50.37	58.44
经营活动现金流出小计	100	138.75	93.22	96.79	108.87
经营活动产生的现金流量净额	100	−342.14	163.65	−342.62	−158.95
二、投资活动产生的现金流量：					
收回投资收到的现金	100	102.13	66.10	115.13	17.61
取得投资收益收到的现金	100	100.11	102.53	76.89	79.35
处置固定资产、无形资产和其他长期资产收回的现金净额	100	260.16	189.62	152.33	1928.39
处置子公司及其他营业单位收到的现金净额	—	—	—	—	—
收到其他与投资活动有关的现金	—	—	—	—	—
投资活动现金流入小计	100	105.96	93.94	85.96	65.33
购建固定资产、无形资产和其他长期资产支付的现金	100	157.44	167.13	88.01	89.57
投资支付的现金	100	67.90	54.25	40.60	53.30
取得子公司及其他营业单位支付的现金净额	—	—	—	—	—
支付其他与投资活动有关的现金	—	—	—	—	—
投资活动现金流出小计	100	83.14	73.46	48.67	59.47
投资活动产生的现金流量净额	100	162.44	144.63	178.28	79.84
三、筹资活动产生的现金流量：					
吸收投资收到的现金	100	—	—	—	—
取得借款收到的现金	100	631.67	233.33	300.00	83.33
收到其他与筹资活动有关的现金	100	—	60 946.94	23 077.75	1 392.60
筹资活动现金流入小计	100	106.06	67.08	60.93	14.63
偿还债务支付的现金	100	2 662.00	2 008.00	1 120.00	—
分配股利、利润或偿付利息支付的现金	100	112.89	78.40	54.84	39.19
支付其他与筹资活动有关的现金	100	—	—	64 174.01	32 767.07
筹资活动现金流出小计	100	177.13	127.03	97.68	46.36
筹资活动产生的现金流量净额	100	823.72	672.43	431.93	334.96
四、汇率变动对现金及现金等价物的影响	100	9.67	−1 347.23	2 830.18	1 151.48
五、现金及现金等价物净增加额	100	−16.17	58.09	66.00	4.89
加：期初现金及现金等价物余额	100	120.89	117.52	129.65	143.44
六、期末现金及现金等价物余额	100	97.21	107.25	118.65	119.50

当表5-3中的数据大于100%时，表明该项目较基期处于增长状态；当表5-3中的数据小于100%时，表明该项目较基期处于下降状态。如前所述，同时需要注意，当比值出现负值时，增减幅度不能依据最后的比值进行解释，需要考虑正负值的影响。从表5-3可以看出，2017—2021年S公司经营活动现金流入总体是与现金流出一样呈现波动态势，表明在此期间公司的经营状况不够稳定。S公司2018—2021年经营活动产生的现金流量净额与2017年的比值分别为-342.14%、163.65%、-342.62%和-158.95%，该比值的绝对值均大于100%，因此这几期的现金流量相比2017年上升或下降的趋势非常明显，尤其以2018年和2020年最为严重。2018年、2020年和2021年经营活动产生的现金流量净额为负，2019年和2021年略有上升，但趋势不太明显，具体原因仍需结合企业的经营策略和整体战略安排加以分析。S公司2018—2021年投资活动产生的现金流量净额与2017年的比值分别为162.44%、144.63%、178.28%和79.84%，可以看出这几期的现金流量相比2017年的变化趋势非常明显，均为正增长，说明企业的投资活动获得良好的回报。S公司2018—2021年筹资活动产生的现金流量净额与2017年的比值分别为823.72%、672.43%、431.93%和334.96%，可以看出这几期的现金流量相比2017年的变化趋势较为明显，S公司2017—2021年筹资活动产生的现金流量净额均为负值，说明企业筹资活动现金流出较多，用于偿还债务、分配股利及利润支付的现金较多。

总体说来，对现金流量表进行水平分析，主要是从动态的视角考察企业的现金流量状况，能够较为深刻地解释各项数据的消长变化及发展趋势，发现财务报表内含的深层次财务关系，有利于对未来做出合乎逻辑的预测。现金流量表水平分析可以按绝对数进行比较，也可以按相对数进行比较；可以进行环比数据分析，也可以进行定基数据分析。但是，在相对数的分析过程中需要考虑负值对分析结果的影响。

拓展阅读

新城控股决定多留现金

5.2.2 现金流量表结构分析

现金流量表结构分析就是在现金流量有关数据的基础上对不同项目间进行比较与分析，以揭示各数据在公司现金流量中的相对意义，进一步明确现金流入的构成、现金流出的构成及现金余额的形成情况。现金流量表结构分析有助于企业了解现金流入的主要来源和现金流出的主要去向，对各类现金流量在一定时期内的余额增减做出判断，发现企业现金流量是否存在异常情况，如果存在异常情况则查明原因，以便抓住重点，采取有效措施，实现现金的最佳配置和使用。

现金流量表结构分析一般包括三个部分：流入结构分析、流出结构分析和流入流出比分析。通过流入结构分析，可以看出企业现金流入的主要来源。通过流出结构分析，可以看出企业当期现金流量的主要去向、有多少现金用于偿还债务，以及在三项活动中现金多被用于哪些方面。在流入流出比分析中，经营活动流入流出比越大越好，表明企业每1元的流出可换回更多的现金；投资活动流入流出比小，表明企业处于发展期，而衰退或缺少投资机会时此比值大；筹资活动流入流出比小，表明还款大于借款。下面以S公司2021年现金流量表为例进行论述，详细数据资料见表5-4。

表5-4　**S公司2021年现金流量表结构分析**　金额单位：元

项　目	现金流入	现金流出	现金净流量	内部结构（%）	流入结构（%）	流出结构（%）	流入流出比
一、经营活动产生的现金流量：							
销售商品、提供劳务收到的现金	66 322 987 610.06			95.75			
收到的税费返还							
收到其他与经营活动有关的现金	2 943 831 970.22			4.25			
经营活动现金流入小计	69 266 819 580.28			100.00	69.82		
购买商品、接受劳务支付的现金		57 441 740 959.16		80.11			
支付给职工以及为职工支付的现金		6 056 234 663.73		8.45			
支付的各项税费		2 032 338 182.61		2.83			
支付其他与经营活动有关的现金		6 175 129 074.80		8.61			
经营活动现金流出小计		71 705 442 880.30		100.00		72.69	
经营活动产生的现金流量净额			−2 438 623 300.02				0.97
二、投资活动产生的现金流量：							
收回投资收到的现金	1 742 885 440.00			6.38			
取得投资收益收到的现金	25 333 951 619.40			92.69			
处置固定资产、无形资产和其他长期资产收回的现金净额	255 170 696.97			0.93			
处置子公司及其他营业单位收到的现金净额							
收到其他与投资活动有关的现金							
投资活动现金流入小计	27 332 007 756.37			100.00	27.55		
购建固定资产、无形资产和其他长期资产支付的现金		4 542 843 383.76		25.63			
投资支付的现金		13 179 379 048.23		74.37			
取得子公司及其他营业单位支付的现金净额							
支付其他与投资活动有关的现金							
投资活动现金流出小计		17 722 222 431.99		100.00		17.97	
投资活动产生的现金流量净额			9 609 785 324.38				1.54
三、筹资活动产生的现金流量：							
吸收投资收到的现金	0.00			0.00			

续表

项目	现金流入	现金流出	现金净流量	内部结构（%）	流入结构（%）	流出结构（%）	流入流出比
取得借款收到的现金	2 500 000 000.00			95.64			
收到其他与筹资活动有关的现金	113 904 351.17			4.36			
筹资活动现金流入小计	2 613 904 351.17			100.00	2.63		
偿还债务支付的现金		0.00		0.00			
分配股利、利润或偿付利息支付的现金		7 573 249 939.39		82.38			
支付其他与筹资活动有关的现金		1 619 806 083.47		17.62			
筹资活动现金流出小计		9 193 056 022.86		100.00		9.32	
筹资活动产生的现金流量净额			−6 579 151 671.69				0.28
四、汇率变动对现金及现金等价物的影响		24 071 747.27	−24 071 747.27			0.02	
五、现金及现金等价物净增加额	99 212 731 687.82	98 644 793 082.42	567 938 605.40		100.00	100.00	

1.现金流量表流入结构解读与分析

现金流量表的流入结构分析主要反映经营活动、投资活动和筹资活动的现金流入在全部现金流入中所占的比重以及各项业务活动现金流入的内部结构，反映每一项经济活动所带来的现金流入在总流入中所占的比重，也反映不同渠道资金的来源及其在企业现金流入中所处的位置，进而为评价企业现金流入的合理性提供决策依据。

一般而言，企业在生产经营正常、投资和筹资规模不变的情况下，现金流入越多，企业生产经营能力就越强。如果经营活动现金流入占现金总流入的比重较大，可以反映企业经营状况较好，收现能力强且坏账风险小，现金流入结构较为合理，反之，则表明企业经营状况欠佳；如果企业的现金流入主要是由收回投资产生的，甚至是处置固定资产、无形资产和其他长期资产引起的，则反映企业生产经营能力衰退，难以维持正常的经营活动；如果筹资活动现金流入所占比重较大，则可能意味着企业拥有广阔的筹资渠道，拥有通过获得足够的资金扩大生产经营规模的潜力。

根据表5-4提供的数据资料，S公司该期各项现金流入所占的比重情况为：经营活动现金流入占现金总流入的69.82%，投资活动现金流入占现金总流入的27.55%，筹资活动现金流入占现金总流入的2.63%。也就是说，该期筹资活动所带来的现金流入较少，而经营活动所带来的现金流入较多，需要对该公司的筹资和投资策略进行详细分析，以找到问题的根源所在。

在经营活动现金流入中，“销售商品、提供劳务收到的现金”是最重要的现金来源，S公司该项目占经营活动现金流入的比例为95.75%，占比极高，表明该公司经营活动现金流入的结构比较正常；在投资活动现金流入中，“取得投资收益收到的现金”体现了公司对外投资的收益状况，S公司该项目占投资活动现金流入的比例为92.69%，表明该公司的投资较好，能够产生正的投资收益；在筹资活动现金流入中，“取得借款收到的现金”和“收到其他与筹资活动有关的现金”分别占筹资活动现金流入的95.64%和4.36%，要了解

S公司主要的融资方式，还需要进一步分析其融资策略。

2.现金流量表流出结构解读与分析

现金流量表流出结构分析主要涉及经营活动、投资活动和筹资活动现金流出在全部现金流出中所占的比重以及各项业务活动现金流出的内部结构，反映每一项经济活动所导致的现金流出在现金总流出中所占的比重，也反映公司现金流出的方向，对于报告使用者了解公司的现金流向具有重要作用。

一般而言，经营活动现金流出占现金总流出比重较大的企业，其生产经营状况正常，现金支出结构较为合理。在企业正常的经济活动中，经营活动现金流出应当具有一定的稳定性，各期变化不会太大。若该项金额出现较大的变动，则需进一步寻找原因，将经营活动现金流出中占绝大部分的“购买商品、接受劳务支付的现金”与利润表中的“主营业务成本”进行比较，可以发现企业财务状况中存在的一些问题。

投资活动现金流出和筹资活动现金流出的稳定性较差。就投资活动来说，企业可能发生大规模的一次性现金流出，一般由购建固定资产、无形资产或企业长期资产引起，也可能由对外投资引起。这时的现金流出是否意味着企业未来能有更大规模的现金流入，要视企业经营者决策正确与否而定。筹资活动现金流出主要为偿还债务和分配股利、利润或偿付利息。债务的偿还意味着企业财务风险变小，但在一个较短的时期内，筹资活动现金流出占现金总流出比重过大，也可能引起资金周转困难；股利或利润的支付可能增强投资者的信心，吸引潜在的投资者，增强筹资能力，但必须要基于企业的支付能力，确保在股利或利润支付与经营活动产生的现金流量净额之间保留足够的现金来维持未来的正常运营，以实现未来的现金流。

根据表5-4提供的数据资料，S公司该期各项现金流出所占的比重情况为：经营活动现金流出占现金总流出的72.69%，投资活动现金流出占现金总流出的17.97%，筹资活动现金流出占现金总流出的9.32%。也就是说，该期S公司主要把现金用于经营活动。

在经营活动现金流出中，“购买商品、接受劳务支付的现金”和“支付其他与经营活动有关的现金”分别占经营活动现金流出的80.11%和8.61%；在投资活动现金流出中，S公司主要将现金用于投资和购建长期资产，比例分别为74.37%和25.63%，结合投资活动现金流出占现金总流出的比例可以发现，S公司该期投资活动较为活跃，对公司现金流量的影响较大；在筹资活动现金流出中，“分配股利、利润或偿付利息支付的现金”及“支付其他与筹资活动有关的现金”分别占筹资活动现金流出的82.38%和17.62%。

3.现金流量流入流出比解读与分析

现金流量流入流出比分析主要是对现金净流量的分析，涉及经营活动、投资活动和筹资活动的现金净流量占公司全部现金净流量的比例，以此判断企业的各项活动有无异常情况。现金流入流出比并不存在绝对的判断标准，需要结合企业所处的成长周期和企业的经营战略进行有针对性的分析。一般而言，对于一个健康的、正在成长的公司来说，经营活动现金流量应是正数，投资活动现金流量应是负数，筹资活动现金流量应是正负相间的。

（1）经营活动现金净流量分析

① 应直接查看经营活动现金净流量的正负。如果企业经营活动现金净流量是正值，则表明企业的经营活动较为正常。现金流入越多，资金就越充足，企业有更多的资金用于扩大规模或偿还债务等。但现金流量净增加额并非越大越好，若现金流量净增加额太大，

则可能是因为企业现有的生产能力不能充分吸收现有的资产，使资产过多地停留在盈利能力较低的现金上，从而降低了企业的获利能力。如果企业经营活动现金净流量为零甚至出现负值，则必须严肃对待。若经营活动现金净流量在某一期间出现负值，则可能是因为企业处于生产经营活动的磨合阶段，材料消耗量过大，机器设备的利用率相对较低，或因开拓市场所需，导致经营活动现金流量“入不敷出”，这种状况将在企业后期的运作调整中得到改善，对企业的持续经营不会产生严重影响；但是，若经营活动现金净流量长期为负，则表明企业经营活动存在重大问题，企业难以维持正常的经营活动，持续经营能力遭受严重考验。S公司该期经营活动产生的现金流量净额为-2 438 623 300.02元，表明其经营活动可能存在较大的问题，但仍需结合其他方面加以分析。

② 应分析经营活动现金流入流出比。该比率越大，说明企业经营活动的效率越高，经营状况越好。S公司该期经营活动现金流入流出比为0.97，经营活动现金流入小于现金流出，并且当期经营活动效率较低。

③ 应分析经营活动产生的现金流量净额与总现金流量净额的关系。“经营活动产生的现金流量净额/总现金流量净额”是评价企业通过运作内部经济资源创造现金能力的重要指标，该比率越高，说明企业经营活动产生的现金流速越快，财务基础越稳固，企业持续经营及获利能力的稳定程度越高，效益越好，进而使得偿债能力与对外筹资能力越强，抗风险能力越高；反之，则表明企业的现金获得在很大程度上要依靠投资活动和筹资活动，财务基础及获利能力的持续稳定性差，收益质量低。该期S公司经营活动产生的现金流量净额占现金及现金等价物净增加额的比率为-4.29（-2 438 623 300.02÷567 938 605.40），表明该期经营活动效果不佳。

（2）投资活动现金净流量分析

要分析企业投资活动现金净流量，应结合企业现阶段的投资项目进行有针对性的分析，不能简单地以投资活动现金净流量的正负来评价企业投资活动的优劣。例如，当企业扩大规模或开发新的利润增长点时，企业需要大量的现金投资，投资活动现金流入补偿不了流出，投资活动现金净流量为负值。但是，如果企业投资决策正确，那么，投资活动将在未来产生现金净流入，用于偿还债务，创造收益，企业不会存在偿债困难。S公司该期投资活动现金流入流出比为1.54，表明投资收入大于投资支出，还需要结合公司其他资料进行更深入的分析。

（3）筹资活动现金净流量分析

一般而言，筹资活动产生的现金净流量越大，企业面临的偿债压力也就越大。但如果现金净流入主要来自企业吸收的权益性资本，那么企业往往不仅不会面临偿债压力，其资金实力反而得以增强，但是必须密切关注资金的使用效果。因此，就筹资活动现金流量分析而言，主要是分析企业的融资能力和融资政策以及融资组合与融资方式是否合理。S公司该期筹资活动现金流入流出比为0.28，表明公司筹资能力较强，筹资所得基本与筹资支出持平，意味着公司的发展较为稳妥。

总体说来，对现金流量表进行结构分析，主要是考察现金流量表中各个项目占总体的相对比重，例如现金流量表中各项目与现金流入、现金流出和现金流量净额的关系。其优点是简洁明了，有助于报告使用者对企业的现金流量情况有更为直接和深入的了解。若是连续计算各期现金流量表的结构百分比并加以比较，则更易于发现企业现金流量表各项目的重要性及其变动趋势，并对数据背后隐藏的经济实质给予更为准确的解读。

5.2.3　现金流量表补充资料分析

拓展阅读

蓝光之难

现金流量表补充资料是现金流量表非常重要的部分，主要由三个方面的内容构成：

第一部分是将净利润调节为经营活动现金流量，实际上就是以本期净利润为起点，用间接法调整不涉及现金的收支及有关项目的增减变动，据此计算得到经营活动现金流量。利润表以权责发生制原则确认和计量当期净利润，而净利润包括经营活动与非经营活动的损益；现金流量表以收付实现制原则确认和计量现金流量。因此，需要调整非现金收支及非经营活动的现金收支，从而将净利润调节为经营活动现金流量。

第二部分是不涉及现金收支的重大投资和筹资活动，我国目前主要有债务转为资本、一年内到期的可转换公司债券和融资租入固定资产。

第三部分是现金及现金等价物净变动情况，为货币资金账户及现金等价物期末与期初余额的差额，应该与现金流量表中“五、现金及现金等价物净增加额”的金额相等。

下面以公式来表示经营活动产生的现金流量净额：

$$\text{经营活动产生的现金流量净额}=\text{净利润}+\text{不减少现金的经营性支出}+\text{减少现金的非经营性支出}+\text{非现金流动资产的减少}+\text{非现金流动负债的增加}$$

主表的各项目金额实际上就是每笔现金流入、流出的归属，而补充资料的各项目金额则是相应会计账户的当期发生额或期末与期初余额的差额。下面以S公司2021年现金流量表补充资料为例进行论述，详细数据资料见表5-5。

表5-5　**S公司2021年现金流量表补充资料分析**　金额单位：元

项目	本期金额	上期金额	增加额	增长率（%）
1.将净利润调节为经营活动现金流量：				
净利润	33 941 758 857.55	29 188 050 869.17	4 753 707 988.38	16.29
加：资产减值准备	983 363 760.04	3 189 619 975.38	−2 206 256 215.34	−69.17
信用减值损失	231 254 043.06	1 116 245 649.21	−884 991 606.15	−79.28
固定资产折旧、油气资产折耗、生产性生物资产折旧	13 386 833 817.75	12 110 544 349.58	1 276 289 468.17	10.54
无形资产摊销	2 023 586 974.53	1 423 140 231.07	600 446 743.46	42.19
投资性房地产折旧及摊销	134 048 947.28	118 066 321.28	15 982 626.00	13.54
长期待摊费用摊销	636 251 191.25	809 855 268.89	−173 604 077.64	−21.44
使用权资产折旧与摊销	1 504 075 352.37	—	1 504 075 352.37	—
处置固定资产、无形资产和其他长期资产的损失（收益以“－”号填列）	−773 728 656.93	124 560 272.86	−898 288 929.79	−721.17
公允价值变动损失（收益以“－”号填列）	−1 737 869 689.54	−3 811 635 278.12	2 073 765 588.58	−54.41

续表

项目	本期金额	上期金额	增加额	增长率（%）
财务费用	2 106 125 643.96	2 179 748 060.66	−73 622 416.70	−3.38
投资损失（收益以“－”号填列）	−27 164 405 587.23	−21 009 860 637.81	−6 154 544 949.42	29.29
递延所得税资产减少（增加以“－”号填列）	2 796 341 095.57	−892 667 179.06	3 689 008 274.63	−413.26
递延所得税负债增加（减少以“－”号填列）	241 478 640.57	557 369 753.74	−315 891 113.17	−56.68
存货的减少（增加以“－”号填列）	16 305 380 923.53	−17 022 182 650.70	33 327 563 574.23	−195.79
回购业务净减少（增加）额	2 193 698 038.21	4 960 686 799.58	−2 766 988 761.37	−55.78
经营性应收项目的减少（增加以“－”号填列）	6 361 504 559.37	−23 203 104 368.78	29 564 608 928.15	−127.42
经营性应付项目的增加（减少以“－”号填列）	−31 553 958 757.43	47 679 498 367.24	−79 233 457 124.67	−166.18
经营活动产生的现金流量净额	21 615 739 153.91	37 517 935 804.19	−15 902 196 650.28	−42.39
2.不涉及现金收支的重大投资和筹资活动：				
债务转为资本				
一年内到期的可转换公司债券				
融资租入固定资产				
3.现金及现金等价物净变动情况：				
现金的期末余额	126 909 625 053.67	123 847 282 440.56	3 062 342 613.11	2.47
减：现金的期初余额	123 847 282 440.56	109 822 737 946.69	14 024 544 493.87	12.77
加：现金等价物的期末余额				
减：现金等价物的期初余额				
现金及现金等价物净增加额	3 062 342 613.11	14 024 544 493.87	−10 962 201 880.76	−78.16

注：由于S公司没有发布母公司现金流量表补充资料，故此处使用合并现金流量表补充资料数据。

从表5-5可以看出，S公司净利润2021年比2020年增加了4 753 707 988.38元，增长率为16.29%；经营活动产生的现金流量净额2021年比2020年减少了15 902 196 650.28元，下降率为42.39%。通过以下分析可以更为具体地体现S公司2021年经营活动产生的现金流量净额相对于2020年发生变化的具体原因：

第一，S公司2021年无形资产摊销大幅增加，增加额为600 446 743.46元，增长率为42.19%，而无形资产属于非经营活动现金流量，因此，这是经营活动产生的现金流量净额发生变化的最主要原因。

第二，S公司投资损失金额2021年比2020年大幅增加（收益大幅减少），损失增加额

（收益减少额）为6 154 544 949.42元，损失增长率（收益减少率）为29.29%，说明2021年度投资损失项目大量增加，但偿付经营性应付项目却不多，导致2021年经营活动产生的现金流量净额提高，这是经营活动产生的现金流量净额变化的又一主要原因。

第三，从两年对比来看，对S公司2021年经营活动产生的现金流量净额产生积极影响的因素主要有："处置固定资产、无形资产和其他长期资产的损失"项目2021年为-773 728 656.93元（表示收益），2020年为124 560 272.86元（表示损失），使得2021年经营活动产生的现金流量净额增加-898 288 929.79元；"递延所得税资产减少"项目2021年为2 796 341 095.57元，2020年为-892 667 179.06元，使得2021年经营活动产生的现金流量净额增加3 689 008 274.63元；"存货的减少"项目2021年为16 305 380 923.53元，2020年为-17 022 182 650.70元，使得2021年经营活动产生的现金流量净额增加33 327 563 574.23元。

【相关链接5-3】

现金流量表主要粉饰手段的辨别

粉饰经营活动现金流量并不是通常所理解的"财务包装"，而是"财务诈骗"，即实施者运用非法手段凭空捏造企业的现金存量、现金流动情况。

一、粉饰经营活动现金流量的手段

经营活动现金流量被认为是企业在短期内最稳定、最主要的用于维持企业日常经营活动资金流转的"动脉"。经营活动现金流量不仅要承担日常经营发生的费用支付，而且要担负现金股利和利息费用、固定资产折旧和无形资产摊销费用等的支付和补偿任务。所以，企业在经营活动存在较大问题的情况下，往往通过粉饰经营活动现金流量的结构和规模，以示企业处于正常发展阶段。

1.夸大经营活动现金流入

企业虚增经营活动现金流入的主要手段是关联交易。当企业与关联方的年交易额比较大时，企业有可能先在当年年底将关联方应收账款全部收回，第二年年初再将该款项退回。对于大股东占用的资金，企业通常以暂借款形式体现在"应收账款""其他应收款"等会计科目中，当这些大股东还款时，按现金流量表的编制原则，这笔资金应反映在筹资活动产生的现金流量中，但是有些企业却将其计入经营活动现金流量。此外，有些企业可能通过关联方或利益方采取一些非正常措施，如在年底签订大额销售合同，预收对方一大笔预收款，增加"销售商品、提供劳务收到的现金"，使企业经营活动现金流入增加。

2.虚减经营活动现金流出

有些企业为了减少经营活动现金流出，在会计期末前一段时间停止对外现金付款或减少现金付款，通过开具远期支票临时占用对方资金来增加现金流量，将款项支付期推迟到第二年年初；有些企业通过关联方直接从企业挪用现金，在资产负债表上表现为债权资产增加，现金数额减少，为了掩盖这个事实，将由此形成的债权记入反映因商品赊销形成的短期债权即"应收账款"或"应收票据"科目，或者记入反映因预付购货款形成的"预付账款"科目，以此掩饰企业资金的减少；有些企业通过商品或劳务交易占用企业资金，而关联方往往采用与企业签订协议的形式来形成上述交易，这样就可以把相关现金流出顺理成章地归入"购买商品、接受劳务支付的现金"或相应地减少"销售商品、提供劳务收到的现金"。这些行为短期内给企业带来了经营活动现金流量充足的假象，但是长远来看，这种行为将对企业的发展产生不利影响，对企业的信誉造成比较大的伤害。

3.虚增、虚减“支付其他与经营活动有关的现金”

将非正常的现金流入和流出分别归入“销售商品、提供劳务收到的现金”“购买商品、接受劳务支付的现金”。正如“其他应收款”“其他应付款”成为某些企业资产负债表上会计处理的“垃圾桶”一样，“其他与经营活动有关的现金”也极易成为现金流量表中被操纵的项目。如捐赠现金支出、罚款支出、差旅费支出、业务招待费、保险费等非正常的现金流出，导致“支付其他与经营活动有关的现金”金额较大时本应单独列示，但有些企业却直接将其划归“购买商品、接受劳务支付的现金”；有些企业甚至把收回了的“别人欠自己的钱”记入该项目，虽然这笔钱与经营无关，借此达到粉饰经营活动现金流量的目的。

4.虚构经济业务，粉饰经营活动现金流量

为了显示经营活动处于正常状态，有些企业采用虚构经济业务的方法制造经营规模不断扩大、业务量不断增长的假象。典型的做法是同时虚增经营活动现金流入与经营活动现金流出，或同时虚增经营活动现金流入与投资活动现金流出。这样一来，既提高了经营活动现金流量，又不影响报表的平衡关系。此外，有些企业通过购买关联方股权使财务业绩在一定范围内得到提高，相应地，将这种做法产生的现金流出划归“投资支付的现金”项目。这些手法具有很强的隐蔽性和欺骗性，信贷人员必须深入分析现金流量相关交易的真实性。只看现金流量表，就有可能对企业相关信息做出错误判断。

二、粉饰整体现金流量的手段

信贷人员往往通过考察企业整体的现金流量情况来判断企业是否有融资需求，所以现金流转状况较差且需要被注资的企业在对外进行信息披露时，往往通过相应的调节使信贷人员相信企业的现金流量整体结构和规模都十分令人满意。

1.粉饰筹资活动现金流量

有些企业的筹资活动不在企业的总体规划中，而是随着会计报表披露时间呈现出奇异的“规律性”：在报表披露前借入款项，在报表披露后又立即归还。信贷人员应当进一步了解发生这些借款的实质性原因，例如债权人是谁、借款的用途是什么等，从而判断企业是否存在粉饰现金流量的情形。

2.粉饰投资活动现金流量

企业通过提前收回投资或出售企业正在使用的固定资产、无形资产等非流动资产扩增企业投资活动现金流量。这种交易大部分有关联方的参与，主要目的是让投资活动现金流量规模得到“改善”，使得总体规模更加“合理”。

3.对现金流量表的三大部分进行任意调节

我国现金流量表格式采用国际上普遍使用的“三分法”，这种方法给现金流量表的分类留下一定的判断余地和选择空间。有些企业通过任意调节三大部分之间的金额来美化经营活动现金流量，将实质上属于投资活动、筹资活动的现金流入纳入经营活动现金流入，将某些经营活动现金流出移至投资活动、筹资活动的现金流出，于是产生了现金流量表的“会计选择”问题；有些企业将闲置的现金用来购买有价证券，当自身需要现金时，就卖掉证券，这种业务的收益本应该作为投资收益列入投资活动现金流量，但是经常被视为经营活动收入进而列入经营活动现金流量；有些企业故意调节经营活动现金流出，如将本应确认为经营费用的原材料成本转至固定资产等资本支出账户，以此降低经营费用，调高经营利润，使大量本应列入经营性支出的现金流量错误地列为投资性支出，从而虚增了经营活动现金流量，严重误导了信贷人员对企业现金流量创造能力的判断。

资料来源　佚名. 现金流量表主要粉饰手段的辨别［EB/OL］.［2016-08-26］. http: //www.lichenjy.com/news/info_3797.shtml.

5.3　现金流量质量分析

5.3.1　现金流量质量分析的主要内容

现金流量质量，是指现金流量对公司真实状况的客观反映程度，以及对公司财务状况与经营成果的改善及持续经营能力的增强所具有的推动作用。根据现金流量的来源划分，现金流量质量分析包括经营活动现金流量质量分析、投资活动现金流量质量分析和筹资活动现金流量质量分析。该种划分方法下的具体分析，可以参照5.2节有关现金流量结构分析的思想，以及本书下一篇关于财务能力分析的内容进行展开。

(1) 与资产负债表信息的联系

资产负债表是反映企业期末资产和负债状况的报表，将现金流量表的有关指标与资产负债表的有关指标进行比较，可以更为客观地评价企业的偿债能力、盈利能力及支付能力。

①偿债能力分析

在下一篇我们会重点分析财务指标，例如常常被用来反映企业偿债能力的流动比率。该比率是流动资产与流动负债之比，而流动资产体现的是能在一年内或一个营业周期内变现的资产，包括许多流动性不强的项目，如呆滞的存货、有可能收不回来的应收账款和预付账款等。它们虽然具有资产的性质，但事实上却不能转变为现金，不再具有偿付债务的能力。此外，不同企业的流动资产结构差异较大，资产质量各不相同，因此，仅用流动比率等指标来分析企业的偿债能力，往往失之偏颇。

在正常经营情况下，企业当期经营活动所获得的现金收入，首先要满足生产经营活动中的一些支出需要，如购买原材料与商品、支付职工工资、缴纳税费，然后才用于偿还债务，所以真正能用于偿还债务的是现金流。分析企业的偿债能力，首先应看企业当期取得的现金在满足生产经营活动的基本现金支出需要后，是否还足以偿还到期债务的本息。如果不能偿还债务，必须向外举债，说明企业经营陷入财务困境。因此，可运用经营活动产生的现金流量净额与资产负债表相关指标进行联合分析，作为常用财务指标的补充。

现金流量和债务的比较可以较好地反映企业偿还债务的能力，一般通过现金流量比率、现金流量与债务比来反映。现金流量比率是指经营活动产生的现金流量与短期债务总额的比率，该比率表明每1元流动负债的经营现金流量保障程度；现金流量与债务比是指经营活动所产生的现金流量净额与债务总额的比率，该比率表明企业用经营活动现金流量偿付全部债务的能力。这些比率越高，说明企业承担债务的能力就越强。

②获现能力分析

获取现金的能力是指经营活动现金净流入与投入资源的比值。企业自身获取现金的能力主要通过经营活动产生的现金流量来体现。投入资源可以是销售收入、总资产、净营运资金、净资产或普通股股数等。若企业资源能被用于持续获取现金，则说明企业的财务状况比较稳定和乐观。

将资产负债表和现金流量表结合起来分析企业获现能力的主要指标包括总资产现金流量率和每股经营现金净流量。总资产现金流量率是指经营活动产生的现金流量净额与资产总额的比率。该比率反映每1元资产得到的净现金，其数值越大，表明资产变现能力越好。若低于同业水平，说明该公司资产产生现金的能力较弱。每股经营现金净流量是指经营活动产生的现金流量净额与普通股股数的比率。该比率反映企业每股流通在外的普通股产生的经营活动现金净流量。它通常高于每股收益，因为经营活动产生的现金流量净额中没有减去折旧等非付现成本。在短期经营中，每股经营现金净流量在反映企业进行资本支出和支付股利的能力方面要优于每股收益。同时，该指标可用来预测企业未来获取现金流量的能力。

③财务弹性分析

财务弹性是指企业适应经济环境变化和利用投资机会的能力。这种能力来源于经营现金流量与支付要求的比较，现金流量超过投资需求或承诺支付等要求，有剩余的现金，适应性就强。例如，现金再投资比率便是财务弹性分析指标之一。该比率是指经营活动产生的现金流量净额与资本性支出的比率。其中，资本性支出包括购置固定资产、无形资产和其他长期资产的支出。该指标反映企业本期经营活动产生的现金流量净额是否足以支付资本性支出所需要的现金，衡量企业再投资于各项资产的程度，反映企业维护资本性资产投资的能力，间接说明企业经营成长需要对外部筹资的依赖程度。该比率越高，企业扩大生产规模、创造未来现金流量或利润的能力就越强。

（2）与利润表信息的联系

利润表是反映企业一定期间经营成果的重要报表，它揭示了企业利润的计算过程和利润的形成过程。利润被看成评价企业经营业绩及盈利能力的重要指标，但却存在一定的缺陷。有的企业账面利润数额很大，看似业绩可观，而现金却入不敷出，经营举步维艰，直至破产；还有的企业虽然巨额亏损，却现金充足，周转自如。所以，仅以利润来评价企业的经营业绩和获利能力失之偏颇，如能结合现金流量表所提供的现金流量信息特别是经营活动现金流量信息进行分析，则较为全面。

事实上，利润和现金流量是从不同角度反映企业业绩的两个指标，前者可被称为应计制利润，后者可被称为现金制利润，二者的关系可以通过现金流量表的补充资料揭示出来。具体分析时，可将现金流量表的有关指标与利润表的相关指标进行对比，以评价企业利润和现金流量的质量。

例如，可以采用销售现金比率、净利润经营现金比率、营运指数等指标反映企业现金流量对利润表数据的补充解释力。销售现金比率是指经营活动产生的现金流量净额与销售总额的比率。该比率反映每1元销售得到的净现金，其数值越大，表明销售收现能力越好。若是这一比率过低，则说明营业收入中所形成的应收账款较多。如果应收账款期限较长，占用资金较多，资金周转就会放慢，造成资金紧张，而且一部分应收账款还可能形成坏账。净利润经营现金比率是指经营活动产生的现金流量净额与净利润的比率。该指标反映每一元净利润所对应的现金数，其数值越大，表明可供企业自由支配的现金量越大，净利润的质量就越高，这是因为，只有真正收到的现金利润才是“实在”的利润，而非“观念”上的利润。该指标挤掉了收益中的水分，真实体现出企业当期收益的质量状况，对于防范企业人为操纵利润从而造成报告使用者决策失误有重要作用。营运指数是指经营活动产生的现金流量净额与经营所得现金的比率。经营所得现金是指经营净收益与非付现费用之和。该指标反映企业经营活动创造或产生现金的能力，若该比率大于或等于1，说明会计收益的收现能力较强，收益品质较好；若该比率小于1，则说明会计利润可能受到人为操纵或存在大量应收账款，收益品质较差。

除了与利润数字结合分析，还可以利用现金流量基础的利息保障倍数反映企业的偿债能力。现金流量基础的利息保障倍数是指经营活动现金流量与利息费用的比率。该指标表明，每1元利息费用有多少倍的经营现金流量作保障。它比收益基础的利息保障倍数更可靠，因为实际用以支付利息的是现金，而不是收益。

（3）质量分析中应注意的问题

现金流量质量分析可以从多个角度进行，不同视角下的分析结果可能各有利弊，因此应从多方面把握现金流量的质量。同时，影响公司现金流量质量的因素是多种多样的，单期财务比率往往无法满足动态分析的需要，因此应该采用纵向的多期间对比的方法进行分析。特别地，可以将相关财务比率与公司最优水平、同行业平均水平（特别是主要竞争对手的相关数据）或相似公司的相同比率加以比较，从而了解现金流量质量的变动趋势，掌握现金流量质量变动的主要原因。此外，分析时还应考虑公司所属行业的特点、公司所处的发展阶段以及公司主要产品所处的生命周期，这样才能更恰当地评价经营活动现金流量的质量。总之，对比较基础本身要准确理解，并且要在限定意义上使用分析结论，避免简单化和绝对化。

不同的财务报表所侧重反映的信息各不相同，但是各财务报表之间具有一定的内在联系，当突破对单张报表的分析时，往往能对报表中的数字给出更深刻的解读。因此，要全面了解现金流量的质量，不仅要对现金流量表中的数据进行分析，还需要结合其他报表的数据，利用各种财务比率分析企业的财务状况、经营成果和现金流量，以全面了解企业在一定期间的现金流动状况及其信息。同时，还可以将本企业的财务比率与同行业平均水平或标准比率、本企业历史水平进行比较分析，以便为投资决策提供更可靠、更相关的财务信息。

【相关链接5-4】

现金流量信息粉饰的甄别

一、多表并举

在检查现金流量表中的“购建固定资产、无形资产和其他长期资产支付的现金”项目时，要结合资产负债表中的“固定资产”“在建工程”“无形资产”“货币资金”等项目余额或发生额的变化进行综合分析，然后将分析结果与现金流量表中的“购建固定资产、无形资产和其他长期资产支付的现金”项目金额进行核对；检查现金流量表中的“销售商品、提供劳务收到的现金”项目和利润表中的“营业收入”项目以及资产负债表中的“应收票据”“应收账款”“预收款项”等项目的对应关系；检查现金流量表中的“购买商品、接受劳务支付的现金”项目与利润表中的“营业成本”以及资产负债表中的“存货”“应付票据”“应付账款”“预付款项”等项目的对应关系。

如果现金流量表与资产负债表和利润表的钩稽关系不一致，就应该对现金流量表作进一步分析，可以从另外两张报表各项目的变动中寻找企业经营活动现金流量增减的实质。

例如，由“购买商品、接受劳务支付的现金=主营业务成本+其他业务成本+存货增加额+预付款项增加额-应付账款增加额-应付票据增加额”可以看到，现金流量表中的“购买商品、接受劳务支付的现金”和利润表中的“主营业务成本”“其他业务成本”及资产负债表中的“预付款项”“应付票据”“应付账款”“存货”的变化都有直接关系。如果支付的现金数是固定的，那么，上述公式中的各项因素就存在着此增彼减的关系。要减少主营业务成本，企业就很可能会采取调节存货成本的方法，因此，当分析企业现金流出增减的真实性时必须分析存货的变化。具体分析指标有存货占资产总额的比例、存货周转率、主营业务成本占主营业务收入的比率、主营业务毛利率等。

二、差量分析

对于报告使用者来说，要判断某家企业的现金流量表是否存在粉饰情况，可以通过横向比较和纵向比较进行，若差异较大，报告使用者就应重点关注，分析原因。

当发现现金流量与行业指标存在较大的差异甚至完全背离时就要提高警惕，此时现金流量表存在粉饰情况的可能性就比较大。如果现金流量表中项目的差额与利润表、资产负债表中相关项目的差额之间存在着重大差异，就说明企业存在着明显的粉饰现金流量表信息的行为。特别是如果企业收入金额猛增，而实际流入的现金却没有同比例增长，再加上资产负债表中的应收账款项目期初、期末数变化很大，即企业赊销金额突然大幅增长，那么，就存在虚增收入的可能性。

报告使用者还可以通过税金及附加占销售收入的比例变化来进一步判断。一般而言，流转税占销售收入的比例应相对稳定，而且同业之间不会存在太大差异。如果税金及附加占销售收入的比例突然下降，或者显著低于同业水平，就有虚增收入的风险。企业所得税的税基是应纳税所得额，而会计准则和税法的规定有所不同，对收入、费用、资产、负债等的确认时间和范围也有所不同，由此产生了应纳税暂时性差异与可抵扣暂时性差异。这种差异的存在是正常的，但如果账面税率显著低于法定税率，则说明税前会计利润中的大部分在税法中不能被确认为利润，这种显著差异折射出一定的风险。

三、突出重点

报告分析者应当对现金流量信息的异常现象给予重点关注。

首先，分析现金流量表上的“现金及现金等价物净增加额”的组成。分析现金流量表，不能单纯地看“现金及现金等价物净增加额”的大小和增长幅度，还应结合企业的性质、经营项目、成立时间以及市场行情等来分析“现金及现金等价物净增加额”的构成及其合理性。经营活动产生的现金流量净额与净利润的比率可以被用来甄别利润的含金量。但是，经营活动产生的现金流量净额又是现金流量表上最容易产生和制造“泡沫”的地方，必须通过多项指标、多期数字进行综合分析。经营现金流应当与利润增长之间存在着正向变动关系，如果这种正向关系被打破，则表明企业不是销售环节出了问题，就是存在着舞弊的可能。在家族式民营企业中，报表编制者可能通过股东分红方式虚增经营现金流和净利润，减少筹资现金流，以达到粉饰报表的目的。有些企业通过关联方租赁、资产有偿转让等手段获取利润，然后通过利润倒挤收入、成本和税金，造成收入和成本同增且现金收支平衡的假象来粉饰报表。同时，在分析利润指标时，应结合一些重要科目的增减变动进行分析，如银行存款、各项应收预付款项、存货、长期投资、在建工程、固定资产、无形资产、长短期借款、各项应付款项等。

其次，分析现金流量表中是否有大额的非正常的现金流量。对非正常的现金流量应认真评判，这是因为非正常的现金流量是一次性或偶发性的，不一定在以后年度持续；投资活动产生的现金流量中“处置固定资产、无形资产和其他长期资产收回的现金净额”尽管为企业带来了现金流入，但也有可能是企业因濒临破产而变卖资产所得。另外，报告使用者在分析大额的非正常的现金流量时还要考虑与回收投资资本、发行债券或股本等相关的项目，它们都属于非持续行为。因此，在阅读现金流量表时应注意剔除非经常性损益产生的现金流量和其他非持续性的现金流量。

再次，重视对以间接法调整的现金流量的分析。采用间接法编制的现金流量表从净利润开始倒推经营活动产生的现金流量，由此可以看出净利润与经营活动产生的现金流量之间存在差异的原因，进一步查找出“泡沫”。应特别注意的是，单纯分析以直接法报告的经营活动产生的现金流量往往不能对企业的现金流量状况做出客观、真实的评价。例如，某企业2021年度现金流量表中，其当期经营活动产生的现金流量净额为5 148万元，但通过分析以间接法调整的经营活动现金流量可以发现，该企业当期经营性应付项目增加了4 779万元，说明其经营活动产生的现金流量净额主要是由推迟应付款的付款期等方式形成的，该行为实际上加大了企业未来的偿债风险。

最后，特别关注收到或支付其他与经营（投资、筹资）活动有关的现金。如果这几个项目金额巨大，则应被视为异常，尤其是收到其他与经营活动有关的现金。这些项目通常表述不清，如果不仔细研究企业的各项数据指标或附注说明，就很难发现其中隐藏的不能披露的信息，比如虚构关联交易或利用不公平交易来粉饰报表。

四、风险识别

报告使用者还必须结合其他表外信息进行综合判断。现金流量表项目记载的有关数据与企业的经济活动是息息相关的，通过掌握会计报表以外的信息来综合判断现金流量表是否经过粉饰，也是甄别现金流量表数据准确与否的重要途径。

资料来源　佚名. 现金流量表主要粉饰手段的辨别［EB/OL］.［2016-08-26］. http://www.lichenjy.com/news/info_3797.shtml.

5.3.2 现金流量影响因素分析

目前对现金流量表的分析主要集中于表内数据的分析，对影响现金流量的深层次因素则关注甚少。如果将现金流量表的数据分析与影响现金流量的相关因素分析相结合，会得到更科学、更合理的结论。影响企业现金流量的主要因素包括企业所处的经营发展周期、经营发展战略、企业财务与会计政策以及市场环境。

1.经营发展周期对现金流量的影响

企业经营状况的好坏与企业经营发展所处的不同时期密切相关，从而影响企业在不同的经营发展时期从经营活动中获取现金的能力的大小。企业的经营发展时期有发展期、成长期、成熟期和衰退期。在不同的经营发展时期，其获取现金的能力不同，所表现出的现金流量特征也不一样。

当企业处于发展期时，企业发展速度较快，资金需求量大，而企业的生产经营活动还未走上正轨，企业从经营活动中获取现金的能力较差。为了扩大产品的生产能力和市场占有率，企业必然增加投资支出和营销支出。在这一阶段，现金流量特征具体表现为经营活动产生的现金流量净额较小，投资活动现金流出大于现金流入，企业现金流量的净增加额主要依靠筹资活动产生的现金流量。此时，应利用现金流量表着重对企业的现金流出方向及结构进行分析，从而判断企业的发展潜力。

当企业处于成长期时，同行业的产品尚未形成明显差别，客户还未对某些企业的产品产生偏好，本企业因产品销售势头良好，必然扩大其生产能力。这时的现金流量特征具体表现为经营活动产生现金的能力不断增强，但还不能满足企业对现金流量的需求，对外筹资仍然是解决资金需求的主要方式。在这一阶段，现金流量特征具体表现为经营活动现金流入大于现金流出，投资活动现金流出大于现金流入，筹资活动产生的现金流量净额应该是正负相间的。此时，应利用现金流量表着重分析企业经营活动现金流量。经营活动产生的现金流量净额占现金流量净增加额的比率越高，说明企业经营活动产生现金的能力就越强，进而偿债能力及筹资能力也就越强。

当企业处于成熟期时，企业往往采取成本控制和低价策略扩大销售额，销售支出不断增加，产品销售和市场需求趋于稳定。在这一阶段，现金流量特征具体表现为经营活动产生现金流量的能力达到最强，成为企业现金流量的主流，且处于稳定状态。企业能够向股东支付较多的股利，对外筹资需求相对减少，筹资活动产生的现金流量常为巨额的现金流出。企业投资机会减少，企业对资本需求较小，投资活动现金流出也趋于减少。此时，应利用现金流量表着重分析企业的现金获取能力、收益质量，通过对经营活动现金流量与利润表中相关项目进行比较，判断企业的现金获取能力及当期收益质量。

当企业处于衰退期时，企业的产品老化并逐步退出市场，负担沉重。在这一阶段，现金流量特征具体表现为现金流量不顺畅，企业面临破产与转型的选择。此时，应利用现金流量表着重分析企业的投资活动产生的现金流量，并结合利润表和资产负债表进行分析。如果企业的现金流量净增加额主要是投资活动产生的，而且是由于处置固定资产、无形资产和其他长期资产引起的，则表明企业可能为避免走向破产而调整资产结构；如果企业的现金流量净增加额的减少主要是投资活动产生的，而且是由于购建固定资产、无形资产和其他长期资产引起的，则表明企业可能正在寻求转型。

2.经营发展战略对现金流量的影响

就不同企业或者处于不同时期的同一企业而言，经营发展战略不同，其对企业现金流量的影响也不同。例如，实行对外扩张战略的企业，常采用多元化经营方式，因此企业会根据投资项目的好坏决定投资活动现金流量的比重。投资活动在此类企业的业务活动中占一定比例，但经营活动现金流量的比重不一定占主要地位，企业现金流量的大小主要取决于投资项目效益的好坏和投资资金的需求状况。再如，实行内部发展战略的企业，以一业为主，通过内部挖潜，提高产品的技术含量，从而提高抵抗风险的能力。在此类企业中，现金流量主要取决于经营活动产生现金流量的能力，而投资活动和筹资活动产生现金流量的能力居次要地位。

拓展阅读

牧原股份 2021 年的坎坷苦旅

3.企业财务与会计政策对现金流量的影响

企业采取不同的财务与会计政策会加速或推迟企业的现金流入与流出，使现金流入与流出超前或滞后，以达到理想的现金流量，这被称为现金流量择期。企业可以采用不同的营运资金政策、投资政策、股利分配政策等财务政策进行现金流量择期，也可以采用不同的折旧政策、摊销政策、资产减值准备政策等会计政策进行现金流量择期。如果我们只依据现金流量表分析现金流量的变化，而忽视现金流量择期对现金流量的影响，就可能会掉进现金流量表的“陷阱”。

4.市场环境对现金流量的影响

当市场环境处于经济循环的收缩阶段时，市场衰落，产品销售收入下降，经营活动支出减少，但通过清理应收账款收回现金和廉价处理存货后，经营活动现金流量会提高，同时，企业新增或重置固定资产的现金流出相应减少，折旧收回的现金不断增加，因此，这种市场环境下企业获取现金的主要来源仍然是经营活动。

当市场环境处于经济循环的复苏状态或进入扩张阶段时，产品销售收入增加，经营活动支出增加，同时对新固定资产的投资支出也大大增加，企业对外筹资的需求不断扩大，因此，这种市场环境下经营活动和筹资活动是企业获取现金的主要来源，而投资活动现金流量会减少，甚至出现负值。

【相关链接 5-5】

影响企业现金流量表分析的主要因素

受企业经营活动和外部环境的影响，企业的现金流量表会发生一定的改变。企业应当充分掌握内部的现金流量情况，并通过现金流量表的编制与分析实现企业决策科学性、合理性的提升。

一、企业实际经营状况

随着企业所处发展阶段的变化，其实际经营状况会发生变化，现金获取能力也会随之发生变化。一般情况下，在产品研发、试制和试销阶段，为了研发出更符合市场需求的产品，或者为了提高产品的生产能力，企业势必加大生产原料及设备的投入，但此时现金获取能力较差，往往只能通过筹资获得现金，因此，企业必须加强筹资活动的开展，通过筹集更多的现金提升企业的竞争力；在高速发展阶段，产品营销活动较多，现金获取能力有明显的提高，而投资活动减少，因此，现金流量表中筹资活动产生的现金流量比重有所下降；在成熟阶段，现金获取能力得以最大化，此前的投入已经获得较多的收益，并处于稳定状态，经营活动产生的现金流量是企业现金流量的主要来源，通过现金流量表可以看出，企业筹资活动产生的现金流量比重会有明显的下降。

二、营运资金管理水平

企业为了维持日常经营活动，需要持有一定数额的资金，通常为流动资产与流动负债之间的差额，具体来说就是企业存货与应收账款之和减去应付账款之后的余额。由此可见，存货周转期、应收账款周转期以及应付账款周转期都会对企业的现金流量产生影响，而这三项因素可以通过高水平的营运资金管理加以改善。因此，对营运资金管理水平进行分析，可以实现对企业现金流量的有效控制以及对企业现金流量表的准确分析。

三、现金与非现金项目之间的增减变动

在企业的日常经营过程中，现金项目之间、非现金项目之间的增减变动不会造成企业现金流量表的变动，而现金项目与非现金项目之间的增减变动会导致现金流量表发生变化，进而影响财务人员对企业现金流量的分析与判断。比如，企业从银行提取现金、将现金存入银行、购买两个月到期的债券、用固定资产清偿债务、用存货清偿债务等行为，都不会使企业现金流量增加或减少。但是，现金项目与非现金项目之间的增减变动则会影响现金流量净额的变动。比如，用现金购买原材料或者收回长期债券等，都会促使企业的现金流量发生变化，引起现金流入或者流出，进而导致现金流量表发生变化。

资料来源　朱琪．影响企业现金流量表分析的因素探究［J］．会计师，2018（18）：11-12.

本章小结

现金流量的质量分析强调突破单纯依靠现金流量表的数据信息的限制，具体可以从偿债能力、获现能力、财务弹性和盈利质量等角度进行分析。该方法是在现金流量的水平分析、结构分析和现金流量表补充资料分析基础上的拓展，它们共同服务于报告使用者的投资决策需要。

现金流量的水平分析主要是通过对比不同时期的各项现金流量变动情况，揭示企业当期现金流量水平，以及与前期或预期现金流量的差异及其变化原因，反映企业现金流量管理的水平和特点。结合现金流量表补充资料，详细分析经营活动现金流量的变动额及影响因素。

现金流量的结构分析主要是考察现金流量表中各个项目占总体的相对比重，具体包括现金流入结构分析、现金流出结构分析和现金流入流出比分析。该方法主要是利用现金流量表自身的结构分析现金流量的分布状况和质量。

讨论题

1.什么是现金流量表？现金流量表的作用是什么？其结构是怎样的？

2.什么是现金流量的结构分析？如何对现金流量进行结构分析？

3.如何正确评价经营活动产生的现金流量？

4.现金流量表和资产负债表、利润表存在怎样的联系？现金流量表上的什么信息不能直接从资产负债表和利润表中找到？

5.什么是现金流量的质量分析？应该从哪些方面具体展开分析？

6.在对财务报表进行相对数分析的情况下，当报表数据出现负值时该如何处理才能得到相对准确的分析结果？

业务题

请上网（http：//finance.sina.com.cn）下载上市公司一汽解放（000800）2017—2021年度现金流量表，与S公司进行现金流量表水平、结构和质量的对比分析，比较S公司发展的优势和劣势。

案例分析

讨论"长平之役"的启示[①]

麻省理工学院董事会主席达纳·米德（曾长达8年担任天纳克汽车公司的首席执行官一职）喜欢谈他如何成功地把"古战场巡礼"纳入企业领袖的训练课程。米德曾带着28位天纳克汽车的资深主管，花了两个整天，跟着历史学家与军事学家前往美国南北战争的战场遗址进行实地巡礼，让他们站在山头上往下看，试着想象当年参加南北战争的重要人

① 刘顺仁．财报就像一本故事书［M］．太原：山西人民出版社，2007.

物如何在这里运筹帷幄，体会昔日指挥官为何做出那些攸关士兵们生死存亡的重大决定。

下面我们和大家一起造访战国“长平之役”的时代，那是一场血腥残酷但发人深省的战役……

公元前264年，秦国攻打韩国北方领土上党郡。韩国上党郡郡守冯亭向赵国投降，赵国不费一兵一卒便获得17座城池。秦王大怒，下令攻击上党郡。年轻的赵孝成王任命名将廉颇统帅赵军西上，与秦军对峙于长平（山西省高平县）。

老谋深算的廉颇，采取筑垒固守的战略，静待秦军力量削弱。不久，秦军士气果然因粮草补给艰难而受到影响，于是秦王派人在赵国首都邯郸散布流言，讥笑廉颇年迈畏战，而秦国最害怕的是年轻将领赵括（赵国抗秦名将赵奢之子）。赵孝成王求胜心切，中了反间计，罢黜了廉颇，改用赵括为统帅。

秦国见计谋得逞，暗中改派当时最优秀的指挥官白起为大将。白起故意打了几个败仗，引诱赵军主力出战后，在长平痛击赵国大军，并将几十万大军团团围住。为了冲出包围网，赵括发动数次猛烈的攻击，但全部失败。支撑了46天后，弹尽粮绝，赵括被迫做最后的困兽之斗，兵分四队，轮流突围，却终究还是失败了，自己也死在乱箭之下。赵军还剩40万人，全数投降。白起命令这40万投降的士兵进入长平关附近的一个山谷，并把山谷两端堵塞住。预先埋伏在山顶上的秦军抛下土石，40万赵军全部被活埋。长平之役后，赵国从此没落。

问题探讨：

假设你是某公司的经理人，你会通过本案例得到哪些有关企业运作的启示呢？

第6章

所有者权益变动表分析

在网络经济时代，几乎每一位CEO都对如何创造股东权益而感到迷惑。

——帕特里夏·西博尔德（帕特里夏集团CEO）

对高管而言，关于股东权益管理的问题，他们不再纠结为何要管理，而是要探索如何加以管理。

——杰弗里·摩尔（Geoffrey A.Moore）

学习目标

1.了解所有者权益变动表的内涵及其与其他对外报表的钩稽关系；
2.熟悉所有者权益变动表的编制意义；
3.掌握所有者权益变动表的水平分析；
4.掌握所有者权益变动表的结构分析；
5.掌握所有者权益变动表的项目分析；
6.理解所有者权益变动对财务状况质量的影响。

思政元素

1.大局意识、价值观塑造（社会主义核心价值观）与可持续发展；
2.社会责任、诚实守信与职业道德。

重点与难点

1.所有者权益变动表的一般分析；
2.所有者权益变动对财务状况的影响。

引　言

珠海格力集团成立于1985年3月，主体资产信用评级为AAA，业务涵盖产业投资、建设投资、城市更新等多个领域。“十三五”期间，集团营收总额突破6 700亿元，净利润超1 100亿元，其中，归属国有净利润超370亿元。多年来，其规模庞大，声誉较好，作为珠海市的国有龙头企业当之无愧。

2020年年初，新冠肺炎疫情暴发，家电行业遭到严重冲击。由于疫情防控管理的需要，企业不能复工复产；物流运输受限，原材料和产品运输困难；实体店暂时关闭，销售停滞，安装受阻。在生产活动受限和消费市场不景气的双重打击下，家电行业2020年一季度利润下滑36%。随着疫情得到控制，生产和销售活动逐渐恢复正常，家电行业发展一步步恢复正轨，2020年后三季度利润触底反弹，弥补了一季度利润大幅下滑造成的损失，2020年行业利润同比下滑9.2%。疫情之下无一幸免，格力电器也一样，2020年营业收入同比下降14.97%，净利润同比下降10.21%，与行业整体趋势基本同步。2021年虽然疫情没有完全消散，但疫情对国内经济的冲击有所减弱，经济呈现稳中向好态势。家电行业出口进入新的高速增长期，上半年销售额同比增长13.1%，格力电器营业收入也有所回升，同比增长14.2%。

在这一背景下，格力电器宣布实施股票回购。2020年4月，格力集团发布公告，宣布拟使用自有资金以集中竞价交易方式回购公司股票，计划于2021年2月实施完毕。2020年10月，格力集团宣布将进行第二次股票回购，计划于2021年5月实施完毕。2021年5月，格力集团宣布进行第三次股票回购，计划于2021年9月实施完毕。

三次回购公告均宣称，回购的股票将用于实施股权激励或员工持股计划，以此“进一步完善公司治理结构，确保公司长期经营目标的实现，推动全体股东的利益一致与收益共享，提升公司整体价值”。回购完成后，三次回购的股份均存放于公司回购证券专用账户，存放期间不享有股东大会表决权、利润分配等权利，后续公司将择机用于实施员工持股计划或股权激励。

资料来源　李诗雯. 从格力电器看股票回购着眼点的选择［J］. 银行家，2022（2）：106-109.

6.1　所有者权益变动表分析的目的和内容

6.1.1　所有者权益变动表分析的目的

1.所有者权益变动表的内涵

所有者权益变动表是反映公司本期（年度或中期）内截至期末所有者权益变动情况的报表。2006年以前，所有者权益变动情况是以资产负债表附表形式予以体现的。根据《企业会计准则第30号——财务报表列报》的规定，企业财务报表至少应包括资产负债表、利润表、现金流量表、所有者权益（或股东权益）变动表和附注。这说明企业会计准则要求上市公司自2007年起正式对外呈报所有者权益变动表。所有者权益变动表成为与资产负债表、利润表和现金流量表并列披露的第四张财务报表。

所有者权益是指企业资产扣除负债后由股东享有的“剩余权益”，也被称为净资产，是股东投资资本于经营过程中形成的留存收益的集合，是股东投资和公司发展实力的资本体现。所有者权益变动表，根据所有者权益变动的性质，分别按照综合收益总额、所有者投入和减少资本、利润分配和所有者权益内部结转等情况分析填列。

从所有者权益变动表可以了解以下几方面的信息：综合收益总额，包括当期实现的净利润情况及直接计入所有者权益的利得和损失情况，如其他债权投资和其他权益工具投资公允价值变动净额、权益法下被投资单位其他所有者权益变动的影响、与计入所有者权益项目相关的所得税影响等；所有者投入和减少资本情况；利润分配情况；所有者权益内部结转情况；所有者权益的期初与期末金额。

2.所有者权益变动表分析的目的

所有者权益变动表分析，是通过所有者权益的来源及变动情况，了解会计期间内影响所有者权益增减变动的具体原因，判断所有者权益各个项目变动的合法性与合理性，为报表使用者提供较为真实的所有者权益总额及其变动信息。

所有者权益变动表分析的具体目的如下：

（1）有利于正确分析企业一定期间的全面收益状况。在所有者权益变动表中要体现“净利润”和“直接计入所有者权益的利得和损失”项目及其金额。其中，净利润是企业已实现并已确认的收益；直接计入所有者权益的利得和损失是企业未实现但根据企业会计准则的规定已确认的收益。企业的综合收益包括净利润与直接计入所有者权益的利得和损失两部分，反映企业在某一期间与所有者之外的其他方进行交易或发生其他事项所引起的净资产的变动，即所有者财富的变动。因此，分析所有者权益变动表能够使分析主体更加详细地了解企业的全面业绩信息，以识别管理层利用“一次性收益”进行利润粉饰的现象，有利于决策者做出合理的判断。

（2）有利于对企业的保值增值情况做出分析。过去利润表在企业财务报表体系中一直居于显要位置，利润也成为考核管理层业绩、衡量企业盈利能力的重要指标。但是，利润反映的毕竟只是企业某一期间的经营成果，容易使企业追逐短期利益且容易操纵利润，不利于实现财务报告反映管理层受托责任履行情况的目标。而所有者权益变动表体现的是“资产负债观”，只有在资产减去负债后的余额即所有者权益（净资产）增加的情况下，才表明企业价值增加了，所有者财富增长了。对所有者权益变动表进行分析，可使财务分析主体利用所有者权益变动表提供的全面收益信息与投入资本比较，对管理层受托责任的履行情况即投入资本的保值增值情况做出更全面的判断，使企业着眼于长期战略，避免只顾眼前利益和收益超前分配。

（3）有利于揭示所有者权益增减变动的原因。所有者权益变动表不仅包括所有者权益总量的增减变动信息，还包括所有者权益增减变动的重要结构性信息，特别要反映直接计入所有者权益的利得和损失，让报表使用者准确理解所有者权益增减变动的根源。分析主体根据所有者权益变动表的资料以及其他财务资料，分析企业所有者权益总额及各具体项目增减变动情况和变动趋势，以揭示增减变动的原因、存在的问题及差距，实现各自的利益最大化。

（4）有利于对企业的利润分配情况进行分析。企业利润分配政策影响企业的价值，因此，利润分配情况是财务分析的重要内容。所有者权益变动表在“利润分配”项目下反映当年对所有者分配的利润金额和按规定提取的盈余公积金额，财务分析主体可据此分析企业的利润分配项目、利润分配政策以及利润分配趋势等内容。

拓展阅读

上市公司会计差错更正增加的原因探讨

（5）有利于明确会计政策变更和前期差错更正的影响。会计政策变更和前期差错更正对所有者权益本年年初余额的影响，以前主要在财务报表附注中得以体现，很容易被投资者忽略。所有者权益变动表直接列示会计政策变更、前期差错更正的有关信息，可以清晰反映会计政策变更的合理性以及会计差错更正的幅度，具体报告会计政策变更和前期差错更正对所有者权益的影响数额。

6.1.2 所有者权益变动表分析的内容

所有者权益变动表以矩阵的形式列示，纵栏列示导致所有者权益变动的交易和事项，从所有者权益变动的来源对一定时期所有者权益变动情况进行全面反映；横栏按所有者权益各组成部分（实收资本（或股本）、其他权益工具、资本公积、库存股、其他综合收益、盈余公积、未分配利润）及其总额列示交易或事项对所有者权益的影响。所有者权益变动表还就各项目再分为“本年金额”和“上年金额”两栏分别填列。

所有者权益变动表分析的内容包括所有者权益变动表水平分析、所有者权益变动表结构分析和所有者权益变动表项目分析。报表使用者可对前后期所有者权益总额、所有者权益各具体项目进行差额比较，以了解指标完成情况及变动趋势，也可分析所有者权益总额内部结构、所有者权益各具体项目增减内部结构，揭示进一步分析的方向。在下面的几节中我们将对这几种分析方法进行详细的介绍。

6.2 所有者权益变动表的一般分析

6.2.1 所有者权益变动表水平分析

所有者权益变动表的水平分析，是将所有者权益各个项目的本期数与基准（可以是上期数等）进行对比，揭示公司当期所有者权益各个项目的水平及其变动情况，解释公司净资产的变动原因，借以进行相关决策的过程。

以S公司的所有者权益变动表为基础资料进行所有者权益变动表水平分析（见表6-1），查看相关项目的变化趋势。

表6-1　S公司所有者权益变动表水平分析　单位：元

项　目	2018年	2019年	2020年	2021年
一、上年年末余额	191 489 258 520.07	197 978 109 110.68	205 730 048 968.99	206 675 476 606.05
加：会计政策变更		-151 657 274.42		
前期差错更正				
其他				
二、本年年初余额	191 489 258 520.07	197 826 451 836.26	205 730 048 968.99	206 675 476 606.05
三、本年增减变动金额（减少以“-”号填列）	6 488 850 590.61	7 903 597 132.73	945 427 637.06	10 293 755 124.61
（一）综合收益总额	27 869 584 888.56	22 624 758 452.63	13 266 499 447.50	18 209 424 149.31
（二）所有者投入和减少资本			-2 039 625 809.24	-738 983 368.80
1.所有者投入的普通股				
2.其他权益工具持有者投入资本				
3.股份支付计入所有者权益的金额				
4.其他			-2 039 625 809.24	-738 983 368.80
（三）利润分配	-21 380 734 297.95	-14 721 161 319.90	-10 281 446 001.20	-7 176 685 655.90

续表

项 目	2018年	2019年	2020年	2021年
1.提取盈余公积				
2.对所有者（或股东）的分配	-21 380 734 297.95	-14 721 161 319.90	-10 281 446 001.20	-7 176 685 655.90
3.其他				
（四）所有者权益内部结转				
1.资本公积转增资本（或股本）				
2.盈余公积转增资本（或股本）				
3.盈余公积弥补亏损				
4.设定受益计划变动额结转留存收益				
5.其他综合收益结转留存收益				
6.其他				
四、本年年末余额	197 978 109 110.68	205 730 048 968.99	206 675 476 606.05	216 969 231 730.66

将表6-1中相关数据反映在图形中，如图6-1所示。

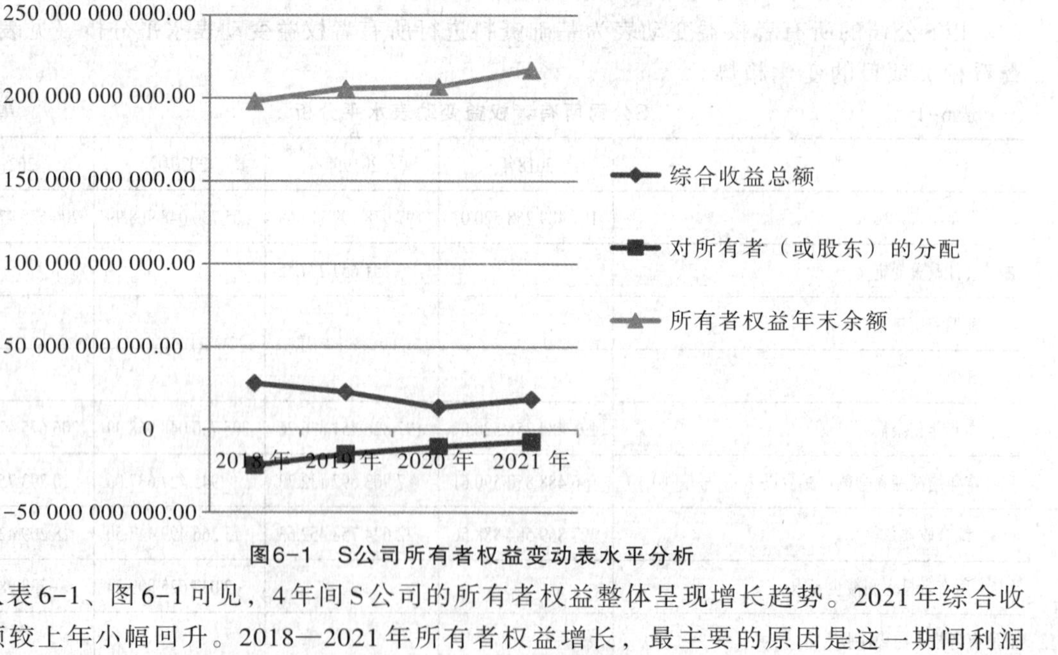

图6-1 S公司所有者权益变动表水平分析

从表6-1、图6-1可见，4年间S公司的所有者权益整体呈现增长趋势。2021年综合收益总额较上年小幅回升。2018—2021年所有者权益增长，最主要的原因是这一期间利润分配的下降。

【相关链接6-1】

科创板再融资市场火热

科创板公司再融资呈现井喷态势。Wind数据显示，2022年以来，9家科创板公司更新了可转债发行进度情况，5家科创板公司更新定增进度。目前已发预案、尚未完成资金募集的9家科创板公司计划发行可转债合计65.43亿元。已发预案、尚未完成定增发行的5家科创板公司预计募集资金合计193.09亿元。而2021年全部科创板公司再融资规模为254.04亿元。

Wind数据显示，2022年以来，银河微电、金盘科技、奕瑞科技、瑞华泰、利元亨、阿拉丁等8家公司更新了发行可转债的进度情况。其中，瑞华泰、奕瑞科技更新为董事会预案阶段，阿拉丁更新为证监会核准阶段，海优新材、新致软件、利元亨、金盘科技、银河微电更新为股东大会通过阶段。

从预计募集金额看，目前已发预案、尚未完成资金募集的科创板公司拟发行可转债规模合计65.43亿元。而2021年，全部科创板公司仅完成4单可转债发行，合计募集资金78.91亿元。

从定增方面看，大全能源、天宜上佳的定增预案获股东大会通过，明冠新材、博众精工为董事会预案阶段，神州细胞-U已获证监会通过，合计拟募集资金为193.09亿元。2021年，7家科创板公司定增募集资金合计175.132亿元。2020年，2家公司合计募集10.65亿元。西部超导于2022年1月完成定增，募集资金总额为20.13亿元。西部超导指出，募集资金将用于航空航天用高性能金属材料产业化项目、高性能超导线材产业化项目、超导创新研究院项目、超导产业创新中心等。募集资金投资项目紧密围绕公司主营业务，通过项目的实施，公司将突破现有高端钛合金、高性能高温合金、超导产品的产能瓶颈。

目前，科创板公司再融资主要包括可转债发行和定增两种方式。业内人士认为，随着科创板公司增多，再融资方式有望更加多样化。

值得注意的是，不少科创板公司收到交易所关注函，监管机构对科创板公司的募投项目可行性、公司经营情况、收益预测等问题较为关注。

资料来源　董添．科创板再融资市场火热［N］．中国证券报，2022-02-11．

6.2.2　所有者权益变动表结构分析

所有者权益变动表结构分析，是对所有者权益各个子项目变动占所有者权益变动的比重进行计算与评价，揭示公司当期所有者权益各个项目所占的比重及其变动情况，解释公司净资产构成的变动原因，借以进行相关决策的过程。

对所有者权益变动表的结构分析，一般选取以下指标：

（1）综合收益总额与权益变动比 $=\dfrac{\text{综合收益总额}}{\text{本年年末所有者权益余额}-\text{本年年初所有者权益余额}}$

（2）投入资本变动与权益变动比 $=\dfrac{\text{本年投入资本}-\text{本年购回库存股}}{\text{本年年末所有者权益余额}-\text{本年年初所有者权益余额}}$

（3）公允价值变动净值比 $=\dfrac{\text{可供出售金融资产公允价值变动净额}}{\text{本年年末所有者权益余额}-\text{本年年初所有者权益余额}}$

通过分析综合收益总额、所有者投入资本、公允价值变动占所有者权益变动的百分比，获知经营成果、股本资本、其他债权投资、现金流量套期工具等公允价值变动对所有者权益变动的影响程度，以便做出正确决策。

基于S公司2018—2021年财务数据进行所有者权益变动表结构分析（见表6-2）。

表6-2　　S公司所有者权益变动表结构分析（%）

项　目	2018年	2019年	2020年	2021年
一、上年年末余额				
加：会计政策变更				
前期差错更正				
其他				
二、本年年初余额				
三、本年增减变动金额（减少以“-”号填列）	100	100	100	100
（一）综合收益总额	429.50	286.26	1 403.23	176.90
（二）所有者投入和减少资本			-215.74	-7.18
1.所有者投入的普通股				
2.其他权益工具持有者投入资本				
3.股份支付计入所有者权益的金额				
4.其他			-215.74	-7.18
（三）利润分配	-329.50	-186.26	-1 087.49	-69.72
1.提取盈余公积				
2.对所有者（或股东）的分配	-329.50	-186.26	-1 087.49	-69.72
3.其他				
（四）所有者权益内部结转				
1.资本公积转增资本（或股本）				
2.盈余公积转增资本（或股本）				
3.盈余公积弥补亏损				
4.设定受益计划变动额结转留存收益				
5.其他综合收益结转留存收益				
6.其他				
四、本年年末余额				

【相关链接 6-2】

所有者权益变动表分析的具体内容

所有者权益变动表一般以矩阵形式进行列示，不仅指明了所有者权益的变更事项、交易情况，而且全面反映了其具体的变动来源、权益构成（包括实收资本、盈余公积、资本公积和未分配利润等）。对所有者权益变动表运用对比法进行分析，可以了解其项目完成进度和变动规律。由于财务报表涵盖了大量数据，所以可组成很多财务比率，涉及盈利能力、利润分配、资产管理和偿债能力等方面。

一、盈利能力

能否推进企业可持续发展的关键在于盈利能力的强弱。因此，在对所有者权益变动表进行分析的过程中，应当结合三大财务报表情况，把握好权益收益率和净资本回报率。具体而言，权益收益率表明了企业股东的收益水平，常用来衡量所有者权益收益能力，因而具有较强的综合性、代表性。在对该指标进行分析时，应将其细化成权益净利率（包括报酬率、附加报酬率）和权益利得率。而净资本回报率则主要体现了净资本盈利水平。倘若企业拥有稳定的资本回报率，那么就会更迅速地拓宽投资渠道，提高企业净资本总量，充分发挥盈利潜力。

二、利润分配

在对利润分配进行分析时，应重点关注利润分配率、股利分配率等。前者以企业股东们所分得实际利润与留存收益的比值来判定分配政策是否具有合理性和科学性。而后者则是通过对企业项目结转资金、股票收益影响等诸多方面进行深入研究和分析，评估企业采用各种股利政策的可行性、适宜性以及规范性。此外，在实际分析过程中，我们还需要掌握好所有者权益结构、具体项目信息，编制百分制变动表，以此确定分析方向。

三、资产管理

除了运用传统财务分析中的周转率及其天数进行研究之外，还可以应用所有者权益变动表里已经设置好的收益指标，综合评判资产使用率。如果全面收益与企业总资产的比值较高，并且资产使用率也较高，那么就意味着企业在节省资金、提高收益等诸多方面具有显著效果。在实际分析过程中，我们应将指标细分成资产利得率、资产净利率，而资产净利率又包括两种，即销售净利率与资产周转率。这样一来，通过层层细分和分析，最终发现并解决企业发展进程中存在的各种问题。

四、偿债能力

通过对所有者权益变动表的运用，计算出负债与所有者权益的比值（比率），进而分析企业偿债能力。这一比率表明了所有者权益贷入的资金数额，同时它也是常规的杠杆计量。分析人员应当注重对企业资产收益率进行排查和研究，从而揭示权益风险，以期推动企业平稳运行。

资料来源　高诗音．所有者权益变动表的分析［J］．企业改革与管理，2017（6）：138-139.

6.2.3　所有者权益变动表项目分析

所有者权益变动表项目分析，是将组成所有者权益的主要项目进行具体剖析对比，揭示其变动原因、合理与合法性以及是否有人为操控的迹象等。影响所有者权益变动表的项目主要是净利润、利润分配、不影响利润但直接影响所有者权益的项目，如其他债权投资公允价值变动、按照权益法核算年度长期股权投资的非损益因素变动等。此外，还有直接调整年初所有者权益的事项，如会计政策变更、前期差错更正。

所有者权益变动表的主要项目可以通过以下公式具体理解：

$$\begin{array}{c}\text{本期所有者}\\\text{权益变动额}\end{array}=\text{净利润}+\begin{array}{c}\text{直接计入所有者}\\\text{权益的利得和损失}\end{array}+\begin{array}{c}\text{会计政策变更和前期}\\\text{差错更正的累积影响}\end{array}+\begin{array}{c}\text{所有者}\\\text{投入资本}\end{array}-\begin{array}{c}\text{向所有者或股东}\\\text{分配的利润}\end{array}$$

为了避免与资产负债表分析重复，本节从以下五个方面分析所有者权益变动表的主要项目：

1.综合收益总额分析

综合收益总额反映企业在某一期间除所有者以其所有者身份进行的交易之外的其他交易或事项所引起的所有者权益变动，其金额为净利润和其他综合收益扣除所得税影响后的净额相加后的合计金额。

【例6-1】D公司2021年实现综合收益总额3 000万元，分配股利900万元，增发新股2 100万元，试确定所有者权益变动额。

根据综合收益总额与所有者权益变动额关系的公式，所有者权益变动额的计算过程如下：

所有者权益变动额=综合收益总额-股利+新增股本=3 000-900+2 100=4 200（万元）

2.会计政策变更的分析

（1）会计政策与会计政策变更

会计政策是指会计主体在会计核算过程中所采用的原则、基础和会计处理方法。其中，原则实质上包括了会计的基本假设、会计的一般原则和具体原则、会计处理方法，甚至还包含某些非会计假设。

会计政策变更是指在特定的情况下，企业可以对相同的交易或事项由原来采用的会计政策改用另一会计政策。企业采用的会计政策在每一会计期间和前后各期应当保持一致，不得随意变更，但是，满足下列条件之一的，可以变更会计政策：①法律、行政法规或者国家统一的会计制度等要求变更。比如，国家发布统一的关于增值税会计处理的核算办法后，企业应及时按照新的办法处理有关增值税事项。②会计政策变更能够提供更可靠、更相关的会计信息。比如，企业原先一直采用直接转销法核算坏账，由于信用环境的改变，应收账款演变为坏账的可能性增大，继续使用直接转销法核算坏账将会虚增企业某一会计期间的资产和盈利，因此，备抵法的会计政策更能体现应收账款的账面价值。

（2）会计政策变更在表中的列示与分析

会计政策变更能够提供更可靠、更相关的会计信息的，应当采用追溯调整法进行处理，将会计政策变更的累积影响数调整列报前期最早期初留存收益。

其中，追溯调整法是指对某项交易或事项变更会计政策，视同该项交易或事项初次发生实际采用变更后的会计政策，并以此对财务报表相关项目进行调整的方法。

会计政策变更的累积影响数，是指按照变更后的会计政策，对以前各期追溯计算的列报前期最早期初留存收益应有金额与现有金额之间的差额。会计政策变更的累积影响数需要在所有者权益变动表中单独列示。

对于会计政策变更的累积影响数的分析，主要目的在于合理区分属于会计政策变更和不属于会计政策变更的业务或事项。一般而言，不属于会计政策变更的业务或事项具体包括：①当期发生的交易或事项与以前相比具有本质差别而采用新的会计政策。②对初次发生的或不重要的交易或事项采用新的会计政策。例如，企业第一次发生跨年度的劳务供应合同项目，对这种项目采取完工百分比法于年度末确认收入。对企业来说，虽然采取了新的收入确认方法，但这种做法不属于会计政策变更。又如，企业一直将为购买办公用品而发生的费用直接记入“管理费用”账户，从本期开始，企业决定凡购买的办公用品都要先记入“低值易耗品”账户，然后在领用后转入有关费用账户。由于办公用品支出属于企业的零星开支，且这种改变对资产、费用和利润的影响很小，属于不重要的事项，因而不必将这种变更作为会计政策变更的内容进行专门披露。

3.前期差错更正的分析

（1）前期差错与前期差错更正

前期差错是指由于没有运用或错误运用以下两种信息而对前期财务报表造成遗漏或误报：第一，编报前期财务报表时能够合理统计取得并应当加以考虑的可靠信息；第二，前期财务报表批准报出时能够取得的可靠信息。前期差错通常包括计算错误、应用会计政策错误、疏忽或者曲解事实、舞弊产生的影响，以及存货、固定资产盘盈等。

前期差错更正是指企业应当在重要的前期差错发现后的财务报表中，调整前期相关数据。前期差错更正主要采用追溯调整法，它是指在发生前期差错时，视同该项前期差错从未发生过，从而对财务报表相关项目进行更正的方法。

（2）前期差错更正在表中的列示与分析

本期发现与以前期间相关的重大会计差错，如果影响损益，应按其对损益的影响数调整发现当期的期初留存收益，财务报表其他相关项目的期初数也应一并调整；如不影响损益，应调整财务报表相关项目的期初数。

对于前期差错更正累积影响数的分析，主要目的在于及时发现与更正前期差错，合理判断和区分相关业务是属于会计政策变更还是属于会计差错更正，以确保信息的准确性。

会计差错发生的原因可归纳为三类：①会计政策使用的差错。例如，按照国家统一的会计制度规定，为购建固定资产而发生的借款费用，在固定资产达到预定可使用状态后，其发生额应计入当期损益，若继续予以资本化，则属于采用了法律或会计准则等行政法规、规章所不允许的会计政策。②会计估计的差错。由于经济业务中不确定因素的影响，企业在会计估计过程中出现了差错。例如，会计准则规定企业可以根据应收账款期末余额的一定比例计提坏账准备，而企业有可能在期末多计提或少计提坏账准备，从而影响损益的计算。③其他差错。在会计核算中，企业有可能发生除以上两种差错以外的其他差错。例如，错记借贷方向、错记账户、漏记交易或事项、对事实的忽视和滥用等。

只要发生会计差错，就有可能造成报出信息失真。按其影响程度的不同，会计差错可分为重大会计差错和非重大会计差错。重大会计差错是指影响财务报表可靠性的会计差错，其特点是差错的金额比较大，足以影响财务报表的使用者对企业财务状况和经营成果做出正确判断。按照重要性原则，如果某项差错占有关交易或事项金额的10%以上，则可以被认为是重大会计差错。非重大会计差错是指不足以影响财务报表使用者对企业财务状况和经营成果做出正确判断的会计差错。无论是不是重大会计差错，都应在发现前期差错的当期进行前期差错更正，在所有者权益变动表中及时披露。

4.股利政策

股利是股东实现利益的一种重要方式。在我国，股利通常有两种方式：一种是现金股利（派现），即以现金支付股利；另一种是股票股利（也称送股），即以股票支付股利。这两种方式对企业财务状况的影响是不同的：派现使企业的资产和所有者权益同时减少，股东手中的现金增加；送股使流通在外的股份数增加，企业账面的未分配利润减少，股本增加，每股账面价值和每股收益被稀释。

拓展阅读

现金分红让投资者共享发展成果

（1）现金股利。现金股利是公司最常见、最易被投资者接受的股利支付方式。这种形式能够满足大多数投资者希望得到稳定投资回报的要求。公司支付现金股利，不仅要符合法定要求，即具备足够的可分配资产，还取决于公司的投资需要、现金流量和股东意愿等因素。

（2）股票股利。股票股利是公司以股票形式向投资者发放股利的方式，即按比例向股东派发公司的股票。股票股利是一种特殊的股利形式，它不直接增加股东的财富，不会导致企业资产的流出或负债的增加，不影响公司的资产、负债及所有者权益总额的变化，所影响的只是所有者权益内部有关项目及其结构的变化，即将未分配利润转为股本。股票股利的发放增加了公司流通在外的股票数量。股票股利增加了每位股东持有公司股份的绝对额，但并不影响每位股东占公司股东权益的比重。

拓展阅读

新准则下“其他综合收益”科目核算利得与损失的内容

5.库存股

库存股是公司回购的已经发行在外的股份。库存股仍然是公司发行在外的股份，只是没有再流通，因此，资产负债表中将其列作股本的减项。库存股作为已经发行而未流通的股份，不能参加股利分配，没有表决权。我国《公司法》规定，公司可回购自己已经发行的股票，但仅限于减少注册资本、与持有本公司股份的其他公司合并、将股份奖励给本公司职工，以及股东因对股东大会做出的公司合并、分立决议持异议而要求公司收购其股份等四种情况。由于公司法限制了回购股份的目的，因而公司很难按照财务和市场目的回购自己的股票。具体分析时，应该注意以下几个方面：

（1）库存股不是公司的一项资产，而是所有者权益的减项。

（2）库存股的变动不影响损益，只影响权益。即再次发行库存股时，其所产生的收入与取得的账面价值的差额不会引起公司损益的变化，而是引起公司所有者权益的增加或减少。

（3）库存股的权利受限。由于库存股没有具体股东，因此，库存股的权利会受到一定的限制，如不具有股利分派权、表决权和分派剩余财产权等。

6.3 所有者权益变动对财务状况质量的影响

6.3.1 股利政策与财务状况

通过分析所有者权益变动表，可以了解公司股利分配政策。影响股利分派的因素主要有四个方面：

（1）法律因素。法律没有要求公司一定要分派股利，但对公司某些情况下不能分派股利做出了限制。例如，公司法定注册资本受到损害时，不允许动用股本金支付股利；公司无偿债能力或破产时不允许支付股利。此外，股东收到的现金股利须纳税，于是公司偏好采取发放股票股利来保存大部分利润，从而为股东提供资本收益。

（2）所有权因素。它包括控制权和税收两方面。具有控制权的权益资本来源有两个：一是留存收益；二是发行新股。提高股利支付比例意味着留存收益减少，增发新股的可能性增大，而发行新股可能使原股东控制权被稀释或丧失；反之，降低股利支付比例，便可避免这种情况的出现。在税收政策上，一般对公司和股东征收双重所得税，这种税收政策影响股利政策。如果公司股份由少数高收入的股东持有，这些股东为减少所得税支付，就可能要求较低的现金股利支付率，并转而要求获取股票股利形式的资本收益，因为资本收益的所得税税率较低；反之，如果公司股份由多数低收入的股东持有，他们会要求提高现金股利支付率。

（3）公司自身因素。它包括资产流动性、举债能力、投资项目和偿债需要。公司资产流动性高，一般能按较高的现金支付比例支付股利。容易取得融资的公司，其股利政策可以略微宽松，即可按较高比例支付现金股利。如果公司未来有许多投资项目，且其投资收益率高于资本成本，那么这种情况下公司需要大量资金，便会按较低比例支付现金股利。如果公司需要以现金偿还债务，将会减少现金股利支付额。

（4）其他因素。例如，为保护债权人利益，债务合同会订有若干限制股利支付的条件，如规定留存收益的最低限额，达不到时不能支付股利等。

常用的股利政策类型有剩余股利政策、固定或稳定增长的股利政策、固定股利支付率政策、低正常股利加额外股利政策。

在剩余股利政策下，留存收益要先保证再投资的需要，有助于降低再投资的资金成本，保持最佳的资本结构，实现企业价值的长期最大化。但是，若完全遵照执行剩余股利政策，股利发放额就会每年随着投资机会和盈利水平的波动而波动。剩余股利政策不利于投资者安排收入和支出，也不利于公司树立良好的形象。

在固定或稳定增长的股利政策下，鉴于股利政策本身的信息含量丰富，稳定的股利有利于向市场传递着公司正常发展、财务状况良好的信息，有利于树立公司的良好形象，增加投资者对公司的信心。但是，由于不论公司盈利多少，均要支付固定或按固定比率增长的股利，这可能导致企业资金紧张，财务状况恶化。

在固定股利支付率政策下，股利的支付与企业的盈利状况紧密联系，体现“多盈多分、少盈少分、无盈不分”的股利分配原则。但是，在某些情况下会造成企业的财务压力。这是因为公司实现的盈利多，并不代表公司有足够的现金流用来支付较高的股利额。

在低正常股利加额外股利政策下，股利的支付与企业的盈利状况紧密联系，但企业拥有更大的灵活性，财务压力较小。

股利分配政策决定着税后利润在支付股利和盈余积累之间的分配比例。较高的股利支付水平表明公司有较好的盈利水平、良好的财务状况和现金流量，但是，同时表明公司的盈余累积较少，意味着未来扩大再生产将受到较大限制。通过股东权益变动表可分析公司股利分配策略和股利分配情况，而股利政策与企业的财务状况有着紧密的联系。股利政策的变化影响和反映着公司的财务状况。

我国上市公司分红主要采用现金股利和股票股利。它们对公司财务状况有着不同的影响。

【例6-2】A公司有流通在外的股票1 000万股，每股股价7元，公司的市场价值总额是7 000万元。表6-3列出了上年年末的部分资产负债表项目。

表6-3　**资产负债表项目（现金股利支付前）**　单位：元

资　产		负债及所有者权益	
现金	25 000 000	负债	0
其他资产	45 000 000	所有者权益	70 000 000
资产总计	70 000 000	负债及所有者权益总计	70 000 000

假设该公司管理层本年年末决定每股发放1元的现金股利，支付股利后的资产负债表项目见表6-4。

表6-4 **资产负债表项目（现金股利支付后）** 单位：元

资　产		负债及所有者权益	
现金	15 000 000	负债	0
其他资产	45 000 000	所有者权益	60 000 000
资产总计	60 000 000	负债及所有者权益总计	60 000 000

由表6-4可知，如果该公司决定每股发放1元的现金股利，则需支付现金1 000万元，由此使公司资产的市场价值和所有者权益均下降到6 000万元，每股市价下降到6元。

总体来说，现金股利将减少公司的资产和留存收益规模，降低公司的财务弹性，并影响公司整体的投资与筹资决策。

股票股利是一种比较特殊的股利形式，它不直接增加股东的财富，不会导致企业资产的流出或负债的增加，不影响公司的资产、负债及所有者权益总额的变化，所影响的是所有者权益内部有关项目及其结构的变化，即将未分配利润转为股本或资本公积。股票股利的发放会导致每股收益和每股市价变化。如果盈利总额不变，普通股股数的增加会引起每股收益和每股市价的下降。

【例6-3】假定A公司本年净利润为2 500 000元，股利分配时的股票价格为20元/股，发行在外的普通股股数为2 000 000股，股利分配为每10股分配0.5股，则每股收益和每股市价的变化计算如下：

派发股票股利后的每股收益=（2 500 000÷2 000 000）÷（1+5%）=1.19（元/股）

派发股票股利后的每股市价=20÷（1+5%）=19.05（元/股）

【相关链接 6-3】

我国创业板上市公司股利分配特点

依据2021年4月30日年报披露，创业板共有947家上市公司，2020年平均实现营业收入21.16亿元，同比增长7.3%，平均实现净利润1.35亿元，同比增长43.00%，平均实现扣除非经常性损益后净利润1亿元，同比增长57.15%，创近年来最高水平。947家创业板公司中，790家实现盈利，占比83.42%；557家公司实现净利润增长，占比58.82%。

（一）股利分配范围广、水平高

根据深交所网上数据核算，2017年度，不分配股利的公司为94家，占比14.7%；2018年度，不分配股利的公司为98家，占比13.5%；2019年度，不分配股利的公司为214家，占比26.8%。2017—2019年创业板上市公司现金股利分配情况见表6-5。

表6-5 **2017—2019年创业板上市公司现金股利派发情况分析**

是否分配股利	2017年		2018年		2019年	
	公司数（家）	比例（%）	公司数（家）	比例（%）	公司数（家）	比例（%）
分配股利	546	85.3	626	86.5	583	73.2
不分配股利	94	14.7	98	13.5	214	26.8
公司样本数	640	100	724	100	797	100

从表6-5可以看到，进行股利分配的上市公司所占比例很高，2017—2018年每年大约有近15%的企业不分配股利，到2019年不分配股利的公司比例呈现上升状态，上升比例为13.30%。

（二）分配方式的多样性与集中性并存

创业板企业股利分配方式具有多样性。总的来说，股利分配方式有单纯现金股利、单纯转增股本、现金支付+转增股本三种形式。创业板发展初期“高送转”为主要分配方式，但随着创业板市场不断发展，“高送转”已经不是主要趋势。2017—2019年创业板上市公司股利分配形式见表6-6。

表6-6　2017—2019年创业板上市公司股利分配形式分析

分红形式	2017年	2018年	2019年
单纯派现	424	429	457
派现+转增	175	126	114
单纯转增	10	7	6
派现+转增+送股	6	2	1
派现+送股	2	4	5
小计	617	568	583
总计	711	738	797

从投资者的角度来看，投资股票是为了从中获利。公司股利自然成为投资者关注的重点。从表6-6可以发现，创业板众多公司的股利分配政策已经逐渐从“送股票”到“现金分红”转变为“转增股本+现金分红”和“纯现金分红”。

（三）现金股利占比逐渐提高

截至2019年12月31日，分红超1亿元的企业有422家。农林牧渔行业、电子行业均处于前列，食品饮料行业累计分红均值遥遥领先。创业板上市公司累计现金分红金额为1 899.4亿元，平均每家公司累计现金分红金额为2.34亿元。

2019年，年度整体现金分红总额为242.7亿元，占整体企业归母公司净利润的45.88%，平均每家企业现金分红金额达2 985.21万元。

自2018年以来，高送转已明显降温，现金分红成为常态。从表6-6可以看到，2017—2019年3年现金分红数和比例呈现上升状态。创业板上市公司累计派发现金红利达300亿元，较9年前增长约22.78倍。在过去的10年间，有300多家公司累计现金红利超过1亿元。这些公司大多是各自领域的龙头企业。在2021年分配股利的数家公司中，股利分配方式为现金股利的企业占绝大部分。

资料来源　张力，路贺童. 我国创业板上市公司股利分配实证分析［J］. 商业观察，2021（23）：58-60.

6.3.2　可持续增长率与财务状况

可持续增长率是指不增发新股并保持目前经营效率和财务政策条件下公司销售所能增长的最大比率。此处的经营效率指的是销售净利率和资产周转率；财务政策指的是股利支付率和资本结构。

可持续增长率的假设前提是：①公司不愿或者不能筹集新的权益资本，增加债务是其唯一的外部筹资来源；②公司打算继续维持目前的目标资本结构；③公司打算继续维持目前的目标股利政策；④公司的净利率将维持当前的水平，并且可以涵盖负债的利息；⑤公司的资产周转率将维持当前的水平。在上述假设条件成立的情况下，销售的增长率与可持续增长率相等。公司的这种增长率状态，称为可持续增长或平衡增长。

$$可持续增长率=\frac{年末所有者权益余额-年初所有者权益余额}{年初所有者权益余额}$$

$$可持续增长率=\frac{销售净利率\times 总资产周转率\times 权益乘数\times 留存收益率}{1-销售净利率\times 总资产周转率\times 权益乘数\times 留存收益率}$$

从上述公式可以看出，在构成可持续增长率的四项财务指标中，销售净利率和总资产周转率的乘积是总资产净利率，它体现了企业运用资产获取收益的能力，在一定意义上代表着企业的经营方针；权益乘数在一定意义上代表着企业的财务政策和目前的资本结构；留存收益率和与之相关的股利支付率则在一定意义上代表着企业的盈余分配政策。盈余分配政策会影响所有者权益的变动。留存比率高，意味着股利发放较少，企业可将更多的资金用于再投资，增加企业价值；留存比率低，则意味着企业发放较多股利，用于未来投资的资金就会减少。可以说，可持续增长率是由企业当前的经营效率、资本结构和盈余分配政策决定的内在增长能力，是企业目前的经营方针、财务政策以及盈余分配政策综合作用的结果，它在更深层次上综合揭示了企业的增长速度与目前的经营方针、财务政策以及盈余分配政策之间的关系。归结起来，企业可持续增长的能力取决于以下四个因素：

（1）销售净利率。销售净利率的提高将会增强企业从内部产生现金的能力，从而提高可持续增长率。

（2）股利政策。从上述公式可以看出，支付的股利占净利润的比率降低，会提高留存收益率。这会增加内部产生的权益，从而提高可持续增长率。

（3）筹资政策。债务权益率的提高将会加大企业的财务杠杆。因为这会使额外的债务筹资成为可能，所以可持续增长率也会提高。

（4）总资产周转率。企业总资产周转率的提高会增加每一个单位资产所产生的销售收入。这会减少企业在销售增长时对新资产的需求，从而提高可持续增长率。

【相关链接 6-4】

财务战略矩阵

通过一个矩阵把价值创造（投资回报率–资本成本）和现金余缺（增长率–可持续增长率）联系起来。该矩阵被称为财务战略矩阵（如图6-2所示），可以作为评价和制定战略的分析工具。

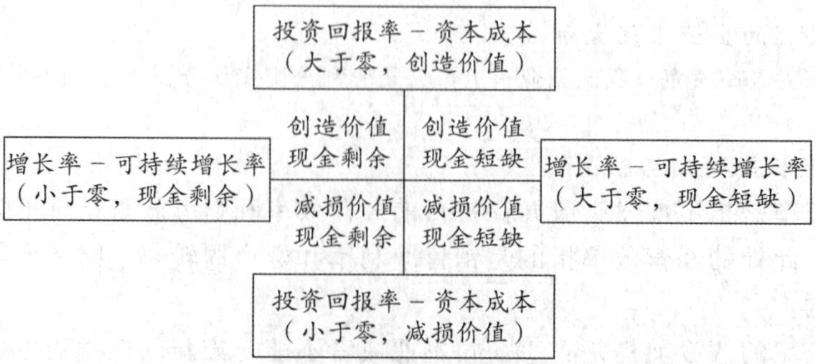

图6-2 财务战略矩阵

一、增值型现金短缺（处于第一象限）

财务战略如下：

（1）如果高速增长是暂时的，则应通过借款来筹集所需资金，等到增长率下降后企业会有多余现金归还借款。

（2）如果高速增长是长期的，则资金问题有两种解决途径：一是提高可持续增长率，包括提高经营效率（提高税后经营利润率和周转率）和改变财务政策（停止支付股利、增加借款），使之向增长率靠拢；二是增加权益资本（增发股份、兼并成熟企业），提供增长所需的资金。

二、增值型现金剩余（处于第二象限）

财务战略如下：

（1）由于企业可以创造价值，加速增长可以增加股东财富，因此，首选的战略是利用剩余现金加速增长。加速增长的途径包括：①内部投资；②收购相关业务。

（2）如果加速增长之后仍有剩余现金，找不到进一步投资的机会，则应把多余的钱还给股东。分配剩余现金的途径包括：①增加股利支付，陆续把现金还给股东；②回购股份，快速把现金还给股东。

三、减损型现金剩余（处于第三象限）

财务战略如下：

（1）首选的战略是提高投资回报率。提高投资回报率的途径包括：①提高税后经营利润率，包括扩大规模、提高价格、控制成本等；②提高资产周转率，减少应收账款和存货等资金占用。

（2）在提高投资回报率的同时，审查目前的资本结构政策，如果负债比率不当，可以适度调整，以降低平均资本成本。

（3）如果企业不能提高投资回报率或者降低资本成本，无法扭转价值减损的状态，就应该出售企业。

四、减损型现金短缺（处于第四象限）

财务战略如下：

（1）如果盈利能力低是本公司独有的问题，但本公司有能力扭转价值减损的局面，则可以选择“彻底重组”；否则，应该选择“出售”。

（2）如果盈利能力低是由整个行业衰退引起的，则应该选择“出售”以减少损失。

资料来源　张海霞，张翠萍，贺悦来．我国燃气上市公司财务战略评价——基于财务战略矩阵视角［J］．财会月刊，2019（19）：43-50.

本章小结

所有者权益变动表是反映公司本期（年度或中期）内截至期末所有者权益增减变动情况的报表。它全面反映了企业的所有者权益在年度内的变化情况，直接反映了主体在一定期间的总收益和总费用，从全面收益角度反映了主体收益的综合变动。

所有者权益是指企业资产扣除负债后由股东享有的“剩余收益”，也被称为净资产。所有者权益变动表一般应单独列报以下项目：①会计政策变更和前期差错更正的累积影响金额；②综合收益总额；③所有者投入和减少资本；④利润分配；⑤所有者权益内部结转；⑥实收资本（或股本）、其他权益工具、资本公积、库存股、其他综合收益、盈余公积、未分配利润、所有者权益合计的本年金额和上年金额。

所有者权益变动表的水平分析，是将所有者权益各个项目的本期数与基准（可以是上期数等）进行对比，揭示公司当期所有者权益各个项目的水平及变动情况，揭示公司净资产的变动原因，从而进行相关决策的过程。所有者权益变动表的结构分析，是对所有者权益各个子项目的变动额占所有者权益变动额的比重予以计算，并进行分析评价，揭示公司当期所有者权益各个项目的比重及其变动情况，揭示公司净资产构成的变动原因，从而进行相关决策的过程。所有者权益变动表的项目分析，是对组成所有者权益的主要项目进行具体剖析对比，分析其变动原因、合理合法性、是否有人为操纵的迹象等的过程。

分析时可以根据公式具体理解所有者权益变动表的主要项目：

$$\text{本期所有者权益变动额}=\text{净利润}+\text{直接计入所有者权益的利得和损失}+\text{会计政策变更和前期差错更正的累积影响}+\text{所有者投入资本}-\text{向所有者或股东分配的利润}$$

上述公式中除了比较易于理解的项目之外，对以下子项目应该进一步加深理解：

第一，直接计入所有者权益的利得和损失。它是指不应计入当期损益、会导致所有者权益发生增减变动的、与所有者投入资本或者向所有者（或股东）分配利润无关的利得和损失，具体包括固定资产重估产生的未实现损益、货币折算价差产生的未实现损益以及长期商业投资重估产生的未实现损益等。

第二，会计政策变更。它是指在特定的情况下，企业可以对相同的交易或事项由原来采用的会计政策改用另一会计政策。会计政策变更能够提供更可靠、更相关的会计信息的，主要应当采用追溯调整法进行处理，将会计政策变更累积影响数调整列报前期最早期初留存收益。

第三，前期差错更正。它是指企业应当在重要的前期差错发现后的财务报表中，调整前期相关数据。前期差错更正主要采用追溯调整法，它是指在发生前期差错时，视同该项前期差错从未发生过，从而对财务报表相关项目进行更正的方法。

讨论题

1.试述所有者权益变动表与资产负债表的钩稽关系。

2.简述所有者权益变动表分析的目的及内容。

3.如何分析所有者权益变动表中列示的会计政策变更？

4.如何分析所有者权益变动表中列示的前期差错更正？

5.如何进行所有者权益变动表的水平分析？

6.股利政策对所有者权益变动有何影响？

7.如何理解《企业会计准则——基本准则》中的所有者权益？

业务题

1.D公司2021年实现综合收益总额3 000万元，分配股利900万元，增发新股1 800万元，长期投资于X公司，股权占50%，X公司2021年盈利250万元，试确定所有者权益变动额。

2.ABC公司2021年度所有者权益变动表见表6-7，试对该公司所有者权益变动情况进行水平分析。

表6-7

所有者权益变动表

编制单位：ABC公司　　　　2021年度　　　　单位：元

项目	本年金额										上年金额									
	实收资本	其他权益工具			资本公积	减：库存股	其他综合收益	盈余公积	未分配利润	所有者权益合计	实收资本	其他权益工具			资本公积	减：库存股	其他综合收益	盈余公积	未分配利润	所有者权益合计
		优先股	永续债	其他								优先股	永续债	其他						
一、上年年末余额	300 000				32 000	5 400		285 400	110 000	722 000	300 000				32 000	5 400		265 400	68 000	660 000
加：会计政策变更																				
前期差错更正																				
其他																				
二、本年年初余额	300 000				32 000	5 400		285 400	110 000	722 000	300 000				32 000	5 400		265 400	200 000	200 000
三、本年增减变动金额（减少以“–”号填列）																				
（一）综合收益总额									482 000	482 000										
（二）所有者投入和减少资本																				
1.所有者投入的普通股																				
2.其他权益工具持有者投入资本																				
3.股份支付计入所有者权益的金额																				
4.其他																				
（三）利润分配																				
1.提取盈余公积								48 200	-48 200									20 000	-20 000	
2.对所有者的分配									-158 000	-158 000									-138 000	-138 000
3.其他																				
（四）所有者权益内部结转																				
1.资本公积转增资本																				
2.盈余公积转增资本																				
3.盈余公积弥补亏损																				
4.设定受益计划变动额结转留存收益																				
5.其他综合收益结转留存收益																				
6.其他																				
四、本年年末余额	300 000				32 000	5 400		333 600	385 800	1046 000	300 000				32 000	5 400		285 400	110 000	722 000

案例分析

四川长虹的股利分配政策

四川长虹1997—2021年股利分配方案、相关收益数据见表6-8，1993—2021年股本变动情况见表6-9。

表6-8　　1997—2021年盈利及分红、配股情况表

年　份	净利润（亿元）	每股收益（元）	分红方案	配股方案
1997年	26.12	1.71	10股送3股派5.8元	10股配1.875股，每股9.8元
1998年	20.04	0.876	无分红	
1999年	5.25	0.243	无分红	10股配2.3076股，每股9.98元
2000年	2.74	0.127	无分红	
2001年	0.89	0.041	无分红	
2002年	1.76	0.081	无分红	
2003年	2.06	0.095	无分红	
2004年	−36.81	−1.701	无分红	
2005年	2.85	0.132	无分红	
2006年（4月12日）	未披露	未披露	10股送3.4股	2006年4月12日实施股权分配
2006年（6月30日）	1.25	0.066	无分红	
2007年	3.89	0.18	10股派0.8元（含税）	
2008年	4.42	0.016	10股派0.5元（含税）	
2009年	2.63	0.061	10股转增5股	
2010年	5.39	0.103	10股转增2.5股	
2011年	4.77	0.1039	不分配不转增	
2012年	3.23	0.07	10股派0.1元（含税）	
2013年	2.73	0.111	10股派0.2元（含税）	
2014年	2.68	0.0128	不分配不转增	
2015年	−17.25	−0.4280	不分配不转增	
2016年	11.59	0.1202	10股派0.4元（含税）	
2017年	6.58	0.0772	10股派0.12元（含税）	
2018年	6.61	0.07	10股派0.22元（含税）	
2019年	3.34	0.0131	10股派0.10元（含税）	
2020年	2.35	0.0098	10股派0.10元（含税）	
2021年	6.75	0.0617	10股派0.20元（含税）	

表6-9　　1993—2021年股本变动情况

年　份	总股本（万股）	流通股占比（%）	年　份	总股本（万股）	流通股占比（%）
1993年	19 818	25.22	2007年	18 982	100
1994年	23 782	25.22	2008年	18 982	100
1995年	50 536	30.59	2009年	18 982	100
1996年	80 858	30.59	2010年	28 473	100
1997年	152 998	30.72	2011年	46 162	100
1998年	198 897	30.72	2012年	46 162	100
1999年	21 642	34.74	2013年	46 162	100
2000年	21 642	43.96	2014年	46 162	100
2001年	21 642	43.96	2015年	46 162	100
2002年	21 642	43.96	2016年	46 162	100
2003年	21 642	43.96	2017年	46 162	100
2004年	21 642	43.96	2018年	46 162	100
2005年	21 642	43.96	2019年	46 162	100
2006年（4月12日）	21 642	100	2020年	46 162	100
2006年（6月30日）	18 982	100	2021年	46 162	100

问题探讨：

（1）四川长虹上市后所采用的主要股利支付形式有哪些？

（2）现金股利适于在何种情况下发放？

（3）发放股票股利会给投资者传递怎样的信号？

（4）该公司的股利政策是否会对所有者权益产生影响？

第3篇

财务能力分析

第7章

企业盈利能力分析

我买入企业的基本标准之一是：该企业应显示出具有持续稳定的盈利能力。我宁愿要一个收益率15%、资本规模1 000万美元的中小企业，也不愿要一个收益率5%、资本规模1亿美元的大企业。

——沃伦·巴菲特

学习目标

1. 了解盈利能力的基本含义；
2. 熟悉盈利能力的影响因素；
3. 掌握商品盈利能力的内容及其指标计算；
4. 掌握资产盈利能力的内容及其指标计算；
5. 掌握资本盈利能力的内容及其指标计算；
6. 掌握上市公司盈利能力指标计算；
7. 掌握杜邦分析法。

思政元素

1. 大局意识、价值观塑造（社会主义核心价值观）与可持续发展；
2. 科学思维与系统思维；
3. 制度自信与文化自信；
4. 社会责任、诚实守信与职业道德。

重点与难点

1. 盈利能力的影响因素；
2. 上市公司与一般企业盈利能力分析的区别。

引　言

近年来，宝马集团不断推出新车型，几款产品更是先后以相对低配和低价入市，低价换来了销量，却换走了利润。数据显示，宝马集团2019年净利润为50.22亿欧元，同比下滑28.9%。2018年净利润为72.07亿欧元，同比下滑16.9%。

著名经济学家宋清辉在接受资本观察网的采访时表示，宝马集团净利不断下滑或是市场价格竞争激烈所致，但归根结底在于其核心竞争力在逐渐下滑。

宝马集团CFO（首席财务官）彼得表示，受疫情影响，宝马公司2020年的税前利润和车辆交付量或将大幅下降。此外，再加上研发支出的提升，该公司汽车部门的利润率将会下滑。

业内人士预计，2020年，宝马集团的局势并不乐观，或将出现净利的三连跌。2019年，宝马集团总销量为253.8万辆，相比2018年全年增长2.2%。就各区域市场的表现来看，中国市场毫无悬念地位居榜首，成为宝马全球最大单一市场。2019年，宝马在华销量达到72.37万辆，同比增长13.1%，占全球总销量的28.71%。

销量增长本是好事，但是终端市场经销商之间的价格战却愈演愈烈。宝马集团甚至被质疑正陷入“以利润换销量”的怪圈。数据显示，2019年在宝马旗下的SUV系列中，宝马X系列销量最高，其中宝马X3全年交付超过12万辆，成为驱动宝马2019年业务增长的主力。宝马X3与同级车奥迪Q5L、奔驰GLC相比，官方指导价相差不多，但是宝马X3的促销力度是最大的。宝马轿车领域，宝马5系2019年在华销量累计为17.3万辆，也是宝马增长的动力因素。

有消息显示，宝马经销商的终端促销力度自2019年3月开始不断上升，到年末为完成厂家销量任务，取得厂家返点，2019款宝马5系最高可优惠10万元。例如，525Li M运动套装2019，官方指导价格为43.69万元，4S店内现车只需33.69万元。

价格的下探让豪车市场在整体车市中一枝独秀，但是库存问题仍不可小觑。从中国汽车流通协会发布的数据来看，2019年连续12个月中国汽车经销商库存预警均高于50%，汽车经销商库存预警指数均处于警戒线之上。12月份的进口及豪华车库存预警指数达到56.5%，经销商经营状况不佳。

库存指数越高，经销商现金流越少，经营压力以及风险越大。一方面，终端促销势必会导致经销商利润锐减；另一方面，主机厂通过积压库存的方式保持了良好的销售数字，销量压力转嫁给经销商，一旦资金链断裂，对于经销商来说将是摧毁性的打击。为了提振销量，宝马集团旗下的新车减配现象严重，宝马1系已经跌破了20万元，2019款宝马1系的低配裸车的价格在全国范围内几乎都在13~15万元，和普通合资车价格不相上下。

业内专家认为，用利润换销量并不是长久之计，长此以往只会损伤企业的品牌影响力。汽车专家崔东树在接受资本观察网采访时表示，宝马集团的利润水平可能会进一步下降，未来的出路尚不明朗，当前面临着巨大的压力。

关于如何提升利润，宋清辉表示，对宝马而言，利润水平进一步提升并非易事，必须在创新方面加大投入，迎合市场上消费者的挑剔目光。

资料来源　蜜芽．宝马汽车跌落神坛［J］．商业观察，2020（7）．

7.1　盈利能力分析的目的和内容

7.1.1　盈利能力分析的目的

1. 盈利能力的含义

盈利能力是指企业在一定时期内获取利润的能力，也称为企业的资金或资本增值能力，通常表现为一定时期内企业收益数额的多少及其水平的高低。保持最大的盈利能力是企业财务工作的目标，同时也是企业实现持续、健康发展的根本保证。由于盈利能力是企业组织生产经营活动、销售活动和财务管理水平高低的综合体现，因而企业盈利能力是企业所有利益相关者共同关注的问题。

投资者和潜在投资者之所以关注盈利能力，是因为他们的股息收入来源于利润，而且企业盈利能力提高还能使股票价格上升，从而使股东获得资本增值；债权人之所以关注盈利能力，是因为企业利润是其债权安全性的保障，是企业偿债的主要来源；由于企业盈利能力的强弱是企业资产结构是否合理、营销策略是否成功、经营管理水平高低的主要表现，因此，企业管理层为了衡量业绩、发现问题、履行和承担受托经营责任，同样会非常关心企业的盈利能力；对于政府机构而言，企业盈利水平是其税收收入的直接来源，获利的多少直接影响财政收入的实现。因此，盈利能力对于所有报表使用者都有着十分重要的意义。

作为自主经营、自负盈亏的独立商品生产者和经营者，企业必须维护其资本的完整性并尽最大努力获取利润，这样才能向股东们发放股利，增加雇员薪金，保证可靠的偿债能力，才能使企业健康、顺利地发展。只有净资产得到保全和维护并取得盈余，才能保持企业的经济实力，保证国家财政收入的稳定，才有利于整个国民经济的健康发展。因此，盈利能力在财务报表分析中处于非常重要的地位。

企业报酬有不同的计量尺度，如息税前利润、息前利润、净利润、归属普通股股东的利润等，下面分别对不同企业报酬尺度进行介绍。

（1）息税前利润。息税前利润（EBIT）是支付利息、缴纳所得税之前的利润，即在净利润的基础上将所得税和利息加回，其计算公式为：

息税前利润=净利润+所得税+利息

息税前利润是企业所有资产共同创造的财富，将债权人报酬（即利息）和股东报酬（即净利润）都包含在内，因此，在考查企业全部资金的报酬率时，经常选择将息税前利润作为分子的报酬指标。但是，息税前利润将所得税也包含在内，而所得税是企业的一项费用，将其包含在内并不十分合理。如果将所得税看成政府所获得的利益，那么在考查包括债权人、股东和政府在内的利益相关者的利益时，使用息前利润更加合理。

（2）息前利润。息前利润是支付利息之前的利润，即在净利润的基础上将利息加回。由于利息可以抵税，因此，加回的利息是抵税后的净利息。息前利润的计算公式为：

息前利润=净利润+利息×（1−所得税税率）

息前利润在息税前利润的基础上扣除了所得税因素，用它来代表企业所有资金的报酬更加合理。由于企业很少区分非流动负债利息和流动负债利息，因此，在考查长期资金的报酬时，也可以用息前利润近似地替代。但是由于企业是先支付利息，后缴纳所得税，息前利润作为支付利息前、缴纳所得税后的利润不太容易被理解，因此，在实际应用中，息税前利润比息前利润更加常见。

（3）净利润。净利润即税后利润。虽然净利润并不会全部作为股利支付给股东，还会有一部分以盈余公积和未分配利润的形式留存在企业，但盈余公积和未分配利润从归属上看仍归股东所有，因此，全部的净利润都可以看成股东的报酬，即权益资金获得的报酬。

（4）归属普通股股东的利润。在企业有优先股的情况下，并不是所有的净利润都归普通股股东所有，优先股股东将先于普通股股东分得固定的股利。因此，在考查普通股股东报酬时，应在净利润的基础上扣减优先股股利，计算出归属普通股股东的利润。

2. 盈利能力分析的目的

（1）有利于投资者进行投资决策。企业的投资者进行投资的目的是获取更多的利润，投资者总是将资金投向获利能力最强的企业。因此，投资者对获利能力进行分析是为了判断企业获利能力的强弱、获利能力的稳定性和持久性及未来获利能力的变化趋势。在市场经济条件下，投资者往往认为企业的获利能力比财务状况、营运能力更为重要，所以，投资者关心企业赚取利润的多少并重视对利润率的分析。企业获利能力增强，投资者的直接利益就会提高，此外，还会使股票价格上升，从而使股票投资者获得资本收益。

（2）有利于债权人衡量投入资金的安全性。债权人可以通过分析企业的获利能力来衡量收回本息的安全程度，从而使借贷资金流向具有较高安全性和利润率的社会生产部门。

企业短期债权人关注的是在短期内企业能否按时还本付息，因此，主要分析企业当期的盈利水平。在短期借款时期内企业的盈利水平高，短期债权人的利益就有较好保证。他们较少关心企业未来盈利水平的稳定性和持久性。另外，短期债权人是否能收回其借款本息，还常常取决于企业的现金净流量，因此，短期债权人还特别关心企业盈利情况下的现金支付能力。

企业长期债权人关注的是企业在长期债务到期时能否及时足额还本付息。长期债务的偿还要以企业高水平、持久稳定的获利能力为基础，因此，长期债权人侧重于分析、判断企业长期获利水平的高低、获利的稳定性和持久性，并以此预期在长期借款到期后他们能否及时足额收回本金和利息。

（3）有利于政府部门行使社会管理职能。政府行使社会管理职能，要有足够的财政收入作保证。税收是国家财政收入的主要来源，而大部分税收来自企业。企业获利能力强，就意味着实现的利润多，对政府税收贡献大。各级政府如能聚集较多的财政收入，就能有更多的资金投入基础设施建设、科学教育、环境保护及其他各项公益事业，更好地行使社会管理职能，为国民经济的良性运转提供必要保障，推动社会向前发展。

（4）有利于企业经理人员对企业进行经营管理。从企业的角度看，企业从事生产经营活动，其根本目的是最大限度地赚取利润并维持企业稳定经营和发展。持续稳定的经营和发展是企业获取利润的基础，而最大限度地获取利润又是企业持续稳定发展的目标和保证。因此，对企业经理人员来说，分析企业的获利能力具有十分重要的意义。首先，用已达到的获利能力指标与标准、基期、同行业平均水平、其他企业相比较，可以衡量经理人员工作业绩的优劣；其次，通过对获利能力的深入分析或因素分析，可以发现经营管理中存在的重大问题，进而采取措施予以解决，提高企业的获利水平。

（5）有利于保障企业职工的权益。企业获利能力的强弱，直接关系到企业员工的切身利益。企业的竞争实际上是人才的竞争，企业具有较强的盈利能力，就能为员工提供较为稳定的就业岗位、较多的深造和发展机会、较丰富的薪金及物质待遇，为员工工作、生活、健康等各方面创造良好的条件，同时也能吸引人才，使他们更努力地为企业工作。

7.1.2 盈利能力分析的内容

盈利能力分析是企业财务分析的重点，而财务结构分析、偿债能力分析等的根本目的是通过分析及时发现问题，改善企业财务结构，提高企业的偿债能力和经营能力，最终提高企业的盈利能力，促进企业持续稳定发展。对企业盈利能力的分析主要是指对利润率的分析。这是因为，尽管对利润额的分析可以说明企业财务成果的增减变动状况及原因，为改善企业经营管理指明方向，但是由于利润额受企业规模或投入总量的影响较大，因而一方面使不同规模的企业之间不便于对比，另一方面也不能准确反映企业的盈利能力和盈利水平。因此，仅进行利润额分析一般不能满足各方面对企业财务信息的要求，还必须对利润率进行分析。

1. 基于经营方式的盈利能力分析

不同层次、不同性质企业的经营方式不同，使得反映企业盈利能力的指标形式有所不同。经营方式包括商品经营、资产经营和资本经营三种类型，因此，对企业盈利能力的分析主要从商品经营、资产经营和资本经营的角度进行。

商品经营与生产经营型企业经营方式紧密相连。生产经营型的基本特点是围绕产品生产进行经营管理，包括供应、生产和销售各环节的管理及相应的筹资和投资管理。管理目标是追求供产销的衔接和商品的盈利性。因此，商品经营的基本内涵是企业以市场为导向，组织供产销活动，以一定的人力、物力消耗生产与销售尽可能多的社会需要的商品。商品经营盈利能力分析主要利用利润表资料进行利润率分析，包括收入利润率分析和成本利润率分析两方面的内容。

资产经营与资产经营型企业经营方式紧密相连。资产经营型的基本特点是把资产作为企业资源投入，围绕资产的配置、重组和使用等进行管理。管理目标是追求资产的增值和资产盈利能力的最大化。因此，资产经营的基本内涵是合理配置与使用资产，以一定的资产投入取得尽可能多的收益。资产经营盈利能力分析主要是对总资产报酬率指标进行分析和评价。影响总资产报酬率的指标主要有总资产周转率和销售息税前利润率。

资本经营与资本经营型企业经营方式紧密相连。资本经营型的基本特点是围绕资本保值与增值进行经营管理，把资本收益作为管理的核心，资产经营、商品经营和产品经营都服从于资本经营目标。资本经营型企业的管理目标是实现资本保值与增值或追求资本盈利能力最大化。因此，资本经营的基本内涵是指企业以资本为基础，通过优化配置来提高资本经营效益的经营活动，包括资本流动、收购、重组、参股和控股等能实现资本增值的领域，从而使企业以一定的资本投入取得尽可能多的资本收益。资本经营盈利能力分析主要是对净资产收益率指标进行分析和评价。影响净资产收益率的指标主要有总资本报酬率、负债利息率、企业资本结构和所得税税率等。

另外，上市公司因为股权流通、股票价格公开等因素的影响而具有一些特殊的指标，还应对上市公司的盈利能力指标进行分析。上市公司盈利能力分析主要是对每股收益、普通股权益报酬率、股利发放率、价格与收益比率、托宾Q值、现金分配率以及每股经营现金流量等指标进行分析和评价。

2. 商品经营、资产经营和资本经营之间的关系

商品经营和资产经营既相互联系又相互区别。主要表现在：第一，资产经营不能离开商品经营而独立存在，没有有效的商品经营，难以取得良好的资产经营效果。第二，资产经营是对商品经营的进一步发展，不仅考虑商品本身的消耗与收益，而且将资产的投入与产出及周转速度作为经营的核心。第三，资产经营目标比商品经营目标更综合。商品经营目标是实现资产经营目标的基础而非全部。要实现资产经营目标，必须在商品经营目标的基础上，进一步搞好资产的重组与有效使用，加快资金周转速度。

资本经营和资产经营同样既相互联系又相互区别。它们的主要区别在于：第一，经营内容不同。资产经营主要强调资产的配置、重组及有效使用；资本经营主要强调资本流动、收购、重组、参股和控股等。第二，经营出发点不同。资产经营从整个企业出发，强调全部资源的运营，而不考虑资源的产权问题；资本经营则在产权清晰的基础上从企业所有者的角度出发，强调资本（主要指自有资本）的运营。它们之间的联系主要表现在：第一，资本与资产的关系决定了二者之间相互依存、相互作用，资本经营要以资产经营为依托，资本经营不能离开资产经营而孤立存在；第二，资本经营是企业经营的最高层次，商品经营是产品经营的进步，资产经营是商品经营的进步，而资本经营是资产经营的进步，资产经营可以被看成资本经营的一个环节或组成部分。

拓展阅读

格力电器盈利能力分析与提升策略研究

7.1.3 影响盈利能力的主要因素

盈利能力受营销能力、成本费用管理水平、资产管理水平、财务状况及风险等各方面因素的影响，分析和研究这些因素的影响对于准确评价企业的盈利能力非常重要。

1. 营销能力

营业收入尤其是主营业务收入是企业利润最重要的源泉，是企业发展的基础。企业的营销能力是扩大经营规模、增加营业收入的保证。科学有效的营销策略有助于形成良好的营业状况，为企业盈利提供最基本的条件。

2. 成本费用管理水平

利润是收入扣减费用后的差额。如果说营销能力是企业“增收”的保障，那么成本费用管理水平就是企业“节支”的基础。在企业营销能力一定的情况下，其成本费用越高，盈利能力越差，企业抵御市场风险的能力和市场竞争能力越弱；其成本费用越低，则获利空间越大，企业抵御市场风险的能力和市场竞争能力越强。因此，加强对成本费用的管理，不断挖掘成本潜力，是企业增加利润的重要手段。当然，降低成本费用应以不减少企业现在和未来的收入为前提。

3. 资产管理水平

资产是可以带来经济利益的经济资源。因此，资产规模适度与否、资产结构合理与否以及资产运用效率的高低直接影响企业获取经济利益的能力，即盈利能力。有效的资产管理有助于确定适度的资产规模，安排合理的资产结构，不断提高资产效率。

4. 财务状况及风险

财务状况的稳定性取决于资本结构，而资本结构对盈利能力有着重要影响。资本结构是风险与收益相权衡的结果，对企业经营具有重要影响。由于非流动负债的利息在税前列支，而且具有相对稳定性，因此它不仅影响税前、税后利润，还发挥着财务杠杆的作用，

即当长期资本报酬率高于非流动负债利息率时，净资本报酬率随着负债率的增加而增加，反之则减少，甚至由正值变为负值。可见，资本结构变化时企业股东权益报酬率随之发生变化，属于一种典型的理财收益。同时，它也反映了与高财务风险相关的盈利能力的易变性。因此，增强权益的盈利能力，需要在尽可能减少资本占用的同时妥善安排资本结构。

【相关链接 7-1】

信息技术行业上市公司盈利能力的非财务因素分析

一、创新能力

技术创新是企业发挥竞争优势、立足市场、保持发展动力的重要因素，也是提升企业盈利的秘密武器。各行业上市公司无一例外。信息技术行业企业大多是以技术为竞争基础的企业，只有努力创新，寻找并研发自己的核心技术领域，才能获得盈利方面的成功。

二、内部管理

公司管理能力对其盈利能力有间接的影响，不同的信息技术行业上市公司拥有不同的管理水平和管理理念，在管理决策实施的过程中将会为公司带来不一样的发展方向，产生不同的营运效率，从而使得各个公司产生了盈利能力的差异。

三、企业文化

良好的企业文化有助于提升信息技术行业上市公司的社会形象，提升员工内部凝聚力和向心力。

除上述提到的因素外，上市公司盈利能力通常还会受到企业的商业信誉、税收政策、市场占有率等其他非财务因素的综合影响。

资料来源　段晓熙. 信息技术行业上市公司盈利能力的影响因素分析［D］. 首都经济贸易大学，2018.

7.2 商品经营盈利能力分析

7.2.1 商品经营盈利能力分析的内容

商品经营是相对于资产经营和资本经营而言的。商品经营盈利能力只研究利润与收入或成本之间的比率关系，而不考虑企业筹资或投资问题。因此，反映商品经营盈利能力的指标可分为两类：一类是各种利润额与收入之间的比率，统称收入利润率；另一类是各种利润额与成本之间的比率，统称成本利润率。

7.2.2 商品经营盈利能力分析的指标

1. 收入利润率分析

反映收入利润率的指标主要有营业收入利润率、营业收入毛利率、总收入利润率、销售净利率、销售息税前利润率等。不同的收入利润率，内涵不同，所揭示的收入与利润关系不同，在分析评价中所起的作用也不同。

（1）营业收入利润率，是指营业利润与营业收入之间的比率。

（2）营业收入毛利率，是指营业收入和营业成本的差额与营业收入之间的比率。

（3）总收入利润率，是指利润总额与企业总收入之间的比率，企业总收入包括企业营业收入、投资收益和营业外收入。

（4）销售净利率，是指净利润与营业收入之间的比率。

（5）销售息税前利润率，是指息税前利润与营业收入之间的比率。息税前利润是利润总额与利息支出之和。

收入利润率指标是正指标，指标值越高越好。分析时应根据分析目的与要求，确定适当的标准值，如行业平均值、全国平均值、企业目标值等。

根据第4章中表4-4利润表以及补充资料，结合上述企业收入利润率计算公式，计算S公司2021年的收入利润率及与2020年对比的变动情况（见表7-1）。

表7-1　　S公司收入利润率分析表（%）

项　目	2020年	2021年	差　异
营业收入利润率	19.27	24.22	4.95
营业收入毛利率	5.16	4.77	-0.39
总收入利润率	14.43	17.81	3.38
销售净利率	18.97	24.24	5.27
销售息税前利润率	19.66	24.88	5.22

从表7-1可以看出，2021年与2020年相比，S公司营业收入利润率、总收入利润率、销售净利率、销售息税前利润率均呈现不同程度的上升，其中营业收入利润率、销售净利率和销售息税前利润率上升较多。结合S公司两年利润表，2021年与2020年相比，营业收入与营业利润增长幅度较大，其中，营业收入与营业成本分别增长17.23%和19.90%，营业利润与净利润分别增长47.39%和49.84%。进一步分析可以发现，资产处置收益增长率达1 066.87%，说明S公司利润的大幅提升，除了与营业收入增长有关之外，还与资产处置收益的增加相关，营业收入与资产处置收益的大幅增加使得营业收入利润率和销售净利率有所提高。总收入利润率和销售息税前利润率分别增长3.38%和5.22%，主要是因为利润总额大幅增加。另外，还可以在以上分析的基础上进一步研究各种收入与利润的比率关系，从而寻找某种收入利润率提高受其他利润率影响的情况。

2. 成本利润率分析

反映成本利润率的指标主要有营业成本利润率、营业费用利润率、全部成本费用利润率等。

（1）营业成本利润率，是指营业利润与营业成本之间的比率。其计算公式如下：

$$营业成本利润率=\frac{营业利润}{营业成本}\times100\%$$

（2）营业费用利润率，是指营业利润与营业费用之间的比率。营业费用包括营业成本、税金及附加、研发费用、期间费用和资产减值损失。期间费用包括销售费用、管理费用、财务费用等。其计算公式如下：

$$营业费用利润率=\frac{营业利润}{营业费用}\times100\%$$

（3）全部成本费用利润率。该指标可以分为全部成本费用总利润率和全部成本费用净利润率两种形式。

$$全部成本费用总利润率=\frac{利润总额}{营业费用+营业外支出}\times 100\%$$

$$全部成本费用净利润率=\frac{净利润}{营业费用+营业外支出}\times 100\%$$

以上各种成本利润率指标反映了企业投入产出水平，即所得与所费的比率，体现了增加利润是以降低成本及费用为基础的。这些指标的数值越高，表明用于生产和销售产品的每1元成本及费用取得的利润越多，劳动耗费的效益越高；反之，则表示每耗费1元成本和费用所实现的利润越少，劳动耗费的效益越低。因此，成本利润率是综合反映企业成本效益的重要指标。

成本利润率是正指标，指标值越高越好。分析评价时，可将各指标实际值与标准值进行对比。标准值可根据分析的目的与管理要求确定。

根据第4章中表4-4利润表的资料并结合上述企业成本利润率计算公式，计算与分析S公司成本利润率（见表7-2）。

表7-2　**S公司成本利润率分析表（%）**

项　目	2020年	2021年	差　异
营业成本利润率	20.32	25.44	5.12
营业费用利润率	17.18	21.13	3.95
全部成本费用总利润率	16.86	21.14	4.28
全部成本费用净利润率	16.86	21.14	4.28

从表7-2可以看出，S公司2021年成本利润率的各项指标均比2020年高，其中营业成本利润率上升幅度最大，说明企业利润增长速度快于成本费用增长速度，即每耗费1元成本及费用实现的利润更多，劳动耗费的效益更高。

3. 现金流量指标对商品经营盈利能力分析的补充

销售获现比率是销售商品、提供劳务收到的现金与营业收入之比，反映企业通过销售获取现金的能力，对分析商品经营盈利能力有一定的补充作用。其计算公式为：

$$销售获现比率=\frac{销售商品、提供劳务收到的现金}{营业收入}$$

表7-3列示了2019—2021年S公司的销售获现比率。

表7-3　**S公司销售获现比率分析表**

项　目	2019年	2020年	2021年
销售商品、提供劳务收到的现金（元）	60 398 824 153.70	56 647 851 260.36	66 322 987 610.06
营业收入（元）	63 840 991 415.99	60 044 044 174.49	70 391 603 895.15
销售获现比率	0.95	0.94	0.94

从表7-3可见，2019—2021年S公司销售获现比率呈现下降趋势，且均小于1。这可以说明近年来公司通过销售获取现金的能力持续上升，也可以由此判定企业产品销售形势较为乐观，应制定合理的信用政策，加强收款能力，保证能够及时收回货款，以免出现较大比例的坏账损失。

7.2.3 商品经营盈利能力的行业分析

表7-4对2021年汽车行业主要公司商品经营盈利能力进行了比较分析。

表7-4　　2021年汽车行业主要公司商品经营盈利能力比较分析

公司名称	总资产规模（元）	净资产规模（元）	营业收入利润率（%）
S公司	288 929 328 288.27	216 969 231 730.66	24.22
东风汽车	19 641 120 252.70	7 473 399 302.77	0.24
广州汽车	99 649 873 187.00	87 208 859 110.00	567.22
长安汽车	121 447 552 434.47	56 313 045 081.01	3.07
福田汽车	46 415 019 926.03	11 780 867 795.20	−8.40
江淮汽车	39 752 726 861.86	13 623 403 633.39	1.20

由表7-4可见，除了广州汽车，S公司的营业收入利润率在同行业中处于领先水平，其可能的原因是投资收益较高。

7.3 资产经营盈利能力分析

7.3.1 资产经营盈利能力分析的内容

资产经营盈利能力，是指企业运营资产而产生利润的能力。由于企业不仅可以采用高销售净利率、低周转率的政策，也可以采用低销售净利率、高周转率的政策，所以销售净利率会受企业政策的影响。但是，这种政策选择不会改变企业的资产利润率，因此资产利润率能更加全面地反映企业获利的能力。

7.3.2 资产经营盈利能力分析的指标

1. 总资产报酬率分析

（1）总资产报酬率指标的计算

总资产报酬率是企业的息税前利润同平均资产总额的比率，是反映企业资产综合利用效果的指标，也是衡量企业总资产获利能力的重要指标。其计算公式为：

$$总资产报酬率=\frac{息税前利润}{平均资产总额}\times100\%=\frac{息税前利润}{\frac{期初资产总额+期末资产总额}{2}}\times100\%$$

总资产报酬率反映的是企业投入的全部资金获取报酬的能力。在实际应用中，由于各利益相关者对净利润特别关注，更常见的总资产报酬率的计算公式为：

$$总资产报酬率=\frac{净利润}{平均资产总额}\times100\%=\frac{净利润}{\frac{期初资产总额+期末资产总额}{2}}\times100\%$$

根据2021年资产负债表、利润表，S公司2021年度总资产报酬率计算如下：

$$总资产报酬率=\frac{17\,064\,074\,223.52}{\frac{275\,239\,427\,330.70+288\,929\,328\,288.27}{2}}\times100\%$$

$$=6.05\%$$

表7-5列示了S公司2017—2021年的总资产报酬率。

表7-5　　S公司2017—2021年的总资产报酬率

项　目	2017年	2018年	2019年	2020年	2021年
总资产报酬率（%）	12.90	12.88	7.46	4.20	6.05

从表7-5可以看出，近年来S公司总资产报酬率呈波动状态，平均值为8.70%。

（2）总资产报酬率指标的分析要点

① 总资产报酬率高，说明企业资产运用效率高，资产盈利能力强，所以这个比率越高越好。评价总资产报酬率时，不仅要结合企业资产结构、经济周期、企业特点、企业战略进行分析，还要与企业前期的比率以及同行业其他企业的比率进行比较。

② 对公式中的分子“净利润”有几种观点：

一种观点是采用“税后净利”。在杜邦分析法中就是采用此种利润的概念，因为它展示了一个重要关系式：总资产收益率（总资产报酬率）=销售净利率×总资产周转率，从而可进一步分析并显示经营获利能力和资产周转速度对总资产报酬率的影响。但由于税后净利已扣除负债利息，必然会受到资本结构的影响，因而导致不同时期、不同企业的总资产报酬率会因资本结构等因素的不同而缺乏可比性。

另一种观点是采用“息税前利润”。其理由是：第一，从经济学角度看，利息支出的本质是企业纯收入的分配，是企业创造利润的一部分。为了促使企业加强成本及费用管理，保证利息的按期支付，要将利息费用化的部分列作财务费用，从营业收入中得到补偿，而利息资本化的部分则被计入资产原价，以折旧、摊销等形式逐期收回，所以应将利息支出加回到利润总额中。第二，权益性融资成本是股利，股利是以税后利润支付的，其数额包含在利润总额之中；债务性融资成本是利息支出，在计算利润总额时已将其扣除，为了使分子、分母的计算口径一致，分子中应包括利息支出。第三，息税前利润可以避免因资本结构不同而导致利润不同，能够较好地体现资产的总增值情况，而且便于企业间的横向比较，因此最为常用。但其不足之处是它未能反映终极所得，所以不太符合所有者的分析要求。

2. 长期资本报酬率分析

（1）长期资本报酬率指标的计算

如果说总资产报酬率是从资产负债表左方进行“投入”与“产出”的比较，那么长期资本报酬率则是从资产负债表的右方进行“投入”与“产出”的比较。长期资本报酬率也称长期资本收益率，是收益总额与长期资本额之比，反映企业投入长期资本的获利能力。其中，长期资本额是企业平均非流动负债和平均所有者权益之和，而收益总额是指利润总额。其计算公式为：

$$\text{长期资本报酬率}=\frac{\text{利润总额}}{\text{长期资本额}}\times 100\%$$

长期资本额=平均非流动负债+平均所有者权益

$$=\frac{\text{期初非流动负债}+\text{期末非流动负债}}{2}+\frac{\text{期初所有者权益}+\text{期末所有者权益}}{2}$$

根据2021年资产负债表、利润表，计算S公司2021年度长期资本报酬率如下：

$$\text{长期资本额}=\frac{25\,088\,599\,523.06+22\,613\,978\,068.77}{2}+\frac{206\,675\,476\,606.05+216\,969\,231\,730.66}{2}$$

$$=235\,673\,642\,964.27\text{（元）}$$

$$长期资本报酬率=\frac{17\ 064\ 074\ 223.52}{235\ 673\ 642\ 964.27}\times100\%=7.24\%$$

表7-6列示了S公司2017—2021年的长期资本报酬率。

表7-6　　S公司2017—2021年的长期资本报酬率

项　目	2017年	2018年	2019年	2020年	2021年
长期资本报酬率（%）	14.83	14.93	8.72	4.98	7.24

从表7-6可以看出，2017—2021年，S公司的长期资本报酬率处于波动状态，平均值为10.14%。

（2）长期资本报酬率指标的分析要点

① 长期资本报酬率反映的是每单位长期资本能够获得多少盈利。该指标是从长期资金的提供者——长期债权人和所有者的角度来分析其投资报酬率的。显然，要提高长期资本报酬率，一方面要增强企业的获利能力，另一方面要尽可能减少长期资本的占用。

② 在利用长期资本报酬率衡量企业的获利能力时，不能仅分析企业某一个会计年度的长期资本报酬率，还应当结合趋势分析和同业比较分析，以便得出相对准确的分析结论。

③ 总资产报酬率由于衡量的是所有资金提供者的收益，因此通常较低；而长期资本报酬率衡量的是长期资金提供者的收益，由于短期资金的收益相对较低，所以该比率要高于总资产报酬率。

3. 现金流量指标对资产经营盈利能力分析的补充

全部资产现金回收率指标是指经营活动净现金流量与平均总资产之间的比率，反映企业利用资产获取现金的能力，衡量企业资产获现能力的强弱，可以对分析资产经营盈利能力起补充作用。

$$全部资产现金回收率=\frac{经营活动净现金流量}{平均总资产}$$

S公司2019—2021年的全部资产现金回收率见表7-7。

表7-7　　S公司2019—2021年全部资产现金回收率

项　目	2019年	2020年	2021年
经营活动净现金流量（元）	2 510 862 938.34	−5 256 682 036.82	−2 438 623 300.02
平均总资产（元）	257 843 867 717.56	271 030 961 981.02	282 084 377 809.49
全部资产现金回收率（%）	0.97	−1.94	−0.86

与2019年为正数的全部资产现金回收率指标值相比，S公司2020年和2021年的全部资产现金回收率明显大幅降低。相对于S公司总资产报酬率的降低而言，其改善效果并不明显。

7.3.3　资产经营盈利能力的影响因素

对总资产报酬率指标的计算公式进行如下分解：

$$总资产报酬率=\frac{营业收入}{平均总资产}\times\frac{息税前利润}{营业收入}\times100\%$$

$$=总资产周转率\times销售息税前利润率\times100\%$$

可见，总资产报酬率指标的影响因素有两个，即总资产周转率和销售息税前利润率。

总资产周转率作为反映企业资本运营能力的指标，可以用来说明企业资产的使用效率，直接体现了企业资产的经营效果；销售息税前利润率反映企业生产的产品的盈利能力，产品盈利能力越强，销售净利率越高。由此可见，资产经营盈利能力受产品盈利能力和资产运营效率两方面的影响。

根据上述总资产报酬率的因素分解式，可以运用连环替代法或差额计算法分别分析总资产周转率和销售息税前利润率变动对总资产报酬率的影响。

7.3.4　资产经营盈利能力的行业分析

表7-8对2021年汽车行业主要公司资产经营盈利能力进行了比较分析。

表7-8　　2021年汽车行业主要公司资产经营盈利能力比较分析

公司名称	总资产规模（元）	净资产规模（元）	总资产报酬率（%）
S公司	288 929 328 288.27	216 969 231 730.66	6.05
东风汽车	19 641 120 252.70	7 473 399 302.77	0.61
广州汽车	99 649 873 187.00	87 208 859 110.00	12.40
长安汽车	121 447 552 434.47	56 313 045 081.01	2.63
福田汽车	46 415 019 926.03	11 780 867 795.20	-8.61
江淮汽车	39 752 726 861.86	13 623 403 633.39	1.03

由表7-8可见，除了广州汽车，S公司的总资产报酬率在其他同行业企业中遥遥领先，其可能的原因是销售息税前利润率较高。

7.4　资本经营盈利能力分析

7.4.1　资本经营盈利能力分析的内容

资本经营盈利能力，是指企业所有者投入资本进行经营而取得利润的能力。

投资者投资的目的是获得投资报酬。投资者十分关心企业的资产运用效率，因为这会影响到投资报酬的高低。但资产报酬率高并不等于投资者的收益高，因为当企业的总资本包括债务融资时，只有在企业用债务资本带来的利润支付利息以后有剩余的情况下，产权融资的收益率才会提高；否则就会降低。

7.4.2　资本经营盈利能力分析的指标

1. 净资产收益率

（1）净资产收益率指标的计算

净资产收益率（ROE）亦称净资产报酬率、股本报酬率、净值报酬率。该指标是企业一定时期内净利润与平均净资产（所有者权益）总额之比，反映了企业所有者所获投资报酬的多少。其计算公式为：

$$\text{净资产收益率}=\frac{\text{净利润}}{\text{平均净资产总额}}\times 100\%$$

上式中净利润为企业税后净利，平均净资产总额为企业期初净资产总额与期末净资产总额的平均数。

根据2021年资产负债表、利润表，S公司2021年度净资产收益率计算如下：

$$净资产收益率=\frac{17\ 064\ 074\ 223.52}{(206\ 675\ 476\ 606.05+216\ 969\ 231\ 730.66)\div 2}\times 100\%$$
$$=8.06\%$$

S公司2017—2021年净资产收益率见表7-9。

表7-9　S公司2017—2021年净资产收益率

项　目	2017年	2018年	2019年	2020年	2021年
净资产收益率（%）	15.46	15.90	9.52	5.52	8.06

由表7-9可以看出，2017年到2021年期间，S公司净资产收益率波动明显，其中，2019年和2020年呈现大幅下降的趋势，2021年明显提升，平均值为10.89%。

需要说明的是，对于股份公司来说，净资产收益率通常是指普通股股东权益报酬率。如果公司股份中有优先股，应将这部分内容剔除。财务制度规定，优先股股利在企业提取任意盈余公积和支付普通股股利之前支付，而且无论公司的收益如何，优先股股利一般是固定不变的。因此可以说，普通股股东才是公司资产的真正所有者和风险的主要承担者，这种情况下净资产收益率的计算公式为：

$$净资产收益率=\frac{净利润-优先股股利}{平均净资产总额-平均优先股股东权益}\times 100\%$$

（2）净资产收益率指标的分析要点

① 净资产收益率是从所有者权益的角度来考量企业获利能力和投资回报能力的，因而它是最被所有者关注的、对企业具有重大影响的指标。一般来说，净资产收益率越高，企业净资产的使用效率就越高，投资者的利益保障程度也就越大。

② 报表使用者通过分析净资产报酬率指标，一方面可以判定企业的投资效益，另一方面可以了解企业管理水平的高低。同时，对该指标的分析还是所有者考核其投入企业的资本保值增值程度的基本途径。在具体分析时，可以结合指标的时间趋势分析、行业或同业比较分析等方式进行。

2. 资本金报酬率

（1）资本金报酬率指标的计算

资本金报酬率也称实收资本报酬率，是净利润与企业平均实收资本总额的比率，反映了投资者投入资本金的获利能力。其计算公式为：

$$资本金报酬率=\frac{净利润}{平均实收资本总额}\times 100\%$$

根据2021年资产负债表、利润表，S公司2021年度资本金报酬率计算如下：

$$资本金报酬率=\frac{17\ 064\ 074\ 223.52}{(11\ 683\ 461\ 365.00+11\ 683\ 461\ 365.00)\div 2}\times 100\%$$
$$=146.05\%$$

S公司2017—2021年的资本金报酬率见表7-10。

表7-10　S公司2017—2021年的资本金报酬率

项　目	2017年	2018年	2019年	2020年	2021年
资本金报酬率（%）	241.84	265.05	164.55	97.47	146.05

从表7-10可以看出，S公司历年资本金报酬率呈现先逐步上升后下降的趋势，整体来

说，2017—2018年呈现快速上升的趋势。在2018年上升至最高的265.05%后，2019年大幅下降，2020年进一步下跌至五年最低的97.47%，2021年有所提升。总体来看，波动很大。

（2）资本金报酬率指标的分析要点

资本金报酬率衡量的是企业所有者投入资本赚取利润的能力，公式中的资本金指的是资产负债表中的“实收资本”项目，该指标数值越高，表明投资者投入企业的资金得到的回报就越高。通过对资本金报酬率的分析，不仅可以了解企业管理水平和经济效益的高低，而且可以判定企业的投资效益，从而对所有者投资决策产生影响。因此，在衡量资本金报酬率时，应首先确定基准资本金报酬率，即企业在一定条件和一定的资本规模下至少应当实现的净利润的数额。若实际资本金报酬率低于基准报酬率，表明企业的获利能力严重不足，投资者就会转移投资。此外，分析资本金报酬率，除了将报告期实际报酬率与基准报酬率比较外，还应与上期比较，与计划目标比较，找出差距，分析原因。

3. 现金流量指标对资本经营盈利能力分析的补充

在盈利能力评价的基础上，以收付实现制为计算基础，以现金流量表所列示的各项财务数据为基本依据，通过一系列现金流量指标的计算，对公司盈利能力进行进一步的修复和校验，有利于对公司盈利状况进行多视角、全方位的综合分析，进一步反映公司利润的质量。对资本经营盈利能力发挥补充作用的现金流量指标主要有净资产现金回收率和盈利现金比率。

净资产现金回收率是经营活动净现金流量与平均净资产之间的比率，是对净资产收益率的有效补充，对那些提前确认收益而长期未收现的公司，可以将净资产现金回收率与净资产收益率进行对比，从而补充校验净资产收益率的盈利质量。其计算公式如下：

$$净资产现金回收率=\frac{经营活动净现金流量}{平均净资产}\times 100\%$$

根据S公司的资料计算净资产现金回收率，见表7-11。

表7-11　**2019—2021年S公司净资产现金回收率指标表**

项　目	2019年	2020年	2021年
经营活动净现金流量（元）	2 510 862 938.34	−5 256 682 036.82	−2 438 623 300.02
平均净资产（元）	201 854 079 039.84	206 202 762 787.52	211 822 354 168.36
净资产现金回收率（%）	1.24	−2.55	−1.15

S公司2020年的净资产现金回收率与2019年相比显著降低，并由正转负，说明公司盈利质量在一定程度上恶化。虽然S公司2021年净资产现金回收率有所回升，但仍为负值且仍低于2019年，意味着公司盈利质量有所改善但仍需继续提升。

盈利现金比率即盈余现金保障倍数，反映公司本期经营活动净现金流量与净利润的比值。

$$盈利现金比率=\frac{经营活动净现金流量}{净利润}$$

一般来说，盈利现金比率越大，公司盈利质量越高。如果该比率小于1，则说明本期净利润中存在还没有实现的现金收入。此时，即使公司盈利，也可能有现金短缺的情况。

在进行盈利质量分析时，仅根据一年的数据不一定能够说明问题，有必要对连续几期的盈利现金比率进行比较。如果企业盈利现金比率一直小于1甚至为负数，则企业盈利质量相当低下，严重时会有破产的可能。

7.4.3 资本经营盈利能力的影响因素

净资产收益率指标与各影响因素之间的关系可用下式表示：

$$净资产收益率=\frac{净利润}{平均净资产总额}\times 100\%$$

$$=\left[总资产报酬率+(总资产报酬率-负债利息率)\times\frac{平均负债}{平均净资产}\right]\times(1-所得税税率)$$

可见，净资产收益率的影响因素主要有总资产报酬率、负债利息率、资本结构和所得税税率等。

（1）总资产报酬率。净资产是企业全部资产的一部分，因此，总资产报酬率必然影响净资产收益率。在负债利息率和资本结构等条件不变的情况下，总资产报酬率越高，净资产收益率越高。

（2）负债利息率。在资本结构一定的情况下，如果总资产报酬率高于负债利息率，会对净资产收益率产生有利影响；反之，则对净资产收益率不利。

（3）资本结构。这是一个杠杆比率。如果总资产报酬率高于负债利息率，那么，提高负债比重，就会提高净资产收益率；反之，负债比重的增加对净资产收益率不利。

（4）所得税税率。提高所得税税率，净资产收益率会降低；反之，净资产收益率会上升。

根据上述净资产收益率指标与各影响因素之间关系的公式，可以运用连环替代法或差额计算法分别分析总资产报酬率、负债利息率以及杠杆比率变动对净资产收益率的影响。

7.4.4 资本经营盈利能力的行业分析

表7-12为2021年汽车行业各主要公司净资产收益率比较分析。

表7-12　　2021年汽车行业各主要公司净资产收益率比较分析

公司名称	总资产规模（元）	净资产规模（元）	净资产收益率（%）
S公司	288 929 328 288.27	216 969 231 730.66	8.06
东风汽车	19 641 120 252.70	7 473 399 302.77	1.56
广州汽车	99 649 873 187.00	87 208 859 110.00	14.30
长安汽车	121 447 552 434.47	56 313 045 081.01	5.43
福田汽车	46 415 019 926.03	11 780 867 795.20	-30.35
江淮汽车	39 752 726 861.86	13 623 403 633.39	3.05

由表7-12可知，S公司的净资产收益率在同行业公司中相对较高，其盈利能力在同行业公司中具有一定优势。

7.5 上市公司盈利能力分析

7.5.1 上市公司盈利能力分析的内容

上市公司盈利的含义历来颇有争议。在我国，上市公司盈利的分析主要以净利润为依据。由于上市公司的特殊性，其盈利能力分析需要考虑企业股票的市场表现与企业的股票价格，这也是投资者在进行投资决策时要考虑的重要问题。

7.5.2 上市公司盈利能力分析的指标

1.每股收益

每股收益是指每股发行在外的普通股所能分摊到的净收益额。作为股份公司每一普通股在一定的会计期间所获得的净利，每股收益不仅反映企业盈利能力的大小，而且与股票价格和股利发放率等均有密切的关系，是衡量上市公司获利能力最重要的财务指标，该指标具有引导投资、强化市场评价功能、简化财务指标体系的作用。一般来说，每股收益越高，说明企业的盈利能力越强，企业经营状况和财务状况越好，企业发放股利的可能性越大，其股票价格将会上涨。

(1) 每股收益指标的计算

①基本每股收益

基本每股收益是指归属于普通股股东的当期净利润扣除优先股股利后与发行在外普通股加权平均数的比率。计算基本每股收益的目标是衡量会计主体报告期的盈利状况。

$$\text{基本每股收益}=\frac{\text{净利润}-\text{优先股股利}}{\text{发行在外普通股加权平均数}}\times 100\%$$

$$\text{发行在外普通股加权平均数}=\text{期初发行在外普通股股数}+\text{当期新发行普通股股数}\times\frac{\text{已发行时间}}{\text{报告期时间}}-\text{当期回购普通股股数}\times\frac{\text{已回购时间}}{\text{报告期时间}}$$

已发行时间、报告期时间和已回购时间一般按照天数计算。

从S公司2021年度的利润表和相关资料中，我们可以计算出S公司2021年度基本每股收益为1.46元（17 064 074 223.52÷11 683 461 365.00）。

根据S公司披露的年报，其2017—2021年基本每股收益见表7-13。

表7-13 S公司2017—2021年基本每股收益 单位：元

项　目	2017年	2018年	2019年	2020年	2021年
基本每股收益	2.35	2.65	1.65	0.97	1.46

从表7-13可以看出，S公司历年基本每股收益呈现下降的趋势。在2018年比较高，为2.65元；2018年后呈迅速下降趋势，2020年达到0.97元。

②稀释每股收益

稀释每股收益是指当企业存在稀释性潜在普通股时，应分别调整归属于普通股股东的当期净利润和发行在外的普通股加权平均数，并据此计算稀释每股收益。计算稀释每股收益的目标是反映所有具有稀释性的潜在普通股对每股收益的影响。

稀释性潜在普通股，是指假设当期转换为普通股会减少每股收益的潜在普通股，例如可转换债券、认股权证和股份期权。这些权益对每股收益都具有潜在的稀释影响，在复杂资本结构下，既需要计算未充分稀释前的“基本每股收益”，又需要计算稀释后的“稀释每股收益”，并在利润表上双重列示。

（2）基本每股收益的行业分析

表7-14为2021年汽车行业各主要公司基本每股收益比较分析。

表7-14　　2021年汽车行业各主要公司基本每股收益比较分析

公司名称	总资产规模（元）	净资产规模（元）	基本每股收益（元）	差异（%）
S公司	288 929 328 288.27	216 969 231 730.66	1.46	100
东风汽车	19 641 120 252.70	7 473 399 302.77	0.19	13.01
广州汽车	99 649 873 187.00	87 208 859 110.00	0.72	49.32
长安汽车	121 447 552 434.47	56 313 045 081.01	0.47	32.19
福田汽车	46 415 019 926.03	11 780 867 795.20	−0.78	−53.42
江淮汽车	39 752 726 861.86	13 623 403 633.39	0.10	6.85

由表7-14可知，S公司的基本每股收益在同行业公司中处于领先水平，其盈利能力在同行业公司中具有很大优势。

2. 每股净资产

每股净资产，也称为每股账面价值或每股权益，是年度末净资产（即股东权益）与年度末普通股股数的比值，反映了公司每一普通股所能分摊账面净资产的多少，也是公司真正财务实力的表现。其计算公式为：

$$每股净资产=\frac{年度末股东权益}{年度末普通股股数}$$

该指标反映发行在外的每股普通股所代表的净资产成本即账面权益。该指标越大，说明公司每一普通股实际拥有的净资产越多，公司的发展潜力和股票投资的价值越大，间接地表明企业盈利能力的强弱。分析时应关注公司的资本结构，如果公司资本结构中负债的比重较小甚至没有负债，那么，每股净资产高，也并不意味着财务状况好、盈利能力强。只有在合理的资本结构下保持良好的盈利水平，具备真正良好的财务状况，每股净资产越高，才能说明企业未来发展的潜力越大。

然而，因为每股净资产用历史成本计量，既不反映净资产的变现价值，也不反映净资产的产出能力，所以只能有限地使用这个指标进行投资分析。例如，某公司只有一块前几年购买的土地，没有负债，则该公司的净资产是土地的原始成本。现在土地的价格比过去翻了几番，引起股票价格上升，而其账面价值不变。这个账面价值既不说明土地现在可以卖多少钱，也不说明公司使用该土地能获得什么价值。

每股净资产在理论上提供了股票的最低价格，如果公司的股票价格低于净资产的成本，而成本又接近于变现价值，说明公司已无存在价值，清算是股东最好的选择。

根据2021年资产负债表以及年度报告，S公司2021年度每股净资产计算如下：

每股净资产=216 969 231 730.66÷11 683 461 365=18.57（元）

S公司2017—2021年的每股净资产见表7-15。

表7-15　S公司2017—2021年每股净资产　单位：元

项　目	2017年	2018年	2019年	2020年	2021年
每股净资产	16.39	16.95	17.61	17.69	18.57

从表7-15可以看出，S公司每股净资产呈逐年上升的趋势。由2017年的16.39元上升至2021年的18.57元，上升了2.18元。

3. 市盈率

市盈率是指普通股每股市价相当于普通股每股收益的倍数，是评价股份有限公司股票市场表现的重要指标之一。其计算公式为：

$$市盈率=\frac{普通股每股市价}{普通股每股收益}$$

式中：普通股每股市价通常采用年度平均价格，即全年每日收盘价的算术平均数。为简单起见，并增强其适时性，亦可采用报告日前一日的现时股价。

市盈率是投资者用以衡量某种股票投资价值和投资风险的常用指标，是市场对公司的共同期望指标。市盈率高，说明投资者对该公司盈余质量较有信心，且预期将来的盈余会提高。

一般来说，在同时流通的各公司股票中，某一股票的市盈率越低，则其投资价值越高，投资风险越小，但是也有可能说明该公司发展前景欠佳，缺乏对投资者的吸引力；反之，市盈率越高，说明该公司发展前景良好，投资者普遍持乐观态度，愿意承受较大的投资风险。但是，市盈率越高，并不能表示公司盈余质量越好。当公司总资产报酬率很低时，每股收益可能接近于零，以普通股每股收益为分母的市盈率很高，但这并不意味着该公司具有良好的盈余质量和发展前景。另外，当资本市场不健全、交易失常或出现操纵市场的现象时，股票价格可能与公司的盈利水平脱节，从而造成假象，使得市盈率难以真正实现评价企业盈利能力的目的。因此，以市盈率评价企业盈利能力主要应看其变动的原因及趋势，并结合其他指标综合考虑。

对于市盈率的分析，要注意以下四点：

第一，影响市盈率变动的因素之一是股票市场价格的升降，而股价的升降除了受企业经营成果和发展前景的影响外，还受整个经济环境、政府宏观政策、行业发展前景以及意外因素（如战争、灾害等）的制约。因此，必须对股票市场的整体形势进行全面了解和分析，才能对市盈率进行正确评价。

第二，市盈率的高低与行业发展有密切的关系。由于各个行业所处的发展阶段不同，因而其市盈率也会有所不同。充满扩张机会的新兴行业市盈率普遍较高，而成熟产业的市盈率普遍较低，因此，市盈率不能用于不同行业公司之间的比较。另外，市盈率高低受净利润的影响，而净利润又受公司所选择的会计政策的影响，从而使得各公司之间的比较受到限制。

第三，计算市盈率时，如果分母采用稀释每股收益，则会得到较高的市盈率，此时是保守的市盈率。

第四，市盈率是相对于公司已经实现的利润而言的，而股票的价格是对公司未来业绩的预期。如果公司的业绩不断衰退，今天看来是低的市盈率，明天就显得高了；相反，如果公司的业绩将有较大增长，今天看来是高的市盈率，明天就显得低了。因此，研究公司的市盈率，应该结合公司业绩的增长情况进行分析。一般而言，如果公司业绩的预期增长率高于其市盈率，比如市盈率是40，而年增长率是50%，那么，即使市盈率的绝对值偏高，也是可以接受的。另外，当公司的每股收益为零或负数时，计算市盈率毫无意义。

根据2021年资产负债表、利润表，计算S公司2021年度的市盈率如下：

市盈率=19.75÷1.46=13.53

表7-16所列为S公司2017—2021年市盈率。

表7-16　S公司2017—2021年市盈率

项　目	2017年	2018年	2019年	2020年	2021年
市盈率	12.26	12.83	17.20	21.06	13.53

从表7-16可以看出，2017年到2021年S公司市盈率呈先升后降的趋势，从2017年的12.26上升到2020年的21.06，而2021年又大幅下降到13.53。整体来说有所上升，2021年较2017年上升了1.27，上升幅度达10.36%。

4. 市净率

市净率是普通股每股市价与每股净资产的比值，反映股票的市场价值与账面价值的关系。其计算公式如下：

$$市净率=\frac{普通股每股市价}{每股净资产}$$

公式中的每股净资产是指股东权益总额减去优先股权益后的余额与流通在外的普通股股数的比值。

市净率把每股净资产和每股市价联系起来，可以说明市场对公司资产质量的评价。市净率可用于股票的投资分析。每股净资产是股票的账面价值，它是用成本计量的；每股市价是这些资产的现时市场价值，它是在证券市场上交易的结果。投资者认为，如果市价高于账面价值，则资产质量好，有发展潜力；反之，则资产质量差，没有发展前景。优质股票的市价都超出每股净资产许多，一般说来，市净率达到3可树立较好的公司形象。市价低于每股净资产的股票，就像售价低于成本的商品一样，属于“处理品”。当然，“处理品”也不是没有购买价值，问题在于该公司今后是否有转机，或者购入后经过资产重组能否提高获利能力。

对于市净率的分析，要注意以下两点：

第一，严格地说，市净率指标并非衡量获利能力的指标。每股净资产指标反映了流通在外的每股普通股所代表的企业记在账面上的股东权益额。一般来说，证券的市场价格与其账面价值并不接近，因为资产是按成本登记的，反映的是过去付出的、尚未收回的资产的成本，而股票的市价反映的则是为投资者所认可的企业现在的价值。市净率指标是将账面的历史数据（分母）与现时的市场数据（分子）放在一起比较，本身的计算口径不一致，很难具有说服力。

第二，市净率指标与市盈率指标不同，市盈率指标主要从股票的获利性角度考虑，而市净率指标主要从股票的账面价值角度考虑。但两者又有许多相似之处，它们都不是简单的越高越好或越低越好的指标，都代表着投资者对某股票或某企业未来发展潜力的判断。

同时，与市盈率指标一样，市净率指标也必须在完善、健全的资本市场上才能据以对公司进行正确、合理的分析和评价。

根据2021年资产负债表、利润表，S公司2021年市净率计算如下：

市净率=19.75÷18.57=1.06

S公司2017—2021年市净率见表7-17。

表7-17　S公司2017—2021年市净率

项　目	2017年	2018年	2019年	2020年	2021年
市净率	1.76	2.01	1.61	1.16	1.06

从表7-17可以看出，S公司市净率呈上下波动趋势，除了2018年有所上升之外，2019年、2020年和2021年逐年下降。整体来说有所下降，2021年较2017年下降了0.7，降幅达39.77%。

5. 股利发放率

股利发放率是指公司发放的普通股每股股利与普通股每股收益的比值，反映公司当年的获利中有多少用于支付股利。通过股利发放率可以了解公司的股利分配政策和支付股利的能力。其计算公式如下：

$$股利发放率=\frac{普通股每股股利}{普通股每股收益}\times 100\%$$

股利发放率越高，说明企业当期发放的股利越多，股东的实际收益越多，较高的股利发放率会受到投资者欢迎。但是，股利发放率的高低与公司当年的盈利并无直接关系。尽管公司盈利逐年递增，股利发放率却不一定增加，这与公司的经营方针、股利政策、业务性质、财务状况、发展前景等有一定关系。

6. 股利报酬率

股利报酬率是指普通股每股股利与普通股每股市价的比值，说明股东在股票市场每投资1元所获得的报酬。计算公式如下：

$$股利报酬率=\frac{普通股每股股利}{普通股每股市价}\times 100\%$$

股利报酬率反映了股利与股价的关系，它只是股票投资者的股利收益，并不代表股票投资者的全部投资收益。投资者购买股票获得的收益包括股利和资本利得，在预期股价不能上升的情况下，股利报酬率就成为衡量股票投资价值的主要依据。因此，股利报酬率主要用于非上市公司的少数股权。由于这些股权无法上市交易，股东难以通过出售股票获取资本利得，加之他们又没有能力影响股利分配政策，因此，他们持有股票的主要动机在于获得稳定的股利收益。

分析股利报酬率时应该结合公司的股利分配政策以及公司股价的未来趋势，以正确评价公司股票的投资价值。

本章小结

盈利能力是企业组织生产经营活动、销售活动和财务管理水平的综合体现，因而企业盈利能力是企业所有利益相关者共同关注的问题。

盈利能力受到营销能力、成本费用管理水平、资产管理水平、企业财务状况及其风险等各方面因素的影响。

对企业盈利能力的分析主要应从商品经营、资产经营和资本经营等方面进行，同时要考虑到上市公司的特殊性。

反映商品经营盈利能力的指标可分为两类：一类是各种利润额与收入之间的比率，统称收入利润率；另一类是各种利润额与成本之间的比率，统称成本利润率。资产经营盈利能力分析主要是对总资产报酬率、长期资本报酬率指标进行分析和评价，还可以利用全部资产现金回收率等现金流量指标对资产经营盈利能力进行补充分析。可以利用净资产收益率、资本金报酬率等指标对资本经营盈利能力进行分析和评价，净资产现金回收率和盈利现金比率等现金流量指标对资本经营盈利能力发挥补充作用。由于上市公司的特殊性，其盈利能力分析需要考虑企业股票的市场表现与企业的股票价格，一般利用每股收益、每股净资产、市盈率、市净率、股利发放率以及股利报酬率等指标对上市公司盈利能力进行分析和评价。

讨论题

1.分别阐述商品经营、资产经营和资本经营的关系。

2.阐述资产经营盈利能力与资本经营盈利能力的关系。

3.上市公司盈利能力分析与一般企业相比应注意哪些问题？

4.在分析盈利能力时，是否需要结合偿债能力指标进行分析？在分析偿债能力时，是否需要考虑企业的盈利能力？

5.为什么净资产收益率是反映盈利能力的核心指标？

6.对于股东而言，净资产收益率是至关重要的财务比率。但是，如果仅仅以此为依据来决定上市公司能不能以增发新股、配股或发行债券等方式从资本市场融资，你认为是否存在问题？为什么？

业务题

1.A公司2021年12月31日资产负债表（简表）见表7-18。

表7-18 **资产负债表（简表）** 单位：万元

资　产	期末余额	年初余额	负债和所有者权益	期末余额	年初余额
流动资产：			流动负债合计	300	450
货币资金	90	100	非流动负债合计	400	250
应收账款	180	120	负债合计	700	700
存货	360	230	所有者权益合计	700	700
流动资产合计	630	450			
非流动资产合计	770	950			
资产总计	1 400	1 400	负债和所有者权益总计	1 400	1 400

A公司2021年度销售净利率为16%，总资产周转率为0.5，权益乘数为2.2，权益净利率为17.6%；A公司2021年度销售收入为840万元，净利润总额为117.6万元。

要求：利用因素分析法按顺序分析销售净利率、总资产周转率和权益乘数变动对权益净利率的影响（假设涉及资产负债表的数据用期末余额来计算）。

2.某企业2021年有关资料如下：年末流动比率为2.1，年末速动比率为1.2，存货周转率为5；年末资产总额为160万元（年初为160万元），流动负债为14万元，非流动负债为42万元，年初存货成本为15万元；2021年销售收入为128万元，管理费用为9万元，利息费用为10万元，所得税税率为25%。

要求：

（1）计算该企业2021年年末流动资产总额、资产负债率、权益乘数和总资产周转率。

（2）计算该企业2021年年末存货成本、销售成本、净利润、销售净利率和净资产收益率。

案例分析

东风汽车盈利能力分析

任何会计政策的变更，都会对利润产生一定的影响。公司董事会的经营理念、价值取向、领导风格的不同，会使利润有很大的差异。所以，对公司盈利能力的分析，应进一步结合期初留存收益、会计政策、报表附注等资料进行更深层次的分析。请复阅表7-1至表7-16，并查阅东风汽车（600006）2021年度财务报告。

问题探讨：

（1）简要评价东风汽车2021年度的盈利能力与股东权益。

（2）引入上海汽车、一汽轿车、安徽江淮、北汽福田、重庆长安等标杆企业，简要评价东风汽车2021年的盈利能力与股东权益。

第8章

企业营运能力分析

对金钱最大的浪费，便是保有它。

——杰基·格利森

学习目标

1.理解企业营运能力的含义；
2.掌握影响企业营运能力的主要因素；
3.掌握流动资产管理效果分析的一般方法；
4.掌握固定资产利用效果分析的一般方法；
5.掌握总资产营运能力分析的一般方法。

思政元素

1.价值观塑造（社会主义核心价值观）与工匠精神；
2.高质量发展与供给侧结构性改革；
3.“三去一降一补”重要任务（去产能、去库存、去杠杆、补短板）；
4.道路自信与文化自信。

重点与难点

1.流动资产管理效果分析；
2.总资产营运能力分析。

引　言

比亚迪股份有限公司于1995年成立，注册资本为272 814.2855万元，2002年正式进入香港交易所。其公司的业务范围广泛，主要集中在制造业，如手机零配件加工组装检修、汽车组装、光伏制造、电池组装制造等。比亚迪在全国各地共建有九大生产基地，并且其交易范围不限于国内，在欧洲、北美、南非等区域皆设有代理交易市场。比亚迪公司的汽车序列中既有人们熟知的各种燃油轿车，又包括混合动力汽车、新能源汽车。另外，比亚迪既是手机配件、组装业务领域颇具竞争力的企业之一，又是世界领先的二次充电电池生产企业之一。近年来，比亚迪积极把握新能源汽车市场这个难得的机遇，加大科研投入并不断提升自身技术和实力，致力于推动比亚迪发展成为一个既大又强的企业。经过多年发展，加之对目前技术的整合以及自身的革新，在部分专业领域内比亚迪已经占据技术上的领先地位，尤其在汽车、新能源以及轻轨方面。比亚迪正在通往“中国特斯拉”的道路上行进。

（一）比亚迪公司营运能力存在的问题

1.应收账款过高

2017—2020年，比亚迪公司应收账款周转率总体上呈现逐年上升的态势，尽管近年来公司营业收入不断增加，但是平均应收账款余额却在逐年下降，意味着应收账款周转速度加快。比亚迪2020年平均应收账款余额是2017年的近0.7倍，而2020年营业收入大约是2017年的1.4倍；就2017—2020年来说，应收账款占营业收入的比率由49%一直下降到26%，这说明应收账款的增长速度低于营业收入的增长速度，说明随着公司规模的扩大，应收账款的增长情况比较好。但是需要注意的是，2017年应收账款占营业收入金额的49%，虽然近几年公司的应收账款一直保持下降的趋势，但是应收账款的金额还是比较高的，最近3年应收账款都在400亿元以上，因此，公司要持续做好应收账款方面的规划和政策制定，警惕应收账款金额在未来年份的回弹。

2.存货周转率过低

由上文分析可知，比亚迪公司从2017年至2020年存货周转率虽然有升有降，但存货周转率变化不大，其存货周转率还是低于2020年行业均值9.5。比亚迪公司的存货周转率仅为4左右，然而同行业的长城汽车和江淮汽车的存货周转率却分别为12和16左右，远高于比亚迪。存货周转率过低，会影响存货转换为财富的能力，为了公司的长远发展，应当提高企业的存货周转率。

3.固定资产周转率偏低

由上文分析可知，比亚迪公司的固定资产周转率总体上在增长，但是比率较低，和2020年汽车行业均值相比，比亚迪的固定资产周转率3.01低于行业均值4.29，而且与同行业竞争者长城汽车和江淮汽车相比，比亚迪公司的固定资产周转率仍然偏低，但相差不大。固定资产周转率偏低表明对资产的利用不够充分，企业固定资产投资不当，可能会使企业的获利能力受到影响。因此，要想进一步提升营运能力，需要对固定资产周转率加以重视。

4.营业成本占营业收入的比例大

比亚迪公司2017—2020年营业成本占营业收入的比重大约为81%、83%、83%、80%。就这四年的趋势看，营业成本占比都超过了80%，这样会导致利润空间缩小，影响公司的资金周转。

（二）影响比亚迪公司营运能力的原因分析

1.销售策略不合理

比亚迪公司应收账款数额大，其实就是赊销额大，由于当下中国汽车行业竞争加剧，因此通常会将销售人员的工资与销售业绩挂钩，这种销售策略一方面是对员工的激励，另一方面也会导致员工为了达到销售业绩而采取赊销或者回扣福利给客户。随着任务完成，销售量增加，应收账款也会增加。比亚迪应收账款不断增加的另一个原因是受企业信用政策的影响。为了吸引更多的本品牌的消费者来增加公司的营业利润，比亚迪采用了和消费者签订收款期限较长的销售合同的策略。

2. 存货余量的制定不合理

比亚迪存货周转率不高的主要原因是存货余量的增长速度快于年销售量。2018 年存货余量比 2017 年增长了 32.49%，2017 年比 2016 年增长了 14.35%；2018 年公司的汽车年销售量比 2017 年增加了约 27%，2017 年比 2016 年下降了 17.5%。由此可见，公司在存货余量的控制上缺乏合理的策略。

3. 固定资产的职能未得到充分发挥

比亚迪公司的固定资产周转速度慢，是因为比亚迪公司固定资产占营业收入的比重很大，就2018年和2017年来说，2018年固定资产总额为436.79亿元，占当年营业收入1 300.55亿元的三分之一左右；2017年固定资产总额为432.45亿元，占当年营业收入1 059.15亿元的五分之二左右。而且比亚迪公司的固定资产周转率在与同行业竞争者长城汽车和江淮汽车的对比当中，也处于劣势。这表明公司的部分固定资产不能满足或者不能充分满足日常需要，其效能没有得到充分发挥，固定资产投资决策存在问题。

4. 研发投入增长速度较快

比亚迪公司的新能源汽车一直都是比亚迪公司着力发展的产品。近年来比亚迪公司新能源汽车销售数量的不断增加，表明比亚迪新能源汽车广受市场欢迎。之所以如此，部分原因是比亚迪公司为了不断满足消费者需求而增加了研发投入。比亚迪公司年度报告显示，2017—2020 年的研发费用分别为 37.39 亿元、49.89 亿元、56.29 亿元、74.65 亿元，2020 年研发费用比 2017 年增加了约 99.7%，增长速度近乎翻倍。研发费用的快速增长也是营业成本增加、利润减少的原因之一。

资料来源　吴甜甜，赵秋梅. 比亚迪股份有限公司营运能力分析［J］. 老字号品牌营销，2022（1）：130-132.

8.1 营运能力分析的目的和内容

8.1.1 营运能力分析的目的

企业的营运能力即营业运行能力，是企业营运资本（或企业所拥有的各种资源及其组合）在经营过程中所表现出来的动力特性。广义的营运能力是指企业所有资源要素在营运中所发挥的作用，当前只能定性评价；狭义的营运能力是指企业资产的营运效率，通常是通过对与企业经营资金周转速度有关指标的计算和与其比对来评价的，不直接体现人力资源、信息资源等的合理使用和有效利用。企业通过营业运行过程取得营业收入和赚取利润，维持企业生存，推动企业发展。

简而言之，企业的营运能力就是除去财务杠杆能力以外的企业运作能力，主要包括企业管理者对企业的固定资产和流动资产进行运作的能力。它反映了一个企业在没有进行新的股权或者债权筹资的前提下，对现有资产的使用效率。在数值计算上，一般表示为：

$$\text{使用效率}=\frac{\text{流量指标}}{\text{存量指标}} \tag{8-1}$$

需要注意的是，在式（8-1）中，分子“流量指标”是由分母“存量指标”衍生的，例如：

$$营运资本周转率=\frac{销售净额}{平均营运资本} \tag{8-2}$$

在式（8-2）中，销售净额之所以会产生，是因为企业拥有一定的营运资本，而营运资本的使用效率又要看其产生的销售净额的多少。

因此，所谓的“能力”是指对资产的利用效率，就是某项特定的资产存量所能创造的相关流量的多少。单位资产存量创造的流量越多，则该资产的使用效率就越高，其相关的“能力”也就越大。

从企业的外部来看，需要对企业的营运能力进行分析的，主要是现实的和潜在的权益投资人以及债权人。这是因为，一个企业的营运能力在很大程度上反映了该企业的资产质量。从权益投资人的角度看，权益投资的目的是资产的保值和增值，因此，时刻关注其所投资的资产质量是很有必要的。从债权人的角度看，无论是利息的按时收取还是本金的及时回收都和债务企业的资产质量息息相关。一般而言，债务人偿付利息的能力来源于其获利能力，而获利能力又主要取决于其营运能力，因此，对于债权人而言，一个企业的营运能力是其债权能得以有效回收的重要保障。

从企业的内部来看，企业的管理层也需要对本企业的营运能力进行分析。这是因为，一方面，营运能力的分析是建立在财务数据基础上的，而财务数据本身就是为了反映一定的生产经营过程而采集加工的，因此，对营运能力的分析就是对财务数据的再加工，是综合考量企业营运状况的有力工具；另一方面，企业的管理层也需要通过对营运能力的分析发现企业营运过程中存在的问题和不足。

8.1.2　营运能力分析的内容

一般而言，企业的营运资产可以分为流动资产和固定资产两大类，因此，企业的营运能力分析主要包括流动资产管理和固定资产管理以及将两者包含在内的总资产周转情况的分析等内容。

8.2　流动资产管理效果分析

流动资产是指企业在现金、有价证券、应收账款和存货等短期资产上的投资。流动资产具有周转周期短、变现能力强等特点，因此，对流动资产的管理在整个企业经营管理中占有重要的地位。

8.2.1　现金和有价证券的分析

1.现金和有价证券[①]管理概述

现金是可以立即投入流通的交换媒介。它的优点是普遍的可接受性，即可以用来直接和企业所需要的各种资源进行交换，进而满足企业经营的需要。从保值、增值的角度看，现金的缺点也是同样明显的，那就是和其他的流动资产、固定资产相比，现金本身不具有营运意义上的增值能力，有的只是以银行利率为报酬率的时间价值。这是因为，从价值流的角度看，企业的资金流应该是沿着“现金—各种其他资产—现金”的轨道循环流动的，而企业之所以需要持有一定的现金，并不是出于生产经营的直接需要（直接需要其他资

① 这里的讨论将有价证券视为现金的替代品，是“现金”的一部分。

产），而是基于以下几点考虑：

一是交易需要。企业在日常的经营过程中收取的现金和支付的现金一般不会正好相等，因此，一般会留有一定的现金余额。

二是意外需要。企业有时会发生意外的现金支出，比如罚款等。一般而言，企业现金流的不确定性越大，需要留存的应对意外需要的现金也就越多。

三是投机需要。投机需要主要是指企业寻找不同寻常的投资和经营机会。例如，企业可能会突然发现低价购买原材料的机会，这时就需要手头有较多的现金来大量购进。

正是基于以上的原因，企业一般需要留有一定的现金。但是，需要特别指出的是，企业留有现金和留有其他营运资产的原因是不同的。就现金而言，一方面，现金本身不具有营运意义上的资产增值性，因此不应该持有现金；另一方面，又由于以上原因，使得企业又不能完全不持有现金，因此企业留有现金更多的是一种两难选择的权衡。而企业其他营运资产本身具有增值性，因此也就不存在这样的两难选择问题。

留有现金和留有其他营运资产的原因不同导致了对两者使用效率的评价方式不同。就营运资产而言，由于其具有营运意义上的增值性，因此，对它的使用效率就表现为该项资产对营运的贡献，也就是对收入、利润等流量指标的贡献；而现金则有所不同，由于持有它是一种“权衡”，因此，对于现金更多的是评价其持有量是否“恰到好处”。

2.最佳现金持有量管理

（1）成本分析模式

成本分析模式是通过分析持有现金的成本来找到持有成本最低的现金持有量。一般而言，企业持有现金将会和三类成本相关：

一是机会成本。企业持有的现金越少，则机会成本越低。这是因为，现金本身不具备营运意义上的增值性，因此，所持有的现金本来可换成其他具有增值性的营运资产的机会也就被剥夺了。

二是管理成本。企业拥有一定的现金，则一定会发生相关的资产管理费用，如人员的工资支出和相关设备（如保险箱）的购置等。但是，这类成本一般是固定成本，与现金持有量之间没有明显的比例关系。

三是短缺成本。当企业由于前述相关原因需要支付现金而又缺乏相应的现金持有量时所导致的成本称为短缺成本。

当上述三项成本之和最小时，其现金的持有量则为一个企业的最佳现金持有量。

（2）存货模式

从以上的分析中我们可以看到，企业对于现金的管理处于一个进退两难的环境：一方面，多持现金虽然能够降低短缺成本，但由于现金不能增值，因此就提高了资产的机会成本；另一方面，如果少持现金，则在降低机会成本的同时也提高了短缺成本。那么，企业是否能够寻找到一条折中的道路呢？

威廉·鲍曼提出的存货模型就是一条折中的道路。在该模型中，现金被视为“存货”，而与之相交换的是有价证券。选择有价证券作为交换的对象主要是因为有价证券具有相对较高的流动性，它能比较顺利地和货币交易，同时其本身又具有良好的增值性（虽然也不是营运意义上的增值性，但和单纯的现金的时间价值相比更有投资价值）。

因此，在存货模型中，企业持有一定的现金和有价证券。当企业需要的现金超过持有的现金时就卖出一定的有价证券以换回现金，而当持有的现金过量的时候就购买一定的有价证券以降低机会成本。

在这个过程中会有一个问题产生：因为有价证券和货币的交换不是“免费”的，而是有一定交易成本的，所以如果假设交易成本和交易的次数唯一相关，那么，企业在什么情况下才应该将持有的现金（有价证券）换成有价证券（现金）呢？或者说，企业在一定期间内持有多少现金才是合理的呢？

为了回答该问题，我们假设T为一定时期内企业所需的货币总量，C为合理的企业现金持有量，F为每次交易的成本，K为持有现金的机会成本率，则：

$$\text{交易成本} = \frac{T}{C} \cdot F \tag{8-3}$$

$$\text{机会成本} = \frac{C}{2} \cdot K \tag{8-4}$$

当“交易成本=机会成本”时可求得最佳现金持有量C。即：

$$\frac{T}{C} \cdot F = \frac{C}{2} \cdot K$$

$$C = \sqrt{\frac{2TF}{K}} \tag{8-5}$$

综上所述，现金对于企业而言就好比血液对于人体一样，是必不可少的一部分。对一个企业现金管理的分析，重点并不在于企业现金利用率的高低，而在于判断企业是否合理地持有和利用了现金。

【例 8-1】S公司预计2022年所需的货币总量为4 000 000 000元，每次交易的成本为2 000元，持有现金的机会成本率为7%，试求该公司的合理现金持有量。

根据题意可知，T=4 000 000 000，F=2 000，K=7%。由式（8-5）得：

$$C=\sqrt{\frac{2TF}{K}} = \sqrt{\frac{2 \times 4\,000\,000\,000 \times 2\,000}{7\%}} =15\,118\,578.92\text{（元）}$$

8.2.2　应收账款周转速率分析

应收账款是指企业因赊销产品、材料、物资和提供劳务而应向购买方收取的各种款项。

应收账款周转率是反映单位赊销额所能产生的现金流入的能力，即：

$$\text{应收账款周转率}=\frac{\text{赊销收入净额}}{\text{应收账款平均余额}} \tag{8-6a}$$

$$\text{应收账款周转期}=\frac{\text{应收账款平均余额} \times \text{计算期天数}}{\text{赊销收入净额}} \tag{8-6b}$$

在这里，应收账款是指由于销售商品和提供劳务所产生的债权，而不仅仅指会计科目“应收账款”，一般而言，这里的应收账款包括“应收账款”和“应收票据”两个会计科目。

同时，由于赊销收入净额并不是一个企业对外公布的数据，外部人员进行财务分析的时候通常并不能取得该数据，因此，一般用营业收入代替。即：

$$\text{应收账款周转率}=\frac{\text{营业收入}}{\text{应收账款平均余额}} \tag{8-7a}$$

$$\text{应收账款周转期}=\frac{\text{应收账款平均余额} \times \text{计算期天数}}{\text{营业收入}} \tag{8-7b}$$

就应收账款本身而言，一个企业的应收账款周转率越高越好，这是因为，较高的应收账款周转率反映该企业应收账款的质量较好，收款效率较高，从而发生坏账的可能性也相对较低。

然而，应收账款在本质上依然是现金，只是实际还没收到的现金，其本身在营运的意义上并无增值性。企业实行赊销的政策主要是为了扩大销售规模，增强销售的竞争力，但赊销额作为资产（应收账款和应收票据）对企业的营运并无帮助。因此，式（8-6a）只是表明在应收账款已经发生后应收账款本身的收回效率，而不能认为从整个营运的角度看应收账款周转率越高越好。从整个营运的角度看，提高应收账款周转率最好的办法并不是加紧催讨，因为那已经是事后的行为，最好的办法是在确定赊销政策的时候就缩短赊销期限，这样就能大幅提高应收账款周转率了，但是，这样也会降低企业销售的竞争力，影响销售额。因此，从整个营运的角度看，应收账款周转率的设定也是一个两难选择的权衡，而这是由应收账款的现金本质所决定的。

【例 8-2】S公司2021年营业收入为70 391 603 895.15元，应收账款年末余额为4 590 263 830.58元，年初余额为5 418 380 341.65元，按一年360天计算，试求应收账款周转率和周转期。

应收账款周转率=70 391 603 895.15÷［（4 590 263 830.58+5 418 380 341.65）÷2］=14.07

应收账款周转期=［（4 590 263 830.58+5 418 380 341.65）÷2］×360÷70 391 603 895.15=25.59（天）

8.2.3 存货周转率分析

存货主要由材料存货、在产品存货和产成品存货构成，这是流动资产重要的组成部分，通常能够达到流动资产总额的一半甚至更多。因此，对存货周转率的分析是整个营运能力分析不可缺少的一部分。

存货周转速度通常以营业成本[①]和存货平均余额的比率来表示：

$$存货周转率=\frac{营业成本}{存货平均余额} \tag{8-8a}$$

$$存货周转期=\frac{存货平均余额\times计算期天数}{营业成本} \tag{8-8b}$$

式（8-8a）从价值流的角度看，是企业的存货卖出并得到资本补偿的速率。从营运效果的角度看，它反映的是销售部门在给定的销售策略下（包括定价和赊销等具体策略）的销售业绩[②]。存货周转率越高，说明企业销售部门把存货卖出去的速度越快，因此，在给定销售策略的前提下，存货周转率越高，则销售部门的绩效越好。

当运用式（8-8a）和式（8-8b）来评价销售部门的业绩时必须以“给定销售策略”为前提，这是因为销售策略的变动必然会导致存货周转率的变动，而这种变动和销售部门人员的客观努力程度并无关系。这类销售策略主要分为定价策略和赊销策略，在把这两个约束条件一并考虑之后，我们可以得到一个修正的存货周转率，见式（8-9a）和式（8-9b）：

$$修正的存货周转率=\frac{销售商品、提供劳务收到的现金}{存货平均余额} \tag{8-9a}$$

$$修正的存货周转期=\frac{存货平均余额\times计算期天数}{销售商品、提供劳务收到的现金} \tag{8-9b}$$

---

① 也有教材用销售收入代替营业成本（如2022年注册会计师全国统一考试辅导教材《财务成本管理》）。

② 由于在大部分制造业企业中，生产单位产品的周期要远小于销售的周期，因此，在这里我们忽略了生产的周期，而将存货周转率作为销售的速率。

在式（8-9a）和式（8-9b）中，“销售商品、提供劳务收到的现金”包含了定价和赊销的约束条件。销售部门如果通过延长赊销期来增加存货的销售量，则会影响现金的收回；同样，如果通过降低销售价格来增加存货的销售量，也会影响收到现金的总额。

需要说明的是，并不是说在进行财务分析的时候，要用修正的存货周转率来代替存货周转率，而是要在不同的约束条件下，使用不同的指标来分析。如果企业的销售部门没有销售策略的制定权，同时，在分析的期间内，客观上也没有对销售策略进行大幅调整，那么应该用式（8-8a）和式（8-8b）来衡量、分析企业销售部门的营运能力；相反，如果企业的销售部门本身拥有制定销售策略的权限，或者在给定的期间内客观上销售策略有较大的调整，则应该用式（8-9a）和式（8-9b）来衡量、分析企业销售部门的营运能力。

另外，从企业资产增值的角度看，也应该使用式（8-9a）和式（8-9b）来进行分析，这是因为，将“存货”转变为“营业成本”不是一个增值的过程，而是企业内部的一项资产向成本的转移，而销售作为一个增值的过程是体现在企业内部和企业外部的交换上的，也就是体现在“营业成本”和“营业收入”的交换上。

【例8-3】S公司2021年营业成本为67 031 956 263.16元，销售商品、提供劳务收到的现金为66 322 987 610.06元，年末存货为4 017 144 419.72元，年初存货为1 434 116 333.02元。一年按360天计算，试求存货周转率、存货周转期、修正的存货周转率和修正的存货周转期。

存货周转率=67 031 956 263.16÷［（4 017 144 419.72+1 434 116 333.02）÷2］=24.59

存货周转期=［（4 017 144 419.72+1 434 116 333.02）÷2］×360÷67 031 956 263.16=14.64（天）

修正的存货周转率=66 322 987 610.06÷［（4 017 144 419.72+1 434 116 333.02）÷2］=24.33

修正的存货周转期=［（4 017 144 419.72+1 434 116 333.02）÷2］×360÷66 322 987 610.06
=14.79（天）

以上是将存货作为一个整体来考虑的，但是我们知道，存货按其性质可以分为材料存货、在产品存货和产成品存货，所以可以将式（8-8a）分解为三种不同的存货周转率：

$$材料周转率=\frac{当期材料费用}{库存材料平均余额} \tag{8-10}$$

$$在产品周转率=\frac{当期生产成本}{在产品平均余额} \tag{8-11}$$

$$产成品周转率=\frac{营业成本}{产成品平均余额} \tag{8-12}$$

由于存货的周转其实是沿着“现金—材料—在产品—产成品—现金”这一循环路径来走的，因此，每一步的快慢都影响着整个存货周转的进程，通过式（8-10）、式（8-11）和式（8-12），我们可以分析出哪些步骤才是制约存货周转率的“瓶颈”。但要注意的是，这样的分析要结合企业的生产工艺流程和销售流程来分析，在具体实施时可以考虑用同行业类比等具体方法。

最后，在进行存货周转率分析时还应注意：

（1）各种存货的计价方式（如先进先出）必须前后一致，否则需要对分析结果进行调整。

（2）对存货的估价要谨慎，这对分析结果有较大的影响。

（3）在对单一指标进行分析的时候要将其放入企业经营的大背景下看，注意非企业可控因素的影响，如重大节日对商品流通企业的影响。

【相关链接 8-1】

影视剧发行进度放缓 行业“去库存”压力大

库存高一直是影视公司的一大特点，尤其是近几年来，在政策和市场快速变化的情况下，影视作品发行难度增加，发行进度放缓，影视公司的库存随之增加，“去库存”成了影视行业持久的话题。

一、库存依旧高企

Wind数据显示，2017年以来，A股影视公司存货始终保持在高位。2019年，A股影视公司存货达184亿元，2020年上半年，A股影视公司存货仍有185亿元，居高不下。

不少影视公司的存货时间超过3年甚至达到5年，明显超出影视作品的正常生产周期。头部影视公司尚且如此，制作和发行能力更弱的中小影视公司的情况可想而知。

Wind数据显示，自2017年以来，新三板影视公司的存货数量连续上涨。2016年、2017年新三板影视公司存货分别为31.6亿元、53.7亿元，而2018年、2019年已分别攀升至68.1亿元、71.1亿元。

影视公司的存货包括原材料（剧本等支出）、筹备或拍摄中的产品、已拍摄完成并取得发行许可的库存商品等。若单从库存商品来看，2019年底A股15家主要影视公司的库存商品就达70.5亿元，而2020年6月底，这一数字略降至68.8亿元。

对于库存高企的原因，部分影视公司表示，一方面，影视行业面临政策调整、管理升级，“翻拍剧”“宫斗剧”等类型影视作品受到严格限制；另一方面，近年来电视剧行业总产量大于播出量，每年有大量剧目不能实现发行或播出，电视剧的单集发行收入明显减少，发行难度增加，发行进度放缓，库存增加。

二、抓紧“出货”

高库存直接影响资金周转，给影视公司的正常经营带来压力。实际上，早在2019年，各大影视公司的新开机项目就有所减少，行业普遍加强了存货消化和账款回收的力度。

国家广播电视总局公布的信息显示，2020年上半年，全国各类电视剧制作机构生产完成并获准发行的国产电视剧共计84部3 325集，与2019年同期的108部4 600集相比，明显偏少。在这种情况下，一些影视公司提升了库存影视剧的发行节奏，加快回笼资金。

还有影视公司采取与各大网络视频平台以及影视剧制作企业开展合作，向影视剧制作企业出售剧本版权，以剧本版权作价与影视剧制作企业联合投资制作影视项目等方式，加快剧本消耗，同时降低影视剧制作资金的消耗。

“现在的新剧发行量虽然没有以往那么大，但发行周期普遍加快了，很多剧从开工到播出相比之前周期更短了。”上述人士表示，受前两年发行情况影响，如今影视公司比较担心政策和市场风险，也更倾向于推动作品快速播出。

三、库存剧减值风险大

近年来，影视行业政策及市场变化较快，如果影视项目开发、发行不及时，很可能带来较大减值损失。

行业内时常出现作品开发后长时间未播出，而播出时已经不受市场欢迎，导致收入锐减等情况，甚至还有一些影视公司花费高价采购了剧本，尚未来得及进入开发阶段，版权就已经到期。2020年半年报显示，A股影视行业上市公司也计提了25亿元的存货跌价准备，其中多家公司计提金额超过1亿元。

业内人士告诉记者，有些比较早的项目难以推动，现在很多影视公司直接放弃播出，就一次性计提了，把重点放在开发新剧上。相较以往，如今影视市场的变化速度更快，对影视公司的生产和发行节奏也提出了更高的要求。

资料来源　知蓝. 影视剧发行进度放缓 行业“去库存”压力大［N］. 证券时报，2020-11-25.

8.3　固定资产利用效果分析

固定资产是企业的重要资产之一，对它的利用效果能够直接影响整个企业经营的效果。在分析固定资产的利用效果的时候，一般使用固定资产产值率和固定资产收入率两个指标。

8.3.1　固定资产产值率分析

固定资产是企业重要的生产资料，其利用效率可以通过其生产出的产品的产值来衡量。

将一定时期按不变价格计算的总产值与固定资产平均总值进行对比，就可以计算出固定资产产值率，形如下式：

$$\text{固定资产产值率}=\frac{\text{总产值}}{\text{固定资产平均总值}} \tag{8-13}$$

式（8-13）中的分母可以使用固定资产原值也可以使用固定资产净值，视具体情况而定。

当分析的内容和企业规模有关的时候，一般使用固定资产原值，这是因为随着固定资产的折旧，其价值是不断下降的，但是，其生产能力却不会有大的变化，因此，当分析企业的生产规模的时候，宜用固定资产原值来表征企业的生产能力。

当分析的内容和企业价值有关的时候，一般使用固定资产净值，这时，式（8-13）表示每1元固定资产所能生产的产品的价值。由于对固定资产的依赖程度不同，以及在技术条件等方面存在差异，因此，该指标跨行业的解释力较弱，一般用于同一行业内的比较分析。

8.3.2　固定资产收入率分析

固定资产的产值虽然能够反映公司对固定资产的利用效率，但这种效率是公司内部的效率，或者说是没有经过市场检验的效率。如果将“企业产品的市场检验”这一约束条件一并考虑的话，那么应该将公司内部的“产值”改为经过市场检验的“营业收入”，其分析比率就是固定资产收入率。

$$\text{固定资产收入率}=\frac{\text{营业收入}}{\text{固定资产平均总值}} \tag{8-14}$$

式（8-14）中的“固定资产平均总值”也可以分为固定资产原值和固定资产净值两种情况。在使用固定资产原值时，着重分析企业的生产规模和收入之间的联系；在使用固定资产净值时，着重分析企业的资本规模和收入之间的联系。

【例8-4】S公司2021年度营业收入为70 391 603 895.15元，年初固定资产总额为

16 067 958 066.69元，年末固定资产总额为15 484 927 244.92元，试求S公司固定资产收入率。

固定资产收入率=70 391 603 895.15÷［（15 484 927 244.92+16 067 958 066.69）÷2］=4.46

8.3.3 固定资产比率分析的要点

从企业营运的角度看，分析固定资产时所用到的比率和分析流动资产时所用到的比率是有所不同的。

就流动资产而言，其营运过程有明确的逻辑联系，比如存货，我们在分析存货的时候用的指标是“营业成本”与“存货平均余额”的比值，其中，营业成本与存货之间有明确的一一对应关系。固定资产则有所不同，其产出的流量和资产存量之间的关系较为间接，例如，固定资产产值率是“总产值”和“固定资产平均总值”的比值。然而，和分析流动资产所用的比率不同的是，总产值的产生和固定资产之间的联系不是一一对应的。换句话说，固定资产只是构成总产值的物质因素之一，在1元的存货中，除了固定资产的折旧转入外还有原材料等其他物质。

这一差异导致了两类比率精确度的不同（流动资产比率的精确度要大于固定资产比率的精确度），而精确度的不同又导致了两类比率在解释企业营运能力上的差异。

当发现一个企业的存货周转率偏低的时候，如果忽略原材料存货和在产品存货的影响的话，我们几乎可以确定，存货周转率偏低的直接原因是企业的销售部门业绩下滑（当然，导致销售部门业绩下滑的原因可能有很多）。

然而，当一个企业的固定资产产值率下降时，我们却不容易直接判断是企业的哪个营运部门或者程序出了问题，这是因为固定资产产值率是一个综合性指标，受多种因素的影响。一般来说，在全部固定资产平均余额中生产用固定资产占多少，在生产用固定资产中生产设备占多少，都会影响固定资产的利用效果。因此，可将式（8-13）进行如下分解：

$$\text{固定资产产值率}=\frac{\text{总产值}}{\text{生产设备平均总值}}\times\frac{\text{生产设备平均总值}}{\text{生产用固定资产}}\times\frac{\text{生产用固定资产}}{\text{固定资产平均总值}}$$

$$=\text{生产设备产值率}\times\text{生产设备占生产用固定资产构成率}\times\text{生产用固定资产构成率}\qquad(8\text{-}15)$$

这样，当一个企业的固定资产产值率下降的时候，可能的原因有两个：一是工厂的开工率不高，也就是生产设备使用率较低；二是资本使用效率较低，也就是生产设备占有率较低，这样我们对分析结果的解释方向可以更明确一些。

拓展阅读

企业优化固定资产管理的对策和建议

但我们必须要指出的是，对于因精确度小而导致解释力差的问题，我们采用指标分解的方法虽然有一定的效果，但并不能认为分解后的指标所产生的解释是“绝对正确”的。这是因为，当指标的内涵较丰富时（如固定资产总值），其分解的路径并不是唯一的，从而导致分析结果的非唯一性。例如，固定资产平均总值也可以分解为“A分公司固定资产平均总值”和“B分公司固定资产平均总值”，这样我们的分析结果就只和两个分公司对固定资产的使用率的差异有关了。

8.4　总资产营运能力分析

企业总资产营运能力主要是指企业总资产的效率和效益。总资产产值率反映了企业总资产的使用效率；总资产收入率反映了资产的使用效益。

和固定资产类似，我们认为企业的总资产和其产出之间的关系较为曲折和间接，因此，一般不使用“周转率”指标；而类似存货之类的流动资产，由于其存量指标和流量指标之间存在直接的逻辑关系，可以认为是一个相对简单、直接的流转循环过程，因此，以“次数”作为单位周转率来表征。

8.4.1　总资产产值率的计算和分析

总资产产值率反映了总产值与平均总资产之间的对比关系。其公式是：

$$总资产产值率=\frac{总产值}{平均总资产} \tag{8-16}$$

该公式表明，总资产产值率越高，单位资产所创造的产品的产值就越高。之所以认为这是一个效率指标而非效益指标，是因为该指标只反映了企业内部创造价值的能力，但这个能力并没有经过市场的检验。换句话说，该指标高只是证明了企业的单位资产能够生产足够多的产品，但不能证明这些产品能够为消费者所接受，如果最终消费者不能接受产品，那效率再高对企业来说也不会有相应的利益流入。因此，效率指标和生产能力挂钩，而效益指标还要和市场的选择挂钩。

另外，值得注意的是，这里的总产值不但包括企业的存货，还包括半成品和其他在产品。当企业的总资产的规模在一定的时期内没有大幅变动的时候，其总产值可以认为是该段时间内企业的总产量。

该公式还能从另一个角度来看：

$$单位产值占用资金=\frac{平均总资产}{总产值} \tag{8-17}$$

式（8-17）反映了企业每创造1元产值需要占用多少资产。该数值越小，则企业的生产能力越强。

在具体分析时，可以将平均总资产分解为固定资产、流动资产等组成部分，然后利用连环替代法加以计算，就可以分析出各个不同的资产组成部分对企业总产值的贡献情况。

8.4.2　总资产收入率的计算和分析

总资产收入率反映了平均总资产和营业收入之间的对比关系。其公式是：

$$总资产收入率=\frac{营业收入}{平均总资产} \tag{8-18}$$

【例 8-5】S公司 2021 年度营业收入为 70 391 603 895.15 元，年初资产总额为 275 239 427 330.70 元，年末资产总额为 288 929 328 288.27 元，试求S公司的总资产收入率。

总资产收入率=70 391 603 895.15÷［（275 239 427 330.70 + 288 929 328 288.27）÷2］=0.25

该指标反映了企业资产营运的整体能力，该指标越高，营运能力就越强。和总资产产值率不同的是，总资产收入率不但表征了企业的生产能力，还涵盖了企业的销售能力，因此，相对来说，其更全面地反映了企业的营运能力。

另外，总资产收入率和总资产产值率的关系如下：

$$总资产收入率=\frac{总产值}{平均总资产}\times\frac{营业收入}{总产值}=总资产产值率\times产品销售率 \tag{8-19}$$

【相关链接 8-2】

完善企业营运能力分析体系的相关对策

一、提高认识并强调建立营运能力分析体系的重要性

在建立企业营运能力分析体系的过程中，缺乏管理意识是影响其具体实施的关键。首先，必须逆转对会计师工作职责的分析，查看营运能力分析的结果，并基于会计信息进行分析与评估，以做出科学合理的企业决策；其次，在针对财务报表进行分析时，避免过度重视对营业效益的分析，而要注重分析实际的营运能力，并根据实际情况完善相关的数据指标；最后，要根据企业的真实经营状况，有针对性地完善用于分析营运能力的理论体系。

二、完善信息体系，提高企业相关数据的收集质量

企业应积极推动信息化发展，并将数据收集视为分析营运能力的关键步骤。首先，引进与发展计算机等信息技术，实现财务管理的信息化建设，保证企业的营运能力分析可以有效地体现真实的经济活动水平。其次，进入大数据时代，在财务管理中，企业必须创建自己的模型，并根据自己的信息模型实现可视化，改变传统的信息展现模式，通过图形直观地展现关键信息，一目了然，从而增加了营运能力管理的透明度。最后，加强信息平台的安全管理，确保数据的安全性、完整性和可靠性，为企业发展奠定基础。

三、加强财务管理体系建设，提高内部控制效果

内部控制可以有效提高企业的财务管理能力，而财务管理能力是企业的核心能力之一。通过提高企业的财务管理能力，可以有效地提高企业对于资源的利用能力，并提高企业营运能力分析体系的实施效果。因此，针对目前企业营运能力分析体系中存在的很多问题，企业应调整财务管理体系的建设。在企业营运能力分析过程中，加强应收账款管理，识别机会成本、管理成本并分析坏账价值，明确应收账款的价值，并跟踪和分析应收账款的还款情况。

四、提高从业人员的综合素质，合理运用营运能力分析体系，构建完善的营运能力分析体系

企业应努力吸引人才和培训人才，在专业人员的支持下，可以有效地建立营运能力分析体系。首先，企业应做好对现有会计师的培训，通过提供专业培训，使其取得证书。其次，企业应积极从社会中吸引更多、更好的专业人才，加强企业内部的人才队伍建设。最后，企业还要创建一个针对专业数据分析师的有效的薪酬激励制度，提高企业对于相关人才的吸引力。

资料来源　李洪艳．企业营运能力分析体系研究［J］．经济研究导刊，2021（16）：23-25.

本章小结

企业的营运能力是企业综合经营能力的重要组成部分，反映了一个企业在一定的财务环境下利用现有资源的能力，这是企业创造价值的基础。

营运能力分析对于企业管理层考量资金的运用效率、加强企业经营管理，以及对于债权人评价企业的偿债能力都具有十分重要的意义。一般而言，我们可以将企业的资产分解为流动资产、固定资产等种类，对应收账款周转率、存货周转率、固定资产周转率等加以分析，从而得出企业营运的各个方面的特征，进而帮助企业的管理者和决策者更加深入地了解企业营运的真实状况。

讨论题

1.试述总资产周转率与流动资产周转率的关系。

2.试述总资产报酬率与总资产周转率的关系。

3.试述存货周转率的分析方法。

业务题

1.S公司现金收支平衡，预计全年（按360天计算）现金需要量为100万元，现金与有价证券的转换成本为每次500元，有价证券年利率为10%。

要求：

（1）计算S公司最佳现金持有量。

（2）计算S公司最佳现金持有量下的全年现金管理总成本、全年现金转换成本和全年现金持有机会成本。

（3）计算S公司最佳现金持有量下的全年有价证券交易次数和有价证券交易间隔期。

2.S公司生产和销售A、B两种产品。目前的信用政策为“2/15，n/30”，有占销售额60%的客户在折扣期内付款并享受公司提供的折扣；不享受折扣政策的应收账款中，有80%可以在信用期内收回，另外20%在信用期满后10天（平均数）收回。逾期账款的收回，需要支出占逾期账款额10%的收账费用。如果明年继续保持目前的信用政策，预计A产品销售量为4万件，单价100元，单位变动成本60元；B产品销售量为2万件，单价300元，单位变动成本240元。

如果明年将信用政策改为“5/10，n/20”，预计不会影响产品的单价、单位变动成本和品种结构，而销售额将增加到1 200万元。与此同时，享受折扣的比例将上升至销售额的70%；不享受折扣的应收账款中，有50%可以在信用期内收回，另外50%可以在信用期满后20天（平均数）收回。这些逾期账款的收回，需要支出占逾期账款额10%的收账费用。该公司应收账款的资金成本率为12%。

要求：

（1）假设S公司继续保持目前的信用政策，计算其平均收现期和应收账款应计利息（一年按360天计算，计算结果以万元为单位，保留小数点后四位，下同）。

（2）假设S公司采用新的信用政策，计算其平均收现期和应收账款应计利息。

3.S公司为扩大销售，拟订了两套备选方案：

（1）将信用条件放宽到“n/45”，预计年赊销收入为10 000万元，坏账损失为赊销额的5%，收账费用为100万元，固定成本为800万元。

（2）将信用条件改为“2/10，1/30，n/45”，预计年赊销收入为12 000万元，估计约有60%的客户（按赊销额计算）会利用2%的现金折扣，20%的客户会利用1%的现金折扣，坏账损失为赊销额的3%，收账费用为80万元，固定成本为1 000万元。

该公司的变动成本率为60%，资金成本率为10%。

要求：根据上述资料，填列表8-1，并就选出哪种方案进行决策。

表8-1 **备选方案** 金额单位：万元

项　目	A（n/45）	B（2/10，1/30，n/45）
年赊销额		
现金折扣		
年赊销净额		
变动成本		
固定成本		
信用成本前收益		
平均收账期（天）		
应收账款周转率（次）		
应收账款平均余额		
赊销业务占用资金		
应收账款机会成本		
坏账损失		
收账费用		
信用成本		
信用成本后收益		

4.S公司全年需用A材料360 000千克，该材料的单位采购成本为100元，每次进货费用400元，单位材料的年储存成本8元，单位缺货成本10元。S公司规定：客户每批购买量不足8 000千克，按标准价格计算；每批购买量在8 000千克以上、不足10 000千克的，价格优惠2%；每批购买量高于10 000千克的，价格优惠3%。

要求：

（1）如果不考虑商业折扣和缺货，计算下列指标：

①经济进货批量；

②经济进货批量的存货相关总成本；

③经济进货批量平均占用资金；

④年度最佳进货批次。

（2）如果考虑商业折扣，但不考虑缺货，计算经济进货批量。

（3）如果不考虑商业折扣，但考虑缺货，计算经济进货批量和平均缺货量。

案例分析

Q集团营运能力分析

营运能力反映了企业资金周转状况，对此进行分析，可以了解企业的营业状况及经营管理水平。营运能力指标一般用来衡量企业是否充分利用了资产，是否实现了资产的最大价值，是衡量企业资产管理的财务比率。一般通过对企业资产结构和资产效率的分析，来反映一个企业资产管理水平和资产营运能力的强弱。Q集团2017—2021年营运能力指标见表8-2。

表8-2　Q集团2017—2021年营运能力指标　金额单位：亿元

项　目	2017年	2018年	2019年	2020年	2021年
销售收入	977.45	1 083.03	1 482.86	1 981.23	1 981.53
应收账款平均余额	27.70	29.20	43.88	67.57	81.06
应收账款周转率（次）	35.28	37.09	33.80	29.32	24.44
主营业务成本	660.17	728.86	995.63	1 382.34	1 434.99
存货平均净额	90.37	92.49	127.97	182.90	220.48
存货周转率（次）	7.31	7.88	7.78	7.56	6.51
固定资产平均净额	156.85	165.56	180.28	187.43	190.47
固定资产周转率（次）	6.23	6.54	8.23	10.57	10.40
资产平均净额	1 589.64	1 720.34	1 986.69	2 331.01	2 671.03
总资产周转率（次）	0.61	0.63	0.75	0.85	0.74

由表8-2可以看出，Q集团的销售收入在2017—2021年从977.45亿元增加到1 981.53亿元，应收账款平均余额从2017年的27.70亿元增加到2021年的81.06亿元。2017—2018年Q集团应收账款周转率从35.28次增加到37.09次，但从2018年后，应收账款周转率开始下降，从2018年的37.09次下降到2021年的24.44次，2021年的应收账款周转率为5年内最低。为什么销售收入与应收账款平均余额都有所增长，但应收账款周转率从2018年起却呈下降趋势？从增长率来看，Q集团2018—2020年销售收入的增长速度低于应收账款的增长速度，这与Q集团为了开拓市场，增加销量而使用赊销的销售政策有很大的关系。

Q集团近5年的存货周转率较为稳定，波动较小。销售收入与存货平均净额均大幅增加。与应收账款周转率发展趋势相同，2017—2018年存货周转率上升，2018—2021年存货周转率从7.88次下降到6.51次，2021年的存货周转率为5年内最低。2017—2021年Q集团主营业务成本的大幅增加解释了存货数量的大幅增加，这是由于Q集团为了扩大市场而大力生产产品，进而导致了存货的增长。

2017—2020年Q集团固定资产周转率从6.23次增加到10.57次，增长幅度较大。2021年下降到10.40次，仍高于2019年的8.23次。从表中我们发现2017—2021年企业的销售收入与固定资产平均净额逐年递增，但为什么2021年企业的固定资产周转率却反而下降呢？这是因为2021年Q集团销售收入增长速度低于固定资产增长速度，从侧面反映出Q集团扩张速度之快。

资料来源　吕天毅. Q集团营运能力分析［J］. 环渤海经济瞭望，2021（10）：63-65.

问题探讨：

（1）Q集团的营运能力如何？

（2）如何提高Q集团的营运能力？

第9章

企业偿债能力分析

一个企业没有获得利润或亏损是令人痛苦的，而没有现金或没有支付能力则是致命的。

——西方企业多年来流行的名言

学习目标

1.了解偿债能力的基本含义；
2.熟悉偿债能力的影响因素；
3.掌握短期偿债能力分析的内容及指标计算；
4.掌握长期偿债能力分析的内容及指标计算；
5.明确短期偿债能力与长期偿债能力的关系。

思政元素

1.社会责任与人文精神；
2.科学思维与系统思维；
3.高质量发展与“三去一降一补”重要任务（去产能、去库存、去杠杆、补短板）；
4.道路自信与文化自信。

重点与难点

1.偿债能力的影响因素；
2.偿债能力各指标之间的内在联系。

引　言

近日，评级机构联合资信评估有限公司发布公告表示，将中国泛海控股集团有限公司评级展望由“稳定”调整为“负面”，同时，维持公司主体长期信用等级和“20泛海G1”“18泛海G1”等信用等级为AA+。公告表示，截至2020年9月11日，泛海控股集团及下属上市公司泛海控股股份有限公司2020年内合计到期债券金额为82.89亿元。公司及下属泛海控股2020年面临较大的兑付压力。中国企业资本联盟副理事长柏文喜表示，调低评级是较为严重的事件，如果公司不是在经营和现金流方面出现明显恶化，应该不至于被调整评级，它涉及公司的信用等级，进而会波及债权融资、非债权融资乃至市场经营等。

现金流困境

在评级报告中，联合资信认为：第一，泛海控股集团2020年上半年利润大幅下降，下属上市公司泛海控股上半年经营亏损，境内房地产项目主要集中在武汉地区，短期内去化速度较慢；第二，受美国疫情影响，公司境外资产处置项目进度存在较大不确定性，对公司近期的现金补给预期较弱。第三，子公司泛海控股因信息披露问题受到行政监管处罚。此外，公司及下属泛海控股2020年债券兑付规模大，面临较大的兑付压力，呈现流动性紧张态势。泛海控股集团最核心的问题是主营业务带来的自由现金流不足或下降，由此引发业绩下降、资产处置延迟，甚至可能出现的融资不畅等问题。

财报显示，泛海控股集团2020年上半年经营活动产生的现金流量净额为29.52亿元，同比下降75.56%；利息保障倍数由上年同期的0.93降至0.69，同比下降25.81%。联合资信称，2019年，泛海控股集团债务结构由以长期债务为主转变为以短期债务为主，从债务期限分布来看，公司债务主要集中在1年内到期，占比为56.10%，存在集中偿付压力。

核心子公司泛海控股方面，2020年上半年，其经营活动产生的现金流量净额为-6.55亿元，较上年同期大幅下滑142.6%。速动比率从2019年同期的0.89降至0.74。2020年3月末，泛海控股剔除预收款项后的资产负债率和全部债务资本化比率分别为80.70%和72.60%。东方金诚表示，从公司债务期限结构来看，在债券不提前回售的情况下，泛海控股大部分债务将集中于未来三年到期，其中2020年将会出现偿债高峰，面临集中偿还压力。

经营方面，泛海控股集团2020年1—6月实现利润总额2.86亿元，同比下降52.09%。泛海控股上半年经营亏损，2020年1—6月净利润为-3.51亿元。境内房地产项目销售受疫情影响较大，2020年1—6月武汉中央商务区实现预售金额为14.53亿元。

泛海控股此前公开回应称，公司目前正在采取各种方式，包括但不限于加大房地产项目销售力度、新增融资、资产处置、加强项目引战及金融股权引战等各项措施积极筹措资金。

多机构下调评级

7月13日，评级机构东方金诚将泛海控股集团主体列入评级观察名单，主要原因为泛海控股集团核心子公司泛海控股2020年下半年到期及回售债券集中，偿债资金筹措压力加大。截至2020年3月末，泛海控股全部有息债务为893.43亿元。其中，2020年下半年到期及回售境内债券本金余额为72.89亿元、境外美元债为4.113亿美元，其中4亿美元于7月27日到期。境外项目出售是偿债资金主要来源之一，受尽职调查延后影响，泛海控股偿债资金筹措压力加大。

根据东方金诚测算，在不考虑资本支出因素的情况下，泛海控股2020年刚兑债务规模约为233.70亿元。根据融资计划，2020年公司有公司债额度16.5亿元、疫情防控债额度20亿元、境外高级债券4亿美元等，如资产变现计划和融资计划顺利施行，可覆盖刚兑债务。否则，泛海控股短期内将面临较大偿债压力。

泛海控股7月1日公告称，美国资产处置项目原定尽职调查截至2020年6月30日，受新型冠状病毒感染肺炎疫情的影响，交通系统和劳动力受阻，尽职调查时间延长至2020年9月30日。联合资信对此表示，公司境外资产处置项目进度存在较大不确定性，对公司近期的现金补给预期较弱。此前的3月19日，评级机构惠誉将泛海控股的长期外币发行人违约评级（IDR）和高级无抵押债券评级从“B-”下调至“CCC+”，其高级无抵押债券的回收率评级为“RR4”。

惠誉表示，“该公司的评级受到合同销售/总负债（不包括其金融机构子公司）低于0.25倍的限制，这是所有获评中国房地产开发商中比率最低的。由于内部流动性不足，该公司也是其中杠杆率最高的公司之一”。

资料来源　陈世爱. 面临较大偿债压力？3 000亿“泛海帝国”评级展望遭下调［N］. 北京时间财经，2020-09-15.

9.1　偿债能力分析的目的和内容

9.1.1　偿债能力分析的目的

企业偿债能力是指企业到期偿还债务本息的现金保障能力，包括长期偿债能力和短期偿债能力。

偿债能力是企业经营者、投资者、债权人等十分关心的重要问题。站在不同的立场上，其分析目的也有区别。

投资人更重视企业的盈利能力，但他们认为企业良好的财务状况和偿债能力更有助于提高企业盈利能力，因此，他们同样会关注企业的偿债能力。对于投资人来说，如果企业的偿债能力出现问题，企业的经营者就会花费大量精力去筹措资金以应付还债，这不仅会增加筹资难度，加大临时性紧急筹资的成本，还会使企业管理者难以集中精力进行企业经营管理，使企业盈利受到影响，最终影响投资人的利益。

债权人对企业偿债能力的分析，目的在于进行正确的借贷决策，保证其资金安全。债权人主要从他们的切身利益出发来研究企业的偿债能力，只有当企业有较强的偿债能力时，他们的债权才有可能及时收回，并按期取得利息。通过对企业资金的主要来源和用途以及资金结构的分析，加上对企业过去盈利能力的分析和未来盈利能力的预测，可以判断企业的偿债能力。商品和劳务供应商主要指赊销商品和劳务给企业的单位与个人，他们最关心的是能否尽快安全地收回资金。因此，商品和劳务供应商必须判断企业能否及时支付商品和劳务的价款。他们对企业偿债能力的分析与债权人类似。

如果从企业角度出发，任何一家企业想维持正常的生产经营活动，必须持有足够的现金或者可以随时变现的流动资产，以支付各种到期的费用和债务。因此，进行偿债能力分析的目的在于：

（1）了解企业的财务状况。从企业财务状况的定义来看，企业偿债能力的强弱是反映企业财务状况的重要标志，企业发展的稳定性和近期增长情况作为辅助信息。

（2）揭示企业所承担的财务风险程度。当企业举债时，会出现债务不能按时偿付的可能，这就是财务风险的实质所在。而且，企业的负债比率越高，到期不能按时偿付的可能性越大，企业所承担的财务风险就越大。

（3）预测企业筹资前景。企业偿债能力强，说明企业财务状况较好，信誉较高，债权人就愿意将资金借给企业；否则，债权人就不愿意将资金借给企业。因此，当企业偿债能力较弱时，企业筹资前景不容乐观或企业将承担更高的财务风险。

（4）为企业进行各种理财活动提供重要参考。

9.1.2 偿债能力分析的内容

偿债能力是指企业偿还各种债务的能力。从静态角度来看，企业偿债能力就是用企业资产清偿企业非流动负债和流动负债的能力；从动态角度来看，企业偿债能力就是用企业资产和经营过程中创造的收益偿还债务的能力。因此，企业有无支付现金的能力和偿还债务的能力是企业能否继续生存和发展的关键。

偿债能力分析主要包括以下两个方面的内容：

（1）短期偿债能力分析。通过对反映短期偿债能力的主要指标和辅助指标的分析，了解企业短期偿债能力的强弱及变动情况，说明企业的财务状况和风险程度。

（2）长期偿债能力分析。通过对反映长期偿债能力指标的分析，了解企业长期偿债能力的强弱及变动情况，说明企业整体财务状况和债务负担及偿债能力的保障程度。

可见，如果只有短期偿债能力，缺乏长期偿债能力，企业可能只有短期生存的空间，而没有长期发展的空间。因此，进行企业偿债能力分析必须同时考虑资产的短期流动性与长期安全性。

【相关链接 9-1】

资产负债率为同行两倍，科净源因“补血”IPO上市

北京科净源科技股份有限公司提交了招股说明书，拟于2022年创业板上市，公开发行不超过1 714.2858万股，占发行后总股本的比例不超过25%，其资产负债率超同行业可比公司平均值高达43个百分点。

一、归属于母公司所有者权益曾为负数

科净源是一家专业从事水环境系统治理的创新型综合服务商，围绕客户对水环境治理的需求，为其提供水处理产品、水环境综合治理方案和项目运营服务。虽然科净源近年来持续盈利，但其似乎是刚实现扭亏为盈就提交了IPO申请。根据招股说明书显示的未分配利润可以看出，2018—2020年，科净源的未分配利润均为负数，直至2021年上半年末才变为正数。这也意味着，若不考虑股改以及现金分红等情况，截至2020年末，科净源成立多年来不仅没有在经营上赚到钱，反而还累计亏损了1 500多万元。到了2021年6月末，公司才改变了这一境况。

此外，在报告期内，科净源归属于母公司的所有者权益一度出现了负数。

招股说明书显示，截至2018年末，科净源归属于母公司的所有者权益为-78.02万元。据悉，科净源于2016年在新三板挂牌。公开资料显示，截至2018年6月末，科净源归属于母公司的所有者权益为22 972.43万元。不难看出，科净源2018年末归属于母公司的所有者权益较2018年6月末少了约2.3亿元。这半年的时间内发生了什么？

二、资产负债率远超同行

科净源此次IPO上市，是欲将39.43%的募集资金用于“补血”，而这实际上可能是因为公司的短期偿债能力较弱。招股说明书显示，报告期内，科净源的流动比率分别为0.58、0.67、0.85、0.94，同行业可比公司平均值分别为2.69、2.29、4.05、4.28；速动比率分别为

0.37、0.42、0.52、0.61，同行业可比公司平均值分别为1.74、1.87、3.77、3.95。可以看出，在上述时间段内，无论是流动比率还是速动比率，科净源均远低于同行业可比公司平均值。

从细分领域上看，2018年到2021年6月末，科净源的货币资金分别为3 055.82万元、2 875.21万元、3 155.58万元、2 400.87万元，短期借款分别为10 100万元、9 314.75万元、5 769.53万元、9 810.56万元。这意味着，在上述时间段内，科净源的货币资金始终不够支付其短期借款。对此，一位注册会计师表示，若科净源的短期借款到期，其除货币资金之外的流动资产变现不及时，则可能会对其经营产生不利的影响。

除此之外，科净源的资产负债率还远高于同行业可比公司平均值。招股说明书显示，报告期内，科净源的资产负债率分别为94.1%、87.89%、78.61%、73.5%，同行业可比公司平均值分别为38.75%、40.52%、31.2%、28.96%。在上述时间段内，科净源的资产负债率至少高于同行业可比公司平均值44个百分点，是同行业公司均值的两倍还多。

资料来源　邓皓天. 业绩增长，资产负债率是同行两倍，归母所有者权益还曾为负，科净源有点“与众不同”[N]. IPO日报，2022-02-13.

9.2　短期偿债能力分析

9.2.1　短期偿债能力分析的含义

短期偿债能力是指企业偿还流动负债的能力，是企业流动资产对流动负债及时足额偿还的保证程度，是衡量企业当前财务能力，特别是流动资产变现能力的重要标志。一般说来，负债需要以流动资产来偿付，而且通常需要以现金来直接偿还，可以反映企业流动资产的变现能力。

在现代经济环境下，企业作为一个经济实体，能否偿还到期或即将到期的债务，直接影响到企业的信誉、信用，能否再融资等一系列关系到企业能否继续发展的重大问题。甚至，一个盈利企业如果不能偿还短期债务，也可能面临破产的威胁，因为其持续经营的能力将受到怀疑，仅从这点来看，流动性分析对企业的重要性就显而易见了。

直接用来衡量公司短期偿债能力的财务指标主要有流动比率、速动比率和现金比率，其共同特点是可以将偿还流动负债的流动资产或流动资产的一部分与需要偿还的流动负债相比较。

9.2.2　影响短期偿债能力的因素

1.影响短期偿债能力的主要因素

（1）资产的流动性

资产的流动性是指企业资产转化为现金的能力。一般来说，企业都用流动资产来偿还债务。不仅短期债务需要用流动资产偿还，就连长期债务也要用流动资产偿还，除非企业终止经营，进行清算，否则一般不会出售固定资产来偿还短期债务。因此，资产流动性越强，尤其是流动资产中变现能力较强的资产所占比重越大，则企业的短期偿债能力越强。在企业的流动资产中，应收账款和存货的变现能力是影响流动资产变现能力的重要因素。由于应收账款可能会因呆滞而产生大量的坏账，存货可能因周转不畅等原因而造成大量积压，将会使企业流动资产的变现能力大大下降，影响其偿债能力。

（2）企业的经营收益水平

流动负债通常是以流动资产中的现金进行偿还的，而现金的取得主要来源于企业的经营收益。企业利润是企业经营收益的集中体现。通常一个经营收益水平较高的企业，其利润也高，而利润的取得又会增加企业的资金，使企业有持续和稳定的现金流入，从而从根本上保障债权人的权益。当企业经营收益水平下降时，如果其现金的流入不足以抵补现金的流出，就会造成现金的短缺，导致偿债能力下降。

（3）流动负债的结构

企业的流动负债中有些需要用现金偿付，如短期借款、应付账款等，有些则需要用商品或劳务来偿还，如预收账款。如果需要用现金偿付的流动负债所占比重较大，则企业只有拥有足够的现金才能保证其偿债能力；如果在流动负债中预收账款所占比重较大，则企业只要有足够的存货就可以保证其偿债能力。

2.影响短期偿债能力的其他因素

（1）可动用的银行贷款指标

可动用的银行贷款指标是指银行已经同意，企业未办理贷款手续的银行贷款限额。其可以随时增加企业的现金，提高支付能力。这一数据不反映在财务报表中，但会在董事会决议中披露。

（2）准备很快变现的非流动资产

企业可能有一些长期资产可以随时出售变现，而不出现在“一年内到期的非流动资产”项目中。例如，储备的土地、未开采的采矿权、目前出租的房产等，在企业发生周转困难时，将其出售并不影响企业的持续经营。

（3）偿债能力的声誉

如果企业的信用很好，在短期偿债方面出现暂时困难，比较容易筹集到短缺的现金。

（4）可能发生的或有负债或承诺的付款

与担保有关的或有负债，如果数额较大并且可能发生，会降低企业的短期偿债能力，在评价时应给予关注。另外，经营租赁合同中承诺的付款，以及建造合同、长期资产购置合同中承诺的分阶段付款，都是承诺，应视同需要偿还的债务。

9.2.3 短期偿债能力指标分析

评价短期偿债能力的财务指标分析方法主要有两种：一种是静态的分析方法，主要依据资产负债表，比较债务与可供偿债资产的存量，资产存量超过债务存量越多，则偿债能力越强；另一种是动态的分析方法，主要依据现金流量表和其他相关资料，比较偿债所需现金和经营活动现金流量，经营活动现金流量超过偿债所需的现金越多，则偿债能力越强。

1.静态指标分析

通过资产负债表，可以看出一个企业的流动资产与流动负债的规模，但它们的规模并不能说明企业的偿债能力，只能表明企业流动资产与流动负债目前的流动性。而进行企业流动资产与流动负债关系的分析，运用流动性的比率则能反映企业短期偿债能力，主要的流动比率有营运资本、流动比率、速动比率和现金比率。

S公司2021年度有关财务报表部分数据见表9-1。

（1）营运资本

营运资本是指流动资产超过流动负债的差额，是表明企业短期偿债能力的一项基本指标。其计算公式如下：

营运资本=流动资产-流动负债

营运资本适合与企业以前年度的数额相比较，以确定其是否合理。因为企业规模可能扩大或缩小，所以规模不同的企业之间比较营运资本指标是无意义的。如果营运资本出现异常，可通过逐项分析流动资产和流动负债找出原因。

计算营运资本使用的“流动资产”和“流动负债”，数据通常可以直接取自资产负债表。实际上资产负债表的基本结构是按债权人的要求设计的。正是为了便于计算营运资本和分析流动性，资产负债表项目才区分流动项目和非流动项目，并且按流动性强弱排序。

根据表9-1，S公司营运资本计算如下：

期末营运资本=105 592 773 820.55-49 346 118 488.84=56 246 655 331.71（元）

期初营运资本=106 012 818 341.25-43 475 351 201.59=62 537 467 139.66（元）

表9-1　　S公司2021年度有关财务报表部分数据　　单位：元

项　目	期末金额	期初金额
货币资金	80 313 249 046.95	79 670 638 441.55
交易性金融资产	2 157 683 267.32	1 867 858 552.00
存货	4 017 144 419.72	1 434 116 333.02
一年内到期的非流动资产	465 000 000.00	0
其他流动资产	663 032 527.32	1 582 030 457.71
流动资产	105 592 773 820.55	106 012 818 341.25
非流动资产	183 336 554 467.72	169 226 608 989.45
总资产	288 929 328 288.27	275 239 427 330.70
流动负债	49 346 118 488.84	43 475 351 201.59
非流动负债	22 613 978 068.77	25 088 599 523.06
总负债	71 960 096 557.61	68 563 950 724.65
股东权益	216 969 231 730.66	206 675 476 606.05
经营活动产生的现金流量净额	−2 438 623 300.02	−5 256 682 036.82
营业收入	70 391 603 895.15	60 044 044 174.49
净利润	17 064 074 223.52	11 388 261 865.75
财务费用	−656 082 774.73	−317 440 560.91

如果流动资产与流动负债相等，并不足以保证偿债，因为债务的到期与流动资产的现金生成，不可能同步同量。企业必须保持流动资产大于流动负债，即保有一定数额的营运资本作为缓冲，以防止流动负债“穿透”流动资产。S公司现存49 346 118 488.84元流动负债的具体到期时间不易判断，现存105 592 773 820.55元的流动资产产生现金的数额和时间也不好预测。期末营运资本56 246 655 331.71元是流动负债“穿透”流动资产的“缓冲垫”。因此，营运资本越多，流动负债的偿还越有保障，短期偿债能力越强。

营运资本之所以能够成为流动负债的“缓冲垫”，是因为它是长期资本用于流动资产的部分，不需要在1年内偿还。

营运资本=流动资产-流动负债

=（总资产-非流动资产）-（总资产-股东权益-非流动负债）

=（股东权益+非流动负债）-非流动资产

=长期资本-长期资产

根据表9-1，S公司营运资本计算如下：

期末营运资本=（216 969 231 730.66+22 613 978 068.77）-183 336 554 467.72
=56 246 655 331.71（元）

期初营运资本=（206 675 476 606.05+25 088 599 523.06）-169 226 608 989.45
=62 537 467 139.66（元）

当流动资产大于流动负债时，营运资本为正数，表明长期资本的数额大于长期资产，超出部分成为流动资产。营运资本的数额越大，财务状况越稳定。总而言之，全部流动资产都由营运资本提供资金来源，则企业没有任何偿债压力。

当流动资产小于流动负债时，营运资本为负数，表明长期资本的数额小于长期资产，有部分长期资产由流动负债提供资金来源。由于流动负债在1年内需要偿还，而长期资产在1年内不能变现，偿债所需现金不足，必须设法另外筹资，否则财务状况会不稳定。

（2）流动比率

流动比率，又称营运资金比率，是流动资产与流动负债的比值，是衡量企业短期偿债能力常用的指标。企业能否偿还流动负债，要看其有多少流动负债，以及有多少能够变现用于偿债的流动资产。流动资产越多，流动负债越少，则企业的短期偿债能力越强。它是衡量企业在某一时点偿付短期流动负债能力的指标。其计算公式如下：

$$流动比率=\frac{流动资产}{流动负债}$$

一般情况下，流动比率越高，企业短期偿债能力越强，债权人的权益越有保障。如果流动比率过低，企业可能面临到期难以清偿债务的困难；反之，如果流动比率过高，表明企业有足够的可变现资产来清偿债务，但这并不能说明企业有足够的现金可以用来还债，因为这些流动资产中也可能有不能盈利的闲置的流动资产，会增加企业的机会成本，因此，分析流动比率还要结合现金流量进行。若现金不足，则说明有不合理的资金占用，如存在存货超储积压、应收账款增多等不合理现象，都会降低企业的盈利能力，增加经营风险。

评价一个企业的流动比率时，需要与适当的标准比较。只有通过比较，才能评价流动比率是高还是低，是否合理。

首先，经验标准是制造业企业正常的流动比率为2∶1。流动资产之所以应该是流动负债的2倍，原因在于：①流动资产中有一定比例是长期存在的，因而实质上具有长期资产特性，即资金占用的长期性；②如果流动资产全部由流动负债支撑，即流动比率为1∶1，那么，一旦发生金融危机或公司信用危机，公司生产经营将会面临十分严重的困境。

其次，流动比率可以进行横向或纵向比较。这种比较只能反映高低差异，不能解释原因。针对原因的解释需要具体分析应收账款、存货及流动负债水平的高低。如果应收账款或存货的量不少，但其流动性（即周转效率）存在问题的话，则应要求更高的流动比率。

最后，流动比率的高低与营业周期有关。营业周期越短，流动比率就越低；反之，流动比率就越高。例如，一般制造业企业的平均营业周期要比贸易公司长，因而前者的流动比率通常高于后者。因此，在进行流动比率分析时，与同行业平均流动比率或先进的、竞争对手的流动比率进行比较十分重要，而跨行业的评价需要慎重。

可见，评价不同行业、不同时期的流动比率数值的合理性有不同的标准，没有绝对统一的标准。流动比率是静态的衡量指标，受到若干因素的影响，仅凭流动比率指标来判断企业的偿债能力有一定的片面性，因而在实际中，流动比率的分析应该结合不同行业的特点、企业流动资产结构及各项流动资产的实际变现能力等因素综合考虑，不能用统一的标准来评价。正常情况下部分行业的参考流动比率见表9-2。

表9-2　**部分行业的参考流动比率**

行业	汽车	房地产	制药	建材	化工	家电	啤酒	计算机	电子	商业	机械	玻璃	食品	餐饮
流动比率	1.1	1.2	1.25	1.25	1.2	1.5	1.75	2	1.45	1.65	1.8	1.3	>2	>2

根据表9-1，S公司的流动比率计算如下：

$$期末流动比率=\frac{105\,592\,773\,820.55}{49\,346\,118\,488.84}=2.1398$$

$$期初流动比率=\frac{106\,012\,818\,341.25}{43\,475\,351\,201.59}=2.4385$$

可见，2021年度S公司流动比率下降了，说明S公司短期偿债能力减弱了。

（3）速动比率

流动比率虽然可以用来评价流动资产总体的变现能力，但存在一定的局限性。如果企业的流动比率较高，但流动资产的流动性较差，则企业的短期偿债能力仍然不强。因此，人们希望获得比流动比率更能体现企业变现能力的指标。这个指标就是速动比率，也被称为酸性测试比率。

速动比率是企业一定时期的速动资产与流动负债的比率。速动资产是指那些不需变现或变现过程较短、可以很快用来偿还流动负债的流动资产，一般是指流动资产扣除变现能力较差且不稳定的存货、一年内到期的非流动资产及其他流动资产等之后的余额，主要包括货币资金、交易性金融资产、应收账款、应收票据、其他应收款等。速动资产及速动比率的计算公式如下：

速动资产=流动资产-存货-一年内到期的非流动资产-其他流动资产

$$速动比率=\frac{速动资产}{流动负债}$$

一般认为，剔除了占流动资产近50%的存货等后，速动比率为1较合理，它说明每1元流动负债有1元的速动资产作为偿还的保证；而速动比率低于1的企业被认为短期偿债能力较弱。但是速动比率太高会造成资产闲置，增加企业机会成本。因为速动资产中的应收款项比重因不同行业而异，所以不同行业对速动比率的要求不同。以现金销售为主的应收款项比重很低的商品零售行业，速动比率必须远低于1，甚至0.3～0.4也正常；反之，应收款项比重很高的企业，速动比率必须大于1。当然，与流动比率一样，速动比率也没有绝对统一的标准，必须通过比较，才能进行正确评价。正常情况下部分行业的参考速动比率见表9-3。

表9-3　**部分行业的参考速动比率**

行业	汽车	房地产	制药	建材	化工	啤酒	计算机	电子	商业	机械	玻璃	餐饮
速动比率	0.85	0.65	0.9	0.9	0.9	0.9	1.25	0.95	0.45	0.9	0.45	>2

可以认为，速动比率是考虑了企业可能出现最不利的情况后而对资产流动性的衡量，

因而用它衡量企业的流动性是稳健的，当然速动比率也有一定的局限性：其一，应收款项的可收回性，即应收款项的质量，以及对应收款项的会计核算是否足够稳健，必定会对速动比率的客观作用产生影响；其二，速动比率会因行业、企业而异，甚至因经济环境和具体情况而异，比如出现了临时性需要或货物比计划提前运到等情况，企业会临时运用较多的现金支付货款，这势必导致速动比率下降，很可能影响债务的支付。

根据表9-1，S公司的速动比率计算如下：

$$期末速动资产=105\,592\,773\,820.55-4\,017\,144\,419.72-465\,000\,000.00-663\,032\,527.32$$
$$=100\,447\,596\,873.51（元）$$

$$期末速动比率=\frac{100\,447\,596\,873.51}{49\,346\,118\,488.84}=2.0356$$

$$期初速动资产=106\,012\,818\,341.25-1\,434\,116\,333.02-0-1\,582\,030\,457.71$$
$$=102\,996\,671\,550.52（元）$$

$$期初速动比率=\frac{102\,996\,671\,550.52}{43\,475\,351\,201.59}=2.3691$$

计算结果表明，该公司每1元流动负债在期初和期末分别有2.3691元和2.0356元的速动资产作为偿还短期债务的保证。

（4）现金比率

在速动资产中，流动性最强、可直接用于偿债的资产称为现金资产。现金资产主要包括货币资金、交易性金融资产等。它们与其他速动资产有区别，其本身就是可以直接偿债的资产，而其他速动资产需要等待不确定的时间，才能转换为不确定数额的现金。

现金资产与流动负债的比值称为现金比率，又称即付比率。其计算公式如下：

$$现金比率=\frac{货币资金+交易性金融资产}{流动负债}$$

这是最保守的短期偿债能力指标，分析者一般很少重视这一指标。这是因为，如果企业的流动性不是依赖应收账款和存货的变现，而不得不依赖现金及现金等价物，则意味着企业已经处于财务困境。因此，该比率只有在企业应收账款和存货变现能力较弱的情况下才有较大的意义。一般来说，该比率在0.2以上，企业的支付能力不会有太大的问题。但如果该比率过高，意味着企业的现金管理能力较差，没有充分利用现金资源，也有可能是因为已经有了现金使用计划（如厂房扩建等）。

根据表9-1，S公司现金比率计算如下：

$$期末现金比率=\frac{82\,470\,932\,314.27}{49\,346\,118\,488.84}=1.6713$$

$$期初现金比率=\frac{81\,538\,496\,993.55}{43\,475\,351\,201.59}=1.8755$$

2.动态指标分析

企业短期偿债能力的静态分析中使用的流动负债是企业某一时点的流动负债，并不表示企业的这些债务已到期并于该时点偿还。同样，企业短期偿债能力的静态分析中使用的流动资产是企业某一时点的流动资产，并不表示这些资产马上就能用于偿还债务，或是能立即转化为现金并用于偿还债务。企业偿还债务是一个动态的过程，因此，对企业短期偿债能力的分析还应从动态角度进行。动态角度分析指标主要有现金流量比率、近期支付能力系数、速动资产够用天数和现金到期债务比率。

（1）现金流量比率

现金流量比率，也称现金流动负债比率，反映企业本期经营活动产生的现金流量是否足以抵付短期债务的能力。现金流量比率越高越好，这不仅表明企业支付到期债务的能力强，而且说明企业经营活动创造现金流量的能力强，这是企业经营活动效率和质量较高、财务状况良好的重要标志。一般来说，如果该指标等于或大于1，表示企业生产经营活动产生的现金足以偿还到期债务；如果该指标小于1，表示企业生产经营活动产生的现金不足以支付短期债务，必须对外筹资或出售资产才能偿还债务。其计算公式如下：

$$现金流量比率=\frac{经营活动产生的现金流量净额}{平均流动负债}$$

公式中的“经营活动产生的现金流量净额”取自根据收付实现制原则编制的现金流量表主表，因此“经营活动产生的现金流量净额”既不受会计政策和会计估计不同选择的影响，可以避免流动比率和速动比率所固有的局限性，也不受流动资产变现能力的影响，可以直接反映企业本身经营活动的“造血”功能——创造现金流量的实际能力。同时，现金流量比率能反映在充分考虑现金其他用途后的剩余支付能力上。因此，它比流动比率和速动比率更准确地反映了企业的短期偿债能力。

根据表9-1，S公司现金流量比率计算如下：

$$现金流量比率=\frac{-2\ 438\ 623\ 300.02}{(49\ 346\ 118\ 488.84+43\ 475\ 351\ 201.59)\div 2}=-0.0525$$

（2）近期支付能力系数

近期支付能力系数是反映企业有无足够的支付能力来偿还到期债务的指标。其计算公式如下：

$$近期支付能力系数=\frac{近期内能够用来支付的资金}{近期内需要支付的各种款项}$$

式中：近期内能够用来支付的资金包括企业现有的货币资金、近期内能取得的营业收入、近期内有把握收回的各种应收款项等；近期内需要支付的各种款项包括各种到期或逾期应交款项和未付款项，如职工工资、应付账款、银行借款、各项税费、应付利润等。

企业近期支付能力系数应大于或等于1，且数值越大说明企业近期支付能力越强。如果该指标小于1，则说明企业支付能力不足，应采取积极有效措施，从各种渠道筹集资金，以便按期清偿债务，保证企业生产经营活动的正常进行。

（3）速动资产够用天数

在财务分析中，除了以流动负债为基础外，还可以营业开支水平说明企业的短期偿债能力，通常用“速动资产够用天数”来表示企业速动资产维持企业正常生产经营开支水平的程度，该指标可以作为速动比率的补充指标。其计算公式如下：

$$速动资产够用天数=\frac{速动资产}{预计每天营业所需的现金支出}$$

从该指标的计算公式可以看出，如果速动资产较多，而每天营业所需的现金支出较少，则速动资产够用天数就较多，表示企业偿债能力较强；反之则较弱。

（4）现金到期债务比率

现金到期债务比率是指经营活动产生的现金流量净额与本期到期的债务的比率，用来衡量企业本期到期的债务用经营活动产生的现金来支付的程度。其计算公式如下：

$$现金到期债务比率=\frac{经营活动产生的现金流量净额}{本期到期的债务}$$

如果该指标大于或等于1，表示企业有足够的能力以生产经营活动产生的现金来偿还短期债务；如果该指标小于1，表示企业生产经营活动产生的现金不足以偿还到期的债务，必须采取其他措施才能满足企业偿还到期债务的需要。

3.其他流动性指标分析

（1）营运资本周转率

营运资本周转率为年销售额与年平均营运资本之间的比率。其计算公式如下：

$$营运资本周转率=\frac{年销售额}{年平均营运资本}$$

营运资本周转率指标具有两面性：指标值过低，意味着营运资本使用效率过低，表明销售额可能不足，企业营运资本盈利能力较差；指标值过高，则表明资本可能不足。资本不足的企业，在经营条件发生较大的不利变化时，对流动性问题敏感。

（2）应收账款周转率和应付账款周转率的比较

企业购入材料等物资是为了通过加工制造成产品，然后通过销售收回现金，实现增值的目的。因此，由赊购商品所产生的应付账款应用赊销商品回收的现金进行偿付。在资金转让上，二者与资金周转期有关系，而且必须相互配合。应收账款与应付账款这种相互关系对企业短期偿债能力会产生影响，体现在如下方面：

① 两者周转期相同。这时，通过赊销商品所回收的现金恰好能满足偿付因赊购业务而产生的债务，不需动用其他流动资产来偿还，企业的应收账款和应付账款的存在不影响其短期偿债能力指标。

② 应收账款的周转速度快于应付账款的周转速度。这时，企业流动比率较低，以流动比率反映的企业静态短期偿债能力较弱。但从动态看，因为企业应收账款的回收速度比用现金偿付应付账款要快，故企业的实际偿债能力较强。

③ 应收账款的周转速度慢于应付账款的周转速度。这时，企业流动比率较高，以流动比率反映的企业静态短期偿债能力较强。但从动态看，因为企业将其赊销商品所产生的应收账款转化为现金的速度比支付现金去偿付因赊购业务而产生的应付账款要慢，故企业的实际短期偿债能力比以流动比率表示的企业短期偿债水平要低。只有在动用其他流动资产的情况下，企业才能按期偿付因赊购而形成的债务。

（3）存货周转率

存货周转率是反映企业运营效率的一个指标，但是该指标也动态反映了企业的短期偿债能力。

当其他条件不变时，存货周转越快，需要的存货规模越小；反之则越大。当存货规模较大时，其流动比率指标也较大，从静态方面反映的短期偿债能力也较强，实际上这很可能是因为存货周转速度偏慢而引起的假象。因此，有必要结合存货周转速度对企业短期偿债能力进行评价，对按流动比率进行的评价进行修正。当流动比率一定时，如果企业预期存货周转速度加快，则企业的短期偿债能力会因此而增强；反之则减弱。

【相关链接9-2】

经营活动现金流入不敷出，海纳股份偿债能力堪忧

深水海纳水务集团股份有限公司是一家以工业污水处理和优质供水等环保水务业务为主，为医药、印染、化工等行业提供污水处理服务的企业。近期，海纳股份的首发申请获受理，拟于创业板上市。

报告期内，海纳股份的业务重心逐渐由优质供水向工业污水处理业务转移，但目前其工业污水处理项目大多处于建设或运营初期，且实际运营项目的产能利用率低，经营活动现金流入金额较小，导致其近年来经营活动现金流净额屡屡为负。此外，由于项目资金回收周期较长，海纳股份的应收账款占比较高，除2017年外，其流动负债始终高于流动资产，短期偿债压力较大。

一、项目经营不佳，经营性现金流入不足

近年来，我国环保水务行业发展较快，国家产业政策的支持为工业污水处理和优质供水业务提供了广阔的市场空间。但同时，环保水务行业参与竞争的企业较多，行业发展逐渐由传统的资本推动型向资本与技术共同推动型转变。

招股书显示，2016—2019年上半年，海纳股份营业收入分别为1.92亿元、2.66亿元、3.95亿元和2.31亿元，归母净利润分别为2 066.2万元、4 854.17万元、6 958.43万元和4 256.08万元。从业绩表现看，报告期内海纳股份的营业收入与净利润呈持续增长趋势。

然而，经营性现金流量净额可判断企业经营活动的健康状态，能给投资者带来良好的现金回报。自2017年起，海纳股份的经营性现金流量净额却持续为负，企业自身的“造血”能力明显不足。

2016—2019年上半年，海纳股份经营性现金流量净额分别为113.77万元、-2 470.12万元、-3 286.52万元和-2 763.1万元，与当期净利润的差额分别为1 952.43万元、7 324.29万元、10 244.95万元和7 019.18万元，两者之间的背离程度逐渐加大。也就是说，海纳股份账面赚得的利润与实际到手的现金并不相符。

从盈利模式看，海纳股份以投资运营模式开展环保水务特许经营项目，因此，其经营性现金流主要为逐年收回，回收周期较长。值得注意的是，报告期内，海纳股份拥有的工业污水处理运营项目仅有5个，且项目大多处于运营初期，实际的产能利用率严重不足，导致报告期内其经营活动现金流入金额较小。

2016—2019年上半年，海纳股份主要工业污水运营项目的产能利用率分别为4.34%、6.37%、19.14%和13.6%，产能利用率均不足20%。由于项目在实际运营中处理的污水量较少，使得其当期的结算金额也较少。

而按照国家规划有关要求，污水处理厂建成运行后的实际处理负荷，在一年内应不低于设计产能的60%，三年内不低于设计产能的75%。由此来看，海纳股份的工业污水项目经营状况不佳。

二、应收账款飙升，偿债能力弱于同行

除经营活动现金流入不足外，海纳股份的负债压力也不容忽视。2016—2019年上半年末，海纳股份的流动资产分别为11 052万元、19 506万元、23 601万元和33 224万元，流动负债分别为23 414万元、16 156万元、30 813万元和39 441万元。可见，除了2017年，海纳股份的流动负债始终高于流动资产。

从偿债能力指标看，2016—2019年上半年末，海纳股份的流动比率分别为0.47、1.21、0.77和0.84。除了2017年，海纳股份的流动比率均小于1，资产流动性较差，短期偿债能力较弱。

令人不解的是，招股书中，海纳股份列出了鹏鹞环保、中持股份、中环环保、绿城水务和江南水务5家同行业可比公司，却未披露它们的偿债能力对比情况。

2020年6月30日，时代商学院向海纳股份发函询问，海纳股份回复称："与同行业公司相比，2019年度，因业务内容不完全一致、业务规模差异较大等因素，公司与同行业公司的关键业务数据差异较大，但关键指标处于行业平均水平范围内，符合行业特征。"

2016—2019年末，上述5家公司的流动比率均值分别为1.38、1.56、1.05和1.11。不难看出，海纳股份的偿债能力远低于同行业可比公司平均水平。

此外，在流动资产中，海纳股份的应收账款占比较大。2016—2019年上半年末，海纳股份应收账款净额分别为7 651.4万元、6 228.18万元、14 845.66万元和13 178.86万元，占流动资产的比例分别为69.23%、31.93%、62.9%和39.67%。尤其是2018年，其应收账款净额较上年末增长138.36%，应收账款净额增长超一倍。

由于行业性质及公司经营特点，海纳股份的应收账款较难在短期内迅速变现。其2018年应收账款增加幅度较大，主要与其工业污水处理EPC（工程总承包）工程建造收入和运营服务收入回收周期较长有关。例如，EPC工程一般采取按工程进度分阶段收款，如签订合同时预收部分定金，工程完工或交付时收款至80%，验收决算后收款至90%，余款10%作为质保金，质保期一般为2年左右。因此，应收账款回收期限较长。

而对于处于业务扩张期的海纳股份来说，随着公司业务规模的进一步扩大，应收账款规模还将相应增大。若不加强对应收账款的管控，该公司将面临一定的流动性风险，进而对其生产经营造成不利影响。

资料来源　郑一佐. 经营活动现金流入不敷出，海纳股份偿债能力堪忧［N］. 时代周报，2020-07-09.

9.3　长期偿债能力分析

9.3.1　长期偿债能力的含义

长期偿债能力是指企业偿还超过一年或小于一年但超过一个营业周期债务的能力，它反映企业资本结构的合理性以及偿还长期债务本金和利息的能力，反映企业财务的安全和稳定程度。

企业的长期偿债能力可以利用利润表、资产负债表和现金流量表等进行分析。

9.3.2　影响长期偿债能力的因素

1. 影响长期偿债能力的主要因素

（1）企业的盈利能力

这是影响企业长期偿债能力的最重要因素。企业的非流动负债大多用于企业长期资产的投资，形成企业的固定生产能力。在正常的生产经营条件下，企业不可能把出售长期资产作为偿债的资金来源，而是靠企业生产经营所得。因此，企业的长期偿债能力与企业的盈利能力密切相关。企业能否有足够的现金流入量偿还长期本息受制于收支配比的结果。

一个长期亏损的企业，在通货膨胀普遍存在的情况下，要保全资本十分困难，而想保持正常的非流动负债的偿还能力就更加不易了；相反，对于长期盈利的企业来说，现金净流量的不断增加必然会为及时足额地偿还各项债务本息提供坚实的物质基础。

（2）投资收益

企业进行长期投资是否能够取得收益取决于企业是否有能力偿还长期债务，特别是当某项具体投资的资金完全由非流动负债筹措时，更是如此。当然，企业必须有相当大比例的权益资金来保障债权人的利益。但如果企业每一项投资都不能达到预期收益，即使有相当大比例的权益资金来保证，也会严重影响其偿债能力。

（3）所有者资本的积累程度

尽管企业的盈利能力是影响长期偿债能力最重要的因素，但是，长期偿债能力必须以拥有雄厚实力的所有者资本为基础。如果企业将利润的绝大部分分配给投资者，而只提取少许的所有者资本，使其增长和积累速度较慢，就会降低偿还债务的可能性。此外，当企业结束经营时，其最终的偿债能力将取决于企业所有者资本的实际价值。如果资产不能按其账面价值处理，就有可能损害债权人利益，使债务不能得到全部清偿。

（4）企业经营活动中的现金流量

虽然企业盈利能力是偿还债务的根本保证，但债务主要需要利用现金清偿，而企业盈利毕竟与企业现金流量不同。企业只有具备较强的变现能力，有充裕的现金，才能保证拥有真正的偿债能力。因此，现金流量是决定企业偿债能力的关键。

2.影响长期偿债能力的其他因素

除了上述通过利润表、资产负债表和现金流量表中有关项目之间的内在联系计算出来的各种比率评价和分析企业的长期偿债能力以外，还有一些因素影响企业的长期偿债能力，必须引起足够重视。

（1）长期租赁

当企业急需某种设备或资产而又缺乏足够的资金时，可以通过租赁的方式解决。财产租赁有两种形式：融资租赁和经营租赁。

融资租赁是出租方先垫付资金购买设备租给承租人使用，承租人按合同规定支付租金（包括设备买价、利息、手续费等）。一般情况下，在承租方付清最后一笔租金后，其所有权归承租方，所以实际上属于变相地以分期付款的方式购买固定资产。因此，在融资租赁形式下，租入的固定资产作为企业的固定资产入账进行管理，相应的租赁费用作为非流动负债处理。在分析长期偿债能力时，这种资本化的租赁已经包括在债务比率指标计算之中。

当企业的经营租赁量比较大、期限比较长或具有经常性时，则构成一种长期性筹资，这种长期性筹资虽然不包括在非流动负债内，但到期必须支付租金，会对企业的偿债能力产生影响。因此，如果企业经常发生经营租赁业务，应考虑租赁费用对偿债能力的影响。

（2）担保责任

担保项目的时间长短不一，有的涉及企业的非流动负债，有的涉及企业的流动负债。在分析企业长期偿债能力时，应根据有关资料判断担保责任带来的潜在非流动负债问题。

（3）或有项目

或有项目是指在未来某个或几个事件发生或不发生的情况下，会带来收益或损失，但现在还无法确定是否发生的项目，比如未决诉讼。或有项目的特点是现存条件的最终结果不确定，对它的处理方法要取决于未来的发展。或有项目一旦发生便会影响企业的财务状况，因此，企业不得不对它们给予足够的重视，在评价企业长期偿债能力时也要考虑它们的潜在影响。

9.3.3 长期偿债能力指标分析

长期偿债能力与企业的资产、盈利能力和现金流量有着十分密切的关系，这些因素是从不同角度反映企业偿债能力的。资产是清偿债务的最终物质保障，盈利能力是清偿债务的经营收益保障，现金流量是清偿债务的支付保障。因此，评价企业长期偿债能力，有必要在分析短期偿债能力的基础上，分析资产规模、盈利能力以及现金流量对长期偿债能力的影响。

1.资产规模影响的指标分析

负债表明一个企业的债务负担，资产是偿债的物质保证，负债少不等于偿债能力强，资产规模大也不表明偿债能力强。企业的偿债能力体现在资产与负债的对比关系上。资产负债率、产权比率（净资产负债率）、权益乘数和长期资本负债率等长期偿债能力指标反映了这种对比关系。

（1）资产负债率

资产负债率是指企业全部负债与全部资产的比率，也称为负债比率或举债经营比率，是负债总额在资产总额中所占的比重，反映企业的资本结构状况，可以用来衡量利用债权人提供资金的安全度，直接体现企业财务风险大小。其计算公式为：

$$资产负债率=\frac{总负债}{总资产}\times100\%$$

从资产负债率本身来看，该指标并无好坏之分，但从不同信息使用者的分析角度来看却有很大的差别：

首先，从债权人的角度看，他们最关心的是贷给企业的资金的安全程度，即能否按期收回本金和利息。因此，债权人希望资产负债率越低越好，这样股东提供的资本占企业资本总额的大部分，企业的风险将主要由股东承担，企业有充分的资产保障能力来确保其负债按时偿还；如果比率过高，债权人会提出更高的利息率补偿。

其次，从股东的角度看，股权投资者关心的主要是投资收益率的高低，如果企业总资产收益率大于企业负债所支付的利息率，那么借入资本为股权投资者带来了正的杠杆效应，对股东权益最大化有利。所以，当企业的投资收益率大于其债务利息率时，股东将倾向于进一步追加负债，以获得更多的投资收益。

最后，从企业管理者的角度看，企业管理者既不愿意采用较高的资产负债率，以承受较大的风险，也不愿意保持较低的负债比例，使企业丧失利用财务杠杆获得收益的机会。因此，企业管理层会从企业的整体出发，选择较为合适的资产负债率。

资产负债率并不存在标准值，它依据行业状况、企业实际经营和财务状况而定。处于不同行业的企业，资产负债率的大小有很大的差异，如批发和零售贸易业与机械、设备和仪表业的负债水平就明显不同。处于不同发展时期的企业，资产负债率也各有特点，如处于快速成长期的企业，因其对资金的需求比较大，资产负债率可能会高一些。此外，该比率还受到资产计价特征的影响，如果被比较的某一企业有大量的隐蔽性资产（例如，大量的按历史成本计价的早年获得的土地等），而另一企业没有类似的资产，则简单的比较可能得出错误的结论。

企业的资金是由负债和所有者权益构成的，因此，资产总额应该大于负债总额，即资产负债率应该小于1。如果企业的资产负债率大于1，说明企业资不抵债，有破产清算的风险。一般情况下，资产负债率越低，表明企业长期偿债能力越强。但是如果比率过低，说明企业利用负债的杠杆效应太小，不利于实现公司价值和股东财富最大化。合理的资产负债率通常为30%～70%，规模大的企业应适当大些；但金融业比较特殊，资产负债率在90%以上也是很正常的。

由于企业的长期偿债能力受盈利能力的影响很大，在实务中，通常把长期偿债能力分析与盈利能力分析结合起来进行。在经济高速发展，盈利前景看好，并且投资收益率高于债务利息率的条件下，可适当提高负债比率，为股东创造更多财富；反之，应降低负债比率，回避风险，防止企业陷入困境。

目前，我国企业的资产负债率较高，主要原因是企业拥有的营运资本不足，流动负债过高。

根据表9-1，S公司的资产负债率计算如下：

$$期末资产负债率=\frac{71\ 960\ 096\ 557.61}{288\ 929\ 328\ 288.27}\times 100\%=24.906\%$$

$$期初资产负债率=\frac{68\ 563\ 950\ 724.65}{275\ 239\ 427\ 330.70}\times 100\%=24.911\%$$

可以看出，S公司2021年期末与期初相比资产负债率下降了0.005%，该企业债务负担略有减小。

【相关链接9-3】

浅谈降低企业资产负债率的有效途径

资产负债率又称举债经营比率，它是用以衡量企业利用债权人提供资金进行经营活动的能力，以及反映债权人发放贷款的安全程度的指标，通过将企业的负债总额与资产总额相比较得出，反映在企业全部资产中负债的比率。一般认为，资产负债率的适宜水平是40%～60%。防止资产负债率过高的途径如下：

一、加强内部管理，增加资金流入，增加权益资金

（1）优化集团公司资金管理模式。建立企业集团资金池，将宽松资金的管理由分散式管理变为集中管理，提高资金的使用效率。建立集团公司资金集中管理制度，明确资金的归集范围、归集的时间节点、资金使用人员的分工和权限；规范资金的使用，明确资金使用计划；建立健全资金使用的考评机制，规范企业加强资金管理提高资金的持有收益，增加整个集团的效益，增加权益资金，降低资产负债率。

（2）加强资产盘活，减少资产占用，增加现金流入，减少负债总额。第一，提高销售的现收比例，控制赊销，降低坏账风险。第二，控制存货的无计划采购，避免存货的占用风险。制定科学的存货库存定额，防止产生缺货成本和占用风险。第三，拓宽销售渠道，实现产销率100%，尽可能减少库存，将产销率指标作为评价销售业绩的重要指标。第四，定期对实物资产进行清查，发现有闲置的资产，及时采取变现处理、出租等方式来盘活资产，增加现金流入，并将其流程化、制度化。

（3）强化财务预算的执行力，全面完成预算任务。严格按照年度的财务预算扎实推进，全面落实既定目标，力求超额完成任务，争取权益最大化；做好对目标任务的分解，做到人人头上有指标，夯实责任，签订各责任中心的目标责任书；定期对财务预算进行分析，通过月度分析会、季度分析会、半年分析会，找出经济活动中存在的问题，以及影响

财务预算未完成的重点因素，制定出解决的办法和措施；制定科学合理的业绩评价办法，定期对各责任中心对照年初的目标责任书进行业绩评价，评价结果与各责任中心的薪酬进行挂钩，充分调动职工的积极性，促使全年目标的顺利完成。

（4）加强企业的内部审计工作，提升企业管理水平，增加企业的盈利水平。由企业制订年度的内审计划，重点关注企业的内控建设及年度的重点工作，定期进行内部审计，促使企业降本增效，实现企业目标。

二、减少债务资金，增加权益资金

（1）控制通过银行借款来融资，多用利润留存的资金。严控项目建设，项目建设除要充分论证外，尽量采取招商引资方式组织实施，严控借款组织实施；公司制定科学股利分配政策。

（2）增加资本金。所有者投入的资金与公司的规模不匹配，与股东沟通让其追加资本金，增加权益性资金；争取集团内部企业的交叉持股，将大幅增加公司的注册资本。

（3）改变债权的性质。对信用较好的债权人或者投资类公司所持的债权，由于资金较充裕，如有投资意愿，可以充分宣传企业的优越性，让其自动入股，这样就减少了债务，增加了资本金。

三、评估土地等资产

对原划拨的土地等资产，选择合法的评估机构，进行评估，来增加公司的所有者权益，也是一个降低企业资产负债率的有效途径。

资料来源　雷永刚. 浅谈降低企业资产负债率的有效途径 [J]. 纳税，2019，13（28）：212.

（2）产权比率和权益乘数

产权比率和权益乘数是资产负债率的另外两种表现形式，与资产负债率的性质一样。

产权比率又称负债与股东权益比率，是总负债与股东权益之间的比率。它反映股东权益对债权人权益的保障程度。其计算公式如下：

$$产权比率=\frac{总负债}{股东权益}$$

这一比率越低，表明企业的长期偿债能力越强，对债权人的保障程度越高，承担的风险越小。在这种情况下，债权人就愿意向企业增加借款。

权益乘数表示企业的负债程度，说明企业总资产相当于股东权益的倍数。其计算公式如下：

$$权益乘数=\frac{总资产}{股东权益}$$

$$=1+产权比率$$

$$=\frac{1}{1-资产负债率}$$

该比率越高，企业的资产负债率越大，一方面表明企业有较高的负债程度，能获得较高的财务杠杆收益；另一方面也表明企业面临着较高的财务风险。

在产权比率和权益乘数两个比率中，产权比率侧重于揭示财务结构的稳健程度以及自有资金对偿债风险的承受能力，反映企业承担负债的风险程度和企业的实际偿债能力，同时，还反映股东权益对债权人利益的保障程度。产权比率高，是高风险的财务结构；产权比率低，是低风险的财务结构。从债权人的角度来说，该比率越低越好，说明债权人的债权安全性有保障，但是股东通过借款享受利息抵税的机会减少，资产增值的机会也随之减少。因此，怎样确立既顾及债权人利益又顾及股东利益的财务结构，对建立和完善公司治理结构具有重要意义。

根据表9-1，S公司期末、期初产权比率和权益乘数分别计算如下：

$$期末产权比率=\frac{71\ 960\ 096\ 557.61}{216\ 969\ 231\ 730.66}=0.33166$$

$$期末权益乘数=\frac{288\ 929\ 328\ 288.27}{216\ 969\ 231\ 730.66}=1.33166$$

$$期初产权比率=\frac{68\ 563\ 950\ 724.65}{206\ 675\ 476\ 606.05}=0.33175$$

$$期初权益乘数=\frac{275\ 239\ 427\ 330.70}{206\ 675\ 476\ 606.05}=1.33175$$

考虑到有些资产在企业清算时其价值会受到严重影响，如清算时商誉价值可能不存在，可以采用更保守的方法计算产权比率，即有形净值负债率。其计算公式如下：

$$有形净值负债率=\frac{负债总额}{净资产-无形资产}\times 100\%$$

（3）长期资本负债率

长期资本负债率是指非流动负债占非流动负债及股东权益之和的百分比。其计算公式如下：

$$长期资本负债率=\frac{非流动负债}{非流动负债+股东权益}\times 100\%$$

长期资本负债率反映企业长期资本的结构。其数值越大，资本构成中非流动负债比例就越大，企业的长期财务压力就越大。流动负债的数额经常变化，大多使用长期资本结构。

根据表9-1，S公司长期资本负债率计算如下：

$$期末长期资本负债率=\frac{22\ 613\ 978\ 068.77}{22\ 613\ 978\ 068.77+216\ 969\ 231\ 730.66}\times 100\%=9.44\%$$

$$期初长期资本负债率=\frac{25\ 088\ 599\ 523.06}{25\ 088\ 599\ 523.06+206\ 675\ 476\ 606.05}\times 100\%=10.83\%$$

（4）资产非流动负债率

资产非流动负债率是非流动负债与总资产的比率，反映企业全部资产中有多少由非流动负债形成。其计算公式如下：

$$资产非流动负债率=\frac{非流动负债}{总资产}\times 100\%$$

该比率越大，说明每1元总资产中非流动负债所占比重越大，企业主要依靠非流动负债进行融资，长期偿债风险较大。通常销售额受经济环境影响比较大的企业，一般会避免高负债，因为偿还固定利息会给长期偿债带来压力。例如，零售业往往通过流动负债进行融资，该指标值比较低。

（5）固定长期适合率

固定长期适合率是指固定资产净值与股东权益及非流动负债之和的比率。其计算公式如下：

$$固定长期适合率=\frac{固定资产净值}{股东权益+非流动负债}\times 100\%$$

就大多数企业来说，其固定资产方面的投资都希望用权益资金来解决，不会因为回收期长而影响企业短期偿债能力。当企业权益资金规模较小，难以满足固定资产投资需要时，可以通过筹措长期资金解决。一般认为，该指标必须小于1。也就是说，当该指标超过1时，说明企业不仅流动资产全部由流动负债解决，而且还利用部分短期资金进行固定资产投资，企业短期偿债压力较大；当该指标小于1时，说明企业部分流动资产投资用长期资金解决，短期偿债能力增强。

2.长期偿债能力的行业分析

拓展阅读

企业偿债能力分析的思考

行业分析是对整个行业经营状况的分析。行业分析关心的是企业在整个行业中的相对地位，它会帮助企业展望其资源状况和经营状况，大大改善历史分析效果。在行业分析中，计算用于分析企业长期偿债能力的各个比率，与行业平均水平相比，即可评价企业的长期偿债能力。

行业分析也有其不足之处，比如企业可能会忽视一些事实，如整个行业的经营情况很糟，不能与那些资源状况更好的企业进行竞争，或者不能与一些利用其他方法满足顾客需要的其他行业竞争。在这种情况下进行行业分析，就要考虑一些行业特有的影响因素，这样才能得出合理的分析结论。

根据上市公司年报，计算汽车业上市公司资产负债率（见表9-4）。

表9-4 **汽车业上市公司资产负债率**

公司名称	总资产规模（元）	总负债规模（元）	资产负债率（%）
S公司	288 929 328 288.27	71 960 096 557.61	24.91
东风轿车	19 641 120 252.70	12 167 720 949.93	61.95
广州汽车	99 649 873 187.00	12 441 014 077.00	12.48
长安汽车	121 447 552 434.47	65 134 507 353.46	53.63
福田汽车	46 415 019 926.03	34 634 152 130.83	74.62
江淮汽车	39 752 726 861.86	26 129 323 228.47	65.73

由表9-4可知，其他公司的资产负债率多为S公司的2倍以上，可知S公司资产负债率处于非常低的水平，说明S公司长期偿债能力具有非常突出的优势。S公司的资产负债率远低于同行业平均水平，这同时也说明该公司在整个行业来看具有很强的长期偿债能力。

【相关链接 9-4】

企业偿债能力分析中存在的问题和改进建议

一、企业偿债能力分析中存在的问题

1.短期偿债能力指标问题

企业短期偿债能力所采用的分析指标主要包括企业流动比率、速动比率与现金比率等。这些短期偿债能力指标虽然可以在一定程度上反映出企业的偿债能力，但是现有指标中关于企业流动资产与流动负债内容的分析与实际情况却存在着偏差，对企业偿债能力分析所获得的结果存在着诸多局限性，主要表现在：

（1）流动资产实际价值与账面价值存在偏差。流动资产是企业一个年度或一个生产经营周期内所消耗或变现的资产。目前所进行的流动资产指标分析并没有对上一经营周期内没有回收的应收账款、积压存货进行分析，依然是将其作为流动资产核算并在资产负债表中进行统计，而一些不良资产往往会由于质量差，实际资产价值已低于账面价值却没有在流动资产中剔除，或者将还未处理的流动资产损失，如相关责任人和保险人未给予的补偿和待处理的资产残值都被纳入流动资产中，都会导致流动资产账面与实际价值出现偏差。

（2）流动负债可能与实际情况存在偏差。流动负债是指企业在一个生产周期内需要偿还的债务或者企业在这段时期内生产经营过程中可能产生的诉讼和经济纠纷等，一旦败诉就需要进行赔偿。所以在进行财务分析时，需要对流动负债进行充分考虑，企业的流动负债应该包括企业所有或有负债乘以成为流动负债的概率，才能够确保流动负债统计的准确性，但是目前企业在进行分析时普遍缺乏对于该指标的关注。整体而言，企业目前所使用的短期偿债能力指标虽然能够在一定程度上揭示出企业现有偿债能力，但是在计算过程中由于没有充分考虑到企业资产、债务本质，会计核算，计量属性等，也没有对其他外在影响因素进行充分分析，进而导致短期偿债能力指标所反映的问题存在着一定的局限性。

2.长期偿债能力指标问题

资产负债率往往是以企业全部负债和全部资产作为基数进行计算的，能够准确反映出企业对全部负债的偿付水平。如果将其作为反映企业长期负债能力的指标则并不科学，这是由于用于计算企业长期偿债能力指标的计算分母是指可以用来偿还企业债务的全部资产，甚至包括企业的商誉和无形资产等，这些不确定的资产有时很难进行资金折算，更不具备偿还债务的功能，进而使计算结果出现偏差。一方面，企业长期负债比率指标可能存在问题。企业资产和负债项目如果过于繁多，所选择的长期负债比率指标由于只能够根据企业资产和负债进行总额计算，因此，并不具备内部结构个性化分析能力，进而导致长期负债比率指标与实际情况并不一致。另一方面，长期偿债能力指标中的利息保障倍数可能存在问题。企业如果通过举债方式进行经营，会面临更多风险，比如定期支付利息，如果息税前利润小于所需要支付的利息，企业就会面临亏损风险。另外，按照过去的生产经营指标，企业销售指标和市场份额都可以对企业进行财务信息支持，但是这些数据却不同程度地存在着一些缺陷，有可能企业已经出现亏损的情况，还在增加产量和市场份额，进而这些指标将无法准确反映出企业价值已经在降低。

二、企业偿债能力评价指标的改进建议

1.短期偿债能力指标的改进建议

（1）对流动比率指标进行改进的建议。应该在流动资产统计中将上个经营周期内未收回的款项和存货价值进行扣除，并加入待处理流动资产净损失中可能获得的资金补偿和待处理流动资产的残值。计算流动负债时，需要充分考虑可能发生的债务行为，比如临时遭遇的诉讼赔偿等。

（2）对速动比率指标进行改进的建议。对原计算公式中的分母进行调整，剔除预收金额部分，加上可能增加的流动负债金额。对原计算公式中的分子进行改进，将高流动性的资产内用于购买长期资产的预付款金额进行剔除，填加上有价证券变现价值可能超过账面金额的部分。

(3) 对现金比率指标进行改进的建议。将原有计算公式中的有价证券调整为变现后的金额。

2.长期偿债能力指标的改进建议

（1）对长期负债比率指标进行改进的建议。使用长期资产负债率，将能够偿还长期债务的资产限定为固定资产、无形资产和长期资产，负债购置部分控制在40%以下。使用长期权益比率，反映企业在投资长期资产时所投入的资金占可偿债长期资产的比例。使用长期负债权益比率，反映长期负债与主权资金的比例关系。

（2）对利息保障倍数指标进行改进。使用债务本金偿付比率，计算出五年内资本偿还占比，以此得出科学性的企业债务偿还能力。使用债务本息偿付比率，以此评价企业是否在实际生产经营过程中达到了足以偿还债务的现金储备。使用先进偿还比率，可以更为科学地反映出企业长期还款能力的高低。

资料来源　刘彦美. 企业偿债能力分析研究［J］. 财会学习，2021（14）：167-168.

本章小结

偿债能力是指企业偿还各种债务的能力。反映企业偿付流动负债能力的是短期偿债能力，反映企业偿付非流动负债能力的是长期偿债能力。

影响短期偿债能力的主要因素是资产的流动性、企业的经营收益水平、流动负债的结构；其他因素有可动用的银行贷款指标、准备很快变现的非流动资产、偿债能力的声誉和可能发生的或有负债或承诺的付款等。分析短期偿债能力的指标可以从静态和动态两个方面进行。静态的指标主要有流动比率、速动比率、现金比率等；动态指标主要有现金流量比率、近期支付能力系数、速动资产够用天数、现金到期债务比率以及营运资本周转率、应收账款周转率和应付账款周转率的比较、存货周转率等。

影响长期偿债能力的主要因素有企业的盈利能力、投资收益、所有者资本的积累程度和企业经营活动现金流量等；其他因素有长期租赁、担保责任和或有项目等。评价企业长期偿债能力，有必要在分析短期偿债能力的基础上，分析资本规模、企业获利能力以及现金流量对长期偿债能力的影响。长期偿债能力的分析指标包括资产负债率、产权比率、权益乘数、长期资本负债率、资产非流动负债率、固定长期适合率、销售利息比率、利息保障倍数、债务本息保障倍数、现金流量利息保障倍数、现金流量债务比率、到期债务本息偿付比率等。

无论是短期偿债能力分析，还是长期偿债能力分析，除了利用上述基本财务比率外，还应该善于利用财务报表及其附注中揭示的未能反映到比率之中的一些重要信息，甚至一些非定量的描述性信息。通过对这些补充信息的阅读和分析，基本财务比率给我们留下的企业财务状况的印象很可能会在一定程度上改变。

讨论题

1. 影响短期偿债能力的因素与影响长期偿债能力的因素有什么不同？

2. 流动比率和速动比率的优点和不足分别是什么？

3. 如何将偿债能力的静态指标与动态指标相结合进行分析与评价？

4. 资产规模如何影响长期偿债能力？

5. 如何分析现金流量对企业偿债能力的影响？

6. 如何结合应收账款与应付账款的关系分析其对企业短期偿债能力的影响？

7. 在判断企业的短期偿债能力时，短期资产周转效率有什么作用？通常来讲，你认为企业改进短期资产周转效率与改进短期偿债能力相比较，哪个更难？为什么？

8. 财务分析中，资产负债率的经验值范围是30%～70%，对此你怎么认为？如果让你主要根据该比率分析企业长期偿债能力，你认为至少还需要获得哪些补充信息？

业务题

1.某企业2021年有关资料如下：年末流动比率为2.1，年末资产总额为160万元（年初为160万元），年末流动负债为14万元，年末非流动负债为42万元。

要求：计算该企业2021年年末流动资产总额、年末资产负债率和权益乘数。

2.某公司拥有100万元的流动资产及50万元的流动负债。请问下列交易对公司流动比率有哪些影响？同时计算出结果。

（1）用10万元现金买了一台机器；

（2）借入10万元短期借款支持同等数量应收账款的增加；

（3）增发20万元的普通股，所得现金用于扩建生产线；

（4）通过增加应付账款筹措资金，用于支付8万元的现金股利。

3.C公司2021年有关资料见表9-5。

表9-5　**资产负债表（简表）**　单位：万元

资　产	期末余额	年初余额	负债和所有者权益	期末余额	年初余额
流动资产：			流动负债合计	150	175
货币资金	45	50	非流动负债合计	200	245
应收账款	90	60	负债合计	350	420
存货	144	92	所有者权益合计	350	280
预付款项	36	23			
流动资产合计	315	225			
固定资产	385	475			
非流动资产合计	385	475			
资产总计	700	700	负债和所有者权益总计	700	700

已知该公司2020年度权益乘数为2.5（年末数），2021年度营业收入为420万元，净利润为63万元，利息费用为10万元，各项所得适用的所得税税率为25%。

要求：

（1）计算该公司2021年年末的流动比率、速动比率、现金比率、资产负债率和权益乘数。

（2）计算该公司2021年年末的产权比率、长期资本负债率和利息保障倍数。

案例分析

福田汽车偿债能力分析

一、案例背景

（一）公司背景

北汽福田汽车股份有限公司（简称福田汽车），是一家跨地区、跨行业、跨所有制的国有控股上市公司。福田汽车成立于1996年8月28日，总部位于北京市昌平区，1998年6月在上海证券交易所上市，股票代码为600166。福田汽车现有资产近900亿元，品牌价值达671.27亿元，员工近4万人，连续10年蝉联商用车销量第一位，是一个以北京为管理中心，在京、津、鲁、冀、湘、鄂、辽、粤、新9个省、自治区、直辖市拥有整车和零部件事业部，研发分支机构分布在中国大陆、日本、德国、中国台湾等国家和地区的大型企业集团。2012年，福田汽车实现了销售整车62万辆（含福田戴姆勒合资公司销量），商用车产销量排名全球第一位。

（二）行业性质

公司所属的行业性质为汽车生产行业。

（三）经营范围

公司经营领域涉及与“行”和“住”相关的汽车、农业装备、建设、金融四大产业，主要产品有汽车、发动机、拖拉机、收获机械、农村经济型运输车辆、化学建材及其装备、轻钢建筑等。

二、数据资料

（一）资产负债表（见表9-6）

表9-6 资产负债表

编制单位：北汽福田汽车股份有限公司 单位：元

项目	2019年12月31日	2020年12月31日	2021年12月31日
流动资产：			
货币资金	1 162 509 848.81	3 665 839 030.51	4 581 691 985.14
交易性金融资产	321 884 407.07	443 608 322.77	80 807 064.40
衍生金融资产	—	—	—
应收票据	78 864 525.50	247 679 650.07	171 774 263.40
应收账款	7 387 221 095.18	3 865 059 049.52	3 357 078 135.54
应收款项融资	128 822 932.33	221 800 236.45	51 615 044.45
预付款项	887 748 823.69	407 251 817.58	427 982 655.88
其他应收款	4 689 784 029.39	2 973 071 819.59	1 544 486 813.29
其中：应收利息	—	—	—
应收股利	—	—	—
存货	3 033 735 192.01	4 507 587 927.14	4 394 114 273.84
合同资产	—	447 680 629.95	227 113 764.41
持有待售资产	—	—	—
一年内到期的非流动资产	2 193 895 038.70	395 191 237.49	559 324 451.39
其他流动资产	829 489 634.71	1 641 412 593.82	2 210 522 775.26
流动资产合计	20 713 955 527.39	18 816 182 314.89	17 606 511 227.00
非流动资产：			
债权投资	—	—	—
其他债权投资	—	—	—

续表

项目	2019年12月31日	2020年12月31日	2021年12月31日
长期应收款	3 121 472 346.14	2 713 017 278.26	1 183 953 179.56
长期股权投资	9 507 254 500.17	9 623 157 589.71	9 789 713 033.98
其他权益工具投资	—	—	—
其他非流动金融资产	640 148 017.42	1 230 432 880.78	1 400 673 300.08
投资性房地产	—	—	—
固定资产	9 310 796 930.51	11 420 034 029.22	9 078 703 146.29
在建工程	1 274 040 076.15	774 034 558.91	1 137 102 594.24
生产性生物资产	—	—	—
油气资产	—	—	—
使用权资产	—	—	13 971 391.88
无形资产	4 629 198 942.95	4 078 196 227.41	3 856 475 179.32
开发支出	761 474 727.01	897 908 900.96	924 984 541.66
商誉	—	—	—
长期待摊费用	849 425.66	802 222.70	332 223.21
递延所得税资产	1 233 835 343.83	1 279 832 711.61	1 223 719 203.13
其他非流动资产	75 502 203.81	283 946 671.21	198 880 905.68
非流动资产合计	30 554 572 513.65	32 301 363 070.77	28 808 508 699.03
资产合计	51 268 528 041.04	51 117 545 385.66	46 415 019 926.03
流动负债：			
短期借款	7 396 000 000.00	1 914 908 326.41	1 406 740 000.00
交易性金融负债	124 746 059.50	—	—
衍生金融负债	—	—	—
应付票据	2 417 159 400.00	5 332 255 000.00	6 281 777 796.88
应付账款	12 117 617 398.46	14 873 588 357.73	12 036 329 178.01
预收款项	2 710 560 670.11	—	—
合同负债	—	2 377 665 279.48	2 147 821 256.82
应付职工薪酬	507 172 014.47	459 178 647.98	446 380 132.48
应交税费	96 692 991.57	245 133 458.76	111 728 619.37
其他应付款	3 021 413 334.26	3 413 084 453.68	5 072 089 813.20
其中：应付利息	38 250 000.00	—	—
应付股利	—	—	—

续表

项目	2019年12月31日	2020年12月31日	2021年12月31日
持有待售负债	—	—	—
一年内到期的非流动负债	3 590 162 134.72	350 670 000.00	2 872 732 719.83
其他流动负债	—	308 944 389.59	278 063 646.78
流动负债合计	31 981 524 003.09	29 275 427 913.63	30 653 663 163.37
非流动负债：			
长期借款	2 000 460 000.00	4 259 790 000.00	3 327 845 000.00
应付债券	997 049 761.88	1 011 953 055.17	—
其中：优先股	—	—	—
永续债	—	—	—
租赁负债	—	—	4 490 831.84
长期应付款	—	—	—
预计负债	—	—	6 451 339.00
递延收益	604 729 861.20	472 812 954.67	378 871 607.32
递延所得税负债	16 650 037.20	31 076 367.59	43 882 293.95
其他非流动负债	—	173 497 629.96	218 947 895.35
非流动负债合计	3 618 889 660.28	5 949 130 007.39	3 980 488 967.46
负债合计	35 600 413 663.37	35 224 557 921.02	34 634 152 130.83
所有者权益（或股东权益）：			
实收资本（或股本）	6 575 192 047.00	6 575 192 047.00	6 575 192 047.00
其他权益工具	—	—	—
其中：优先股	—	—	—
永续债	—	—	—
资本公积	7 999 665 342.52	8 057 071 145.60	8 059 747 245.60
减：库存股	158 749 714.39	185 876 507.58	89 850 041.35
其他综合收益	−22 530 464.00	−23 346 464.00	−24 914 464.00
专项储备	—	—	—
盈余公积	1 956 015 613.33	1 955 483 398.04	1 955 483 398.04
未分配利润	−681 478 446.79	−485 536 154.42	−4 694 790 390.09
所有者权益合计	15 668 114 377.67	15 892 987 464.64	11 780 867 795.20
负债和所有者权益总计	51 268 528 041.04	51 117 545 385.66	46 415 019 926.03

（二）利润表（见表9-7）

表9-7　　**利润表**

编制单位：北汽福田汽车股份有限公司　　单位：元

项目	2019年	2020年	2021年
一、营业收入	44 933 779 216.31	55 480 046 673.55	48 915 098 334.54
减：营业成本	39 949 508 994.42	49 980 628 346.18	44 445 160 649.54
税金及附加	347 450 278.65	406 801 119.83	380 408 477.73
销售费用	2 351 264 017.05	1 491 332 911.03	1 445 659 637.35
管理费用	1 441 471 015.81	1 520 305 836.27	1 813 624 626.87
研发费用	1 539 000 760.60	1 635 550 545.95	1 588 742 749.54
财务费用	223 922 370.02	113 999 721.69	135 360 528.29
其中：利息费用	626 102 856.42	389 535 678.01	205 062 015.00
利息收入	−391 485 777.82	−287 604 980.33	−88 672 595.23
加：其他收益	113 596 198.32	255 275 747.11	169 968 243.19
投资收益（损失以“−”号填列）	−1 209 562 503.49	714 035 824.17	687 823 295.55
其中：对联营企业和合营企业的投资收益	−399 049 783.15	638 205 049.60	631 839 114.42
以摊余成本计量的金融资产终止确认收益	—	—	—
净敞口套期收益（损失以“−”号填列）	—	—	—
公允价值变动收益（损失以“−”号填列）	56 901 497.42	108 695 490.83	99 388 556.63
信用减值损失（损失以“−”号填列）	−655 308 570.39	—1 449 319 544.75	—3 030 673 215.22
资产减值损失（损失以“−”号填列）	−220 610 073.30	−137 457 677.11	−1 337 779 999.35
资产处置收益（损失以“−”号填列）	−2 787 926.43	351 157 948.24	198 306 709.05
二、营业利润（亏损以“−”号填列）	−2 836 609 598.11	173 815 981.09	−4 106 824 744.93
加：营业外收入	32 406 674.29	52 551 397.81	12 690 911.34
减：营业外支出	30 383 958.51	57 168 272.57	36 191 298.93
三、利润总额（亏损总额以“−”号填列）	−2 834 586 882.33	169 199 106.33	−4 130 325 132.52
减：所得税费用	−140 899 970.62	−31 533 123.67	68 941 386.28
四、净利润（净亏损以“−”号填列）	−2 693 686 911.71	200 732 230.00	−4 199 266 518.80
（一）持续经营净利润（净亏损以“−”号填列）	−2 693 686 911.71	200 732 230.00	−4 199 266 518.80
（二）终止经营净利润（净亏损以“−”号填列）	—	—	—

续表

项目	2019年	2020年	2021年
五、其他综合收益的税后净额	4 000.00	−816 000.00	−1 568 000.00
（一）不能重分类进损益的其他综合收益	4 000.00	−816 000.00	−1 568 000.00
1.重新计量设定受益计划变动额	—	—	—
2.权益法下不能转损益的其他综合收益	4 000.00	−816 000.00	−1 568 000.00
3.其他权益工具投资公允价值变动	—	—	—
4.企业自身信用风险公允价值变动	—	—	—
（二）将重分类进损益的其他综合收益	—	—	—
1.权益法下可转损益的其他综合收益	—	—	—
2.其他债权投资公允价值变动	—	—	—
3.金融资产重分类计入其他综合收益的金额	—	—	—
4.其他债权投资信用减值准备	—	—	—
5.现金流量套期储备	—	—	—
6.外币财务报表折算差额	—	—	—
7.其他	—	—	—
六、综合收益总额	−2 693 682 911.71	199 916 230.00	−4 200 834 518.80
七、每股收益：			
（一）基本每股收益（元/股）	—	—	—
（二）稀释每股收益（元/股）	—	—	—

（三）现金流量表（见表9–8）

表9–8 **现金流量表**

编制单位：北汽福田汽车股份有限公司 单位：元

项目	2019年	2020年	2021年
一、经营活动产生的现金流量：			
销售商品、提供劳务收到的现金	25 829 367 163.95	38 261 146 267.90	32 367 462 085.38
收到的税费返还	101 669 480.39	456 151 643.92	63 697 242.95
收到其他与经营活动有关的现金	1 280 710 240.28	428 238 968.48	2 101 398 770.69
经营活动现金流入小计	27 211 746 884.62	39 145 536 880.30	34 532 558 099.02
购买商品、接受劳务支付的现金	16 806 886 576.21	24 172 280 761.47	27 690 331 084.96
支付给职工及为职工支付的现金	2 939 682 368.85	3 101 928 469.63	3 313 897 734.75

续表

项目	2019年	2020年	2021年
支付的各项税费	755 314 593.50	943 289 878.87	1 119 564 029.62
支付其他与经营活动有关的现金	2 424 996 813.97	2 601 566 691.99	1 850 357 933.67
经营活动现金流出小计	22 926 880 352.53	30 819 065 801.96	33 974 150 783.00
经营活动产生的现金流量净额	4 284 866 532.09	8 326 471 078.34	558 407 316.02
二、投资活动产生的现金流量：			
收回投资收到的现金	1 222 585 980.00	1 661 103 861.13	939 308 443.02
取得投资收益收到的现金	590 517 556.57	463 980 721.82	821 232 688.58
处置固定资产、无形资产和其他长期资产收回的现金净额	43 690 732.01	1 420 422 861.61	802 146 828.97
处置子公司及其他营业单位收到的现金净额	—	—	—
收到其他与投资活动有关的现金	52 541 220.61	60 474 299.81	206 364 710.65
投资活动现金流入小计	1 909 335 489.19	3 605 981 744.37	2 769 052 671.22
购建固定资产、无形资产和其他长期资产支付的现金	2 153 966 237.55	1 467 894 972.97	1 936 265 667.06
投资支付的现金	2 247 260 561.21	1 816 686 834.74	237 900 000.00
取得子公司及其他营业单位支付的现金净额	—	—	—
支付其他与投资活动有关的现金	—	—	—
投资活动现金流出小计	4 401 226 798.76	3 284 581 807.71	2 174 165 667.06
投资活动产生的现金流量净额	−2 491 891 309.57	321 399 936.66	594 887 004.16
三、筹资活动产生的现金流量：			
吸收投资收到的现金	—	—	—
取得借款收到的现金	14 939 556 710.64	11 477 752 128.25	3 412 073 333.32
收到其他与筹资活动有关的现金	—	12 622 500.00	96 026 466.23
筹资活动现金流入小计	14 939 556 710.64	11 490 374 628.25	3 508 099 799.55
偿还债务支付的现金	17 155 105 238.12	17 937 935 976.59	3 349 411 659.73
分配股利、利润或偿付利息支付的现金	726 225 690.93	472 407 451.06	240 224 995.93
支付其他与筹资活动有关的现金	383 874 728.60	39 749 293.19	4 458 195.31
筹资活动现金流出小计	18 265 205 657.65	18 450 092 720.84	3 594 094 850.97
筹资活动产生的现金流量净额	−3 325 648 947.01	−6 959 718 092.59	−85 995 051.42
四、汇率变动对现金及现金等价物的影响	996 815.82	−2 305 718.91	−6 996 419.65
五、现金及现金等价物净增加额	−1 531 676 908.67	1 685 847 203.50	1 060 302 849.11
加：期初现金及现金等价物余额	2 245 888 849.78	714 211 941.11	2 400 059 144.61
六、期末现金及现金等价物余额	714 211 941.11	2 400 059 144.61	3 460 361 993.72

问题探讨：

（1）福田汽车的短期偿债能力如何？

（2）福田汽车的长期偿债能力如何？

（3）在企业财务分析实践中评价短期偿债能力时应注意哪些问题？结合流动资产和流动负债中的具体项目，你认为福田汽车的短期偿债能力如何？

（4）在企业财务分析实践中，评价长期偿债能力时是否应对企业盈利能力以及现金流量进行分析？长期偿债能力与盈利能力之间是否存在矛盾？结合福田汽车的盈利性，你认为其长期偿债能力如何？

第10章

企业发展能力分析

企业竞争就像比赛一样，谁跑在前面谁就是胜利者，所以关键就在于看谁跑得快，看谁更有力。大家都在跑，只有在技术、销售和售后服务网络以及管理上始终领先一步，只有在出口上领先一步，这样才会打造出自身的比较优势！

——徐立华（波导总裁）

学习目标

1.理解企业发展能力分析的重要性；

2.掌握企业发展能力分析的基本内容、方法和思路；

3.理解并掌握各种发展能力指标的内涵以及计算分析方法。

思政元素

1.大局意识、价值观塑造（社会主义核心价值观）与可持续科学发展；

2.科学思维与系统思维；

3.辩证唯物观；历史唯物观与实事求是；

4.制度自信、道路自信与文化自信。

重点与难点

1.影响企业发展能力的主要因素；

2.持续盈利能力的指标。

引言

2021年，芯片短缺造成整个汽车行业的产量大幅降低，作为国内乘用车产销规模最大的汽车企业，一汽-大众聚焦用户需求，全体系抢资源、保生产，多方协调保障芯片供应，快速高效地实时调整生产计划，最终大众品牌以98.9万辆的成绩稳坐国内乘用车市场“头把交椅”。而值得注意的是，这已经是一汽-大众连续第3年获得国内车企销量冠军。

在过去30年发展中，一汽-大众获得了良好的经营成果，但是始终居安思危，勇于自我创变。早在2018年，一汽-大众就开始进行数智化转型，2021年大众品牌发展重点是业务在线化、运营数据化和决策智能化等领域，通过一系列易用、好用、智能的数字化产品利器，赋能经销商运营效率提升，大幅度提升客户体验。

2021年，一汽-大众启动全体系的数智化转型，精简传统业务组织机构，成立DTO数字化转型办公室；与华为、阿里展开合作，培养数字化人才；以用户为中心，重构端到端的业务流程；OTD在线定制车扩展至大众、奥迪全系，并将交付周期缩短近30%。实际上，早在2018年，一汽-大众就开始进行数智化转型，2021年大众品牌重点是业务在线化、运营数据化和决策智能化等领域，通过一系列易用、好用、智能的数字化产品利器，赋能经销商运营效率提升，大幅度提升客户体验。2022年一汽-大众大众品牌将进入数智化转型2.0阶段，紧跟用户需求，聚焦创新营销、精益销售、愉悦体验三大维度，全面深化数字化转型。首先，一汽-大众将整合一切资源深耕数据，并通过新策略、新内容、新渠道、新技术、新组织五大维度，驱动数智化营销变革，实现智慧营销。伴随着转型的加速以及产品攻势，作为合资品牌领头羊，一汽-大众大众品牌将率先在2022年实现销售回暖。而在中德股东双方的指引下，大众品牌将继续以用户为中心，以创新为驱动，以数智化为关键手段，通过产品和品牌双优势，助力其在华实现122.5万辆销量目标。

资料来源　加速数智化转型　一汽-大众再夺冠 [N]. 第一财经日报，2022-01-24（A02）.

10.1　企业发展能力分析的目的和内容

10.1.1　企业发展能力分析的目的

企业的发展能力，亦称企业的发展潜力，是指企业通过自身的生产经营活动，不断扩大积累而形成的发展潜能。传统的财务分析仅从静态的角度来分析企业的财务状况和经营状况，强调企业的盈利能力、营运能力和偿债能力，这三方面能力的分析仅能提供企业过去的经营状况，并不能表征企业的持续发展能力。然而，对于企业的利益相关者来说，他们关注的不仅仅是企业目前的、短期的经营盈利能力，更重要的是企业未来的、长期的和持续的增长能力。例如，对于大股东而言，持有股票并不是为了满足简单的投机性需求，而是他们看好企业未来的发展能力，希望在企业长期、持续、稳定的发展中获得更多的股利和资本利得。对于债权人而言，长期债权的实现必须依靠企业未来的盈利能力。因此，对企业发展能力的评价不论是对于企业自身还是企业的利益相关者来说都至关重要。具体表现在如下几个方面：

（1）对企业发展能力进行评价，从宏观角度讲，是为了促进国民经济总量的不断发展；从微观角度讲，是为了促使企业经营管理者重视企业的持续经营和经济实力的不断增强。

（2）通过企业内部的发展能力分析能帮助经营者了解企业盈利能力、营运能力和偿债能力的综合发展情况，通过企业与竞争对手以及同行业平均水平的对比可以帮助经营者正确评价企业在行业中的地位，并了解竞争对手的发展能力，提早采取措施消除竞争者带来的威胁。

（3）企业能否持续增长对投资者、经营者及其他相关利益团体至关重要。对于投资者而言，企业的持续稳定增长，不仅关系到投资者的投资报酬，而且关系到企业是否真正具有投资价值；对于企业的经营者而言，要使企业获得成功，就不能仅仅注重目前的、暂时的经营能力，更应该注重企业未来的、长期的和持续的发展能力；对于债权人而言，发展能力同样至关重要，因为企业偿还债务尤其是长期债务主要依靠未来的而不是目前的盈利能力。

10.1.2　企业发展能力分析的内容

企业无论是增强盈利能力、偿债能力，还是提高运营能力，其目的都是提高企业的增长能力。也就是说，企业发展能力分析其实是企业盈利能力、偿债能力和运营能力的综合分析。发展能力分析的具体内容体现在以下两个方面：

（1）利用发展能力分析的有关指标衡量和评价企业的实际成长能力，分析影响企业发展能力的因素。企业经营活动的根本目标就是不断增强企业自身持续生存和发展的能力。反映企业发展能力的指标包括资产增长率、销售增长率、收益增长率等。用实际的发展能力指标与同行业平均水平、其他企业的同类指标相比较，可以衡量企业发展能力的强弱；将企业不同时期的发展能力指标数值进行比较，可以评价企业在资产、销售收入、收益等方面的增长速度和增长趋势。

（2）企业策略研究表明，在市场份额和行业分析既定的情况下，如果企业采取一定的经营策略和财务战略，就能够使企业的价值实现最大化。也就是说，企业经营策略和财务策略的不同组合能够影响企业的未来发展能力。因此，在评价企业目前盈利能力、营运能力、偿债能力和股利政策的基础上，通过深入分析影响企业持续增长的相关因素，并根据企业的实际经营情况和发展战略，能确定企业未来的增长速度，相应调整其经营策略和财务策略，以实现企业的持续增长。

10.1.3　影响企业发展能力的主要因素

衡量企业发展能力的核心是企业价值增长，而影响企业价值增长的因素主要有以下几个方面：

1.销售收入

企业发展能力的形成要依托企业不断增长的销售收入。销售收入是企业收入来源之本，也是促使企业价值变化的根本动力。只有销售收入稳定增长，才能体现企业的不断发展，才能为企业的不断发展提供充足的资金来源。

2.资产规模

企业的资产是取得收入的保障，在总资产收益固定的情况下，资产规模与收入规模之间存在着正比例关系。同时，总资产的现有价值反映企业清算时可获得的现金流入额。

3.净资产规模

在企业净资产收益率不变的情况下，净资产规模与收入规模之间也存在着正比例关系。只有净资产规模不断增长，才能反映新的资本投入，表明所有者对企业的信心，同时对企业负债筹资提供了保障，有利于满足企业进一步发展对资金的需求。

4.资产使用效率

一个企业的资产使用效率越高，其利用有限资源获得收益的能力越强，就越会使企业价值有较快的增长。

5.净收益

净收益反映企业一定时期的经营成果，是收入与费用之差。在收入一定的条件下，费用与净收益之间存在着反比例关系。只有不断地降低成本，才能增加净收益。企业的净收益是企业价值增长的源泉，所有者可将部分收益留存于企业用于扩大再生产，而且相当可观的净收益会吸引更多新的投资者，有利于满足企业进一步发展对资金的需求。

6.股利分配

企业所有者从企业获得的利益分为两个方面：一是资本利得；二是股利。一个企业可能有很强的盈利能力，但如果把所有利润都通过各种形式转化为消费，而不注意企业的资本积累，那么即使这个企业效益指标很高，也不能说这个企业的发展能力很强。

【相关链接 10-1】

上汽大众 37 年造车“简史”：打造中外汽车合资样本

作为国内历史最悠久的汽车合资企业之一，上汽大众将其37年的造车“简史”分为六个阶段：“六年谈判，合资先锋”“国产化攻坚，夯实基础”“滚动发展，励精图治”“调整转型，变革管理”“完善布局，跨越前进”“创新进取，持续发展”，一步一步成长为国内合资车企的代表之一，成为国内汽车合资项目的巨擘。

未来五年，上汽集团和大众汽车集团还将计划共同投资1 400亿元，支持行业转型升级。在汽车“新四化”的大浪潮下，电动化、智能化作为未来汽车发展的重要方向，不断地迎来快速发展的新风口，引得各家车企纷纷加大布局，上汽大众亦是如此。

值得一提的是，品牌高端化方面，上汽奥迪的项目也在2021年迎来实质性进展。2018年6月，奥迪汽车股份公司获得大众汽车集团所持有的上汽大众1%的股权，上汽大众已经具备生产奥迪的资质。目前，上汽奥迪项目正在按计划积极稳步推进。

上汽大众已然走出了一条从引进吸收、联合开发到本土研发的创新道路。“上汽大众”是上汽集团与德国大众汽车集团的合资企业，上汽大众的国产化进程，给行业带来诸多裨益。以桑塔纳的国产化进程为例，这不仅帮助上汽大众在成立初期就建立起了现代化的汽车产业结构，也带动了中国现代汽车工业的发展。

资料来源　夏治斌，石英婧. 上汽大众37年造车“简史”：打造中外汽车合资样本［N］. 中国经营报，2021-7-3.

10.1.4 企业发展能力分析方法

通过上述企业发展能力分析内容的阐述，我们知道了企业发展能力分析所涵盖的内容，然而如何运用发展能力指标来评价企业的发展能力呢？分析的具体思路可以用图10-1表示。

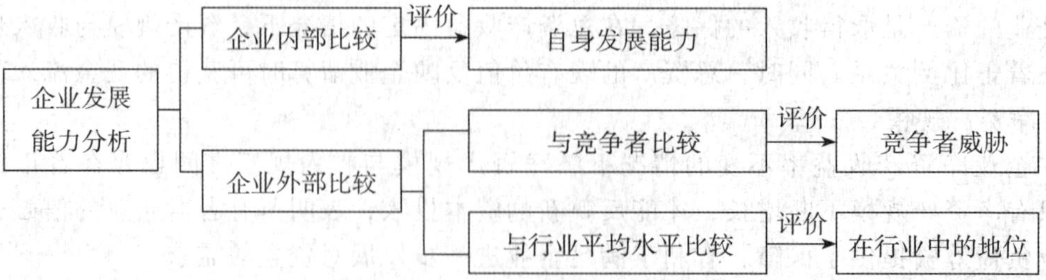

图10-1　企业发展能力分析思路

1.企业内部比较（纵向）

企业内部比较指的是使用企业发展能力指标在企业内部进行跨年度的纵向比较，用于评价企业自身发展能力。由于发展能力指标多采用增长能力指标，为一个相对数，能摈除使用绝对数据分析企业发展能力产生的误导。

【例10-1】A企业和竞争对手B企业2018—2021年的主营业务收入以及行业平均水平数据见表10-1。

表10-1　**主营业务收入**　单位：万元

项目	2018年	2019年	2020年	2021年
A企业	200	300	410	530
B企业	120	150	200	300
行业平均水平	180	190	210	240

根据表10-1中的资料很容易发现，2019—2021年，A企业的主营业务收入与上一年度相比分别增加了100万元、110万元和120万元，呈逐年递增趋势。然而，绝对数的增长真的能说明企业的发展能力在不断增强吗？其实不然，通过A企业内部跨年度的纵向比较可以发现，虽然A企业每年主营业务收入的绝对数在不断增加，但是A企业2019—2021年的主营业务增长率分别为50%，36.67%和29.27%，呈逐年递减趋势。因此，通过企业内部比较分析可以得出结论：对于企业自身而言，企业的主营业务增长速度在逐年递减，发展能力减弱。

2.企业外部比较（横向）

如图10-1所示，企业外部比较分为企业与竞争者比较和企业与行业平均水平比较两种。通过企业与竞争者的比较可以发现竞争者对企业造成的威胁，而通过企业与行业平均水平的比较可以评价企业在行业中的地位。综合上述两种分析结果才能对企业发展能力进行客观合理的分析和评价。

通过表10-1可以看出，首先，竞争对手B企业的主营业务收入增长率分别为25%、33.33%和50%。虽然B企业的主营业务收入的绝对数每年都低于同期A企业的主营业务收入，但是发展速度惊人，很可能就是行业平均主营业务增长速度逐年提高的主要拉动者。因此，A企业若不迅速查找出限制其发展能力增长的原因，并相应地调整竞争策略，行业龙头企业的地位将很有可能不保。其次，2019—2021年行业平均水平的主营业务收入增长率分别为5.56%、10.53%和14.29%，呈逐年递增趋势，并且虽然每年都低于同期A企业的主营业务收入增长率，但两者间的差距在逐渐缩小。由此说明，A企业虽然仍为行业的领军企业，但是行业地位已经逐渐受到威胁。

【相关链接10-2】

我国汽车产销量连续13年保持全球第一

工业和信息化部发布的数据显示，虽然受到疫情等不利影响，我国汽车产业依然在“十四五”开局之年呈现稳中有增的良好发展态势，全年产销分别完成2 608.2万辆和2 627.5万辆，同比分别增长3.4%和3.8%，连续13年保持全球汽车产销量第一。

一、消费、产业双升级

“汽车产业一举扭转连续3年的下降趋势，为我国工业经济持续恢复、稳定宏观经济增长贡献了重要力量。”工业和信息化部装备工业一司司长王卫明说。伴随居民收入水平的逐步提高，我国汽车市场呈现明显的消费升级发展趋势。2021年，我国乘用车完成销售2 148.2万辆，同比增长6.5%。其中，高端品牌乘用车共销售347.2万辆，同比增长

20.7%，增速高于乘用车总销量增速14.2个百分点。

“我国汽车产业创新成果亮点纷呈，在电动化、网联化、智能化转型升级方面取得了巨大进步。”中国汽车工业协会常务副会长兼秘书长付炳锋介绍。2021年，我国动力电池单体能量密度接近300瓦时/千克、系统能量密度超过200瓦时/千克，搭载组合辅助驾驶系统的乘用车新车市场占比达到20%。

此外，中国品牌乘用车市场份额大幅增加，全年销售954.3万辆，同比增长23.1%，占乘用车销售总量的44.4%，接近历史最高水平，占有率比上年提升了6个百分点。“我国作为世界第一汽车市场大国的地位进一步巩固，正向世界汽车强国迈进。”付炳锋说。

二、新能源汽车销量连续7年全球第一

产品供给更丰富、技术水平更高超、配套设施更完善，推动我国新能源汽车在2021年呈现出市场规模、发展质量双提升的良好势头。工业和信息化部装备工业一司副司长郭守刚将其概括为“三个快速”。

（1）产销规模快速增长。2021年，我国新能源汽车产销分别完成354.5万辆和352.1万辆，同比均增长1.6倍，销量连续7年位居全球第一。

（2）质量品牌快速提高。2021年，我国纯电动乘用车平均续驶里程从2016年的253公里提高到400公里以上，消费者质量满意度与燃油汽车持平，中国品牌新能源乘用车共销售247.6万辆，同比增长1.7倍，占新能源乘用车销售总量的74.3%。

（3）产品出口快速增长。2021年实现新能源汽车出口31万辆，同比增长3倍，超过了历史累计出口总和。同时，产业发展配套环境进一步优化，截至2021年底，累计建成充电站7.5万座，充电桩261.7万个，换电站1 298个，在31个省区市设立动力电池回收服务网点突破1万个。

“我国新能源汽车已进入加速发展新阶段。”付炳锋说。2021年，我国新能源汽车市场渗透率达到13.4%，高于上年8个百分点。“2025年、2030年新能源汽车渗透率分别达到20%和40%的目标很可能会提前实现。”

资料来源 周楚卿．我国汽车产销量连续13年保持全球第一［EB/OL］．［2022-01-07］．http：//m.news.cn/2022-01/13/c_1128257359.htm.

10.2 企业发展能力指标分析

本节将对企业发展能力分析指标的计算方法和含义分项进行具体阐述。由于持续盈利能力中的净资产收益率和偿债能力指标在第7章企业盈利能力分析和第9章企业偿债能力分析中已有详细说明，本节将不再叙述。

10.2.1 持续盈利能力

持续盈利能力使用销售收入增长率、三年销售收入平均增长率、三年利润平均增长率进行衡量。

1.销售收入增长率

$$销售收入增长率=\frac{本年销售收入总额-上年销售收入总额}{上年销售收入总额}\times 100\%$$

该指标反映了企业当年的销售收入增长情况，是衡量企业经营状况和市场占有率的重要标志。只有不断增加主营业务收入，才能保证企业持续稳定的发展。该指标越高，说明企业主营业务增长越快，市场前景越好。若小于0则说明企业的市场萎缩，销售收入较前一年出现下降。这很有可能说明企业的产品进入衰退期，销售过程或售后服务出现问题，企业需要进一步进行调查，以防止下降趋势持续恶化。

2. 三年销售收入平均增长率

$$三年销售收入平均增长率=\left(\sqrt[3]{\frac{年末销售收入总额}{三年前年末销售收入总额}}-1\right)\times 100\%$$

该指标表明企业主营业务收入连续三年的增长情况。由于本年的销售规模是企业经过三年的发展得到的，所以本年主营业务收入与三年前主营业务收入相比得到的是三年来企业销售规模的扩大情况，所以应该开3次方。这样计算能避免由于少数年份主营业务异常波动造成对企业发展能力强弱的错误判断。该指标越高，说明企业的发展势头越强劲，市场扩张能力越强。

【相关链接 10-3】

奇瑞集团年销量历史性突破 96 万辆 同比增长 31.7%

奇瑞控股集团2022年1月7日发布年度销量数据：2021年12月，以112 015辆的单月销量完美收官，奇瑞集团2021年累计销售汽车达到历史性的961 926辆，同比增长31.7%。其中，出口269 154辆，同比增长136.3%，连续19年位居中国品牌乘用车出口量第一；新能源汽车销量109 028辆，同比增长144.6%。至此，奇瑞集团全球汽车用户累计突破1 000万名，其中，海外用户195万名。

奇瑞坚定变革创新，通过“技术奇瑞”夯实基础，以用户思维和互联网思维加快转型，保持了“进击”增长的态势。在2021年中国汽车工业协会的月度排名中，“奇瑞速度”连续多月位居全行业销量增速第一，且实现了国内、海外两大市场相互促进的高质量发展格局。在国内市场，奇瑞集团全年销售汽车692 772辆，同比增长12.38%；在海外市场，奇瑞更是以269 154辆的出口成绩，同比增长1.36倍，创下中国品牌“扬帆出海”的新纪录。

奇瑞集团主要乘用车品牌聚焦不同细分市场，一年来接连上市星途揽月、瑞虎8PLUS鲲鹏版、捷途X70诸葛、奇瑞新能源小蚂蚁甜粉款、QQ冰淇淋、凯翼炫界Pro等20余款用户喜爱的新产品，带动奇瑞各品牌跑出了销量增长的“加速度”。

星途汽车全年销售37 155辆（含出口），同比增长121%。星途揽月还成功进入俄罗斯高端市场，与星途凌云一起组成俄罗斯中高端SUV市场的双悍将。奇瑞汽车全年销售656 846辆（含出口），同比增长46.3%。“当家花旦”瑞虎8系列家族阵容不断壮大，全年销量突破16万辆，成为畅销海内外的“全球车”。捷途汽车深耕“旅行+”细分市场，全年实现销量154 077辆（含出口），同比增长17.9%。捷途X70诸葛、捷途X90子龙两款IP车型全新亮相，捷途汽车累计总销量突破46万辆。在新能源市场，奇瑞集团全方位布局乘用车新能源、商用车新能源、客车新能源、专用车新能源等汽车产品系列，2021年实现新能源汽车总销量109 028辆，同比增长144.6%。明星车型小蚂蚁上市4年累计销量突破25万辆，稳居精品纯电小车销量冠军。奇瑞QQ冰淇淋自7月份启动盲订以来，6个月的预售期就收获了超7万辆订单。2022年，奇瑞QQ冰淇淋将与奇瑞小蚂蚁合力实现30万辆的年销目标。

2021年是中国加入世界贸易组织的第20周年。走出国门整整20年的奇瑞，也伴随着中国加快高水平开放的步伐，交出了一份全球化的出色答卷。奇瑞集团单月出口年内8次突破2万辆大关，12月份单月出口更是历史性突破3万辆，以单月31 253辆、同比增长126.7%的成绩，推动全年出口靠近27万辆的新“坐标”。截至目前，奇瑞集团累计拥有海外用户195万名，连续5年获得“最佳海外形象20强企业”，在全球80多个国家和地区成为车主热爱的“中国名片”。2022年，奇瑞集团提出了确保年销量150万辆、力争200万辆，年营业收入2 000亿元的目标。奇瑞，将在2022年“创业25周年”之际，步入企业发展规模的新阶段，加快迈向下一个1 000万辆的新里程。

资料来源　吴晔. 奇瑞集团年销量历史性突破96万辆　同比增长31.7% [EB/OL]. [2022-01-07]. http://www.news.cn/auto/20220107/bfccec58b9994583afe8bd6557ed90ee/c.html.

3.三年利润平均增长率

$$三年利润平均增长率=\left(\sqrt[3]{\frac{年末利润总额}{三年前年末利润总额}}-1\right)\times100\%$$

该指标表明企业利润连续三年的增长情况。该指标越高，说明企业总收入越多，发展能力越强。

10.2.2　商誉竞争力

商誉竞争力使用商誉价值指标衡量。

商誉价值的计量一般有直接法和间接法。由于间接法一般在企业并购时使用，因此，这里仅介绍直接法。

直接法，又称超额收益法，是指将商誉理解为“超额收益的现值”，即通过估测由于存在商誉而给企业带来的预期超额收益，并按一定方法推算出商誉价值的方法。一般有如下三种计算方法：

1.超额收益现值法

这种方法是通过计算企业未来若干年可获得的“超额收益”的净现值来衡量商誉的价值。基本步骤是：

首先，计算企业的超额收益：

超额收益=预期收益-正常收益

=可辨认净资产公允价值×预期报酬率-可辨认净资产公允价值×同行业平均投资报酬率

其次，将各年的预期超额收益折现：

各年超额收益现值=各年预期超额收益×各年折现系数

最后，将各年超额收益现值汇总得出商誉价值：

$商誉价值=\sum各年超额收益现值$

各年预期超额收益相等的情况下，上式可简化为：

商誉价值=年预期超额收益×年金现值系数

2.超额收益资本化法

这种方法是根据“商誉是一种资本化价格”的原理，对超额收益进行本金化处理。收益资本化就是将若干年平均超额收益除以投资者应获得的正常投资报酬率，即：

$$商誉价值=\frac{年超额收益}{资本化率}$$

3.超额收益倍数法

这种方法是利用超额收益的一定倍数计算商誉价值，即：

$$商誉价值=年超额收益\times倍数$$

商誉价值指标越高，说明企业的商誉给企业带来的预期超额收益越多，企业的市场潜力越大，发展能力越强。

10.2.3　人力资源竞争力

人力资源竞争力使用高等人才比率和人力资源稳定率两个指标衡量。

1.高等人才比率

$$高等人才比率=\frac{年初高等人才人数+年末高等人才人数}{年初在册人数+年末在册人数}\times100\%$$

本书将高等人才定义为拥有本科以上学历的员工。人们普遍认为，较高学历的员工能给企业的发展带来更多的生产技术和研发知识。该比率越高，说明企业人力资源的竞争力越强，发展潜力越大。

2.人力资源稳定率

$$人力资源稳定率=1-人力资源流动率$$

$$人力资源流动率=\frac{本年补充人数}{\frac{年初在册人数+年末在册人数}{2}}\times100\%$$

式中：本年补充人数是指本年为补充离职人员而新招的人数，不包括企业为提高生产研发水平额外引进的人才。

通过人力资源流动率可以测量企业内部员工的稳定性。一个企业流动率过高，说明企业对员工承担的社会责任并没有达到员工的要求，导致企业人才的大量流失。过高的人力资源流动率导致企业生产率下降，而招聘新员工付出的大量培训费用又增加了企业的成本。因此，过高的人力资源流动率不利于企业长期的发展。为了便于计算，需要使指标和发展能力呈现正相关关系，为此本书引入了人力资源稳定率指标。在高等人才比率和技术投入比率等指标的补充说明下，我们有理由认为人力资源稳定率越高的企业，发展能力越强。

10.2.4　产品竞争力

产品竞争力使用技术投入比率和固定资产成新率两个指标衡量。

1.技术投入比率

$$技术投入比率=\frac{当年技术转让费支出+研发投入}{当年主营业务收入净额}\times100\%$$

技术投入比率为当年技术转让费用和研发费用占主营业务收入的比率，反映了企业在技术创新方面的支出。“变则通，不变则亡”，企业要想持续发展，必须不断创新。只有通过研发才能增强企业产品的竞争力，扩大市场占有份额。因此，技术投入比率在一定程度上反映了企业的创新能力和持续发展能力。

拓展阅读

“技术奇瑞”为中国品牌“走出去”蹚出一条路

2.固定资产成新率

$$固定资产成新率=\frac{(年初固定资产净值+年末固定资产净值)\div2}{(年初固定资产原值+年末固定资产原值)\div2}\times100\%$$

固定资产成新率是企业当期平均固定资产净值与平均固定资产原值的比率，反映了企业拥有的固定资产的新旧程度。如果该指标很低，说明企业固定资产年代久远，更新速度慢，不利于企业的发展。

本章小结

企业的发展与其所处的生存环境息息相关，无论是企业内在的素质及资源还是企业外部的经营环境都将影响企业的生存发展。传统的企业分析通常使用静态指标分析企业的盈利能力、偿债能力和经营能力，即使从动态的角度分析，也多使用增长率指标在企业内部进行跨年度的纵向分析，但从企业发展的角度来说，独善其身并不能确保企业的可持续发展。可以说，内部发展能力的持续稳定是企业发展的原动力，而外部经营环境却是保证企业发展的必要条件。本章对已有的发展能力评价指标进行概述并提出一个可行的发展能力综合评价框架。企业只有满足了所有利益相关者的需求才能实现企业的可持续发展。通过计算企业的发展能力得分，并进行企业内部及外部分析，最终确定企业的行业地位和潜在竞争者。

衡量企业持续盈利能力的指标主要有：净资产收益率、销售收入增长率、三年销售收入平均增长率和三年利润平均增长率。

衡量商誉竞争力的指标主要有商誉价值。

衡量人力资源竞争力的指标主要有高等人才比率、人力资源稳定率。

衡量产品竞争力的指标主要有技术投入比率、固定资产成新率。

各个单一指标都有其优缺点，因此，在进行企业发展能力分析时需要谨慎使用单一指标，只有配合各项指标综合分析，才能恰当地评估企业的发展能力。

讨论题

1. 什么是企业发展能力？评价企业发展能力的目的是什么？
2. 可以从哪些角度评价企业发展能力？
3. 评价企业发展能力的指标有哪些？
4. 如何分析企业的持续盈利能力？
5. 企业发展能力分析与传统财务分析的区别是什么？

业务题

D公司2018—2021年的相关财务数据见表10-2，据此分析该公司2021年的持续盈利能力。

表10-2　D公司2018—2021年相关财务数据　单位：元

指标	2018年	2019年	2020年	2021年
销售收入	17 873 164 771	14 818 471 443	16 840 697 450	17 541 378 682
利润总额	12 737 659 942	15 552 562 771	16 987 210 288	17 385 516 278
所有者权益	64 368 090 701	100 909 757 021	116 640 020 713	126 612 800 179
净利润	12 773 319 903	15 590 169 767	17 026 875 298	17 417 504 918

案例分析

北汽福田汽车股份有限公司发展能力分析

北汽福田汽车股份有限公司（简称福田汽车）成立于1996年，1998年在上海证券交易所上市，是中国品种最全、规模最大的商用车企业，2021年品牌价值达1 808.36亿元，连续16年蝉联中国商用车行业第一位。2021年，在福田汽车成立的第25周年，成为中国汽车工业史上首个销量突破千万辆的商用车企、中国首个千万级“双自主”商用车企、全球突破千万销量用时最短的商用车企。海外出口量连续10年位居中国商用车出口量第一，产品覆盖全球110个国家和地区。

福田汽车已形成集整车制造、核心零部件、汽车金融、车联网、福田电商、二手车为一体的汽车生态体系，涵盖整车、零部件、汽车后市场三大业务板块。整车业务覆盖卡车、大中客车、轻型客车、皮卡、工程机械与环境装备、新能源汽车等6大业务单元及18个产品品牌。在超级动力链层面，福田汽车与康明斯、采埃孚等全球合作伙伴，全球首创动力链集成创新模式，成立福田汽车动力集成创新中心PDIC，定制打造福田汽车第一条动力链产品——“X超级动力链”，引领中国商用车动力系统变革。后市场业务着力服务生态建设，覆盖用户从购车到用车的全生命周期，积极拓展金融、二手车业务，将智能科技融入服务体系。

2021年全年汽车产销分别完成2 608.2万辆和2 627.5万辆，同比分别增长3.4%和3.8%。其中，乘用车产销分别完成2 140.8万辆和2 148.2万辆，同比分别增长7.1%和6.5%；商用车产销分别完成467.4万辆和479.3万辆，累计同比分别下滑10.7%和6.6%，结束了上年快速增长趋势。2021年，面对新冠肺炎疫情，汽车行业坚决落实党中央、国务院的决策部署，扎实推进复工复产，加快转变营销方式，积极促进汽车消费，汽车市场逐步复苏，全年产销增速稳中略降，基本消除了疫情的影响，总体表现出了强大的发展韧性和内生动力。2021年，福田汽车各产品相关财务数据见表10-3。

表10-3　2021年福田汽车各产品相关财务数据

项目	主营业务收入（元）	主营业务成本（元）	毛利率（%）	主营业务收入比上年增减（%）	主营业务成本比上年增减（%）	毛利率比上年增减（%）
轻卡	34 769 526 404.28	31 472 963 754.08	9.48	2.15	2.99	−0.74
中重卡	2 034 745 439.96	1 868 291 325.66	8.18	55.75	67.63	−6.51
轻客	3 988 319 305.53	3 234 887 882.99	18.89	4.38	3.02	5.15
大中客	2 031 633 517.71	1 961 649 141.45	3.44	−50.95	−43.03	−13.43

问题探讨：

根据以上资料并补充收集福田汽车其他相关资料和数据，你对福田汽车的发展能力有怎样的分析与综合评价？

第11章

财务综合能力分析

综合分析可以把握公司的整体情况，并将成绩或问题分解，为发挥公司潜力、解决困难和问题提供依据。

——王化成

学习目标

1.理解企业综合分析的目的和内容；

2.掌握沃尔评分法的基本内容、方法和思路；

3.了解传统杜邦分析法和改进的杜邦分析法的区别；

4.掌握改进的杜邦分析法的使用方法。

思政元素

1.大局意识、社会责任与可持续科学发展；

2.科学思维与系统思维；

3.辩证唯物观、历史唯物观与实事求是。

重点与难点

1.财务综合能力的影响因素；

2.杜邦分析法。

引　言

作为全球最大的汽车市场，中国主动拥抱新一轮科技革命，加快推进电动化、智能化转型。围绕寻找车规级芯片自主创新出路、实现碳达峰和碳中和、提高智能网联汽车安全水平、加快产业生态的融合与升级以及实现自主品牌向上突破等话题，2021中国汽车论坛荟聚各界精英进行了探讨。

2021中国汽车论坛在上海嘉定圆满落幕。站在“十四五”新起点，2021中国汽车论坛以“新起点、新战略、新格局——推动汽车产业高质量发展”为主题，设置1场闭门峰会+1个大会论坛+2个中外论坛+12个主题论坛，汇聚了政府部门主管领导、全球汽车企业领袖、领先科技公司代表、汽车行业精英和权威专家等，共谋汽车产业发展新格局。

解析新技术应用前景

汽车产业向电动化、智能化、网联化和共享化发展的趋势越来越明显，因此，坚持走创新驱动发展道路，抓住新一轮科技革命和产业变革机遇，将有利于培育和形成新兴汽车产业发展新动能。

中国作为全球最大的汽车市场，面对百年未遇之大变革，要主动拥抱新一轮科技革命，加快推进电动化、智能化转型。智能网联汽车逐渐走入人们的现实生活，汽车产品的竞争也逐步走向汽车交互设计和综合用户体验的竞争。

为研究相关技术在智能网联汽车座舱领域的发展，上海国际汽车城联合同济大学、澳门科技大学、蔚来、广汽、华为、科大讯飞、腾讯等，共同探索座舱智能交互技术、车载机器人、车载语音交互等领域的交互设计、技术和测试方法等。同时，围绕软件定义汽车的发展趋势、核心技术及新一代电子电气架构（EEA）等话题，汽车行业大咖齐聚一堂，以软件定义汽车的信息安全、功能安全、运维运营等行业热点话题展开讨论，助推汽车产业的技术进步。

直击汽车行业三大热点

芯片补缺、“双碳”目标、数据安全，当前汽车产业三大热点受到大会高度关注。当前全球汽车产业正处于向智能汽车转型的关键赛点，为发挥我国优势资源，形成跨产业、跨行业联动发展，找寻车规级芯片自主创新出路，增强国内汽车芯片产业链、供应链自主可控能力，汽车企业和业内专家一起深入探讨了解决芯片危机的新思路，以及如何促进汽车行业和芯片行业融合发展，又如何借助资本市场加速芯片产业发展等议题，并提出了实现“芯片自由”的新愿景。眼下，碳达峰和碳中和也是汽车行业发展的热点议题，并倒逼汽车企业向绿色化发展。显然，碳达峰和碳中和给汽车行业带来了新的考验，也为新能源汽车产业的进一步发展提供了新机会。

同时，智能网联汽车发展及其数据安全问题也成为业内外关注的焦点。其中，“智能网联汽车产业生态的融合与升级”主题论坛，重点探讨了智能网联汽车感知、决策、控制、执行等关键技术和产品研发及智能网联汽车数据产业生态解决方案，以及如何构建开放式汽车软件架构和生态，推动软硬件协同开发和智能网联汽车创新发展与产业生态升级。而“智能网联汽车产业发展与安全论坛”，则围绕智能网联汽车产业安全发展、研究成果发布、数据安全治理理论与实践、智能网联汽车密码技术应用等议题展开讨论，以推动我国智能网联汽车相关政策标准的制定与完善，进而推动智能网联汽车数据安全治理与合规应对。

2021中国汽车论坛还是一个中外汽车行业共议发展大计的舞台，让中外业内精英面对面进行思想碰撞。在“中德智能网联汽车产业发展论坛”上，中德两国技术专家围绕自动驾驶技术路线展望、智能网联汽车电子电气架构发展趋势、数据应用及管理、功能安全及预期功能安全检测等行业关注热点课题展开深入研讨。而在“中瑞汽车产业可持续发展论坛”上，与会嘉宾着重探讨了中瑞汽车产业在碳达峰目标下的可持续发展战略。这有助于加强中德、中瑞汽车产业合作，协同推动汽车产业创新发展、产业生态升级和产业可持续发展。

瞄准品牌向上战略

在新起点、新战略和新格局的大背景下，中国汽车品牌还需要承担起一项新的使命——成长为世界级品牌。站在行业发展角度，中国汽车品牌需要战略引领，营销助力，实现品牌向上突破。为此，6月19日，2021中国汽车论坛设置了3场独具特色的主题论坛，即“让世界看见中国汽车”、“第三届汽车技术品牌营销论坛”和“赛车产业主题论坛”。

在以国内大循环为主体，国内国际双循环新发展格局的情况下，如何推动中国汽车品牌整体向上，提升中国汽车品牌的品牌力，让世界看见中国汽车？在“让世界看见中国汽车”论坛上，业内代表性品牌的高层分享了实施品牌战略的诸多有益经验。而上海嘉定作为上海建设世界级汽车产业中心的核心承载区，在打造汽车全产业链的同时，以F1赛事为引领的赛车运动在嘉定出现蓬勃发展势头。在“赛车产业主题论坛”上，与会嘉宾探讨了如何加快赛车产业生态及其品牌发展等问题。

资料来源　赵文博. 2021中国汽车论坛：迈过高质量发展这道槛［N］. 新能源汽车报，2021-06-28（005）.

11.1　财务综合能力分析的目的和内容

11.1.1　财务综合能力分析的目的

企业的生产经营活动是一个有机的整体，为了更好地评价企业的生产经营活动，我们需要一个相互联系、相互制约的评价系统，这就是财务综合能力分析系统。财务综合能力分析系统将企业的营运能力、偿债能力和盈利能力等诸多方面一同纳入一个有机的整体之中，对企业的经营状况和财务状况进行解剖和分析，为全面考核企业再生产各个主要方面的经济效果和制定决策提供重要的依据。

财务综合能力分析要揭示的是各种财务经济指标之间的相互联系和协调关系，从而全面评价经济活动过程及成果，以便进一步提高经济效益，挖掘企业潜力。

财务综合能力分析有以下目的：第一，分析企业生产条件的水平及其是否能保证企业生产经营活动的正常需要，要求企业能及时足额地取得合法的资金；第二，对企业使用资金的经济效果进行全面分析和综合评价，确定企业对各项资金的占有情况，要求企业按计划控制数额，力争以最少的投入取得最大的产出，促使企业全面提高经济效益。

11.1.2　财务综合能力分析的目的

财务综合能力分析的总体目标是考核过去、评价现在和预测未来。

财务综合能力分析的具体目的包括：

（1）评估企业分析期的经营绩效。通过财务报告分析提供的数据资料，对企业财务状况和经营成果进行客观、公正的评价，肯定企业的成绩，提出问题，并将企业实际指标数据与以前各期、计划指标、同类企业的同期和先进指标进行比较，以判断企业在分析期的管理水平和经营业绩。

（2）分析影响企业财务状况和经营成果的各个因素，挖掘企业的潜力。按照企业各项经济指标的性质以及各指标之间的相互关系，寻找影响企业财务指标变动的有关因素，并对其进行量化。企业中的各项指标不是孤立存在的，它们都是相互联系、相互影响、相互作用的，每个指标往往又受各种因素的综合影响。通过分析影响因素和计算影响程度，可以分清影响企业财务指标的有利因素和不利因素、主要因素和次要因素，然后对各项指标变动的结果进行综合分析，找出差距，查明原因，制定改进措施，以便挖掘企业各个方面的潜力，即提高企业经济效益的可能性。

（3）监督企业执行政策、法令以及规章制度的情况。作为市场经济中的一员，企业必须遵守国家的法律法规，并执行国家有关的规章制度。因此，在进行财务报告数据资料的综合分析时，还应该结合国家有关经济的法律法规和规章制度，考察企业是否按照法律法规办理各项业务，是否按照规定披露企业的有关财务信息，是否按照国家有关政策正确计算和分配利润，是否足额缴纳税金，是否遵守财经纪律。

（4）预测企业未来的发展趋势，提供决策的依据。经营活动的中心在于管理，管理的中心在于决策。企业的财务活动是一个复杂的总体，财务综合能力分析应从各项财务指标的分析中去粗取精、去伪存真、由表及里、由此及彼，找出各项财务指标之间本质的、必然的联系。财务分析者根据分析结果认真评价过去，科学规划未来，提出改进建议，作为进行决策、制定措施的参考。

由于通过对财务报告进行综合分析提供的财务信息是分析人员运用各种科学的方法，压缩数量、提高质量并对其加工整理后形成的高级财务信息，因此，在运用这些信息规划未来的活动时就不会失误，减少了财务决策的盲目性。

财务综合能力分析的方法或体系较多，其中影响比较广的有沃尔评分法、杜邦分析法和帕利普分析法等。

11.2　沃尔评分法

沃尔评分法，也称沃尔比重评分法，是指将选定的财务比率用线性关系结合起来，并分别给定各自的分数比重，然后通过与标准比率进行比较，确定各项指标的得分及总体指标的累计分数，从而对企业的信用水平进行评价的方法。

1928年，亚历山大·沃尔出版的《信用晴雨表研究》和《财务报表比率分析》中提出了信用能力指数的概念。他选择了七个财务比率，即流动比率、产权比率、固定资产构成率、存货周转率、应收账款周转率、固定资产周转率和权益资本周转率，分别给定各指标的比重，然后确定标准比率（以行业平均数为基础），将实际比率与标准比率相比，得出相对比率，将相对比率与各指标比重相乘，得出总评分，以此来评价企业的财务状况。

11.2.1　沃尔比重评分法的基本步骤和缺陷

1.沃尔比重评分法的基本步骤

（1）选择评价指标并分配指标权重。

盈利能力指标：资产净利率、销售净利率、净资产报酬率。

偿债能力指标：自有资本比率、流动比率、应收账款周转率、存货周转率。

发展能力指标：销售增长率、净利增长率、资产增长率。

按重要程度确定各项比率指标的评分值，评分值之和为100。

三类指标的评分值约为5∶3∶2。盈利能力指标三者的比例约为2∶2∶1，偿债能力指标和发展能力指标中各项具体指标的重要性大体相当（见表11-1）。

表11-1 沃尔比重评分法财务比率

财务比率	权重 ①	标准值 ②	实际值 ③	相对值 ④=③÷②	评分 ⑤=①×④
资产净利率	20				
销售净利率	20				
净资产报酬率	10				
自有资本比率	8				
流动比率	8				
应收账款周转率	7				
存货周转率	7				
销售增长率	7				
净利增长率	7				
资产增长率	6				

（2）确定各项比率指标的标准值，即各指标在企业现时条件下的最优值。

（3）计算企业在一定时期各项比率指标的实际值：

资产净利率=净利润÷资产总额×100%

销售净利率=净利润÷销售收入×100%

净资产报酬率=净利润÷净资产×100%

自有资本比率=净资产÷资产总额×100%

流动比率=流动资产÷流动负债

应收账款周转率=赊销净额÷平均应收账款余额

存货周转率=产品销售成本÷平均存货成本

销售增长率=销售增长额÷基期销售额×100%

净利增长率=净利增加额÷基期净利×100%

资产增长率=资产增加额÷基期资产总额×100%

（4）计算指标得分并形成评价结果。

2.沃尔比重评分法的缺陷

（1）未能证明为什么要选择这七个指标而不是更多或更少些，或者选择别的财务比率，而且未能证明每个指标所占比重的合理性。

（2）计算各个指标得分的公式为：实际分数=实际值÷标准值×权重。该公式存在明显的缺陷，倘若实际值>标准值为理想时，使用公式计算的结果正确；但实际值<标准值为理想时，实际值越小，得分应越高，而用此公式计算的结果却恰恰相反。

（3）当某一单项指标的实际值畸高时，会导致最后总分大幅度增加，掩盖了情况不良的指标，从而给管理者造成一种假象。

（4）沃尔比重评分法从技术上讲也有一个问题，就是某个指标严重异常时，会对总评分产生不合逻辑的重大影响。这个问题是由财务比率与其比重相乘引起的。财务比率提高一倍，评分增加100%；而缩小一半，其评分只减少50%。

11.2.2　沃尔比重评分法在我国的应用

沃尔比重评分法在我国实践中的应用非常广泛。20世纪90年代以来，有关部门颁布了一系列综合评价体系。这些综合评价体系都是以沃尔比重评分法作为基本思想的。其中，1995年财政部发布的经济效益评价指标体系和1999年发布并在2002年修订的国有资本金绩效评价规则最具代表性。

1.经济效益评价指标体系

从1995年财政部发布的指标体系看，评价企业财务状况的指标有：①销售利润率；②总资产报酬率；③资本收益率；④资本保值增值率；⑤资产负债率；⑥流动比率（或速动比率）；⑦应收账款周转率；⑧存货周转率；⑨社会贡献率；⑩社会积累率。这十大指标主要是从企业投资者、债权人、管理者及企业对社会的贡献四个方面进行考虑的，因此可以分为四类：①至④为获利能力指标；⑤和⑥为偿债能力指标；⑦和⑧为营运能力指标；⑨和⑩为社会贡献指标。

该套指标体系综合评分的一般方法如下：①以行业平均先进水平为标准值；②标准值的重要性总计为100分，其中销售利润率为15分、总资产报酬率为15分、资本收益率为15分、资本保值增值率为10分、资产负债率为5分、流动比率（或速动比率）为5分、应收账款周转率为5分、存货周转率为5分、社会贡献率为10分、社会积累率为15分；③根据企业财务报表分别计算这十项指标的实际值，然后加权平均计算综合实际分数。

2.国有资本金绩效评价规则

1999年6月1日，财政部、原国家经贸委、人事部、原国家计委联合颁布了《国有资本金效绩评价规则》和《国有资本金效绩评价操作细则》。2002年2月22日，财政部、原国家经贸委、中共中央企业工作委员会、原劳动和社会保障部、原国家发展计划委员会对《国家资本金效绩评价操作细则》进行了重新修订，修改了某些指标，制定了《企业效绩评价操作细则（修订）》，标志着新型企业绩效评价体系和评价制度在我国初步建立。2006年，国务院国有资产监督管理委员会颁布了《中央企业综合绩效评价管理暂行办法》和《中央企业综合绩效评价实施细则》，强调企业综合绩效评价应充分体现市场经济原则和资本运营特征，综合评价企业的经营绩效和努力程度，促使企业提高市场竞争能力。

现行的国有企业绩效评价体系由3个子体系组成：①绩效评价制度体系；②绩效评价组织体系；③绩效评价指标体系。根据《中央企业综合绩效评价实施细则》的规定，中央企业综合绩效评价指标由财务绩效定量评价指标和管理绩效定性评价指标组成。其中，财务绩效定量评价指标由反映企业盈利能力状况、资产质量状况、债务风险状况和经营增长状况的8个基本指标和14个修正指标构成，用于综合评价企业财务会计报表所反映的经营绩效状况；企业管理绩效定性评价指标包括战略管理、发展创新、经营决策、风险控制、基础管理、人力资源、行业影响、社会贡献方面的指标，主要反映企业在一定经营期间所采取的各项管理措施及管理成效。具体指标体系及权重见表11-2。

表11-2　　　　　　　　　　**中央企业综合绩效评价指标及权重表**

<table>
<tr><td rowspan="2" colspan="2">评价内容与权数</td><td colspan="4">财务绩效（70%）</td><td colspan="2">管理绩效（30%）</td></tr>
<tr><td>基本指标</td><td>权重（%）</td><td>修正指标</td><td>权重（%）</td><td>评议指标</td><td>权重（%）</td></tr>
<tr><td>盈利能力状况</td><td>34</td><td>净资产收益率
总资产报酬率</td><td>20
14</td><td>销售（营业）利润率
盈余现金保障倍数
成本费用利润率
资本收益率</td><td>10
9
8
7</td><td rowspan="4">战略管理
发展创新
经营决策
风险控制
基础管理
人力资源
行业影响
社会贡献</td><td rowspan="4">18
15
16
13
14
8
8
8</td></tr>
<tr><td>资产质量状况</td><td>22</td><td>总资产周转率
应收账款周转率</td><td>10
12</td><td>不良资产比率
流动资产周转率
资产现金回收率</td><td>9
7
6</td></tr>
<tr><td>债务风险状况</td><td>22</td><td>资产负债率
已获利息倍数</td><td>12
10</td><td>或有负债比率
现金流动负债比率
带息负债比率
速动比率</td><td>6
6
5
5</td></tr>
<tr><td>经营增长状况</td><td>22</td><td>销售（营业）利润增长率
资本保值增值率</td><td>12
10</td><td>销售（营业）利润增长率
总资产增长率
技术投入比率</td><td>10
7
5</td></tr>
</table>

3.修订前后指标体系的比较

① 修订后的指标体系更重视对资产质量和债务风险的反映。如修订后反映资产质量状况的修正指标中新增了资产现金回收率指标（6%），不良资产比率的比重也略有上升；修订后反映债务风险状况的修正指标新增了或有负债比率（6%）和带息负债比率（5%），而速动比率权重降低为5%。

② 修订后的指标体系更重视反映战略管理和风险控制的重要性。修正后评价指标中战略管理指标的权重为18%；修正后的评价指标新增了风险控制指标，且其权重达到了13%。

③ 修订后的指标体系在指标设置上更严谨。

11.3　杜邦分析法

11.3.1　杜邦分析法的概念

杜邦分析法是利用几种主要的财务比率之间的关系来综合地分析企业的财务状况。这种分析方法最早由美国杜邦公司使用，故称为杜邦分析法，也称杜邦分析体系。杜邦分析法是一种用来评价公司盈利能力和股东权益回报水平，从财务角度评价企业绩效的经典方法。其基本思想是将企业净资产收益率逐级分解为多项财务比率的乘积，进而深入分析、比较企业的经营业绩。

杜邦分析法最显著的特点是将若干个用以评价企业经营效率和财务状况的比率按其内

在联系有机地结合起来，形成一个完整的指标体系，并最终通过权益收益率来综合反映。采用这一方法，可使财务比率分析的层次更清晰、条理更突出，为报表分析者全面仔细地了解企业的经营和盈利状况提供方便。

杜邦分析法有助于企业管理层更加清晰地看到权益资本收益率的决定因素，以及销售净利率与总资产周转率、债务比率之间的相互关联关系，给管理层提供一张明晰的判明公司资产管理效率和股东投资回报是否最大化的路线图。

11.3.2　杜邦分析体系

1. 杜邦分析体系的核心指标

杜邦分析体系的核心指标是净资产收益率，它是一个综合性很强的财务分析指标。其计算公式如下：

$$\begin{aligned}\text{净资产收益率} &= \frac{\text{净利润}}{\text{平均净资产}} \\ &= \frac{\text{净利润}}{\text{平均资产总额}} \times \frac{\text{平均资产总额}}{\text{平均净资产}} \\ &= \text{资产净利率} \times \text{平均权益乘数}\end{aligned} \tag{11-1}$$

$$\begin{aligned}\text{资产净利率} &= \frac{\text{净利润}}{\text{平均资产总额}} \\ &= \frac{\text{净利润}}{\text{销售收入}} \times \frac{\text{销售收入}}{\text{平均资产总额}} \\ &= \text{销售净利率} \times \text{总资产周转率}\end{aligned} \tag{11-2}$$

由式（11-1）和式（11-2）可得：

$$\text{净资产收益率}=\text{销售净利率}\times\text{总资产周转率}\times\text{平均权益乘数} \tag{11-3}$$

资产净利率是影响净资产收益率的最重要的指标，取决于销售净利率和总资产周转率的高低。总资产周转率反映总资产的周转速度。要判明影响公司资产周转的主要问题在哪里，就需要对影响资产周转的各因素进行分析。销售净利率反映销售收入的收益水平。扩大销售收入、降低成本费用是提高企业销售净利率的根本途径，而扩大销售也是提高总资产周转率的必要条件和途径。

权益乘数表示企业的负债程度，反映了公司利用财务杠杆进行经营活动的程度。资产负债率高，权益乘数就大，说明公司负债程度高，公司会有较多的杠杆利益，但风险也高；反之，资产负债率低，权益乘数就小，说明公司负债程度低，公司会有较少的杠杆利益，但风险也低。

2. 杜邦分析体系的基本框架

杜邦分析体系的基本框架可以用图 11-1 表示。

该体系是一个以净资产收益率为主线的多层次财务比率分解体系。各项财务比率在每一层次上与本企业历史或同行业数据进行比较，比较后向下一级分解。这种逐级向下分解的方式能够覆盖企业经营活动的每一个环节，进而实现系统、全面评价企业经营成果和财务状况的目的。然而这一分析体系也存在局限性，表现如下：

（1）计算资产利润率的总资产和净利润不匹配。总资产是全部资产提供者享有的资产，而净利润是专属于股东的。两者相除不满足投入产出匹配的原则，因此该指标不能反映实际的报酬率。

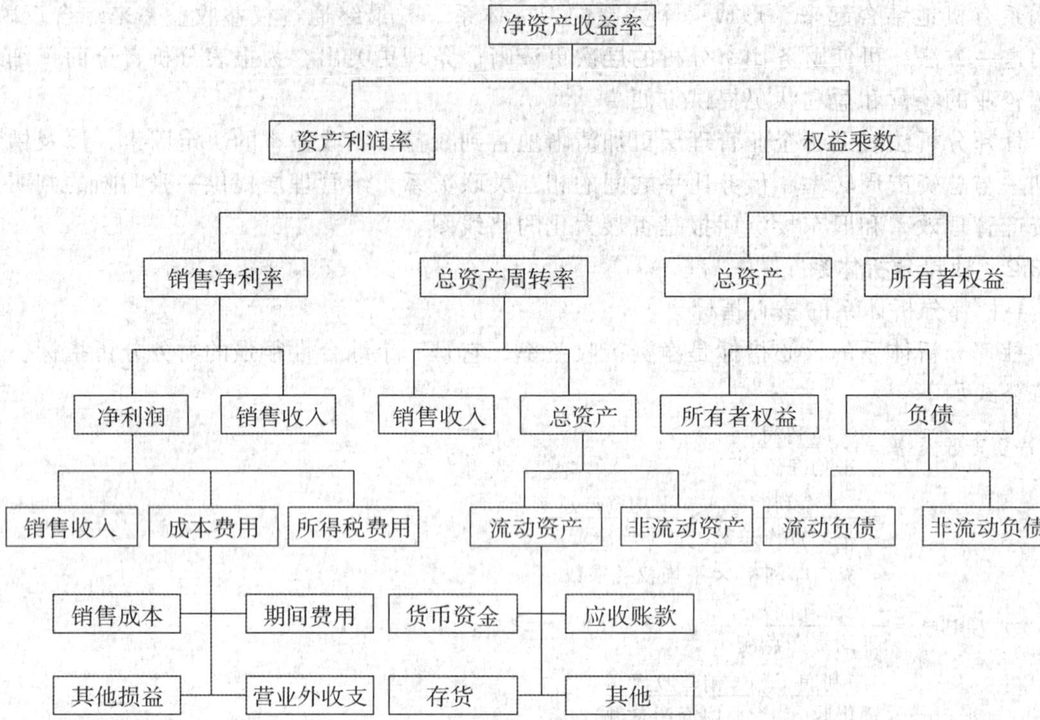

图11-1 杜邦分析体系的基本框架

(2) 没有区分经营活动损益和金融活动损益。对于多数企业来说，金融活动是净筹资，它们在金融市场上主要是筹资而不是投资。筹资活动不产生利润，而是产生费用。从财务管理的基本概念来看，企业的金融资产是投资活动的剩余，是尚未投入实际经营活动的资产，应该将其从经营资产中剔除。与此相对应，金融费用也应该从经营收益中剔除，才能使经营资产和经营收益匹配。

(3) 没有区分有息负债与无息负债。利息支出仅仅是有息负债的成本，因此，只有利息支出与有息负债相除才是实际的平均利息率。并且，只有有息负债与股东权益相除才能得到更符合实际的财务杠杆。无息负债本来就没有财务杠杆的作用，将其计入财务杠杆会歪曲财务杠杆的实际作用。

11.3.3 改进的杜邦分析法

1.改进的杜邦分析体系的主要概念

改进的杜邦分析体系的主要概念见表11-3。

2.调整的资产负债表和利润表

根据上述概念，重新编制S公司经调整的资产负债表和利润表，见表11-4和表11-5。

表11-3 改进的杜邦分析体系的主要概念

报表	基本等式	主要概念
资产负债表	净经营资产=净金融负债+股东权益 式中： 净经营资产=经营资产-经营负债 净金融负债=金融负债-金融资产	①区分经营资产和金融资产的主要标志是有无利息。如果能够取得利息，则列为金融资产； ②区分经营负债和金融负债的一般标准是有无利息要求。大部分应付项目为无息的，将其列入经营负债；如果是有息的，则属于金融活动，列为金融负债

续表

报表	基本等式	主要概念
利润表	净利润=经营利润－净利息费用 式中： 经营利润=息税前经营利润×（1-所得税税率） 净利息费用=利息费用×（1-所得税税率）	①金融活动的损益是净利息费用，即利息收入的净额。除金融活动以外的损益，全部视为经营活动损益。 ②经营活动损益主要包括经营利润、其他营业利润和营业外收支。经营利润等于销售收入减去销售成本及有关的期间费用，是具有持续性和预测性的收益；其他营业利润包括资产减值损失、公允价值变动损益和长期股权投资收益，它们的持续性不易判定；营业外收支不具有持续性，没有预测价值。 ③法定利润表的所得税是统一扣除的。为了便于分析，需要将其分摊给经营利润和利息费用

表11-4　**调整的资产负债表**

编制单位：S公司　2021年12月31日　单位：元

净经营资产	年末余额	年初余额	净金融负债及股东权益	年末余额	年初余额
经营资产：			金融负债：		
应收票据	6 013 260 391.19	9 164 804 838.97	短期借款	—	—
应收账款	4 590 263 830.58	5 418 380 341.65	吸收存款及同业存款	—	—
预付款项	1 107 742 469.60	562 963 184.76	交易性金融负债	—	—
其他应收款	6 265 397 867.87	6 312 026 191.59	长期借款	11 500 000 000.00	9 000 000 000.00
买入返售金融资产	—	—	应付债券	—	4 991 131 506.79
存货	4 017 144 419.72	1 434 116 333.02	持有待售负债	—	—
一年内到期的非流动资产	465 000 000.00	—	金融负债合计	11 500 000 000.00	13 991 131 506.79
其他流动资产	663 032 527.32	1 582 030 457.71			
持有至到期投资	—	—			
长期应收款	—	—			
长期股权投资	131 122 812 383.03	118 998 936 721.38			
投资性房地产	247 737 268.07	258 277 381.29			
固定资产	15 484 927 244.92	16 067 958 066.69			
在建工程	3 844 465 224.01	2 593 629 619.27	金融资产：		
无形资产	3 869 605 395.59	3 542 408 706.79	货币资金	80 313 249 046.95	79 670 638 441.55
开发支出	2 349 728 227.54	2 318 369 674.55	交易性金融资产	2 157 683 267.32	1 867 858 552.00
长期待摊费用	117 809 385.54	132 864 523.56	可供出售金融资产	15 106 228 789.62	13 630 029 876.90
递延所得税资产	—	—	持有待售资产	—	—

续表

净经营资产	年末余额	年初余额	净金融负债及股东权益	年末余额	年初余额
其他非流动资产	4 802 382.16	9 065 399.02	金融资产合计	97 577 161 103.89	95 168 526 870.45
经营资产合计	180 163 729 017.14	168 395 831 440.25	净金融负债	−86 077 161 103.89	−81 177 395 363.66
经营负债：					
应付票据	5 849 825 684.00	3 587 720 000.00			
应付账款	32 681 272 544.56	30 498 381 942.84			
预收款项	—	—			
应付职工薪酬	1 476 732 363.58	1 647 012 941.56			
应交税费	487 710 774.76	508 780 748.92			
其他应付款	1 350 618 162.92	1 660 543 364.98			
一年内到期的非流动负债	6 786 637 173.20	1 730 076 088.00			
其他流动负债	—	754 835 727.38			
长期应付款	570 374 070.77	635 718 389.35			
预计负债	2 148 618 448.34	2 185 841 429.11			
递延所得税负债	1 731 543 412.05	1 510 113 575.14	股东权益：		
其他非流动负债	—	—	股本	11 683 461 365.00	11 683 461 365.00
经营负债合计	53 083 332 634.18	44 719 024 207.28	资本公积	65 129 333 550.92	65 129 333 550.92
净经营资产	127 080 396 382.96	123 676 807 232.97	盈余公积	40 843 171 648.51	40 843 171 648.51
			未分配利润	91 175 250 909.68	81 287 862 342.06 7
			股东权益合计	208 831 217 474.11	198 943 828 906.49
			净金融负债及股东权益	122 754 056 370.22	117 766 433 542.83

表11-5　　调整的利润表

编制单位：S公司　　2021年度　　单位：元

项 目	本期金额	上期金额
经营活动：		
一、营业收入	70 391 603 895.15	60 044 044 174.49
减：营业成本	67 031 956 263.16	55 904 535 154.61

续表

项目	本期金额	上期金额
二、毛利	3 359 647 631.99	4 139 509 019.88
减：税金及附加	1 670 076 535.92	1 451 134 127.70
销售费用	4 514 648 104.43	5 439 199 540.59
管理费用	2 177 826 517.47	1 806 295 929.60
研发费用	5 987 954 901.06	3 393 391 350.42
三、主要经营利润	−10 990 858 426.89	−7 950 511 928.43
减：资产减值损失	−43 371 424.26	−322 649 551.38
加：其他收益	1 279 752 405.16	613 170 032.70
公允价值变动收益	581 769 647.64	—
投资收益	25 412 957 992.09	18 873 522 135.96
资产处置收益	202 019 670.91	17 313 007.55
四、税前营业利润	16 529 012 713.17	11 876 142 799.16
加：营业外收入	32 667 422.64	11 854 903.12
减：营业外支出	20 400 812.37	192 616 323.56
五、税前经营利润	16 541 279 323.44	11 695 381 378.72
减：经营利润所得税费用	2 481 191 898.52	1 754 307 206.81
六、经营利润	14 060 087 424.92	9 941 074 171.91
金融活动：		
一、税前利息费用	−656 082 774.73	−317 440 560.91
减：利息费用减少所得税	−98 412 416.21	−47 616 084.14
二、净利息费用	−557 670 358.52	−269 824 476.77
利润合计：		
税前利润合计	17 197 362 098.17	12 012 821 939.63
所得税费用合计	2 579 604 314.73	1 801 923 290.94
税后净利润合计	14 617 757 783.44	10 210 898 648.69

注：企业所得税税率为15%。

3.改进的杜邦分析体系的核心公式

$$净资产收益率=\frac{经营利润}{股东权益合计}-\frac{净利息费用}{股东权益合计}$$

$$=\frac{经营利润}{净经营资产}\times\frac{净经营资产}{股东权益合计}-\frac{净利息费用}{净负债}\times\frac{净负债}{股东权益合计}$$

$$=\frac{经营利润}{净经营资产}\times(1+\frac{净负债}{股东权益合计})-\frac{净利息费用}{净负债}\times\frac{净负债}{股东权益合计}$$

=净经营资产利润率+（净经营资产利润率-净利息率）×净财务杠杆

从公式中可以看出，净资产收益率的驱动因素包括：净经营资产利润率、净利息率和净财务杠杆。根据调整的资产负债表和利润表计算的S公司主要财务比率及其变动见表11-6。改进的杜邦分析体系的基本框架如图11-2所示。

表11-6 S公司主要财务比率及其变动

主要财务比率	行次	本年	上年	变动
经营利润率（经营利润/营业收入）（%）	①	19.97	16.56	3.41
净经营资产周转率（营业收入/净经营资产）（%）	②	55.39	48.55	6.84
净经营资产利润率（经营利润/净经营资产）（%）	③=①×②	11.06	8.04	3.02
净利息率（净利息费用/净负债）（%）	④	0.65	0.33	0.32
经营差异率（净经营资产利润率-净利息率）（%）	⑤=③-④	10.42	7.71	2.71
净财务杠杆（净负债/股东权益合计）（%）	⑥	-41.22	-40.80	-0.42
杠杆贡献率（经营差异率×净财务杠杆）（%）	⑦=⑤×⑥	-4.29	-3.14	-1.15
净资产收益率（%）	⑧=③+⑦	6.77	4.90	1.87

4.净资产收益率的驱动因素分解

使用连环替代法确定各影响因素对净资产收益率变动的影响程度（见表11-7）。

表11-7 S公司净资产收益率变动的因素分析 单位：%

变动影响因素	净经营资产利润率	净利息率	经营差异率	净财务杠杆	杠杆贡献率	净资产收益率	变动影响
上年净资产收益率	8.04	0.33	7.71	-40.80	-3.14	4.90	
净经营资产利润率变动	11.06	0.33	10.73	-40.80	-4.38	6.68	1.78
净利息率变动	11.06	0.65	10.41	-40.80	-4.25	6.81	0.13
净财务杠杆变动	11.06	0.65	10.41	-41.22	-4.29	6.77	-0.04

根据表11-6和表11-7可以看出，该公司净资产收益率比上年提高了1.87%，其中主要影响因素是：（1）净经营资产利润率较上年提高了3.02%，使净资产收益率提高了1.78%；（2）净利息率较上年提高了0.32%，使净资产收益率提高了0.13%；（3）净财务杠杆较上年下降了0.42%，使净资产收益率下降了0.04%。因此，可以得出结论，该公司净资产收益率提高1.87%的主要原因是净经营资产利润率的提高。

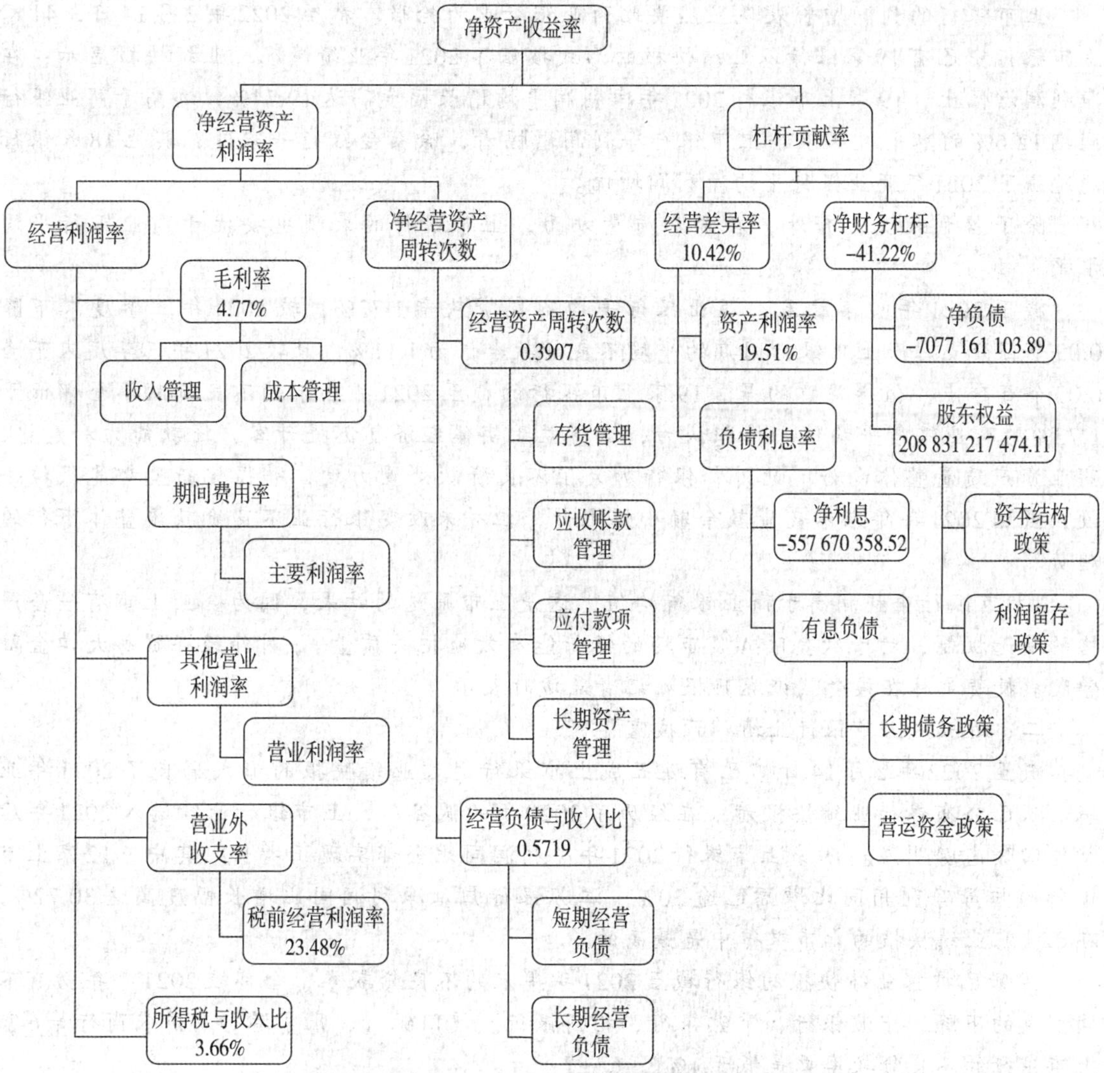

图11-2　改进的杜邦分析体系的基本框架

【相关链接 11-1】

19 家上市银行 2021 年盈利表现不俗　净利润和资产质量均超商业银行均值

随着业绩快报持续不断披露，上市银行2021年良好的盈利能力不断呈现。

《证券日报》记者对比银保监会最新披露的商业银行2021年四季度经营指标发现，上市银行2021年无论是净利润增长幅度，还是资产质量均超过了商业银行平均水平，展现出了更胜一筹的实力，无愧于商业银行优等生的称号。

一、上市银行净利润增幅超商业银行均值

2021年全年，商业银行累计实现净利润2.2万亿元，同比增长12.6%。中国银行研究院杜阳对《证券日报》记者表示，我国银行业的盈利水平在2021年实现恢复性增长，这得益于实体经济向好、新冠肺炎疫情得到有效控制、货币政策兼顾连续性和前瞻性以及监管政策保驾护航。商业银行在实现两位数净利润增长的同时要减少对“以量补价”增长模式的依赖，增加非息收入占比，从而提升利润增长的可持续性。

上市银行的利润增长表现显然要比商业银行更为抢眼。截至2022年2月14日，41家上市银行中已有19家银行以业绩快报的形式披露了2021年业绩情况。业绩快报显示，在净利润增幅上，19家上市银行2021年净利润平均增长幅度高达19.74%，远高于商业银行同期12.6%的水平。从单个上市银行净利润增幅看，除紫金银行一家外，其他18家银行均跑赢了2021年商业银行平均净利润增幅。

除了盈利表现优秀外，在资产质量方面，上市银行的表现也要优于商业银行平均水平。

截至2021年四季度末，商业银行平均不良贷款率1.73%，较2021年三季度末下降0.02个百分点。而上市银行同期的平均不良贷款率仅为1.11%，且较2021年三季度末下降0.03个百分点。值得注意的是，19家上市银行的截至2021年年末的不良贷款率全部低于1.73%的商业银行平均值。杜阳认为，这得益于实体经济复苏提升客户还款能力和意愿，商业资产质量整体向好。此外，银行加大了不良贷款处置力度，并强化新型智能风控手段，虽然2021年年末不良贷款余额小幅上升，但并未改变银行业不良贷款率整体下行的趋势。

“上市银行净利润高于商业银行均值，这是上市筛选的结果，因为企业上市有一套严格的筛选机制，对于欲登陆A股市场的银行能有效地把关质量。”对外经济贸易大学金融学院教授贺炎林在接受《证券日报》记者采访时表示。

二、近五成上市银行业绩“预披露”

截至2022年2月14日，已有近五成上市银行通过业绩快报的形式揭晓了2021年业绩。从已公布银行业绩快报看，在经历了2020年的低谷后，上市银行业绩进入2021年后整体回暖态势明显。19家上市银行2021年净利润同比全部实现正增长。其中，12家上市银行的归母净利润同比增幅已逾20%。江苏银行归母净利润同比增长幅度高达30.72%，在已披露业绩快报的上市银行中是最高的。

19家已披露业绩快报的银行截至2021年年末的不良贷款率，全部较2021年年初有不同程度的下降，宁波银行、常熟银行、招商银行、厦门银行、张家港行及沪农商行等6家上市银行的不良贷款率更是低于1%。

贺炎林认为，从已披露的近20家上市银行业绩快报看，上市银行在2021年业绩整体增长已成必然，2021年银行盈利的稳健增长与我国宏观经济的整体情况基本一致。而上市银行良好的业绩表现对银行板块的估值也将起到强劲的支撑作用，这也是进入2022年以来银行板块整体表现良好的一个重要原因。

资料来源　吕东. 19家上市银行2021年盈利表现不俗 净利润和资产质量均超商业银行均值［N］. 证券日报，2022-02-15（B01）.

11.4　帕利普分析法

帕利普分析法，也称帕利普财务分析体系，是哈佛大学教授克雷沙·帕利普（Krishna G.Palepu）对杜邦分析体系进行了变形、补充而发展起来的。帕利普在《经营透视：企业分析与评价》一书中将财务分析体系中常用的财务比率划分为四大类：偿债能力比率、盈利能力比率、资产管理效率比率、现金流量比率。帕利普财务分析体系的原理是将某个要分析的指标层层展开，以便探究财务指标发生变化的根本原因。

帕利普财务分析体系的分析过程包括以下五个方面：可持续增长率分析、利润动因分析、经营管理评估、投资管理评估和财务管理评估。

1.可持续增长率分析——统一财务比率

从长远看，企业的价值取决于企业的盈利和增长能力，而这两项能力又取决于产品市场战略和资本市场战略。其中，产品市场战略包括企业的经营战略和投资战略；资本市场战略包括融资战略和股利政策。财务分析的目的就是评价企业在经营管理、投资管理、融资战略和股利政策四个领域的管理效果。可持续增长率是企业在保持利润和财务政策不变的情况下能够达到的增长比率，它取决于净资产收益率和股利政策。因此，可持续增长率将企业的各种财务比率统一起来，以评估企业的增长战略是否可持续，其原理如图11-3所示。

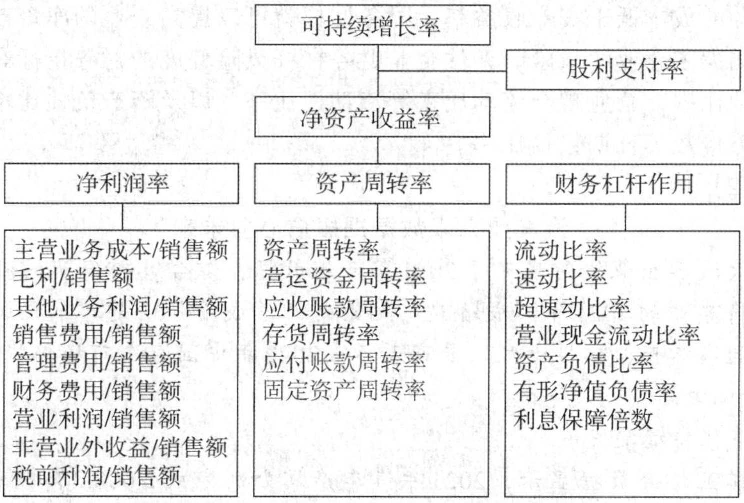

图11-3　可持续增长率指标分析的基本框架

可持续增长率=净资产收益率×（1-股利支付率）

$$净资产收益率(ROE)=\frac{净利润}{平均净资产}$$

2.利润动因分析——分解净资产收益率

企业的净资产收益率受两个因素的影响，即企业利用资产的有效性、与股东的投资相比企业的资产基础有多少。

净资产收益率=资产收益率×财务杠杆

为了更直观地了解利润的动因，净资产收益率可以进一步分解为：

净资产收益率=净利润率×资产周转率×财务杠杆

分解后的公式表明，影响企业净资产收益率的动因是净利润率、资产周转率和财务杠杆。

3.经营管理评估——分解净利润率

净利润率表明企业经营活动的盈利能力，因此，对净利润率进行分解能够评估企业的经营管理效率。常用的分析工具是共同尺度利润表，即该表中的所有项目都用一个销售收入比率表示。共同尺度利润表可用于企业一段时间利润表各项目的纵向比较，也可用于行业内企业间的横向比较。通过分析共同尺度利润表，我们可以了解企业的毛利率与其竞争战略的关系、变动的主要原因，期间费用率与其竞争战略的关系、变动的主要原因，以及企业经营管理的效率等。

4.投资管理评估——分析资产周转率

对资产周转率的详细分析可评估企业投资管理的效率。资产管理分为流动资产管理和长期资产管理。流动资产管理分析的重点是应收账款、存货和应付账款。评估资产管理效率的主要财务指标有资产周转率、营运资金周转率、应收账款周转率、存货周转率、应付账款周转率、固定资产周转率。通过分析这些财务指标可评估企业的投资管理效果。

5.财务管理评估——检验财务杠杆的作用

财务杠杆使企业拥有大于其产权的资产，即企业通过借款和一些不计息债务等来增加资本。只要债务的成本低于资产收益率，财务杠杆就可以提高企业的净资产收益率，但同时财务杠杆也加大了企业的风险。评估企业财务杠杆风险程度的财务指标有流动比率、速动比率、超速动比率、营业现金流动比率等流动性比率，以及资产负债比率、有形净值负债率和利息保障倍数等长期偿债比率。

【相关链接 11-2】

汽车业亮眼数据提振信心向未来

近期，各大汽车企业纷纷发布了2021年产销数据，综合此前发布的汽车产业整体数据来看，中国汽车业的2021年“成绩单”无论是“总成绩”还是“单科成绩”都不乏亮点，体现出中国汽车产业韧性十足。专家表示，2022年中国汽车市场仍将保持增长态势，同比增长将在5%左右。

一、变局下保持稳定发展

中国汽车工业协会数据显示，2021年汽车产销分别完成2 608.2万辆和2 627.5万辆，同比分别增长3.4%和3.8%，结束了2018年以来连续3年下降的局面。我国汽车产销总量已经连续13年位居全球第一。在细分市场上，2021年乘用车产销分别完成2 140.8万辆和2 148.2万辆，同比分别增长7.1%和6.5%。我国乘用车产销量已经连续7年超过2 000万辆。

在面临新冠肺炎疫情、芯片短缺、原材料涨价等不利因素的情况下，2021年汽车市场能取得这样的成绩实属不易，这充分显示出中国汽车市场的强大韧性，而其背后是中央和地方各级政府持续加大的促进汽车消费政策支持。

二、新能源汽车全球领跑

新能源汽车无疑仍然是2021年国内汽车市场最大的亮点。

中国汽车工业协会数据显示，2021年新能源汽车全年累计销售352.1万辆，市场渗透率达到了13.4%，同比增长1.6倍，连续7年位居全球第一，创造了2016年以来的最快增速。其中，私人消费占比接近80%，可持续发展能力进一步提升。

新能源汽车的发展离不开政策支持，2021年发改委、工信部等部门在落实之前政策的基础上，积极出台新政策支持新能源汽车发展，产业发展配套环境进一步优化。据了解，截至2021年底，我国已经累计建成充电站7.5万座，充电桩261.7万个，换电站1 298个，在全国31个省区市设立动力电池回收服务网点超过1万个。

与此同时，各地也加大了对新能源汽车消费的支持力度。一些地方设立专项资金，支持汽车更新消费，并采取对消费者购买新能源汽车在充电、通行、停车等使用环节给予综合性奖励等措施。

三、产销增长仍将持续

除了新能源汽车外，自主品牌汽车市场份额提升和出口的快速增长也成为2021年国内汽车市场的两个突出亮点。

数据显示，2021年中国品牌乘用车销量为954.3万辆，同比增长23.1%，市场份额达到44.4%，同比上升6个百分点。中国品牌汽车正在被越来越多的消费者认可，并且原本多集中于10万元这个级别的中国品牌汽车，如今在新能源、智能化技术的加持下，已经突破了30万元、40万元，甚至50万元以上级别。

在出口方面，中国汽车工业协会数据显示，2021年汽车出口201.5万辆，同比增长1倍，首次超过200万辆，比上年提升3.7个百分点。付炳锋表示，近10年来中国汽车出口一直在100万辆左右徘徊，2021年首次突破200万辆，实现了历史性跨越，中国汽车产业正在迈入全球化发展新阶段，尤其是新能源汽车出口呈现爆发式增长。

2021年，新能源汽车出口31万辆，同比增长3倍。欧洲市场成为一大主要增量市场，主要集中在比利时、英国、德国、法国、挪威等发达国家，体现了中国新能源汽车的国际竞争优势。

值得一提的是，中国品牌新能源车在海外市场并未采取低价换取市场空间的策略。一些新能源车型在欧美市场的售价与国内售价基本相同。这意味着在新能源汽车赛道上，中国品牌已经有在海外市场与其他品牌一较高下的能力。

芯片短缺是2021年影响汽车产业发展的一个重要因素，未来这一不利因素将得到缓解。

王卫明表示，当前全球主要芯片企业已经在逐渐加大汽车芯片生产供应，新建产能也将于2022年下半年陆续释放，预计汽车芯片供应短缺情况将会逐渐缓解。工信部也将采取措施继续加强上下游供需对接和各方的工作协同，统筹推进汽车芯片推广应用、联合攻关，引导社会资本积极投资生产制造和封装测试，提升汽车芯片供给能力。

基于这些因素，付炳锋表示，2022年我国汽车总销量预计达到2 750万辆，同比增长5%左右。

其中，新能源汽车将达到500万辆，同比增长42%，市场占有率有望超过18%。

资料来源　李志勇. 汽车业亮眼数据提振信心向未来［N］. 经济参考报，2022-01-21（005）.

本章小结

财务综合能力分析将企业的营运能力、偿债能力和盈利能力等诸多方面一同纳入一个有机的整体之中，对企业的经营状况和财务状况进行解剖和分析，为全面考核企业再生产各个主要方面的经济效果和制定决策提供重要的依据。财务状况综合分析的方法主要有沃尔评分法、杜邦分析法和帕利普分析法。

沃尔评分法是给定各指标的比重，以行业平均数为基础确定标准比率，将实际比率与标准比率相比，得出相对比率，将相对比率与各指标比重相乘，得出总评分，进而评价企业的财务状况。

杜邦分析体系是一个以净资产收益率为主线的多层次财务比率分解体系。各项财务比率在每一层次上与本企业历史或同行业数据进行比较，比较后向下一级分解。这种逐级向下分解的方式能够覆盖企业经营活动的每一个环节，进而实现系统、全面评价企业经营成果和财务状况的目的。

帕利普分析法将财务分析体系中常用的财务比率划分为四大类，即偿债能力比率、盈利能力比率、资产管理效率比率和现金流量比率，并将要分析的指标层层展开，以探究财务指标发生变化的根本原因。

讨论题

1.财务综合能力分析的目的是什么？

2.改进的杜邦分析体系较之传统体系有什么优点？

3.如何区分金融资产和经营资产？如何判断金融活动损益？

4.如何编制调整的资产负债表和利润表？

5.如何改进沃尔评分法？

业务题

根据A公司2021年度简化的资产负债表和利润表（见表11-8和表11-9），运用杜邦分析法结合因素分析法分析2021年与2020年相比该公司净资产收益率发生变动的原因，按顺序确定销售净利率、资产周转率和权益乘数变动对净资产收益率的影响，指出公司可能存在的问题。

表11-8　**资产负债表（简表）**　单位：万元

资　产	期末余额	年初余额	负债和股东权益	期末余额	年初余额
应收票据及应收账款	100	110	流动负债合计	90	100
其他速动资产	60	80	非流动负债合计	100	120
存货	120	130	负债合计	190	220
流动资产合计	280	320	股东权益合计	310	330
非流动资产合计	220	230			
资产总计	500	550	负债和股东权益总计	500	550

表11-9　**利润表（简表）**　单位：万元

项　目	本期金额	年初余额（略）
一、营业收入	14 000	
减：营业成本	9 800	
税金及附加	1 400	
销售费用	200	

续表

项 目	本期金额	年初余额（略）
管理费用	520	
研发费用		
财务费用	19	
其中：利息费用		
利息收入		
加：其他收益		
投资收益	21	
公允价值变动收益		
资产处置收益		
二、营业利润	2 082	
加：营业外收入	20	
减：营业外支出	32	
三、利润总额	2 070	
减：所得税费用（所得税税率为 25%）	517.5	
四、净利润	1 552.5	

案例分析

吴江某公司 2021 年 12 月 31 日的资产负债表和 2021 年度的利润表见表 11-10 和表 11-11。

表11-10 资产负债表

编制单位：吴江某公司 2021 年 12 月 31 日 单位：元

资产	期末余额	年初余额	负债和股东权益	期末余额	年初余额
流动资产：			流动负债：		
货币资金	377 984 258.76	510 257 679.83	短期借款	192 000 000.00	564 500 000.00
交易性金融资产			交易性金融负债		
应收票据	52 843 462.00	69 744 072.16	应付票据	105685798.83	119 561 917.69
应收账款	94 127 857.47	85 452 856.21	应付账款	127596264.48	143 857 626.67

续表

资产	期末余额	年初余额	负债和股东权益	期末余额	年初余额
预付款项	114 646 217.14	85 492 610.53	预收款项	319 893 563.04	306 874 528.49
其他应收款	44 545 935.57	33 063 379.09	应付职工薪酬	72 395 951.76	72 320 979.69
存货	568 488 069.43	421 404 252.63	应交税费	119 855 073.61	62 882 705.12
持有待售资产			其他应付款	88 184 934.13	54 222 184.20
一年内到期的非流动资产			持有待售负债		
其他流动资产			一年内到期的非流动负债		
流动资产合计	1 252 635 800.37	1 205 414 850.45	其他流动负债		
非流动资产：			流动负债合计	1 025 611 585.85	1 324 219 941.86
债权投资			非流动负债：		
其他债权投资			长期借款		
长期应收款		10 000 000.00	应付债券		796 339 684.80
长期股权投资	85 619 864.77	154 193 024.63	长期应付款	5 947 358.41	4 150 594.91
投资性房地产			预计负债		
固定资产	1 541 964 832.59	1 611 344 676.67	递延所得税负债		
在建工程	56 113 244.55	81 117 915.10	其他非流动负债		
生产性生物资产			非流动负债合计	5 947 358.41	800 490 279.71
油气资产			负债合计	1 031 558 944.26	2 124 710 221.57
无形资产	368 527 743.98	412 303 215.53	股东权益：		
开发支出			股本	1 221 011 112.00	470 011 279.00
商誉			资本公积	636 902 885.02	654 170 705.20
长期待摊费用	20 259 882.95	23 951 551.51	减：库存股		
递延所得税资产			盈余公积	88 266 602.10	73 040 838.16
其他非流动资产			未分配利润	347 381 825.83	176 392 189.96
非流动资产合计	2 072 485 568.84	2 292 910 383.44	股东权益合计	2 293 562 424.95	1 373 615 012.32
资产总计	3 325 121 369.21	3 498 325 233.89	负债和股东权益总计	3 325 121 369.21	3 498 325 233.89

表11-11 **利润表**

编制单位：吴江某公司 2021年度 单位：元

项　目	本期金额	上期金额（略）
一、营业收入	3 021 492 526.71	
减：营业成本	2 611 426 354.83	
税金及附加	37 781 738.12	
销售费用	54 345 510.05	
管理费用	80 070 061.20	
研发费用		
财务费用	43 986 649.23	
其中：利息费用		
利息收入		
加：其他收益		
投资收益	63 698 901.17	
公允价值变动收益		
资产处置收益		
二、营业利润	257 581 114.45	
加：营业外收入	7 702 055.65	
减：营业外支出	7 138 345.70	
三、利润总额	258 144 824.40	
减：所得税费用	71 929 424.54	
四、净利润	186 215 399.86	
（一）持续经营净利润		
（二）终止经营净利润		
五、其他综合收益的税后净额		
六、综合收益总额		
七、每股收益		

问题探讨：

根据资产负债表和利润表的有关资料对该公司进行综合评价与分析。

第4篇

财务运用分析

{第12章}
企业财务危机预警
{第13章}
Excel在财务分析中的运用

第12章

企业财务危机预警

凡事预则立，不预则废。

——《礼记·中庸》

微软离破产永远只有18个月。

——比尔·盖茨

学习目标

1.掌握财务危机与财务危机预警的基本概念；
2.了解财务危机产生的原因以及征兆；
3.掌握财务危机预警的定性与定量模型；
4.掌握财务危机预警系统的概念、功能以及基本架构。

思政元素

1.大局意识、社会责任与可持续科学发展；
2.科学思维与系统思维；
3.辩证唯物观、历史唯物观与实事求是。

重点与难点

1.财务危机预警的定性模型；
2.财务危机预警的定量模型。

引　言

在市场经济环境下，企业自成立之日起就经受着“优胜劣汰，适者生存”的考验。在激烈的市场竞争中，管理能力、发展能力较弱的企业必将被淘汰出局，而在竞争中胜出的企业将进一步发展壮大。据统计，美国中小企业的平均寿命不到7年，大企业的平均寿命不超过40年；欧洲与日本企业的平均寿命为12.5年，跨国公司的平均寿命为40年~50年。在企业面临的诸多生存危机中，财务危机首当其冲。企业陷入财务危机进而破产是任何一家企业都不愿经历的。然而，伴随着信息技术的飞速发展，国际经济与贸易往来日益频繁，各种经济关系、经济行为越来越复杂多变。这一方面为企业的发展提供了机遇，另一方面则给企业的经济活动带来了前所未有的冲击。今天还在市场上独领风骚的优秀企业，也许到了明天，就将被市场无情地淘汰。

“冰冻三尺，非一日之寒”，企业陷入财务危机是一个渐进的过程。大部分企业在陷入财务危机之前已有先兆，正是由于这种先兆的存在，使得我们进行财务危机预警研究成为可能。因此，为了防范和规避危机，无论是企业自身，还是企业的利益相关者都有必要建立和完善有效的财务危机预警系统。

12.1 财务危机预警概述

随着全球政治、经济环境的变化，科学技术和管理的日益进步，企业在受益的同时，也面临着前所未有的激烈竞争和考验。正所谓“月有阴晴圆缺，人有旦夕祸福”，面对市场如此残酷的竞争，企业发展也可能陷入财务危机之中，而财务危机并非突然发生的，它是一个逐步、渐进的过程，因此，财务危机不但有先兆，并且是可以预测和预警的。

“预警”一词最早出现于军事领域，是关于突然袭击的信息的预告。随着社会的发展和时代的变迁，预警这一概念已经进入现代经济、技术、政治、医疗等各种领域。参照军事预警系统建立起来的经济预警系统也能够对经济问题进行预测，而财务危机预警系统正是针对企业财务危机问题所建立的预警系统。从传统的单变量预警模型到多变量预警模型，从传统的比较方法到人工智能技术的应用，大量创新、有效的预警模型与方法得以不断涌现。

12.1.1 财务危机的概念

1.财务危机的定义

对于财务危机，国内外目前没有一种权威的定义，各种说法莫衷一是。与财务危机相关的几个概念是管理失败、财务失败、企业失败与企业破产。管理失败是指企业未能发挥潜力，或已实现的投资报酬率显著、持续地低于同类企业；财务失败是指一个企业无力偿还到期债务而出现困难和危机，通常与财务危机混用；企业失败通常指企业遭受长期又严重的损失，资产不足以清偿其负债（Golstein，1988）；企业破产是财务危机的一种极端表现，是一种法律程序。有时，上述这些概念并没有得到十分严格的区分。

对于财务危机的定义，一般呈现两种思路：

第一种思路将财务危机企业定义为已经宣告破产的企业。例如，Altman（1968）认为企业失败包括法律上的破产、被接管和重组等，实质上是把财务危机基本视同企业破产，即法定破产。遵循这种思路，Deakin（1972）认为财务危机企业是指已经破产、无力偿债或者为了债权人的利益已经进行清算的企业。在我国，为了便于实证研究，多数学者通常将财务危机定义为上市企业被特别处理（special treatment，ST）。

第二种思路认为财务危机有轻重之分。轻微的财务危机可能仅仅是短暂的资金周转困难，而严重的财务危机是经营失败或破产清算。从轻微到严重的财务危机之间还存在各种类型，企业发展过程中可能经历多种类型的财务危机。为全面收集财务危机企业样本进行财务危机预警的实证研究，很多学者扩大了财务危机企业样本的选择范围，如Beaver（1966）将财务危机企业定义为银行透支、未支付优先股股利、债券违约和宣告破产等几种状态。在总结前人的研究成果的基础上，Ross等人（1999，2000）进一步从四个方面定义企业的财务危机：一是企业失败，即企业清算后仍无法支付债权人的债务；二是法定破产，即企业或债权人向法院申请企业破产；三是技术破产，即企业无法按期履行债务合约付息还本；四是会计破产，即企业的账面净资产出现负数，资不抵债。我国大多数学者也认为财务危机是一个过程，既包括较轻微的财务困难，也包括极端的企业破产清算以及介于两者之间的各种情况。例如，谷祺、刘淑莲（1999）将财务危机定义为企业无力支付到期债务或费用的一种经济现象，包括从资金管理技术性失败到破产以及介于两者之间的各种情况；刘红霞、张心林（2004）认为财务困境包括三层含义：一是企业资产总额超过负债总额，但资产配置的流动性差，无法变现用于偿还债务，现金净流量低，经济效益差；二是最近两个会计年度净利润为负或最近一个会计年度股东权益低于注册资本；三是企业负债总额超过企业资产的公允价值，经协商进入重组状态。

综合国内外学者关于财务危机的定义可以发现，财务危机是企业经营发展过程中可能经历的一种财务状况，包括比较轻微的资金管理技术性失败和极为严重的破产，以及介于两者之间的各种状态。

2.财务危机与财务风险

企业财务活动一般分为筹资活动、投资活动、资金回收和收益分配四个方面。相应地，财务风险就分为：①筹资风险，即因借入资金而丧失偿债能力的可能；②投资风险，即由于不确定因素致使投资报酬率达不到预期目标而发生的风险；③资金回收风险，即产品销售出去，其货币资金收回的时间和金额不确定而造成的风险；④收益分配风险，即由于收益分配可能对企业今后生产经营活动产生不利影响而带来的风险。除了上述四种主要财务风险以外，企业还可能面临诸如汇率风险、财产跌价风险、企业财务诉讼风险和财政税收政策带来的企业财务风险等。

任何企业在其生存和发展过程中，都会遇到各种各样的风险。若企业抵御风险的能力较弱，或不能对风险采取有效的化解措施，很可能会陷入财务危机的困境。可见，财务危机是财务风险积聚到一定程度的产物，它同财务风险一样，是在不断运动变化着的。不同企业财务风险与财务危机有不同的表现形式，即便是同一企业，在不同时点其财务风险与财务危机也会有所不同。显然，陷入财务危机的企业必然面临着较大的财务风险，而具有财务风险的企业不一定会陷入财务危机。因为财务风险是客观存在的，任何企业（包括绩优企业）必然需要面对；而财务危机是财务风险发展到一定程度的产物，是财务风险加剧的表现。企业若能在有效期间内采取化解措施，就能降低财务风险，摆脱财务危机；若企业面对危机束手无策或措施不力，很可能会进一步加剧财务危机，甚至导致破产。

12.1.2 财务危机产生的原因

分析导致企业陷入财务危机的原因，找到对企业财务危机形成具有影响的因素，是分析财务危机的基础和进行财务危机预警分析的前提。因此，有必要对财务危机成因进行分析。众所周知，企业产生财务危机的因素有很多，既有宏观因素，也有微观因素；既有体制方面的问题，也有企业管理方面的问题等。对于财务危机产生的原因，国内外学者进行了深入的研究。

Argenti（1976）在其专著《企业失败：原因与症状》中，总结了导致企业陷入财务危机的八种动因：①企业管理差，主要是指高级管理层的结构缺陷，包括五个方面，即首席执行官独断控制企业、董事的参与性差、高管队伍知识结构不平衡、财务职能弱、缺乏管理深度；②会计信息不足或会计信息系统存在缺陷，失败的企业在会计信息方面常常被提到的四项缺陷是缺乏预算控制、缺乏现金流量预测、不存在成本核算系统、资产价值的不恰当估价；③企业对经营环境的变化不能采取恰当的应对措施，经营环境的变化可分为五大类，即竞争趋势的变化、政治环境的变化、经济环境的变化、社会变化和技术变化，企业没有发现经营环境的变化或者对环境的变化没有做出正确的反应是企业失败的主要原因；④制约企业对环境变化做出迅速反应的因素；⑤过度经营；⑥开发大项目，例如兼并、多元化经营、项目扩张、开发新产品、引进新服务、研究项目等；⑦高杠杆经营，即企业负债经营；⑧常见经营风险。常见经营风险一般不会导致企业的失败，但是对于实力弱、管理差的企业来说，就经不起常见经营风险的打击。

京都大学经济学部新小田泰平分析日本企业破产的原因主要体现在三个层次：第一层次的原因是经营管理能力欠缺，以及因经营管理不善而导致的事故、损失、企业活动停滞等；第二层次的原因是财务结构恶化、不良债务、经营赤字、销量减少、库存增加等；第三层次的原因是失去支付能力、资产负债率激增等。从逻辑上来看，第三层次的原因是由第二层次的原因引起的，第二层次的原因是由第一层次的原因引起的。

对于我国企业而言，除了上述引起财务危机的因素之外，公司治理结构缺陷也可能带来财务危机。研究表明，公司治理结构可能会影响公司业绩，从而间接带来企业财务危机。一般而言，当公司治理结构有利于提高公司绩效时，公司发生财务危机的可能性较小；当公司治理结构不利于提高公司绩效时，公司很可能陷入财务危机。目前，我国上市公司治理结构中存在诸多缺陷，例如“一股独大”和“内部人控制”问题。大股东在不同程度上存在侵害企业利益的行为，主要手段包括大股东侵占、挪用上市公司的资金、关联交易、违规担保和利用重组掏空上市公司。

三九药业案例中大股东占用上市公司资金就是一个例子。首先，约束缺位加剧了代理问题。在我国，政府为了保持对公司的控制权，国有股权一般都在公司化改制以后的上市公司股权结构中占据统治地位，而集团公司是行使控股股权的主要“授权投资机构”之一。上市公司名义上是公众公司，但实际控制权仍然在集团公司的手中，并没有成为真正意义上的独立经济实体。自1985年南方制药厂创建以来，赵新先一直都是三九集团的掌舵人，身兼董事长、总裁、党委书记和总经理四职。同时，三九集团内部管理层存在明显的交叉任职现象。这些都为三九集团占用上市公司资金大开方便之门。其次，扭曲的激励机制加剧了代理问题。剩余控制权的存在为高层经理提供了更强的动力去进行监管，主要是因为通过监管可以获取更多的收益。我国国有企业集团普遍存在经营者的收入形式单一、数额偏低、评价机制不合理等情况。虽然近年来国有企业经营者的收入有了较大改善，但是与市场上其他类型企业经营者相比收入差距仍然很大。尽管赵新先拥有对三九集团的部分剩余控制权，但是却没拥有相应的剩余索取权。公开资料显示，赵新先的工资为每月7 800元。三九药业2003年的年报披露，所有管理层都不持有上市公司的任何股份，报告期内尚未设立董事会薪酬委员会，受到公司当时的状况及政策法规的限制，公司尚未建立对高管人员的长期激励机制。

杨华以120家公司陷入财务危机前3年的年报为依据，结合其特别处理公告和其他相关会计资料，采用归纳法总结出可能导致这些公司陷入财务危机的5项内部风险因素和3

项外部风险因素（见表 12-1）。

表12-1　**风险因素归纳**

风险因素		具体内容	风险因素归纳					
			第1原因	第2原因	第3原因	第4原因	第5原因	小计
内因	产业结构因素	新投资产业、产品或者子公司需要大量资金；新领域经验不足，管理、经营费用高，但无利润或基本无效	2	5	1	2	0	10
		旧产业下滑、新产业未创造利润或子公司亏损严重；主营业务不突出，缺乏核心竞争力	7	4	2	0	0	13
	资金因素	投资期长，利润率低	0	0	1	1	0	2
		流动资金紧张，生产受阻	3	0	0	1	0	4
		产品积压、货款或其他资金回收慢或收不回来	1	4	2	1	0	8
		规模扩大受资金或场地影响	2	7	4	2	2	17
		财务费用或综合费用高，利润被消耗	2	1	1	1	1	6
	产品因素	质量状况不稳定或档次低	2	0	2	0	0	4
		产品单一、结构不合理或技术落后	3	5	3	2	0	13
	人力资源因素	员工队伍不稳定	0	0	1	0	0	1
		技术或人才短缺	5	7	6	5	1	24
	经营管理因素	管理模式、激励机制落后	4	4	7	5	1	21
		市场、营销政策	2	3	8	4	1	18
		品牌、文化	0	2	1	2	0	5
		担保风险	0	0	1	0	1	2
		生产组织不力	0	0	0	0	1	1
外因	市场因素	产品价格下降或不可控，利润降低	5	13	1	2	0	21
		市场竞争激烈	26	7	5	6	1	45
		行业产能过剩或现有产品有效市场需求不足，产量或业务量下滑	11	6	2	2	0	21
		市场竞争无序，企业为此付出代价	1	1	2	0	1	5
		资源不足；产品部件或原料能源成本过高、价格波动	21	14	18	5	1	59
		国内通货紧缩；国际经济环境影响	5	5	6	1	0	17
	政策调控因素	地方保护主义	0	0	1	0	0	1
		国家调控政策或政府许可问题	11	10	4	1	2	28
		环保问题	0	2	1	1	0	4
		历史遗留问题；社会负担或其他负担重	1	1	1	2	0	5
		会计政策调整，准备金增加	0	0	0	1	0	1
	不可抗力因素	气候等自然条件	2	2	0	0	0	4
		疫情	6	3	0	2	0	11

【相关链接 12-1】

恒大集团财务危机

恒大集团成立于1996年6月24日，并于2009年11月5日在香港联交所主板上市，恒大集团是集地产、金融、健康、旅游及体育为一体的世界500强企业集团，但在其经营模式和房地产调控政策的双重压力下，这个有着“世界第一房企”的集团于2021年底爆发了财务危机，此次恒大的“暴雷”事件严重损伤了集团的元气和形象。

回顾恒大集团“暴雷”事件不难发现，其发生财务危机早有预兆，2020年8月房企融资“三道红线”发布，恒大三线全踩；同月，恒大向广东省政府发出“求救信”，请求支持重大资产重组；2021年6月，恒大集团宣布有息负债降至5 700多亿元，净负债率下降至100%以下；从上半年财务报告中看出，恒大房地产亏损40多亿元，恒大汽车亏损48亿元。结合恒大集团的经营状况，发生财务危机的原因主要有以下四个方面：

一、离心多元化

自上市以来，恒大便实行“多元化”发展布局，除主营业务板块以外还涉足体育、文化、快消、新能源等领域，但这些投资并没有给集团带来正反馈，相反投资范围广、产业间关联度弱，使得不同资源无法进行协同和规模经济作用，恒大集团的资金流动性受到限制导致主营业务的竞争力被削弱：在足球领域的恒大足球俱乐部每年亏损10亿元以上，快消领域的恒大冰泉3年亏损近40亿元，新能源领域的汽车业务一直处于亏损状态，2021年，房地产开发业务出现亏损，上半年亏损近40亿元。

二、现金流短缺

从经营活动净现金流来看，2015年至2020年仅有2年为正数，说明恒大集团应收账款回款速度很慢，需要更多的外部融资来维持正常经营运转，也说明恒大偿债能力很差，存在“拆东补西”的现象；从投资活动净现金流来看，其连续6年都为负数，说明其新业务的投资短期内未见回报；从筹资活动净现金流来看，近年来恒大集团主要靠筹资来进行经营活动和投资活动，但在2020年为满足融资监管的“三道红线”，恒大集团不能够再新增有息负债，致使恒大集团的现金流出现“断裂”，偿债风险加剧。

三、融资成本升高

恒大集团近些年以银行及其他借款、优先票据、中国企业债券等为主要融资方式，其融资成本逐年升高至2020年的9.52%，其他融资方式的成本也有不同程度的升高，值得注意的是，2018年恒大集团发行的可转换债券利率最高达到10.71%，这些不断升高的融资成本侵蚀了企业利润及现金流，使得企业过度依赖银行借款，增加了财务危机发生的可能性。

四、宏观政策影响

我国目前对于房地产行业的政策有所收紧，2017年，党的十九大提出“坚持房住不炒”，使得恒大集团负债增长至1.52万亿元；2018年，两会表示坚持调控政策不放松，恒大集团负债增长至1.57万亿元；2020年，地产调控“三道红线”政策出炉，恒大集团负债增长至1.95万亿元，恒大集团的债务处于“加杠杆”状态，与宏观政策施行的“去杠杆”政策背道而驰。

导致恒大集团发生财务危机的原因很多，其在经营过程中潜在的风险一直存在，宏观政策是导火索，而长年累积的财务风险才是危机爆发的真正原因，因此，恒大集团要立刻采取行动挽救局面、避免更糟糕的情况发生。

资料来源　许丹丹. 恒大集团财务危机成因探究［J］. 财会研究，2022（01）：41-46.

12.1.3　财务危机的表现过程

一般来说，企业的财务危机不是一朝一夕形成的，而是一个长期积累和逐步发展的过程。在企业财务危机从小到大的整个发展过程中，虽然这些危机会表现出不同的财务特征，但这种表现可能并不是十分显著和明确的，有的甚至是潜在的，但一旦急速发展，就可能马上进入完全的财务危机状态，从而导致严重的后果，所以对企业不同的财务危机阶段可能表现出来的不同经营和财务方面的危机特征，我们需要有充分的认识和把握。

日本的野田武辉研究了企业由于亏损引起财务危机，并最终破产的基本过程。他认为，企业连续亏损5年以上就有可能破产，根本原因在于长期亏损将导致资金周转困难，并最终导致贷款增多，对企业构成巨大的压力。在经济景气时期，企业发生筹资困难多数是因为大规模进行设备投资，造成贷款负担过重，但此时企业效益较好，如果能够依据经营前景与债权人达成有关延迟偿还债务的协议，企业将有可能起死回生。但由于企业持续亏损、销售能力下降和成本过高而导致的资金困难，将有可能使企业走向破产（如图12-1所示）。

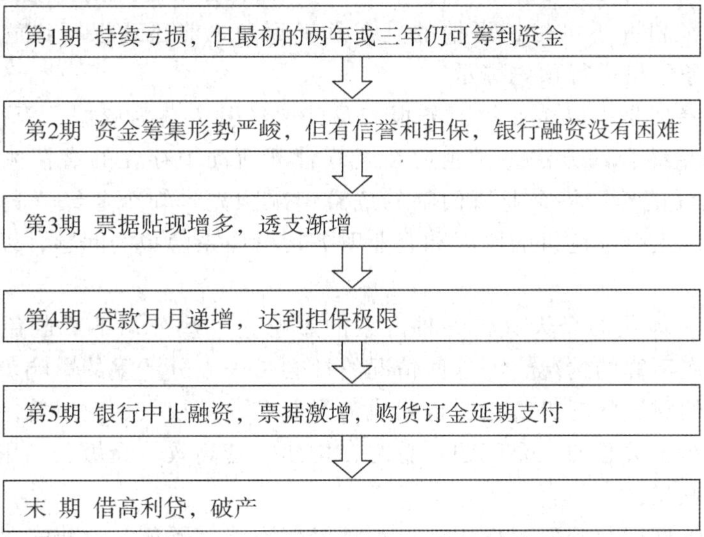

图12-1　企业陷入财务危机的过程

财务危机按照发生过程可以划分为潜伏期、发作期、恶化期。也有学者在恶化期后增加了财务危机实现期，即企业的财务危机可以划分为四个阶段：第一阶段为财务危机潜伏期，特征是盲目扩张、无效市场营销、疏于风险管理、缺乏有效的管理制度、企业资源分配不当、无视环境的重大变化；第二阶段为财务危机发作期，特征是自有资本不足、过分依赖外部资金、利息负担重、缺乏预警系统、债务拖延偿付；第三阶段为财务危机恶化期，特征是经营者无心经营业务和专心财务周转、资金周转困难、债务到期违约不偿付；第四阶段为财务危机实现期，特征是负债超过资产、丧失偿付能力，宣布破产（如图12-2所示）。虽然说并非所有的企业都是如此表现的，但一般来说大部分出现财务危机的企业是基本相似的，它们具有普遍性，只是不同企业由于财务危机产生的原因不一样，所以在这些危机特征的表现上各有不同。

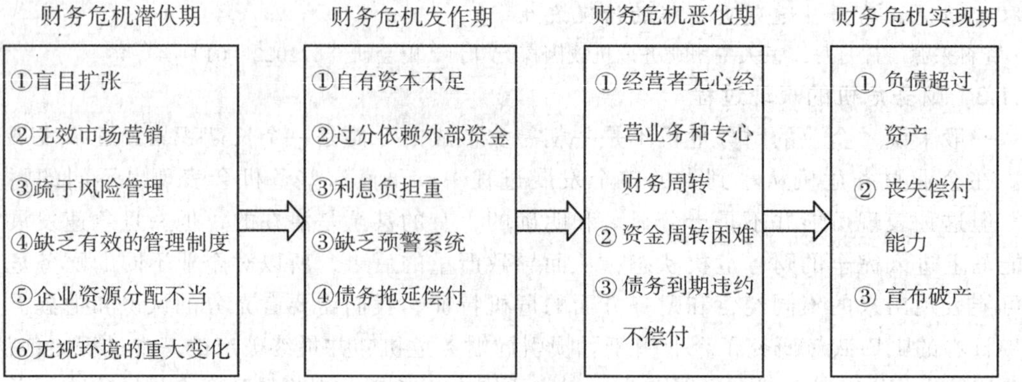

图12-2 企业财务运营状况与财务危机的四个阶段

12.1.4 财务危机预警的含义与意义

从财务危机发生的规律来看，企业财务危机有一个累积的过程，一般在其发生之前就能够进行预测，并给企业管理层和其他利益相关者发出明确的危机警示，使其主动调动企业内外部各种资源，制定有针对性的预控措施，从而使企业避免财务危机的发生或减轻财务危机的强度。危机并不可怕，可怕的是在危机到来之前还意识不到危机已经来临，因此，有必要对财务危机进行预先警示。

财务危机预警，是指以企业的财务报表及其他经营资料为依据，根据相关管理理论，采用定性与定量相结合的方法，对企业在经营管理活动中存在的潜在风险进行跟踪与监控，及早发现危机信号，将企业所面临的危险情况预先告知企业经营者和其他利益相关者，并分析企业发生财务危机的原因和企业财务运营体系隐藏的问题，以提早实施预控的过程。

在世界经济一体化的今天，受各种因素的影响，一些公司不可避免地会出现财务困难、危机甚至破产清算的情况，而这些情况给社会带来十分严重的影响。因此，这个时候如何对上市公司的财务状况进行预测也就成为了股东、债权人、政府管理部门、证券分析人员乃至本公司员工关心的主要问题。总之，构建一套高效、灵敏、实用的财务危机预警系统具有重要的意义。

（1）对企业管理层起到警示作用。通过预警模型能够预测企业将来是否会陷入财务危机，及早发现潜伏的危机，协助管理者及时寻找导致财务状况恶化的原因，从而能够有针对性地改善经营管理，制定相应对策以避免财务危机的发生。即使不可逆转地陷入了财务危机，企业徘徊在破产边缘，预警模型也可以为企业赢得时间，努力寻找与其他有实力的企业进行重组合并的机会，尽量避免破产清算的发生。

（2）能帮助投资者做出有利的投资决策。当企业因资不抵债而破产清算时，由于股东的资产请求权处在债权人之后，股东的投资往往会化为乌有。如果是上市企业，陷入财务危机会造成股票价格下跌，从而导致投资者遭受损失。有效的财务危机预警模型能够帮助投资者和股东通过对企业财务信息的分析预测企业未来的财务状况，洞察其真实价值和经营发展前景，提高投资决策的科学性，使投资者能够将有限的资本投资于未来价值高的企业，并能够在企业初露财务危机端倪时及时处理现有投资，防止或减少投资损失。

（3）有利于企业的债权人控制信贷风险，减少无法收回本息的损失。如果债权人能准确预测企业的财务危机，则可在企业陷入财务危机前改变偿债条款，提前收回本息。银行等金融机构可根据预警结果对企业进行信用等级评分，协助制定贷款决策，并对应收账款进行有效管理。

（4）有助于政府进行资源优化配置。企业财务危机预警的建立，能够帮助政府有效评价企业的经营业绩，全面预测企业的发展前景，从而做出使资源优化配置的决策。另外，在企业陷入财务危机前，政府可以提前协调各方面关系，减少企业的失败概率，从而减少破产成本的支出和因工人失业造成的社会动荡。

（5）有助于证券监管部门监管上市企业。企业财务危机预警从实证研究角度上支持和加强证券监管部门的监管工作，如我国证券监管部门所制定的特别处理等制度都需要对企业财务危机做出正确的判断。

12.2　财务危机预警定性方法

早在1932年，国外学者就开始了对财务危机预警模型与方法的研究。随着计算机技术、统计技术和人工智能技术的快速发展，预警模型使用的方法也在不断创新和发展，产生了大量有效的预警模型。下面将从主观和客观两个角度来介绍财务危机预警的典型模型与方法。

财务危机预警主观模型与方法是指通过分析和调查发现危机迹象及诱因，并告诉有关人员，以提前安排防范、应变措施，消除危机的分析系统，是预警机制的重要内容。其主要包括个案分析法、标准化调查法、短期资金周转表分析法、流程图分析法和管理评分法。

12.2.1　个案分析法

这种方法主要是通过观察企业财务危机的案例，试图从中找出企业陷入财务危机的规律性表现。在获取财务危机的一般性规律的基础上，通过对关键指标的监控和预测来进行企业财务危机预警。在财务危机预警的各种模型和技术方法兴起以后，个案分析法不仅没有消亡，反而成了一种几乎与模型方法共分财务危机预警研究天下的基本方法，原因在于企业财务危机极其复杂，没有一个模型敢宣称可以预测出一切财务危机。

劳伦斯·巴顿（Laurence Barton）以案例的方式举出内部危机诱因主要有产品危机、员工罢工、工厂煤气泄漏等。欧洲工商学院教授Spyros Markridakis通过对美国联合碳化公司、铝业公司等16家企业危机与失败案例的研究，认为导致企业危机与失败的因素非常分散，而且往往不是某个单独因素所致。

12.2.2　标准化调查法

标准化调查法又称风险分析调查法，即通过专业人员、咨询公司、协会等，对企业可能遇到的问题加以详细调查与分析，形成报告文件以供企业管理者参考。其特点是在调查过程中所提出的问题对大多数企业都适用，不足之处是无法针对特定企业的特定问题进行调查分析，不能对其中的问题进行深入解释，从而不能引导使用者对调查所问问题之外的信息做出恰当的判断。

12.2.3 短期资金周转表分析法

此方法是进行短期财务危机预警的重要方法，其判断标准是：若企业不能制定出短期资金周转表，这本身就说明企业出现了财务危机；若企业能制定出短期资金周转表，就要查明转入下月的结转额是否占总收入的20%以上，应付票据总支付额是否在销售收入的60%以下（批发商）或40%以下（制造业）。其实质是企业面对多变的理财环境需要经常准备好安全程度比较高的资金周转表，否则说明企业陷入了财务危机当中。该方法简单易行，但由于其判断标准过于武断而尚存争议。

12.2.4 流程图分析法

流程图分析法是一种动态分析方法，它能暴露企业潜在的风险，对识别企业生产经营和财务活动的关键点特别有用。企业在生产经营过程中必然存在一些关键点，如果在关键点上出现堵塞和发生损失，将会导致企业全部经营活动终止或资金运转终止。画出企业流程图，能找出关键点，对企业潜在风险进行判断和分析，并采取相应的防范措施。流程图层次分明，脉络清晰，易于分析，但要求画图人员有较高水平。

以军工科研单位为例，其财务管理对象是资金及其流转。资金流转的起点和终点是现金，其他资产都是现金在流转中的转化形式。资金的流转是个动态过程，可以运用资金运动流程图法来进行分析。

资金运动流程图法是一种动态分析方法。资金在社会再生产过程中不断循环周转，资金的形态也随着经营过程不断改变运动特点，对资金运动流程进行分析，然后综合单位可能面对的各种风险，就可以对关键环节进行分析和控制。根据企业的一般特点，就能够绘制其资金运动流程图，然后根据流程图进行分析。存在风险的环节主要包括偿债环节、资产管理环节、经费管理环节和投资环节，因此，财务危机预警系统可以围绕上述几个环节开展。

12.2.5 管理评分法

美国的仁翰·阿吉蒂在调查企业的管理特性以及可能导致破产的公司管理缺陷后，提出了管理评分法——A得分分析法。阿吉蒂按照企业在经营管理中出现的几种缺陷、错误和征兆进行对比打分，并根据这些项目对破产过程产生影响的大小程度对所打分数加权处理，总分为100分，企业得分越高，处境越差（见表12-2）。A得分分析法中的"缺陷"、"错误"和"征兆"共同反映了企业财务危机并不是突然发生的，而是会经历一个逐渐滑坡的过程：企业在经营时难免会出现一些经营上的缺陷，如果管理者未对这些缺陷及时加以克服，那么这些缺陷就会导致企业经营产生错误；如果这些错误不能得到纠正，那么企业就会呈现出明显的破产前征兆；如果企业不能悬崖勒马，则下一步必然就是企业破产。在对企业进行逐项打分的基础上，如果企业得分大于25分，则表明企业正面临着较大的风险；如果企业得分为18分至25分，则表明企业已经开始出现危机的迹象；如果企业得分低于18分，则表明企业处于安全区域。该方法简单易行，但要求使用者深入企业进行调查，全面了解企业管理的各个方面，这样才能对企业的管理进行正确打分，从而对企业管理进行客观评价，因此，在使用这种方法时，主观因素仍然发挥着比较大的作用。

表12-2　　A得分分析法的因素构成及风险值

风险因素	记分值	临界值
1.经营缺陷：		
管理活动不深入	1	
管理技能不全面	2	
被动的管理团队	2	
财务经理能力不够强	2	
无过程的预算控制	3	
无现金开支计划	3	
无成本监督系统	3	
董事长兼任总经理	4	
总经理独断专行	8	
应变能力太低	15	
小计	43	10
2.经营错误：		
高杠杆负债经营	15	
缺乏足够的经营资金	15	
过大的风险项目	15	15
小计	45	
3.破产征兆：		
财务危机信号	4	
被迫编造假账	4	
经营秩序混乱	3	
管理停顿	1	
小计	12	0
分值加总	100	25

资料来源　杜胜利．企业经营业绩评价［M］．北京：经济科学出版社，1999.

12.3　财务危机预警定量方法

财务危机预警的客观模型与方法一般是指以企业经营活动的实际数据和事先确定的风险临界值为分析基础的危机预警方法。这类方法大量运用了数学、统计学、运筹学、人工智能等方面的知识，力求通过对历史经验数据的加工处理和精密数学计算来提高财务危机预警的准确性。其主要包括两大类方法：财务报表分析法和计量经济分析法。

12.3.1 财务报表分析法

财务报表分析法主要利用财务报表所提供的数据来计算财务指标，进而分析企业财务状况并做出估计和评价。根据使用财务比率的数量，可以将财务分析分为单个财务比率分析与财务比率综合分析两种。

1.单个财务比率分析

单个财务比率分析是根据某一财务比率（如资产负债率、利息保障倍数、流动比率及速动比率等）的数值变化趋势对企业财务危机进行判定与预测。例如，一般认为，制造业企业合理的流动比率为2，如果某企业流动比率低于1，就可能存在偿债风险，进而引发财务危机。

单个财务比率分析的优点是计算简单易懂，并可以结合非财务信息进行深入分析，有很强的灵活性与适应性。其缺点是不同的财务比率可能对同一企业有相互矛盾的预测，难以做出准确判断。同时，企业各种财务比率之间具有一定的互补性，如获利能力较强的企业资产负债率比同类企业高，但是可能不会影响偿债能力。因此，单个财务比率很难对企业财务状况做出全面的描述，研究人员试图将财务比率组合以综合评价财务状况。

M公司2021年年末流动资产为28 596 789 876元，流动负债为37 088 333 872元，存货为10 049 721 134元，一年内到期的非流动资产为0，其他流动资产为504 406 279元，流动资产特殊项目为486 511 748元，对其流动比率、速动比率进行分析。

$$流动比率=\frac{流动资产}{流动负债}=\frac{28\ 596\ 789\ 876}{37\ 088\ 333\ 872}=0.77$$

M公司的流动比率小于1，意味着其短期可转换成现金的流动资产不足以偿还到期流动负债，偿还短期债务的能力弱。

$$速动比率=\frac{流动资产-存货-一年内到期的非流动资产-其他流动资产-流动资产特殊项目}{流动负债}$$

$$=\frac{28\ 596\ 789\ 876-10\ 049\ 721\ 134-0-504\ 406\ 279-486\ 511\ 748}{37\ 088\ 333\ 872}=0.47$$

M公司的速动比率只有0.47，这意味着，扣除存货等，其流动资产只能偿还47%的到期流动负债。因此，我们可以透过流动比率或者速动比率看到该公司存在偿债风险。

2.财务比率综合分析

以财务比率综合分析企业财务状况的方法有许多，主要有沃尔评分法和野田企业危机测定法等，其中，沃尔评分法可参见第11章的相关内容，本章主要介绍野田企业危机测定法。

人们在对公司经营状况进行分析时，往往使用为数众多的财务比率，而野田企业危机测定法与此不同，它对众多财务比率进行提炼，应用增长性、综合收益性、短期流动性和长期安全性四个要素来判定企业的危机情况。具体指标如下。

增长性：

$$人均销售额=\frac{年销售额}{企业职员数}$$

综合收益性：

$$总资产正常利润率=\frac{正常利润}{总资产}$$

短期流动性：

$$流动比率=\frac{流动资产}{流动负债}$$

长期安全性：

$$固定长期适合率=\frac{固定资产}{自有资本+长期借款}$$

野田企业危机测定法以5分来测定。其计算方法为：

$$某一指标的测评分=5\times\frac{需预测公司的指标值}{行业标准}$$

式中，固定长期适合率为反向指标，所以固定长期适合率的测评分计算方法为：

$$固定长期适合率的测评分=5\times\frac{行业标准}{需预测公司的指标值}$$

超过5分则以5分作为最终评分，因而测评结论为：4～5分判定为安全；2～4分判定为警戒；2分以下判定为危险。野田企业危机测定法不计算综合得分，结论需要结合对4个指标的评分进行综合判定。与单个财务比率分析一样，这种对企业财务危机的判定方法也可能出现对4个财务比率判定不一致的情况。

例如，假设ABC公司所在行业的行业标准值为：人均销售额为349 792元，总资产正常利润率为6.7%，流动比率为172.7%，固定长期适合率为75.1%。ABC公司企业员工为2 100人，2020年营业收入为519 937 946元，利润额为108 452 764元，总资产为1 696 813 427元，流动资产为687 445 444元，流动负债为396 263 177元，固定资产为766 992 403元，所有者权益为859 367 983元，长期借款为150 000 000元。根据以上数据计算出ABC公司的4项指标值（见表12-3），并对这4项指标进行5分法测评（见表12-4）。

表12-3 **野田企业危机测定法检测项目**

项目	增长性	综合收益率	短期流动性	长期安全性
	人均销售额（元）	总资产正常利润率	流动比率	固定长期适合率
标准值	349 792	6.7%	172.7%	75.1%
预警ABC公司的指标值	247 589	6.4%	173.5%	76.0%

表12-4 **野田企业危机测定法测定结果**

项目	增长性	综合收益性	短期流动性	长期安全性
预警企业	3.54	4.78	5	4.94
安全		Y	Y	Y
警戒	Y			
危险				

【相关链接 12-2】

财务指标实时监控

单项财务指标的实时监控是基于企业信息技术平台对财务会计信息进行加工、处理和呈报这个基本前提的。利用计算机技术能够实现该层次的自动化报警，从而使管理层在财务状况出现局部异常的情况下及时采取相应的控制措施。

根据财务指标警戒度的不同取值，可将财务指标状态区间划分为五大范围：无警、轻警、中警、重警、巨警（见表12-5）。巨警表示每类指标中至少有半数超出警戒值且幅度都在50%以上；重警表示每类指标中至少有一个指标超出警戒值，且幅度都在50%以下；中警表示超出警戒值的指标不超过4个，且幅度都在50%以下；轻警表示超出警戒值的指标不超过2个，且幅度都在50%以下；无警表示没有指标超出警戒值。

表12-5 企业财务监管预警体系

警限等级	巨警	重警	中警	轻警	无警
风险类型	严重	较大	较小	注意	忽略
预警等级说明	企业评价指标恶化，财务状况极不稳定，财务风险极高，面临严重的财务危机	企业大部分评价指标存在恶化的趋势，财务状况有恶化的风险，财务风险很高，运营出现困难	企业部分指标不理想，财务状况基本稳定，财务风险较低	企业少数指标不理想，财务状况基本稳定，财务风险较低	企业指标基本面好，财务状况稳定，财务风险小，运行管理正常

资料来源　刘灿辉，钟希余. 我国医院财务监管与预警指标体系研究［J］. 会计之友，2018（14）：11-14.

12.3.2　计量经济分析法

计量经济分析法在财务困境实证研究中的使用最为普遍。1966年，Beaver用单变量分析法预测公司破产，该研究为多变量预测奠定了基础，之后的研究以多变量预测模型为主。

1.单变量分析法

单变量分析法通常指用单一的财务比率预测或判定企业发生财务危机的可能性。单变量分析法与财务报表分析方法中单个财务比率分析非常相似，但在选取财务比率与确定财务比率（即判定点）两方面有很大的不同。前者通常对样本企业进行统计分析后得出，后者主要依赖经验总结与归纳。单变量分析法的效果主要依靠财务比率的选择和最佳判定点的寻找。

根据财务报表可以计算出许多财务比率。最佳财务比率是指在单变量分析法中预测准确率最高并且具有稳定性的财务比率，目前尚没有寻找出预测最佳财务比率的科学方法。研究者所用的一般是结合经验判断的试错法，即先比较财务正常企业与财务危机企业的财务比率，从中选择两类企业均值差异显著的，同时，结合已有文献的研究成果与自身的经验判断，进而对所选的财务比率进行试验，从中找出判别效果最好的。一般来说，单变量分析法中最显著的指标通常可以从衡量获利能力、流动能力以及偿债能力等方面的比率中寻找。

最早的财务危机预警研究是Fitzpatrick（1932）开展的单变量研究。他以19家公司为样本，运用单个财务比率将样本划分为破产和非破产两组，研究发现，判别能力最高的是“净利润/股东权益”和“股东权益/负债”。Beaver（1966）使用由79家公司组成的样本，分别检验了反映公司不同财务特征的6组30个变量在公司破产前1~5年的预测能力，他发现最好的判别变量是“现金流量/总负债”和“净利润/总资产”，其中“现金流量/总负债”在公司破产前一年成功地做出了分类，预测精度高达87%；“净利润/总资产”的判别精度更高，达到了88%。而且Beaver还发现，越临近破产日，误判的概率就越低。

单变量分析法的优点是无须假设前提，适用范围广，方法简单易行，很早就为人们熟知并应用于实践。但单变量分析法也存在很多的不足：第一，不同的财务比率可能对同一企业有相互矛盾的判定或预测，难以得出结论，常使分析者或决策者陷入犹豫不决的困境；第二，在财务分析中，解决不同问题需要引用不同的比率作为最为有效的指标，而这些比率指标的重要性排序并不明确；第三，单一财务比率难以描述企业的财务状况，也许会出现考虑单一变量时，财务比率不具有显著的判别能力，但与其他财务比率一并考虑可能会提高解释能力的现象；第四，单变量分析法不够严谨，无法诠释各财务比率之间的互动关系。

2.多元判别分析法

由于单变量模型的模糊性和片面性，很自然的趋势就是将多个比率结合起来，建立多元判别模型。多元判别分析法（multivariate discriminant analysis）是对研究对象所属类别进行判别的一种统计分析方法。多元判别分析就是要从若干表明观察对象特征的变量值——财务比率中筛选出能提供较多信息的变量并建立判别函数，使推导出的判别函数对观测样本分类时的错判率最小。最经典的多变量财务危机预警模型为Altman（1968）的Z计分模型，此后又有其他一些研究人员发展了这一方法。

（1）Altman的Z计分模型

Altman首次使用了多元线性判定模型来研究公司的破产问题。根据行业和资产规模，他选择了33家破产公司和33家非破产公司作为研究样本，根据误判率最小的原则，确定了5个变量作为判别变量，其多元线性判定模型为：

$$Z = 0.012X_1 + 0.014X_2 + 0.033X_3 + 0.006X_4 + 0.999X_5$$

式中：

$$X_1 = \frac{流动资产 - 流动负债}{资产总额}$$

$$X_2 = \frac{留存收益}{资产总额}$$

$$X_3 = \frac{息税前利润}{资产总额}$$

$$X_4 = \frac{权益资本的市场价值}{负债的账面价值}$$

$$X_5 = \frac{销售收入}{资产总额}$$

Altman还通过Z计分模型的研究得出结论：Z值越小，该企业遭受财务损失的可能性就越大。若Z值小于1.81，则表明企业破产的可能性很大；若Z值为1.81至2.99，Altman

称之为“灰色地带”，表明企业的财务及经营状况极不稳定；若Z值大于2.99，则表明企业破产的可能性很小。

【相关链接 12-3】

财务危机预警模型——Z计分模型的应用分析

破产作为企业消亡的一种形式，会使相关利益人遭受损失，但复杂的经济环境、激烈的市场竞争以及企业内部可能出现的诸多问题，都会导致企业陷入危机、面临破产。财务危机的发生，除了突变的不可抗力原因以外，都有一定的渐进性。如果每个企业在经营过程中都能够及时地建立财务预警指标体系，分析各项指标数据，预测企业可能出现的经营风险和财务风险，进行全面综合的预警分析并及时采取相应的预警措施，便可将企业出现财务危机的可能性降至最低，这对于企业来说是至关重要的。能够预示企业存在风险的财务问题，也逐步成为现代企业财务管理的重要内容。

财务危机预警可以为企业的管理者和利益相关者提供重要参考。财务危机预警就是通过对企业过去的信息、数据进行评估，通过一定的方法、手段，对企业未来的状况进行预测，以便企业股东调整战略方针，做出正确决策。

Altman（1966）利用差别分析法在多个财务指标中筛选出了5项预测效果最好的指标，包括：流动性比率、盈利能力比率、偿债能力比率、经营状况和效率比率、资本结构和财务杠杆比率。他以1946—1965年33家破产企业为样本，配对33家正常经营的企业，对这66家企业分别计算5项比率，并统计每个比率对于破产公司和非破产公司的辨别能力，通过分析这5个变量之间的相互关系以及每个变量对模型的贡献能力，来确定这5个比率各自的权重，最终得到了Z计分模型，Altman认为Z模型判断公司是否陷入财务危机的阈值为2.657，即当公司的Z值小于2.675时，公司的财务状况较差，很可能会陷入财务危机。

通过采用与国内外大多数学者类似的研究方法，我国研究人员将上市公司中被标有ST及*ST的公司作为处于财务危机的企业，而把非ST公司界定为财务正常的企业。通过计算所选公司的Z值，并与标准值进行比对，来判断Z计分模型预测的准确性，用以检验Z计分模型对财务风险的检出力。

通过对选取的A股市场2013—2018年47家被ST和*ST的制造业企业以及47家非ST的制造业企业作为样本，计算样本组前三年的平均Z值，即T-1、T-2、T-3年的平均Z值，发现该模型预判非ST样本组的准确率平均高于预判ST样本组的准确率，并且Z模型预判三年样本组的平均准确率在T-1至T-3年的准确率逐渐下降，即Z计分模型在T-1年对于A股制造业企业预判的准确性最高，适用性最强。

由于我国股市运行的时间较短，资本市场不够健全和成熟，证券市场机制不够完善，股价易受人为操纵，国家宏观调控对股价的影响也较大，尚不能真实反映企业的市场价值。因此，Z计分模型在我国更易受到股价的歪曲影响，此时的预测结果准确性下降。因此，在预测、分析企业财务状况时，不能仅仅停留在财务指标上，还应分析相关的非财务指标。

资料来源 张冠超．财务预警多元判别模型的比较研究［D］．大连：东北财经大学，2019.

（2）F分数模型

由于Z计分模型在建立时并没有充分考虑现金流量变动等方面的情况，因而具有一定的局限性。为此，我国学者周守华等人（1996）对Z计分模型进行了改造，加入现金流量这一预测自变量，建立了F分数模型。该模型为：

$$F=-0.1774+1.1091X_1+0.1074X_2+1.9271X_3+0.0302X_4+0.4961X_5$$

式中：

$$X_1=\frac{\text{期末流动资产}-\text{期末流动负债}}{\text{期末总资产}}$$

$$X_2=\frac{\text{期末留存收益}}{\text{期末总资产}}$$

$$X_3=\frac{\text{税后纯收益}+\text{折旧}}{\text{平均总负债}}$$

$$X_4=\frac{\text{期末股东权益的市场价值}}{\text{期末总负债}}$$

$$X_5=\frac{\text{税后纯收益}+\text{利息}+\text{折旧}}{\text{平均总资产}}$$

在公式中，X_1反映流动性；X_2反映企业全部资产中来自于留存收益部分的比重；X_3是现金流量变量，反映偿债能力；X_4测定财务结构；X_5测定企业总资产在创造现金流量方面的能力。

F分数模型以0.0274为临界点，低于该值将被预测为破产公司，高于该值则将被预测为可以继续生存的公司。

多元判别分析法预测精度较单变量分析法有较大的提高。不过，该方法也存在一些明显的局限性：其一，这种方法只适用于组内分布为近似正态的情况，而且要求两组的协方差矩阵相等，而在实际的判别分析中收集的数据大多来自非正态总体，并且协方差矩阵一般也不等，在这种情况下得到的预测结果可能是有偏的；其二，在这种判别方法下得到的结果是针对每一个个体的分值，通过分值的比较可以得到一个序数等级，从而判别其所在的类别，但分值本身并没有任何经济意义；其三，使用多元判别分析方法时，危机组和正常组之间一定要进行配对，配对标准的确定是一个很大的难题。

【相关链接 12-4】

F分数模型在景峰医药公司中的运用

通过对F分数模型与Z计分模型的比较分析，可以发现F分数模型具有以下优点：(1) 考虑了现金流量。F分数模型在Z计分模型的基础上考虑了现金流量这一有效变量，更全面地考虑了影响企业财务风险的因素，同时进一步完善了财务风险预警模型。(2) 具有大量的样本。F分数模型以4 000多家样本公司的数据为基础，经过长期观察、分析及验证后得以建立成形，对财务风险的预测更加精准。(3) 具有横向可比性。F分数模型以不同行业的公司为研究对象，考虑了不同行业之间的差异，采用大量的样本公司验证其有效性。

根据表12-6中的数据可以看出，景峰医药公司的F值在样本期间逐渐变小，并最终小于临界点。其在2016—2018年，F值均大于临界点0.0274，但是2019年和2020年的F值小于临界点0.0274，并小于-0.0501。由此可以得出，景峰医药在2016—2018年财务状况良好；2019—2020年，公司财务状况恶化，存在破产的可能性。

表12-6　　景峰医药数据整理结果

年度	X_1	X_2	X_3	X_4	X_5	F
2016	0.3711	0.2076	0.1762	3.6419	0.0999	0.7556
2017	0.5153	0.2523	0.1119	2.3497	0.0713	0.5213
2018	0.2309	0.2690	0.1203	1.6517	0.0705	0.4243
2019	0.0257	0.1197	−0.3534	1.3824	−0.1718	−0.8606
2020	−0.1669	−0.2314	−0.4735	1.9465	−0.3219	−1.4009

年报显示，景峰医药2016年净利润为3.88亿元，到2017年净利润下降为1.85亿元，2018年的净利润为1.98亿元，而2019年亏损9.22亿元，2020年再度亏损11.55亿元，景峰医药的F分数模型预警结果与2019—2020年公司财务运营状况吻合，公司在2019和2020年财务状况不佳，面临财务困境。

资料来源　艾国娇，朱香．基于F分数模型的某医药企业财务风险分析［J］．财务税收，2021（19）．

（3）Logistic回归分析法

由于多元判别分析法存在一些明显的局限性，因而一些研究者不断对多元判别分析法进行改造和发展，这就引出了一种新的分析方法，即Logistic回归分析法。

Logistic函数又称增长函数，此函数由美国学者于1920年在研究果蝇的繁殖中发现，并开始在人口估计和预测中推广应用。随着计算机硬件与软件的快速发展。Logistic回归已被广泛应用于经济研究中。在企业财务危机判定与预测中，Logistic回归模型如下：

$$\ln\frac{P_i}{1-P_i}=\beta_0+\beta_1X_{1i}+\cdots+\beta_KX_{ki}$$

式中：X_{ki}为第i家企业的第k个财务比率；P_i为根据Logistic回归模型所估计出来的第i家企业发生财务危机的概率。

此模型的一个重要优点是它把在（0，1）上预测一个公司是否发生财务危机的概率问题转化为在实数轴预测一个公司是否发生财务危机的机会比问题。Logistic回归函数建立模型不要求数据的正态分布，因而其参数估计也比多元判别分析法更加稳健。该方法目前在判别分析研究领域占主流地位。

（4）人工智能方法

20世纪50年代起，人们开始通过电脑程序模拟人类的识别技巧，由于这是存在电脑中的“智能”，故称之为人工智能技术（artificial intelligence，AI）。人工智能技术根据不断输入的动态数据，不断学习、修正、调整学习算法，保证最后判别结果的有效性。随着网络、计算机、信息技术的不断发展，企业的生存空间变得多变而不稳定。为了准确地进行财务危机预警，必须动态、及时获取与企业生产经营状况有关的各种最新信息，对预警模型的判别规则进行不断调整、更正，从而保证预警模型的判别规则是适合当前环境的有效规则。因此，一些学者采用了包括人工神经网络（artificial neural network，ANN）、遗传算法（genetic algorithm，GA）、粗糙集理论（rough set theory，RST）、支持向量机（support vector machine，SVM）等人工智能方法，甚至将多种人工智能方法相结合建立新的企业财务危机预警模型，极大地推动了财务危机预警模型的发展。

12.3.3 我国企业财务危机判别模型与方法

我国对于财务危机预警的研究起步较晚。虽然周守华等人（1996）提出了F分数模型，但其研究对象并非中国企业，因此，该模型在中国的适用性受到一定的质疑。虽然我国20世纪90年代初出版的许多财务管理书籍都已介绍过西方的破产预警模型，但是直到1999年，陈静才第一个以我国企业数据为基础建立了危机预警模型。她选用了1998年27家ST上市公司作为危机企业样本，同时按同行业、同规模选取了27家非ST上市公司作为配对样本。她主要借鉴了Beaver和Altman构建的模型，采用1995—1997年的财务数据，应用多元判别分析法建立了两个模型。之后，张玲（2000）、高培业和张道奎（2000）、吴世农和卢贤义（2001）、姜秀华和孙铮（2001）、李秉祥和启文秀（2004）、刘红霞和张心林（2004）、陈工孟等（2006）采用多元判别分析法、Logistic回归分析法以及人工智能技术建立了适用于我国上市公司财务危机的预警模型。下面我们主要介绍刘红霞和张心林构建的模型。

刘红霞和张心林（2004）以ST上市公司为财务危机企业，以反映上市公司偿债能力、资产管理能力、盈利能力、成长能力以及获取现金流量能力的36个财务比率为初始指标，采用因子分析法与多元判别分析法构建了一个具有9个指标的财务危机预警模型：

$$F = 0.27948Z_1 + 0.15051Z_2 + 0.12196Z_3 + 0.11331Z_4 + 0.10817Z_5 + 0.09799Z_6 + 0.07037Z_7$$

式中：Z_i为9个财务指标的因子值，具体为：

$$Z_1=0.711X_1+0.540X_2+0.205X_3-0.040X_4+0.817X_5+0.767X_6+0.264X_7+0.384X_8+0.449X_9$$

$$Z_2=0.496X_1+0.644X_2+0.133X_3-0.133X_4-0.413X_5-0.445X_6-0.344X_7+0.351X_8-0.219X_9$$

$$Z_3=0.029X_1+0.241X_2+0.596X_3+0.470X_4+0.076X_5+0.045X_6+0.127X_7-0.518X_8-0.412X_9$$

$$Z_4=-0.104X_1-0.159X_2+0.433X_3+0.422X_4-0.165X_5-0.302X_6+0.238X_7+0.410X_8+0.516X_9$$

$$Z_5=-0.010X_1+0.033X_2-0.394X_3+0.724X_4+0.116X_5+0.118X_6-0.488X_7+0.159X_8-0.041X_9$$

$$Z_6=0.093X_1+0.126X_2-0.421X_3+0.222X_4-0.143X_5-0.051X_6+0.706X_7+0.159X_8-0.290X_9$$

$$Z_7=-0.164X_1-0.207X_2+0.235X_3-0.076X_4+0.106X_5+0.166X_6-0.0484X_7+0.489X_8-0.471X_9$$

式中：

X_1：现金比率$=\dfrac{\text{货币资金 + 短期投资}}{\text{流动负债}}$

X_2：资产负债比$=\dfrac{\text{总资产}}{\text{负债总额}}$

X_3：存货周转率$=\dfrac{\text{主营业务成本}}{\text{存货平均余额}}$

X_4：应收账款周转率$=\dfrac{\text{主营业务收入净额}}{\text{应收账款平均余额}}$

X_5：主营业务利润率$=\dfrac{\text{净利润}}{\text{主营业务收入净额}}$

X_6：BEP$=\dfrac{\text{息税前利润}}{\text{总资产}}$

X_7：主营业务增长率$=\dfrac{\text{本年主营业务收入 - 上年主营业务收入}}{\text{上年主营业务收入}}$

X_8：经营活动现金净流量增长率$=\dfrac{\text{本年经营活动产生的现金净流量 - 上年经营活动产生的现金净流量}}{\text{上年经营活动产生的现金净流量}}$

X_9：主营业务现金比率=$\frac{经营活动产生的现金净流量}{主营业务收入}$

当F值大于0.215时，企业处于财务安全区域；当F值小于-0.225时，企业处于财务危机区域；当F值在-0.225～0.215时，企业处于灰色区域，企业应该对各预警子系统进行警兆分析与识别。

【例12-1】S公司2017—2021年的基本财务数据见表12-7。

表12-7　S公司2017—2021年的基本财务数据　单位：元

序号	财务数据	2017年	2018年	2019年	2020年	2021年
1	货币资金	67 146 098 830	65 270 094 412	72 011 119 066	79 670 638 442	80 313 249 047
2	短期投资	0	0	0	0	0
3	流动负债	32 203 603 485	33 790 895 637	41 043 636 317	43 475 351 202	49 346 118 489
4	存货平均余额	3 571 572 234	5 066 183 361	2 798 712 160	1 434 116 333	4 017 144 420
5	应收账款平均余额	1 256 047 258	2 420 857 752	2 874 223 502	5 418 380 342	4 590 263 831
6	负债总额	40 536 286 129	50 887 129 693	61 092 447 662	68 563 950 725	71 960 096 558
7	总资产	232 025 544 649	248 865 238 804	266 822 496 631	275 239 427 331	288 929 328 288
8	主营业务收入	54 514 091 046	71 919 985 102	56 195 554 113	54 476 008 896	64 132 246 827
9	主营业务成本	45 549 730 681	61 109 268 955	52 645 135 726	51 054 538 450	61 739 028 310
10	主营业务收入净额	54 514 091 046	71 919 985 102	56 195 554 113	54 476 008 896	64 132 246 827
11	净利润	27 459 530 039	30 966 860 477	19 225 567 975	11 388 261 866	17 064 074 224
12	息税前利润	27 153 476 978	29 520 406 147	18 039 685 666	11 070 821 305	16 407 991 449
13	经营活动产生的现金净流量	1 534 246 471	−5 249 256 675	2 510 862 938	−5 256 682 037	−2 438 623 300

注：由于S公司年报中没有列出主营业务收入净额的具体数据，故本例中假设主营业务收入净额与主营业务收入相等。

根据以上财务数据，可以计算用于财务危机预警的S公司财务指标（见表12-8）。

表12-8　用于财务危机预警的财务指标

符号	财务指标	2017年	2018年	2019年	2020年	2021年
X_1	现金比率=（货币资金+短期投资）/流动负债	2.08505	1.93159	1.75450	1.83255	1.62755
X_2	资产负债比=总资产/负债总额	5.72390	4.89053	4.36752	4.01435	4.01513
X_3	存货周转率=主营业务成本/存货平均余额	12.75341	12.06219	18.81049	35.60000	15.36888
X_4	应收账款周转率=主营业务收入净额/应收账款平均余额	43.40131	29.70847	19.55156	10.05393	13.97136
X_5	主营业务利润率=净利润/主营业务收入净额	0.50371	0.43057	0.34212	0.20905	0.26608

续表

符号	财务指标	2017年	2018年	2019年	2020年	2021年
X_6	BEP=息税前利润/总资产	0.11703	0.11862	0.06761	0.04022	0.05679
X_7	主营业务增长率=（本年主营业务收入-上年主营业务收入）/上年主营业务收入	0.71893	0.31929	-0.21864	-0.03060	0.17726
X_8	经营活动现金净流量增长率=（本年经营活动产生的现金净流量-上年经营活动产生的现金净流量）/上年经营活动产生的现金净流量	-0.30415	-4.42139	-1.47833	-3.09358	-0.53609
X_9	主营业务现金比率=经营活动产生的现金净流量/主营业务收入	0.02814	-0.07299	0.04468	-0.09650	-0.03802

以S公司的财务指标计算因子值，并将因子值代入预警模型，得到S公司2017—2021年度的F值（见表12-9）。

表12-9　F值

项目	2017年	2018年	2019年	2020年	2021年
F值	11.12780	7.55666	7.11076	7.29291	5.80358

F值远大于临界值（0.215），表明S公司2017—2021年的财务状况处在安全区域，并在近期也能保持很好的财务状况。

12.4 财务危机预警系统方法

12.4.1 财务危机预警系统的概念与功能

财务危机预警系统是为了防止企业偏离正常经营轨道而建立的报警和控制系统，它利用数据化管理方式，以各种财务分析数据资料为基础，对企业经营中存在的财务危机警情予以警示，为企业调整经营决策提供可靠依据。简而言之，企业财务危机预警系统就是一个能够对企业在经营管理活动中的潜在风险进行跟踪、监控，及早发现危机信号，将企业所面临的危险情况预先告知企业经营者和其他利益相关者，并分析企业发生财务危机的原因和财务运营体系隐藏的问题，以提早实施预控的系统。

财务危机预警系统作为一种成本低廉的诊断工具，能实时对企业的生产经营过程和财务状况进行跟踪监控，及时地进行财务危机预警分析，发现财务状况异常的征兆，并迅速报警，及时采取应变措施，避免或减少损失。具体而言，一个有效的财务危机预警系统具有以下功能：

（1）信息采集功能。财务危机预警系统的正常运行必须以真实、准确、及时的信息为前提，包括国家产业政策、税收政策、环保政策、地区发展政策、市场竞争状况、公司自身的财务和经营状况、同行业公司的信息、上下游公司的信息、消费者消费习惯及购买力状况等。信息收集是贯穿财务危机预警始终的工作。

（2）检测功能。企业发生财务危机的原因是多方面的，但“冰冻三尺，非一日之寒”，任何财务危机都有一个逐步显现、不断恶化、从量变到质变的过程。通过对企业的生产经营活动进行跟踪、记录和计量，考核实际情况与标准之间的差异，分析偏差中存在的问题，能够查找出财务危机的踪迹，即发现“警情”。检测过程中发现有差异，就意味着存在“警情”。

（3）诊断功能。它是根据跟踪检测的结果，运用现代企业管理技术、诊断技术对公司营运状况之优劣做出判断，找出公司运行中的弊端及病根所在，即分析“警度”。告知经营者“警情”的程度，并使经营者知其然，更知其所以然，制定有效措施，防止财务状况进一步恶化，避免严重的财务危机真正发生。

（4）治疗功能。当危机真正发生后，财务危机预警系统能“对症下药”，通过更正公司运行中的偏差或过失，防止其进一步扩大，使公司回归到正常运转轨道。这一过程就是“排警”过程。

（5）保健功能。财务危机预警系统不仅能及时回避现存的财务危机，而且能通过系统详细地记录其发生缘由、解决措施、处理结果，并及时提出改进意见，弥补公司现有财务管理及经营中的缺陷，完善财务危机预警系统，从而提供未来处理类似情况的经验，以便从根本上消除隐患，即“防警”。

12.4.2 财务危机预警系统的特征及构建原则

一般而言，财务危机预警系统应具有以下特征：

（1）预测性。财务危机预警系统应能够通过对有关信息及数据的分析、跟踪、预测发现企业在经营过程中潜在的问题，并发出预警信号，提醒企业防患于未然。

（2）目的性。预警系统并不是对企业现象无一遗漏地监测，它的目标应该非常明确，预警的终极对象就是企业财务危机。

（3）及时性。财务危机预警系统应能及时反映问题，对企业财务危机的监测、识别等应该是适时的，预警系统选用的程序和方法应当及时而灵敏地反映出企业财务危机的变化。

（4）可操作性。财务危机预警系统应该能够用来测量和记录企业财务危机的变化，能够敏锐地揭示导致财务状况恶化的根源，找出关键问题，以指导相应的预控对策。

（5）经济性。财务危机预警系统获得的信息并不是越多越好，原因在于：一是信息越多，主要问题就越不突出；二是信息越多就越复杂，获取信息的成本就越高，筛选和处理信息的费用就越多，所以预警系统应该讲求成本效益匹配，以尽量少的支出获取最有用的信息。

财务危机预警系统的上述特征要求我们在构建预警系统时应该注意把握如下原则：

（1）科学性原则。科学性指财务危机预警监测的方法和指标设计必须科学。监测方法科学是财务危机预警系统发挥作用的前提，如果方法不正确，也就得不出正确的结论。在错误结论基础上做出的经营管理决策不但不能预防风险，还可能带来灾难性的后果。监测指标设计的科学性要求财务危机预警监测指标应能够反映各组相关财务数据的内在联系，提高财务运行效率，如实反映企业经营管理和财务活动的风险。

（2）系统性原则。系统性原则要求把企业作为一个整体来考虑。因为影响企业未来的因素是方方面面的，所以财务危机预警监测不仅要求监测指标具有先进性，而且要求监测对象具有完整性和全面性。这也就是要求财务危机预警系统对企业可能面临的内外部风险进行监测，而且对各个影响因素都予以充分考虑，做到监测指标不重复、不遗漏，使监测指标体系能够全面真实地反映企业的风险。只有这样才能得出准确的数据，做出正确的判断。

（3）预测性原则。这要求财务危机预警监测必须具有预测未来的价值，即它应依据企业经营活动形成的历史数据资料分析未来可能发生的情况，而不是对企业过去的经营成果和受托管理责任履行情况做出考核评价。所以，监测指标设计必须注意财务危机预警系统与财务评价系统的区别，并通过对潜在风险的监测，帮助企业采取有效措施加以防范，把风险消灭在萌芽状态，防患于未然。

（4）动态性原则。财务危机预警监测应是一个动态的分析监测，而不是一种静态的反映。动态分析监测可以反映企业经营者对风险的态度和防范风险的能力，从监测时间跨度上看，监测的时间越长，越能反映企业经营者的经营管理水平。动态性还体现在财务危机预警监测系统必须根据市场经济的发展、企业风险的变化而不断修正以及补充监测的内容，确保财务危机预警系统的先进性。

12.4.3　财务危机预警系统的构架

企业财务危机预警系统作为一个客观存在的事物，是由若干要素相互联系而形成的一个有机整体。企业财务危机预警系统由财务危机预警组织系统、财务危机预警信息系统、财务危机风险分析及监测系统、财务危机处理系统四个子系统组成。

（1）财务危机预警组织系统。财务危机预警组织系统的健全与否，直接关系到企业财务危机预警系统的功能能否得到正常的发挥，它是财务危机预警系统的行使主体。财务危机预警组织的职责是确定预警目标，研究预警方案，听取财务危机预警情况汇报，商讨决定预报的类型和预报的内容，及时解决经营过程中出现的问题。其日常工作的开展可由企业现有的某些职能部门（如财务部等）派专人负责或通过设立专门的部门具体负责财务风险监测和预报等预警工作。

企业应根据自身的特点和条件选用不同的财务危机预警组织模式。无论哪种模式，在设置财务危机预警组织时都应把握以下原则：①经济效益原则。设置财务危机预警组织需要企业投入一定的成本，若企业为此投入的成本大于建立此组织后因减少财务风险而给企业带来的潜在收益，则该组织模式是不符合经济效益原则的，应考虑更换为更节约成本的模式。②专人负责、职责独立原则。财务危机预警组织应相对独立于企业的其他组织，独立开展工作，不直接干涉企业的经营管理过程，只是对企业最高管理层负责。在建立财务危机预警组织时，要确保财务危机预警分析工作有专人落实，且不受其他组织干扰。③机构精简原则。企业在设置财务危机预警组织时应充分利用原有管理系统的各种资源，在组织职能分配上进行局部调整。

（2）财务危机预警信息系统。财务危机预警信息系统为财务危机预警提供信息支持，为财务危机预警组织采取预警行为提供所需的信息，它是财务危机预警系统的前提和基础。财务危机预警信息系统包括信息收集、信息处理和信息发布等环节。

① 信息收集。信息收集包括原始信息收集和反馈信息收集两方面。原始信息收集除与企业内部财务会计信息和其他管理信息系统对接外，还应注意收集供应商、承销商以及其他关联单位和潜在合作方的财务、履约等方面的情况资料；商品市场、资本市场、外汇市场的行情及变化；国家经济政策、税收法规、信贷政策，以及有关部门的监管法规的变化与走向等。反馈信息是指将财务危机预警系统所采取的措施和方法付诸实施的效果、存

在的问题和各方的反应等。

② 信息处理。信息处理就是对得到的信息进行分类整理、分析、评判和综合，作为制订或修订财务危机预警行动方案、采取防范措施和方法的依据。信息处理是财务危机预警系统的重要环节。一方面，它将得到的原始信息和反馈信息转化为财务危机预警可资利用的信息，为财务危机预警组织做出决策、制定规则、采取措施和方法提供信息支持；另一方面，它也为企业对内、对外发布有关财务危机状况及其处理情况提供充分可靠的信息支持。

③ 信息发布。信息发布就是企业对内、对外发布或传递企业财务状况或财务危机现状及其处理情况的信息，它是企业财务危机预警过程中对内、对外进行信息沟通的主要形式。财务危机信息发布应做到：一要及时主动，不能拖延滞后；二要真实准确，不能错漏；三要注意策略，把握时机，密切关注各方反应，适时提供各方所需的信息。

（3）财务危机风险分析及监测系统。高效的风险分析和监测系统是财务危机预警系统的核心和关键。通过风险分析，可以迅速排除对财务影响小的风险，从而将主要精力放在有可能造成重大影响的风险上。预警风险分析一般有两个因素，即预警指标和临界值。预警指标是指用于预测财务危机的财务指标，也就是能够有效识别财务状况恶化的财务指标；临界值是指控制预警监测指标的临界点，一旦监测指标超过临界点，警情发生，就要启动应急计划。

（4）财务危机处理系统。在分析清楚了企业出现的财务风险和危机后，应当立即制定相应的预防、转化措施，以减少风险和危机带来的损失。财务危机是关系到企业全局、根本性的危机，对企业威胁性大、影响面广，涉及的内容多且复杂，因此，在财务危机的处理过程中，应认真对待每一个环节。忽视任何一个环节，都有可能产生不利影响，甚至导致处理失败。

12.4.4 财务危机预警系统的基本运行程序

财务危机预警系统的基本运行程序大致分为以下六个步骤：

（1）明确警义，即明确预警的对象。警义即预警的含义，它由若干个警素和警度所构成。警素是指构成警情的指标要素；警度是指警情的程度。影响警素和警度的指标不仅包括流动比率、速动比率、资产负债率等传统的财务指标，而且包括应收账款周转率、存货周转率等补充指标，还包括经营活动产生的现金流量、投资活动产生的现金流量、筹资活动产生的现金流量等现金流量指标。

（2）寻找警源。警源即警情产生的根源。从其生成机制看，警源可以分为三种：一是来自自然因素的警源；二是由国外输入的警源；三是来自经济运行机制内部的警源。前两种称为外生警源，是随着外部经营环境变化而产生的。例如，由于国家产业政策的调整，有可能导致企业被迫转产或做出重大经营政策上的调整，也有可能直接或间接地导致巨额亏损，乃至破产。此时，外生警源为“政策调整”。第三种称为内生警源，例如，投资失误，而投入资金又是从银行借入的，导致营运资金出现负数，企业难以用流动资产偿还即将到期的流动负债，很可能被迫折价变卖长期资产，以解燃眉之急。此时，投资失误则为企业出现财务危机的内生警源。

（3）分析警兆。警兆即警素发生异常变化前的先兆。在警源的作用下，警素发生变化导致警情爆发之前，总有一些预兆或先兆，财务危机预警的警兆一般是通过财务状况或现金流量指标的恶化反映出来的。分析财务危机预警的警兆，是财务危机预警系统的关键一环，从警源到警兆有一个发展过程：警源孕育警情—警情发展扩大—警情爆发前的警兆出现。财务危机预警的目的就是在警情爆发前分析警兆，控制警源，拟定排警对策。警兆又可细分为景气警兆和动向警兆。景气警兆指警兆反映的是经济景气的程度和状况；动向警兆是与警情具有因果关系、逻辑关系或时间先后顺序关系的先行变量指标。动向警兆一般与警源相联系，与警源构成因果关系。在财务危机预警系统中，反映财务风险状况的一般属于景气警兆，而导致财务风险的经营风险状况属于动向警兆。财务出现风险的景气警兆有现金净流量为负数、资不抵债、无法偿还到期债务、过度依赖短期借款筹资等；经营出现风险导致财务出现风险的动向警兆有主导产品不符合国家产业政策、失去主要市场、或有负债与或有损失巨大、关键管理人员离职且无人替代等。

（4）建立预警模型。预报警度有两种方法：一是定性分析的方法，如专家调查法、德尔斐法、经验分析法等；二是定量分析的方法，包括指标形式和模型形式。

（5）监测并预报警度。警度即警情的级别程度。财务危机预警的警度一般分为五种：无警、轻警、中警、重警、巨警。也可以分为三个区：安全区、预警区、危机区。警度的确定，一般是根据警兆指标的数据大小，找出与警素相对应的警限区域，警兆指标值落在某个警限区域，则确定为相应级别的警限。例如，为了监测企业的债务情况，设置资产负债率为警兆指标。设置的警限区域为：资产负债率小于30%为无警，30%~40%为轻警，40%~50%为中警，50%~70%为重警，大于70%为巨警。例如，某企业的资产负债率的实际值为60%，则为重警。

（6）拟定排警对策。监测财务风险和危机的目的是有效防范财务风险和危机，当实际警情出现或实际警度已测定时，就要采取行之有效的排警对策。排警对策的制定，应根据财务危机的类型和轻重程度来确定。在财务危机潜伏期和发作期，财务危机比较轻，一般属于轻警和中警，其财务危机类型主要是亏损型和偿付型危机；在财务危机恶化期和实现期，财务危机很严重，属于重警和巨警，其财务危机类型主要是破产型危机。不同类型的财务危机其排警对策不同。

【相关链接 12-5】

企业财务风险预警与防范策略

一、建立财务预警系统

对于整个企业来说，财务是较为关键和重要的部分。企业存在的现金流短缺、债务偿还困难、销售额下降等问题都是较为常见的，这些问题直接导致了财务风险，建立财务危机预警体系是最为有效的事前控制手段，可以帮助企业在危机来临之前发现问题，从而做出科学的决断，解决问题。此外，建立财务危机预警体系时考虑现金流因素，而现金流是企业经营的核心，是企业赖以生存发展的基础，其在经营、投资、筹资等多方面活动中的数值均能反映企业经营的优劣，在评价企业价值时基于现金流量的财务风险预警指标在众多价值评价指标中最具参考价值。此外，企业的非财务因素，如股权结构、企业社会责任等也是导致企业财务危机产生的因素，在财务危机预警体系中考虑非财务指标是完善财务危机预警体系的途径之一。

二、强化企业经营管理能力

对于外部环境的变化，企业应时刻关注市场行情、国家政策以及时做出调整，提升战略投资和财务决策水平，保证企业正常运营，避免财务危机的发生；对于内部管理来说，企业应在经营、投资和筹资活动中时刻关注风险的产生，在危机到来前做好应对措施，例如减少应收账款坏账、优化库存管理避免大量资金被占用、降低成本费用、关注投资期限、分散风险等。随着大数据时代的来临，企业可通过大数据与云计算提升自身的营运能力，一方面结合自身经营状况，使用大数据对客户进行管理，提升服务质量和水平，另一方面加强财务管理信息化建设，尤其通过大数据对资本结构进行实时监测，对风险进行实时评估，以保证获得最大经济效益和价值。

三、提高风险意识

在日常企业的财务管理中，全体人员都要树立财务风险防范意识，正确的意识形态能够帮助企业制定正确的科学的决策，企业应鼓励员工参加培训，提高专业人员的综合素养、管理水平，以达到抑制风险的目的。

企业的发展要经历很多阶段，每个阶段的发展目标和发展状况都不一样，因此，企业在不同阶段所面对的财务风险也不尽相同，所以，在企业的发展中要不断提高财务风险的预警系统建设水平。

资料来源 王文琦. 企业财务危机成因的内部因素［J］. 现代企业，2016（8）：74-75.
班洁松. 浅谈企业财务风险与防范［J］. 现代营销（下旬刊），2020（4）：220-221.

本章小结

本章首先介绍了财务危机预警的概念、产生财务危机的原因、财务危机的表现过程以及财务危机预警的含义与意义，然后从主观和客观两个方面阐述了财务危机预警的基本模型与方法，并讨论了我国企业财务危机预警模型与方法。另外，本章还分析了财务危机预警系统的概念、特征与功能，并在探讨财务危机预警系统构建原则的基础上阐述了财务危机预警系统的基本架构，以及财务危机预警系统的一般运行程序。

财务危机是企业经营发展过程中可能经历的一种财务状况，包括比较轻微的资金管理技术性失败和极为严重的破产，以及介于两者之间的各种状态。企业发生财务危机的因素有很多，既有宏观因素，也有微观因素；既有体制方面的问题，也有企业管理方面的问题等。一般来说，企业的财务危机不是一朝一夕出现的，而是一个长期积累和逐步发展的过程。构建一套高效、灵敏、实用的财务危机预警系统具有重要的意义。

财务危机预警主观模型与方法是指通过分析和调查，发现危机迹象及诱因，并告诉有关人员，以提前安排防范和应变措施。财务危机预警主观模型与方法主要包括个案分析法、标准化调查法、短期资金周转表分析法、流程图分析法、管理评分法。财务危机预警的客观模型与方法一般是指以企业经营活动的实际数据和事先确定的风险临界值为分析基础的危机预警方法，其主要包括两大类方法：财务报表分析法和计量经济分析法。

企业财务危机预警体系由财务危机预警组织系统、财务危机预警信息系统、财务危机风险分析及监测系统、财务危机处理系统组成。

讨论题

1.何谓财务危机？财务危机的表现有哪些？

2.财务危机与财务风险之间的关系如何？

3.如何评价财务危机预警模型中的主观预警模型与客观预警模型的优缺点？

4.如何评价多变量判别分析法的优缺点？

5.构建企业财务危机预警系统需要注意哪些关键点？

业务题

1.A公司2018—2021年基本财务数据见表12-10。

表12-10　A公司2018—2021年基本财务数据　单位：元

指标	2018年	2019年	2020年	2021年
资产总额	1 161 830 022.09	1 245 957 842.77	1 219 438 056.14	1 110 226 136.43
其中：流动资产	630 155 979.72	707 054 865.01	698 117 712.90	650 279 604.95
负债总额	523 280 469.82	758 090 026.82	802 770 804.23	804 159 886.37
其中：流动负债	510 775 465.95	758 090 026.82	802 770 804.23	804 159 886.37
股东权益	638 549 552.27	480 302 247.18	411 041 072.92	301 168 983.91
其中：留存收益	39 673 764.34	-120 634 142.88	-189 895 317.14	-301 657 016.33
息税前利润	30 405 671.43	-143 339 783.05	-59 370 211.30	-96 427 260.83
股票市价	7.90	5.72	3.91	2.45
期末股东权益的市价	910 902 325.24	671 827 853.33	515 838 628.84	353 062 988.99
销售收入	876 543 604.73	798 720 285.01	795 288 770.95	787 529 753.86
净利润	21 298 565.13	-147 557 580.62	-69 261 174.26	-111 761 699.19
折旧	21 261 495.97	19 258 273.10	20 809 092.95	2 0327 967.15
利息	-3 325 504.86	-5 720 335.50	-9 879 382.34	-14 641 507.47
经营活动产生的现金流量净额	-111 409 463.81	-137 249 226.43	-47 764 596.31	-112 428 655.05

要求：请用Altman的Z计分模型对A公司进行预警分析。

2.请上网（www.cninfo.com.cn）下载上市公司一汽解放（000800）2021年度财务报表，利用刘红霞和张心林（2004）的F分数模型计算一汽解放2021年度的F值，并与S公司2021年度的F值进行对比分析，比较两个公司的发展优势和劣势。

案例分析

暴风集团深陷财务困境

北京暴风集团股份有限公司是一家互联网信息服务企业，于2007年在北京成立，其基于在互联网视频服务领域的技术和业务积累，不断拓展新的服务内容，先后建立了暴风魔镜、暴风TV等业务板块。

然而，暴风集团没有在迅速发展的道路上高歌猛进。2015年，暴风集团在首次公开发行时没有融到足够的资金，加上放弃争夺版权导致广告收入大幅减少，此后，为构筑互联网视频业务的差异化竞争壁垒，暴风集团开启了软硬件一体化布局，公司经营模式由原本的互联网视频和互联网体育业务的“轻资产”逐渐转为互联网电视硬件和虚拟现实硬件的“重资产”。

2016年3月暴风集团发布公告称子公司与光大资本投资有限公司签订合作框架协议，拟收购英国体育版权公司65%的股权，但很快发现这是一颗“巨雷”，2018年10月英国高等法院宣布对无力偿还债务的英国体育版权公司进行破产清算。这次投资的失败给暴风集团带来的不仅有机构诉讼和巨额赔偿，还有法律后果，当年9月暴风集团实际控制人因涉嫌对非国家工作人员行贿、职务侵占罪被逮捕。最终，昔日的互联网视频行业的龙头企业也黯然退市。

请查找相关资料，从内部条件与外部环境的角度分析暴风集团陷入财务困境的原因。

汇源果汁陷入财务困境

汇源有限公司1992年6月于山东淄博成立，1994年将总部迁移至北京，更名为北京汇源食品饮料公司，一方面出口浓缩果汁，另一方面开拓国内果汁市场，后又在央视新闻联播获得黄金五秒的播放权，获得国民果汁的称号。

2008年汇源果汁成为中国首屈一指的果汁原料供应商，向上游果树种植业投入大量资金布局，先后在全国投资30个农业生产产业园，其中一个园区投入高达142亿元，而同年可口可乐收购汇源果汁失败导致汇源果汁面临巨大的资金压力，只能利用经营现金流与业绩增长作为支持，持续给上游企业“输血”。随后公司进军茶饮料市场，收购了旭日升进行产品线多元化，又出资30亿元入股中石化。

当时我国经济增速放缓，融资政策收紧，企业应当提升自主研发能力、提高生产效率、开源节流，但汇源果汁并没有看重其主营业务的发展，而是不断地进行融资，这与当时的大环境背道而驰，汇源果汁的市场核心竞争力越来越弱。

汇源果汁在2013年开始加大短期借款，尤其在2014年和2015年上升幅度明显，到2016年和2017年其财务费用远远大于净利润，说明汇源果汁的利息支出已经开始削弱盈利能力。汇源果汁的净利润大多数来自政府补贴和出售子公司等收益。汇源果汁在2017年下半年开始向关联子公司提供短期贷款，用以应对临时营运资金的需要以及偿还债务，并收取高额利息收入，但该笔资金未得到董事会批准也未履行相关披露义务，违反了联交所上市规则中关于关联交易申报、股东批准及披露等条款，从而导致被宣布停牌。

问题探讨：

请查找相关资料，从内部条件与外部环境的角度，分析汇源果汁陷入财务困境的原因，并谈谈你从中获得了什么启发。

第13章

Excel在财务分析中的运用

工欲善其事，必先利其器。

——《论语》

学习目标

1. 了解Excel在财务分析中应用的一般程序；
2. 掌握运用Excel进行财务分析的工具和技巧。

思政元素

1. 价值观塑造（社会主义核心价值观）与工匠精神；
2. 社会责任、合作精神与法治意识；
3. 科学思维与系统思维；
4. 辩证唯物观、历史唯物观与实事求是。

重点与难点

1. 外部数据的获取方法；
2. Excel在财务综合评价中的应用；
3. Excel控件的应用。

引　言

据统计，几乎所有的电脑中都装有Office软件，但是，大约80%的人只会用其中20%的功能。

本章主要介绍如何将计算机技术与财务分析方法相结合，利用Excel建立各种财务分析模型，以帮助管理者在计算机环境中及时、准确地采集财务分析所需的数据，生成财务分析图表，从而对企业财务活动过程进行分析和评价，帮助企业改进财务管理工作，提高管理水平和经济绩效。

13.1 Excel的基本技能

13.1.1 数据的获取

利用Excel建立分析模型时，模型中数据的获取是需要解决的关键问题。因为财务分析模型中的大量数据来自企业的财务报表，而为了取数的方便，这些数据又经常与分析模型存放在同一个工作簿中，所以，掌握如何进行跨表数据的引用是建立分析模型必备的技能。

获取外部数据的方法主要有：

1.来自Access数据库

Excel可以从Access文件获取数据。例如，Access文件“Finance.mdb”包含一系列数据，Excel的调用方法为：

（1）打开Excel 2019，依次点击“数据”—“获取数据”—“自数据库”—“自Microsoft Access数据库”，然后选择相应的文件，例如“Finance.mdb”（如图13-1所示）。

图13-1 从Access获取数据

（2）点击“打开”，选择要调用的文件（如图13-2所示）。

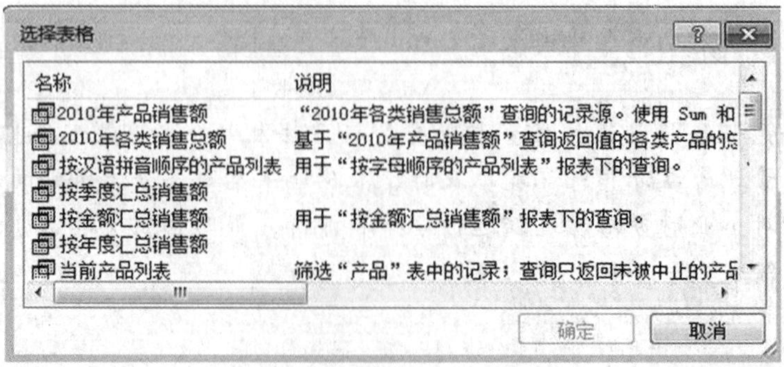

图13-2 打开相关Access文件

（3）选择相应的数据表，点“确定”，根据后续提示，获取相应数据。

2.来自网站

Excel可以直接调用网站的数据。当然，网站的数据可以是数据库文件，也可以是文本文件。如果是文本文件，需要使用“复制”和“粘贴”的方法进行。

3.来自文本

Excel可以调用文本文件，尤其是以空格相隔的文本文件。许多数据在网站上或者文件中是以文本的形式以空格相隔排列的，即使如此，Excel也可以调用。

例如，有如下文本存于文本文件“1.txt”中：

公司	A	B	C	D
1001	100	200	400	300
1002	120	130	300	200
1003	130	230	500	500
1004	200	300	200	400
1005	150	400	600	300
1006	230	340	200	900

用Excel调用该数据的方法为：

（1）依次点击“数据”—“从文本/CSV”—选择文件，点击“导入”，结果如图13-3所示。

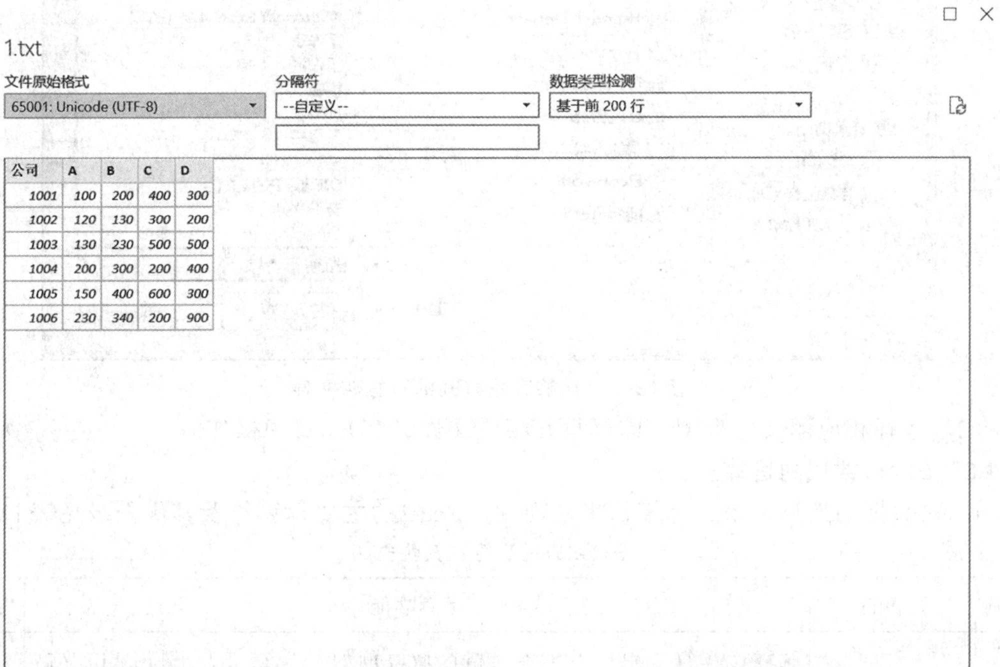

图13-3　从文本文件获取数据

（2）选择“自定义”，点击“加载”，得到Excel数据表（如图13-4所示）。

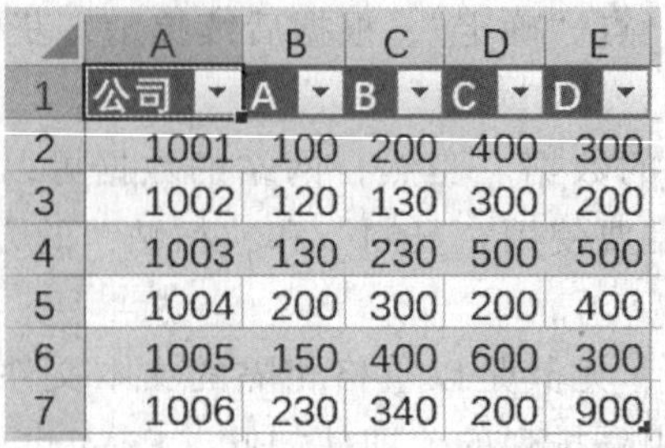

	A	B	C	D	E
1	公司	A	B	C	D
2	1001	100	200	400	300
3	1002	120	130	300	200
4	1003	130	230	500	500
5	1004	200	300	200	400
6	1005	150	400	600	300
7	1006	230	340	200	900

图13-4　设置后的表格

4.打开其他数据库文件

可用Excel直接打开的数据库文件如图13-5所示。Excel的调用方法为：

（1）使用“文件”—“打开”功能，调用数据文件。

图13-5　能够直接打开的数据库文件

（2）选择相应的文件类型，即可打开相应文件，在Excel中操作。

13.1.2　Excel数据的运算

Excel数据的运算是通过运算符来实现的。Excel的主要运算符及其优先级见表13-1。

表13-1　Excel的运算符及其优先级

类别	运算符	运算功能	优先级
引用	：	区域运算符，用于引用单元格区域。例如，“A1：B2”引用A1、A2、B1、B2四个单元格；“B：B”引用整个B列；“3：3”引用整个第3行	1
引用	，	联合运算符，用于将多个引用合并。例如，公式“=SUM（A1：B2，B2：C3）”的功能是将单元格A1、A2、B1、B2以及B2、B3、C2、C3中的数据加总，其中B2单元格被加总两次	2

续表

类别	运算符	运算功能	优先级
引用	空格	交叉运算符，用于引用两个单元格区域的重叠部分。例如，“A1：B2 B2：C3”的结果是B2	3
算术	（ ）	括号	4
算术	-	负号	5
算术	%	百分号	6
算术	^	乘方	7
算术	*和/	乘法和除法	8
算术	+和-	加法和减法	9
文本	&	文本连接	10
逻辑	=、<、>、<=、>=、<>	等于、小于、大于、小于等于、大于等于、不等于	11

需要说明的是，Excel运算过程中的字符串要用引号引起来。例如，单元格A1为最优方案的净现值（例如为100 000），A2中希望出现“最优方案的净现值是：100 000元”的字样，并且随着A1单元格数据的变化而变化，即当A1为200 000元时，A2单元格显示值自动更新为“最优方案的净现值是：200 000元”。那么在A2单元格不能直接输入整个内容，而应该是一个运算，计算公式为：=“最优方案的净现值是：”&A1&“元”。

若在Excel单元格中输入了错误公式，系统会自动报错。常见的公式错误信息见表13-2。

表13-2　**Excel中常见的公式错误信息**

错误信息	错误原因
#DIV/0!	公式的除数为零
#N/A	内部函数或自定义工作表函数中缺少一个或多个参数
#NAME?	不能识别的名字
#NULL!	指定的两个区域不相交
#NUM!	在需要数字参数的函数中使用了不能接受的函数
#REF!	公式中引用了无效的单元格
#VAULE!	参数或操作数的类型有错误
####!	公式产生的结果太长，单元格容纳不下

13.1.3 Excel函数

1.函数类别

函数是Excel中最具应用价值的工具。Excel函数大体可以分为以下类别：

（1）数学函数。

数学函数是应用最为广泛的函数种类，例如：

①SUM函数：无条件求和。该函数的功能是计算所选取的单元格区域中所有数值的和。

②SUMIF函数：条件求和。该函数的功能是根据指定条件对若干单元格求和。

③SUMPRODUCT函数。该函数的功能是在给定的几组数组中，将数组间对应的元素相乘，并返回乘积之和。

④AVERGAE函数：平均值函数。该函数的功能是计算给定参数的算术平均值。

⑤MIN/MAX函数：最小值与最大值函数。

⑥ABS函数：返回数字的绝对值。

⑦SQRT函数：计算一个正数的正平方根。

⑧ROUND函数：返回某个数字按指定位数舍入后的数字。

（2）财务函数。

财务函数也是广泛被应用的函数，例如：

①DDB函数：双倍余额递减法函数。使用双倍余额递减法或其他指定方法返回一笔资产在给定期间内的折旧值，其语法格式为：

DDB（cost，salvage，life，period，factor）

其中：cost为资产原值；salvage为资产在折旧期期末的价值（有时也称为资产残值），此值可以是0；life为折旧期限（有时也称作资产的使用寿命）；period为需要计算折旧值的期间，必须使用与life相同的单位；factor为余额递减速率，如果factor被省略，则假设为2（双倍余额递减法）。

②FV函数：复利（年金）终值函数。基于固定利率及等额分期付款方式返回某项投资的未来值，其语法格式为：

FV（rate，nper，pmt，pv，type）

其中：rate为各期利率；nper为总投资期，即该项投资的付款期总数；pmt为各期所应支付的金额，其数值在整个年金期间保持不变。通常pmt包括本金和利息，但不包括其他费用或税款，如果省略pmt，则必须包括pv参数；pv为现值，或一系列未来付款的当前值的累积和，如果省略pv，则假设其值为0，并且必须包括pmt参数；type为数字0或1，用以指定各期的付款时间是在期初还是期末，如果省略type，则假设其值为0。

③NPV函数：净现值函数。通过使用贴现率以及一系列未来支出（负值）和收入（正值）计算一项投资的净现值，其语法格式为：

NPV（rate，value1，value2，…）

④年金函数PMT。基于固定利率及等额分期付款方式返回贷款的每期付款额，其语法格式为：

PMT（rate，nper，pv，fv，type）

（3）条件函数。

IF函数也称条件函数，它根据参数条件的真假返回不同的结果。

（4）计数函数。

①COUNT函数：计算给定区域内数值型参数的数目。

②COUNTIF函数：计算给定区域内满足特定条件的单元格的数目。

（5）逻辑函数。

①AND函数：逻辑与。

②OR函数：逻辑或。

③NOT函数：功能是对参数的逻辑值求反。

这三个函数一般与IF函数结合使用。

（6）查找函数。

①LOOKUP函数：返回向量（单行区域或单列区域）或数组中的数值。

②VLOOKUP函数：在表格或数值数组的首列查找指定的数值，并由此返回表格或数组当前行中指定列处的数值。

③HLOOKUP函数：从表格或数值数组的首行查找指定的数值，并由此返回表格或数组当前列中指定行处的数值。

④MATCH函数：返回在指定方式下与指定数值匹配的数组中元素的相应位置。

（7）引用检索函数。

①INDEX函数：返回表格或区域中的数值或对数值的引用。

②ADDRESS函数：按照给定的行号和列标，建立文本类型的单元格地址。

③INDIRECT函数：返回由文字串指定的引用。

（8）矩阵函数。

①TRANSPOSE函数：求矩阵的转置矩阵。

②MINVERSE函数：返回矩阵的逆矩阵。

③MMULT函数：返回两数组的矩阵乘积。

2.语法格式

Excel函数的语法格式为：

函数名（参数1，参数2，…，参数n）

在使用函数时，应注意以下几个问题：

（1）函数名与其后的括号“（”之间不能有空格。

（2）当有多个参数时，参数之间要用逗号“,”分隔。

（3）参数部分总长度不能超过1 024个字符。

（4）参数可以是数值、文本、逻辑值、单元格地址或单元格区域地址，也可以是各种表达式或函数。

（5）函数中的逗号、引号等都是半角字符，而非全角的中文字符。

（6）注意：在运用矩阵函数时，数组的计算需要用“Shift+Ctrl+Enter”组合键的方式确认，而不能只按“Enter”键。

13.2　比率分析模型

13.2.1　比率分析法

比率分析法就是将财务报表中的有关项目进行对比，计算得出一系列财务比率指标，以此来确定财务活动变动程度，揭示企业财务状况的一种分析方法。比率分析是财务分析的核心，根据财务报表中重要或有内在联系的指标数据计算出相关比率是财务比率分析的基础。不同的企业，其经验管理所需的比率分析指标不尽相同，因此，企业需要根据实际需要，选取所需的财务比率指标，建立比率分析模型，从而对企业财务活动的过程和结果进行分析、比较、解释和评价。

13.2.2 比率分析模型的建立

建立比率分析模型就是以财务报表中的数据为依据，建立一系列比率分析公式，得出一系列财务比率数值，从而揭示企业的财务状况和经营成果。下面以某企业有关财务报表数据为例，来说明比率分析模型建立的具体步骤。

【例13-1】根据S公司2021年12月31日资产负债表和2021年度利润表建立比率分析模型，进行财务比率分析，并绘制分析图表。

利用Excel建立比率分析模型，进行财务比率分析的具体步骤如下：

1.获取财务比率分析数据信息

财务分析的数据主要来源于资产负债表和利润表，具体分析数据可以从以前建立好的财务报表文件中直接复制得到，同时，为了方便数据的获取，可将S公司2021年12月31日的资产负债表和2021年度利润表的数据复制到同一个工作簿中。具体操作步骤如下。

（1）启动Excel，新建一个工作簿并将其命名为“财务分析模型”，双击工作表标签Sheet1，将其重命名为“资产负债表”。

（2）将以前已生成的资产负债表数据复制到该工作表中。先选中要复制的报表数据，单击右键，在弹出的快捷菜单中选择“复制”命令。然后，将鼠标指针定位到新建的工作表“资产负债表”中，右键单击A1单元格，在弹出的快捷菜单中选择“选择性粘贴”命令。在弹出的对话框中分别选择粘贴“数值”和粘贴“格式”选项；然后，单击“确定”按钮返回工作表中，这样就将原有的资产负债表和格式全部复制到新工作表中；最后，根据数据内容调整合适的行高和列宽即可。

（3）在工作簿“财务分析模型”中双击工作表标签Sheet2，并将其重命名为“利润表”，然后，用同样的方法将以前建立的“利润表”中的数据复制到“利润表”工作表中。

获取数据后的Excel文件见表13-3、表13-4。

表13-3 资产负债表的Excel文件示例

	A	B	C
1	资产负债表		
2	编制单位：S公司		单位：元 币种：人民币
3	项目	2021年12月31日	2020年12月31日
4	流动资产：		
5	货币资金	80 313 249 046.95	79 670 638 441.55
6	交易性金融资产	2 157 683 267.32	1 867 858 552.00
7	衍生金融资产	—	—
8	应收票据	6 013 260 391.19	9 164 804 838.97
9	应收账款	4 590 263 830.58	5 418 380 341.65

续表

	A	B	C
10	应收款项融资	—	—
11	预付款项	1 107 742 469.60	562 963 184.76
12	其他应收款	6 265 397 867.87	6 312 026 191.59
13	其中：应收利息	954 864 657.87	1 559 376 166.02
14	应收股利	701 073 371.50	885 581 149.71
15	存货	4 017 144 419.72	1 434 116 333.02
16	合同资产	—	—
17	持有待售资产	—	—
18	一年内到期的非流动资产	465 000 000.00	—
19	其他流动资产	663 032 527.32	1 582 030 457.71
20	流动资产合计	105 592 773 820.55	106 012 818 341.25
21	非流动资产：		
22	债权投资	11 087 106 860.00	11 675 069 020.00
23	其他债权投资	—	—
24	长期应收款	—	—
25	长期股权投资	131 122 812 383.03	118 998 936 721.38
26	其他权益工具投资	15 106 228 789.62	13 630 029 876.90
27	其他非流动金融资产	—	—
28	投资性房地产	247 737 268.07	258 277 381.29
29	固定资产	15 484 927 244.92	16 067 958 066.69
30	在建工程	3 844 465 224.01	2 593 629 619.27
31	生产性生物资产	—	—
32	油气资产	—	—
33	使用权资产	101 331 307.24	—
34	无形资产	3 869 605 395.59	3 542 408 706.79
35	开发支出	2 349 728 227.54	2 318 369 674.55
36	商誉	—	—
37	长期待摊费用	117 809 385.54	132 864 523.56
38	递延所得税资产	—	—
39	其他非流动资产	4 802 382.16	9 065 399.02
40	非流动资产合计	183 336 554 467.72	169 226 608 989.45
41	资产总计	288 929 328 288.27	275 239 427 330.70

续表

	A	B	C
42	流动负债：		
43	短期借款	—	—
44	交易性金融负债	—	—
45	衍生金融负债	—	—
46	应付票据	5 849 825 684.00	3 587 720 000.00
47	应付账款	32 681 272 544.56	30 498 381 942.84
48	预收款项	—	—
49	合同负债	713 321 785.82	3 088 000 387.91
50	应付职工薪酬	1 476 732 363.58	1 647 012 941.56
51	应交税费	487 710 774.76	508 780 748.92
52	其他应付款	1 350 618 162.92	1 660 543 364.98
53	其中：应付利息	47 505 127.38	45 780 821.86
54	应付股利	—	—
55	持有待售负债	—	—
56	一年内到期的非流动负债	6 786 637 173.20	1 730 076 088.00
57	其他流动负债	—	754 835 727.38
58	流动负债合计	49 346 118 488.84	43 475 351 201.59
59	非流动负债：		
60	长期借款	11 500 000 000.00	9 000 000 000.00
61	应付债券	—	4 991 131 506.79
62	其中：优先股	—	—
63	永续债	—	—
64	租赁负债	61 742 046.69	—
65	长期应付款	570 374 070.77	635 718 389.35
66	长期应付职工薪酬	3 341 689 009.39	3 253 847 264.39
67	预计负债	2 148 618 448.34	2 185 841 429.11
68	递延收益	3 260 011 081.53	3 511 947 358.28
69	递延所得税负债	1 731 543 412.05	1 510 113 575.14
70	其他非流动负债	—	—
71	非流动负债合计	22 613 978 068.77	25 088 599 523.06
72	负债合计	71 960 096 557.61	68 563 950 724.65
73	所有者权益（或股东权益）：		

续表

	A	B	C
74	实收资本（或股本）	11 683 461 365.00	11 683 461 365.00
75	其他权益工具	—	—
76	其中：优先股	—	—
77	永续债	—	—
78	资本公积	65 129 333 550.92	65 129 333 550.92
79	减：库存股	2 778 609 178.04	2 039 625 809.24
80	其他综合收益	10 916 623 434.59	9 771 273 508.80
81	专项储备	—	—
82	盈余公积	40 843 171 648.51	40 843 171 648.51
83	未分配利润	91 175 250 909.68	81 287 862 342.06
84	所有者权益（或股东权益）合计	216 969 231 730.66	206 675 476 606.05
85	负债和所有者权益（或股东权益）总计	288 929 328 288.27	275 239 427 330.70

表13-4　**利润表的Excel文件示例**

	A	B	C
1	利润表		
2	编制单位：S公司		单位：元 币种：人民币
3	项目	2021年度	2020年度
4	一、营业收入	70 391 603 895.15	60 044 044 174.49
5	减：营业成本	67 031 956 263.16	55 904 535 154.61
6	税金及附加	1 670 076 535.92	1 451 134 127.70
7	销售费用	4 514 648 104.43	5 439 199 540.59
8	管理费用	2 177 826 517.47	1 806 295 929.60
9	研发费用	5 987 954 901.06	3 393 391 350.42
10	财务费用	-656 082 774.73	-317 440 560.91
11	其中：利息费用	449 061 459.72	414 922 179.76
12	利息收入	1 293 564 452.13	1 395 954 088.18
13	加：其他收益	1 279 752 405.16	613 170 032.70
14	投资收益	25 412 957 992.09	18 873 522 135.96
15	其中：对联营企业和合营企业的投资收益	9 867 561 273.70	11 143 789 038.61
16	以摊余成本计量的金融资产终止确认收益	—	—

续表

	A	B	C
17	净敞口套期收益	—	—
18	公允价值变动收益	581 769 647.64	—
19	信用减值损失	−46 545 026.13	20 739 028.88
20	资产减值损失	−43 371 424.26	−322 649 551.38
21	资产处置收益	202 019 670.91	17 313 007.55
22	二、营业利润	17 051 807 613.25	11 569 023 286.19
23	加：营业外收入	32 667 422.64	11 854 903.12
24	减：营业外支出	20 400 812.37	192 616 323.56
25	三、利润总额	17 064 074 223.52	11 388 261 865.75
26	减：所得税费用	—	—
27	四、净利润	17 064 074 223.52	11 388 261 865.75
28	（一）持续经营净利润	17 064 074 223.52	11 388 261 865.75
29	（二）终止经营净利润	—	—
30	五、其他综合收益的税后净额	1 145 349 925.79	1 878 237 581.75
31	（一）不能重分类进损益的其他综合收益	1 176 715 463.22	1 914 079 140.24
32	1.重新计量设定受益计划变动额	−78 053 612.59	234 902 877.02
33	2.权益法下不能转损益的其他综合收益	—	—
34	3.其他权益工具投资公允价值变动	1 254 769 075.81	1 679 176 263.22
35	4.企业自身信用风险公允价值变动	—	—
36	（二）将重分类进损益的其他综合收益	−31 365 537.43	−35 841 558.49
37	1.权益法下可转损益的其他综合收益	−31 365 537.43	−35 841 558.49
38	2.其他债权投资公允价值变动	—	—
39	3.金融资产重分类计入其他综合收益的金额	—	—
40	4.其他债权投资信用减值准备	—	—
41	5.现金流量套期储备	—	—
42	6.外币财务报表折算差额	—	—
43	7.其他	—	—
44	六、综合收益总额	18 209 424 149.31	13 266 499 447.50
45	七、每股收益：		
46	（一）基本每股收益（元/股）	—	—
47	（二）稀释每股收益（元/股）	—	—

2.建立财务比率分析模型

财务比率分析涉及的分析指标主要有偿债能力比率、营运能力比率、盈利能力比率和发展能力比率四类。依据这四类分析指标，利用Excel建立财务比率分析模型。具体操作步骤如下：

（1）在工作簿“财务分析模型”中双击工作表标签Sheet3，并将其重命名为“财务比率分析模型”，然后根据四类指标内容输入各个指标项目，并对表格进行格式化。

（2）根据四类指标具体项目的含义，分别设置2021年各分析比率公式（见表13-5至表13-8）。

表13-5　**偿债能力分析比率公式**

指标名称（年度）	单元格名称	指标公式
流动比率（2021）	C5	=资产负债表！B20/资产负债表！B58
速动比率（2021）	C6	=（资产负债表！B20-资产负债表！B15-资产负债表！B18-资产负债表！B19）/资产负债表！B58
现金流动负债比率（2021）	C7	=-2438623300.02/AVERAGE（资产负债表！B58：C58）
资产负债率（2021）	C8	=资产负债表！B72/资产负债表！B41
产权比率（2021）	C9	=资产负债表！B72/资产负债表！B84
已获利息倍数（2021）	C10	=（利润表！B27+利润表！B10）/利润表！B10

公式说明：“现金流动负债比率（2021）”公式中的数据-2 438 623 300.02为2021年经营活动产生的现金流量净额。

表13-6　**营运能力分析比率公式**

指标名称（年度）	单元格名称	指标公式
存货周转率（2021）	C11	=利润表！B5/AVERAGE（资产负债表！B15：C15）
存货周转天数（2021）	C12	=360/C11
应收账款周转率（2021）	C13	=利润表！B4/AVERAGE（资产负债表！B9：C9）
应收账款周转天数（2021）	C14	=360/C13
流动资产周转率（2021）	C15	=利润表！B4/AVERAGE（资产负债表！B20：C20）
固定资产周转率（2021）	C16	=利润表！B4/AVERAGE（资产负债表！B29：C29）
总资产周转率（2021）	C17	=利润表！B4/AVERAGE（资产负债表！B41：C41）

公式说明：为简化计算，资产负债表项目取期末余额计算。

表13-7　**盈利能力分析比率公式**

指标名称（年度）	单元格名称	指标公式
净资产收益率（2021）	C18	=利润表！B27/AVERAGE（资产负债表！B84：C84）
总资产报酬率（2021）	C19	=利润表！B27/AVERAGE（资产负债表！B41：C41）
营业利润率（2021）	C20	=利润表！B22/利润表！B4
销售净利率（2021）	C21	=利润表！B27/利润表！B4
销售毛利率（2021）	C22	=（利润表！B4-利润表！B5）/利润表！B4

公式说明：为简化计算，资产负债表项目取期末余额计算。

表13-8　　发展能力分析比率公式

指标名称（年度）	单元格名称	指标公式
销售增长率（2021）	C23	=（利润表！B4-利润表！C4）/利润表！C4
总资产增长率（2021）	C24	=（资产负债表！B41-资产负债表！C41）/资产负债表！C41
净利增长率（2021）	C25	=（利润表！B27-利润表！C27）/利润表！C27
资本积累率（2021）	C26	=（资产负债表！B84-资产负债表！C84）/资产负债表！C84

公式说明：公式中的数据如果来自本工作簿中已建好的工作表“资产负债表”和“利润表”，则通过跨表引用单元来取数，先计算出“2021年”一栏的数据，然后通过填充柄直接将公式复制到“2020年”一栏中即可；如果公式中的数据来自其他年度的信息，为简化操作，直接在公式中输入具体数值，相关解释见公式说明。

定义公式时可直接用单元定义公式，或给单元命名后，用名字来定义公式。相比而言，应用名字定义公式比应用单元定义公式更加容易阅读、理解和记忆。下面就以“流动比率”公式的定义为例，说明这两种定义公式的方法。

方法一：直接用单元定义公式。

①双击C5单元格，根据流动比率的公式，直接在单元格中输入“=资产负债表！B20/资产负债表！B58”，即引用工作表“资产负债表”B20（流动资产）和B58（流动负债）的数据，并进行运算，得到流动比率的结果。

②采用单击的方式来引入跨表数据。如双击C5单元格，输入“=”之后，单击工作表“资产负债表”，在其中找到“流动资产”和“流动负债”数据，直接单击数据所在的单元格，并加入运算符，按“Enter”键确认公式，返回“财务比率分析模型”工作表就可看到公式的结果。

方法二：用单元名称来定义公式。

①给“资产负债表”中有关单元格定义名称。如将单元格B20定义为“流动资产”，将单元格B58定义为“流动负债”。

②双击“财务比率分析模型”工作表中的C5单元格，直接输入“=流动资产/流动负债”，即可看到流动比率的运算结果。

（3）为进一步了解两年财务比率变动情况，特增加了用来反映两年比率指标相对增减绝对数额的“增减”栏，以及根据增减变动情况，按照“变动幅度大于20%且小于50%的应引起关注，变动幅度大于50%的提醒异常”的原则，设置了“结论”栏，利用IF函数和ABS函数达到目的。两栏公式设置内容及步骤如下：

①“增减”栏分别用C列各栏数据（2021年）与D列各栏数据（2020年）相减得到。公式设置方法和步骤为：先定义好E5单元格的公式“=C5-D5”，然后将此公式利用填充柄或直接复制到以下各行中即可。

②“结论”栏的公式设置方法和步骤同“增减”栏。以E5单元格为例，公式定义的具体内容为“=IF（ABS（E5）<20%）”，则返回空值，否则继续判断E5数据的绝对值是否小于50%。如果是，则返回文字“关注”，即增减幅度大于20%且小于50%的应引起关注；如果否，则返回文字“异常”，即增减幅度大于50%的提醒异常。

（4）根据“财务比率分析模型”工作表中的数据信息，对其进行格式化设计，达到美化效果。

13.3　财务综合评价模型

综合评价是财务分析的重要内容，使用Excel能够较为便捷地进行综合评价，并得出不同公司之间的排名。

例如，某行业主要企业的财务数据见表13-9，对该行业进行财务综合评价并排名。

表13-9　**某行业主要企业的财务数据**

企业	流动比率 X1	速动比率 X2	资产负债率 X3	应收账款周转率 X4	存货周转率 X5	ROE	ROA
企业一	1.6	1.1	50%	4.5	6.7	30%	21%
企业二	2.5	1	30%	5.7	5.8	21%	13%
企业三	3.1	1.3	40%	7.8	9.2	15%	8.80%
企业四	1.9	0.9	45%	2.4	9.3	18%	9%
企业五	2	0.8	60%	10.1	10.5	23%	12%
企业六	2.2	1.2	75%	9.5	10.8	45%	22%
企业七	1.5	0.4	44%	9.4	7.4	4%	2.10%
企业八	0.4	0.1	65%	6.7	8.2	7.80%	3.50%
企业九	1.6	0.8	28%	13.2	10.2	22%	12%
企业十	2.2	1.1	44%	5.5	9	9%	5%

13.3.1　综合评价权重的确定

层次分析法（analytical hierarchy process，AHP）是确定指标权重的常用方法。该方法是美国运筹学家汤姆斯·萨蒂（Thomas L.Saty）在20世纪70年代提出来的，它是管理科学中很有用的数学方法，已被成功地用于规划、调解冲突、利润成本分析和群体决策等方面。其是通过对系统的多个因素的分析来划分出各因素间相互联系的有序层次，然后请专家对每一层全部因素进行比较客观的判断后，给出相对重要性的定量表示，然后建立数学模型，计算每一层全部因素的权重。权重建立后，通过建立评价函数来对各方案进行综合评价。

层次分析法基本步骤如下：

第一步，构造多级递阶的结构模型。根据评价系统的目的、评价准则、替代方案等因素建立递阶的结构模型：最上层为目标层，中间层为准则层，最下层为方案层。

第二步，以上一级因素为准则，对同属一级的因素进行两两比较，根据评价尺度确定其相对重要性，据此建立判断矩阵。

判断矩阵为 $A=(a_{ij})_{n\times n}$，a_{ij}的赋值用第i个指标与第j个指标相比的重要程度来表示。a_{ij}的赋值规则见表13-10。

表13-10 a_{ij}赋值规则

判断种类	同样重要	比较重要	重要	很重要	极重要
赋值	1	3	5	7	9

比如，第i个指标和第j个指标同等重要，则赋值为1，即$a_{ij}=1$；第i个指标与第j个指标相比极重要，则赋值为9，即$a_{ij}=9$。

第三步，计算判断矩阵的特征向量，确定各因素对上一级因素的相对重要性。

同级因素之间的相对重要性可以通过计算判断矩阵和特征向量获得。在层次分析法中通常采用简便的办法计算特征向量，主要有求和法和求根法两种。

（1）求和法。

①将矩阵按列归一化：

$$b_{ij} = \frac{a_{ij}}{\sum a_{ij}}$$

②对b_{ij}按行求和：

$$v_i = \sum b_{ij}$$

③对v_i归一化：

$$w_i = \frac{v_i}{\sum v_i}$$

$W = (w_1, w_2, \cdots, w_n)'$即所求的特征向量，也就是各因素对上一级因素的相对重要性。

（2）求根法。

①将矩阵按行求根：

$$v_i = \sqrt[n]{\prod a_{ij}}$$

②归一化：

$$w_i = \frac{v_i}{\sum v_i}$$

第四步，对所确定的相对重要性进行一致性检验。若检验通过，则进入第五步；若检验不能通过，则返回第三步。

在实际评价中，有时会犯不一致的错误。为了判断矩阵和的一致性，需要进行一致性判断。判断方法如下：

（1）计算一致性指标：

$$CI = \frac{\lambda_{max} - n}{n - 1}$$

式中：

$$\lambda_{max} = \frac{1}{n}\sum_{i=1}^{n}\left(\frac{(AW)_i}{w_i}\right)$$

（2）计算随机一致性比率：$CR = \frac{CI}{RI}$。式中，RI为平均一致性指标。

表13-11为平均随机一致性指标。

表13-11　　平均随机一致性指标

阶数	3	4	5	6	7	8	9	10	11	12	13	14	15
RI	0.52	0.89	1.12	1.26	1.36	1.41	1.46	1.49	1.52	1.54	1.56	1.58	1.59

当CR<0.1时，判断矩阵的一致性是可以接受的。

第五步，进行总排序。根据上述结果计算各要素对目标层的综合重要度，根据综合重要度判断方案的优劣。

运用Excel能够方便地进行层次分析法的计算。层次分析法的Excel计算模型和计算公式分别如图13-6和图13-7所示。

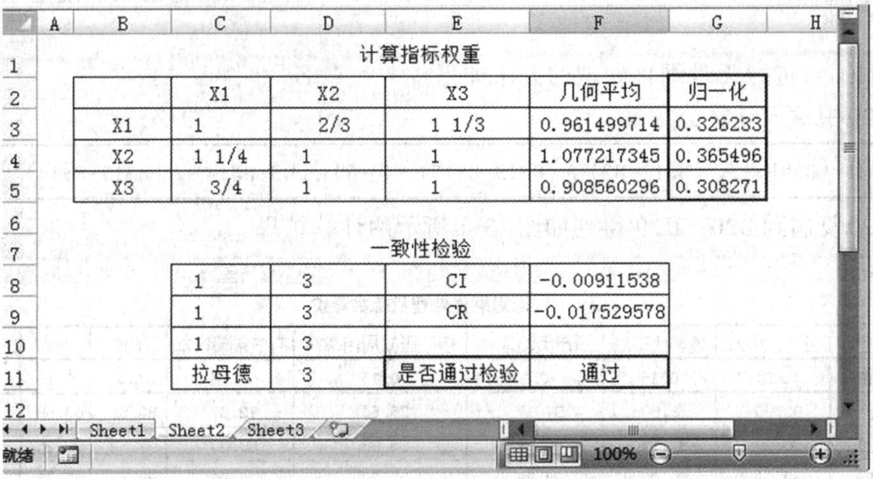

计算指标权重

	X1	X2	X3	几何平均	归一化
X1	1	2/3	1 1/3	0.961499714	0.326233
X2	1 1/4	1	1	1.077217345	0.365496
X3	3/4	1	1	0.908560296	0.308271

一致性检验

1	3	CI	-0.00911538
1	3	CR	-0.017529578
1	3		
拉母德	3	是否通过检验	通过

图13-6　层次分析法的Excel计算模型

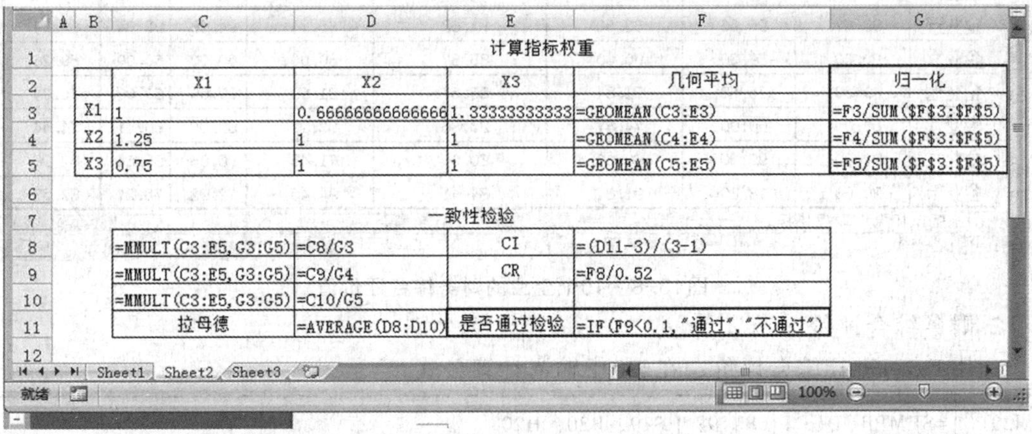

计算指标权重

	X1	X2	X3	几何平均	归一化
X1	1	0.66666666666666	1.33333333333	=GEOMEAN(C3:E3)	=F3/SUM($F$3:$F$5)
X2	1.25	1	1	=GEOMEAN(C4:E4)	=F4/SUM($F$3:$F$5)
X3	0.75	1	1	=GEOMEAN(C5:E5)	=F5/SUM($F$3:$F$5)

一致性检验

=MMULT(C3:E5,G3:G5)	=C8/G3	CI	=(D11-3)/(3-1)
=MMULT(C3:E5,G3:G5)	=C9/G4	CR	=F8/0.52
=MMULT(C3:E5,G3:G5)	=C10/G5		
拉母德	=AVERAGE(D8:D10)	是否通过检验	=IF(F9<0.1,"通过","不通过")

图13-7　层次分析法的Excel计算公式

13.3.2　综合评价模型的建立

1. 指标的无量纲化处理

因为财务指标的单位并不统一，有些是正指标（如各类盈利水平指标和周转效率指标），有些是中性指标（如资产负债率、流动比率、速动比率），并且财务指标的计量单位也不一样，无法直接进行财务综合评价，因此，在进行财务综合评价之前需要对财务指标进行无量纲化处理，一般可使用功效系数法进行处理。功效系数法的基本处理方法如下：

（1）正指标的处理方法：

$$U_{ij} = \frac{X_{ij} - X_{ijmin}}{X_{ijmax} - X_{ijmin}} \times 40 + 60$$

（2）中性指标的处理方法：

当 $X_{imin} \leqslant X_{ij} < \overline{X}_i$ 时，$U_{ij} = \frac{X_{ij} - X_{imin}}{\overline{X}_i - X_{imin}} \times 40 + 60$

当 $\overline{X}_i < X_{ij} \leqslant X_{imax}$ 时，$U_{ij} = \frac{X_{imax} - X_{ij}}{X_{imax} - \overline{X}_i} \times 40 + 60$

式中：下角标i、j的含义为第i个评价指标的第j个企业，U_{ij}为无量纲化指标，X_{imax}为该指标的行业最大值，X_{imin}为该指标的行业最小值，$\overline{X}_i$为中性指标的最适度值（或行业平均值）。

运用Excel进行无量纲化处理的方法如下。

在B20中输入计算公式：

B20	=IF（B3>B$15，(B$13-B3)/(B$13-B$15)*40+60，(B3-B$14)/(B$15-B$14)*40+60）

将B20复制到B20：H29得到如图13-8所示的计算结果。

无量纲化处理及综合评价

企业	流动比率X1	速动比率X2	资产负债率X3	应收账款周转率X4	存货周转率X5	ROE	ROA	综合评价
权重	0.1	0.15	0.1	0.15	0.15	0.2	0.15	
企业一	92.00	78.60	97.17	76.54	72.37	83.51	63.58	79.28
企业二	80.00	87.91	63.98	85.98	60.00	97.62	92.26	82.84
企业三	60.00	60.00	83.88	97.76	90.62	88.42	90.66	82.93
企业四	100.00	97.21	93.83	60.00	88.71	96.18	91.58	89.24
企业五	96.67	96.36	82.30	81.68	65.74	94.48	95.84	87.74
企业六	90.00	69.30	60.00	85.87	60.00	60.00	60.00	68.28
企业七	89.33	75.58	91.84	86.57	81.99	60.00	60.00	75.74
企业八	60.00	60.00	74.87	93.86	92.99	69.82	66.41	74.44
企业九	92.00	96.36	60.00	60.00	71.48	96.05	95.84	82.96
企业十	90.00	78.60	91.84	84.41	94.45	72.92	73.27	82.38

图13-8　10个企业的财务综合评价值

2.财务综合评价

运用Excel进行综合评价，在I20中输入计算公式：

I20	=SUMPRODUCT（B$19：H$19，B20：H20）

然后将I20的公式复制至I21：I29，得到10个企业的财务综合评价值（如图13-8所示）。

3.给出评价结果提示框

运用Excel根据计算结果直接给出评价结果提示框（如图13-9所示）。

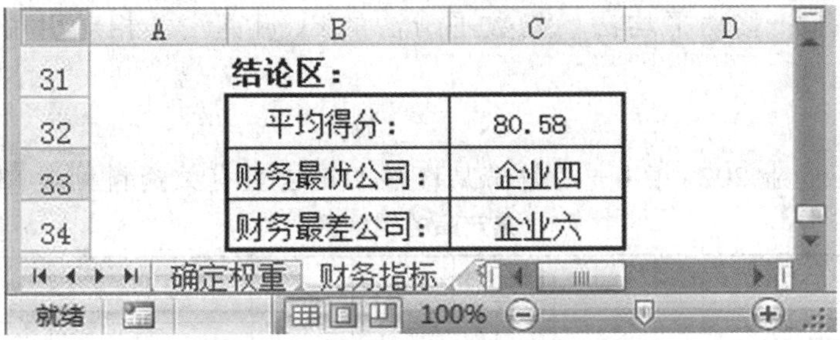

图13-9　Excel财务综合评价结论区

图 13-9 中结论区的计算公式为：

C32	=AVERAGE（I20：I29）
C33	=INDEX（$A$20：$A$29，MATCH（MAX（$I$20：$I$29），$I$20：$I$29，0））
C34	=INDEX（$A$20：$A$29，MATCH（MIN（$I$20：$I$29），$I$20：$I$29，0））

13.4　Excel 中控件的使用

13.4.1　Excel 中的控件

Excel 中有丰富的控件可供使用，在进行财务管理时，主要使用其表单控件。Excel 2019 版中的表单控件在“开发工具”菜单的“插入”项中（如图 13-10 所示）。

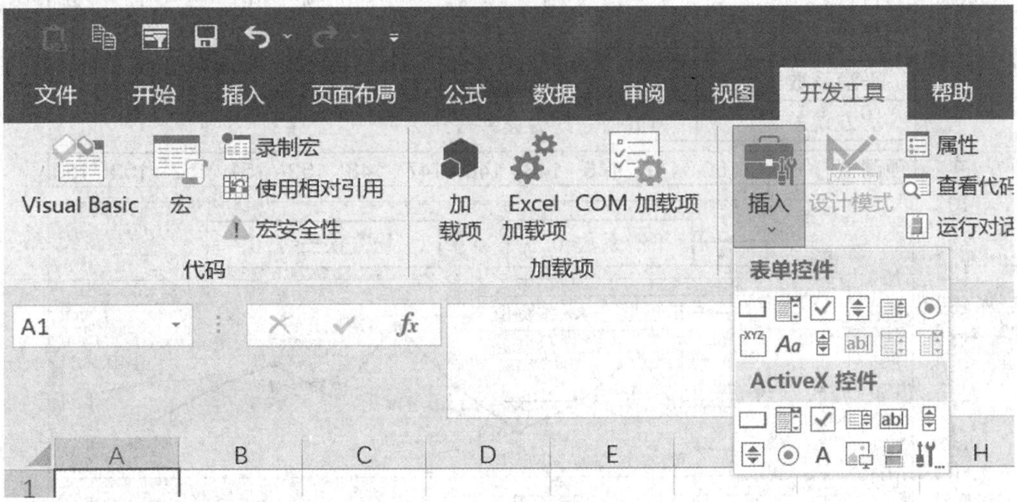

图13-10　Excel中的控件

13.4.2　运用控件举例

运用 Excel 中的控件可以达到意想不到的效果，能实现动态调控。

下面以财务预测“指数平滑法”为例说明“数值调节钮”的使用。

1. 模型概要

（1）问题描述：对于平稳的时间序列，可以运用移动平均法、指数平滑法进行预测。

（2）主要变量：被预测因素的时间序列。

（3）决策方法：移动平均法、指数平滑法。

（4）关键技术：移动平均法、指数平滑法的Excel算法、相对引用、数值调节钮的使用。

2.应用举例

【例13-2】某企业2021年1—12月份某产品的销售量有关资料见表13-12。

表13-12　　某产品的销售量　　单位：万件

月份	1	2	3	4	5	6	7	8	9	10	11	12
销售量	150	139	140	157	148	143	151	162	149	155	151	145

问题：用三期指数平滑法预测该产品2022年1月份的销售量。

【模型展示】指数平滑法预测模型如图13-11所示。

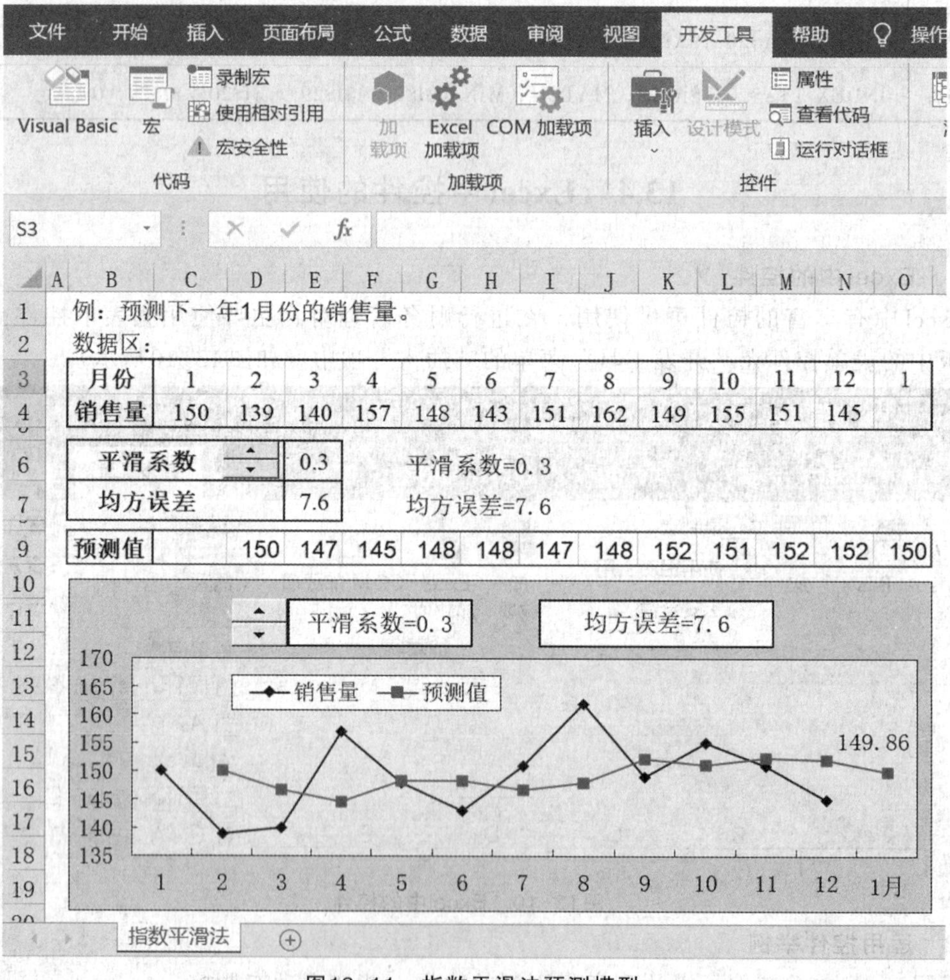

图13-11　指数平滑法预测模型

【建模步骤】

第一步，在数据区输入原始数据。

第二步，输入相关说明文字。

第三步，设置一个可以动态调节的平滑系数控制器。方法如下：

（1）合并B6：C6单元格，在其中输入“平滑系数”。

（2）打开“开发工具”—“插入”—“表单控件”（如图13-12所示）。

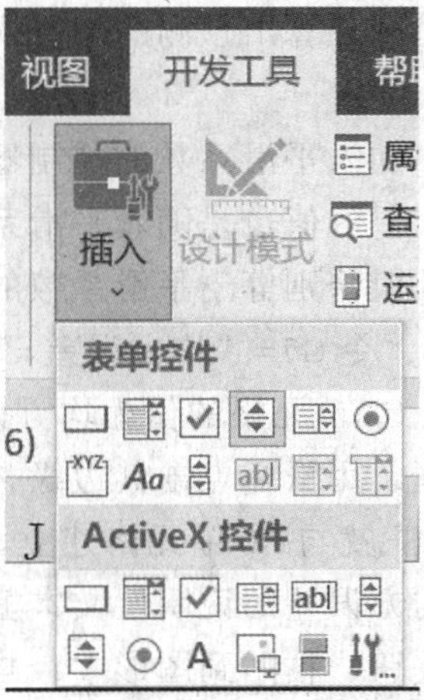

图13-12　窗体

（3）用鼠标单击数值调节钮，此时鼠标变为“+”，在D6单元格处画一个大小适中的数值调节钮。

（4）设置数值调节钮。右键单击数值调节钮，选择“设置控件格式”，设置该控件（如图13-13所示）。单击“确定”，至此，该数值调节钮制作完成。通过控制数值调节钮，可控制单元格D6的值，该单元格的值介于0～10，且随着数值调节钮的调节，按步长1变动。

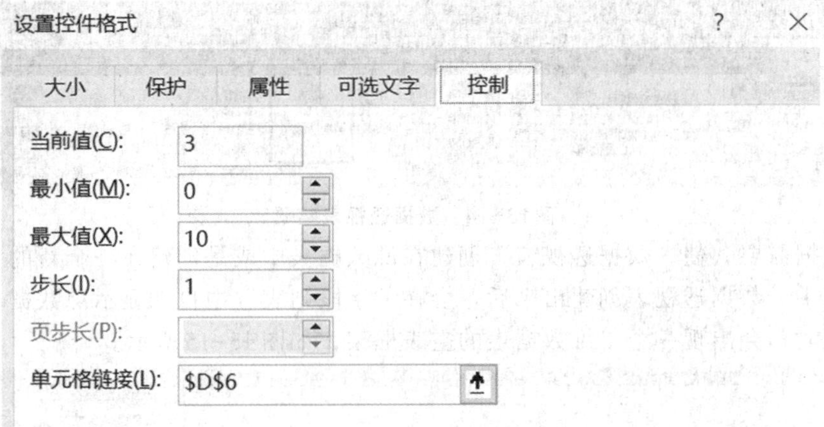

图13-13　设置控件格式

（5）因为数值调节钮只能调节大于0的整数，所以，在E6单元格中输入公式“=B6/10”，则E6单元格的值介于0～1，且随着数值调节钮的调节，按步长0.1变动。此时，数值调节钮同时调节着D6、E6两个单元格的值，E6单元格的值即为平滑系数。

第四步，运用指数平滑法计算预测值。方法如下：令D9单元格=C4，在E9单元格中输入公式“=D4*$E$6+D9*（1-$E$6）”，则E9为3月份的预测值；将E9的公式复制至F9：O9，计算出4月份至下年1月份的预测值。

注意：在E9单元格的计算公式中，对于E6的引用是绝对引用。

第五步，计算均方误差。根据统计学关于均方误差的计算方法，运用Excel的内置函数计算均方误差。方法如下：在E7单元格内输入公式“=（SUMXMY2（D4：N4，D9：N9）/COUNT（D4：N4））^0.5”，则计算出预测的均方误差。

第六步，绘制折线图。

第七步，修饰图表，在图形中加入平滑系数的控制器和均方误差的结果，且要求图形中的控制器是动态可调的，均方误差的值也是随着平滑系数的改变而改变的。方法如下：

（1）先设置两个单元格，使其值分别等于平滑系数的说明性文字和均方误差的说明性文字。令G6 =“平滑系数=”&E6，令G7=“均方误差=”&ROUND（E7，2），则G6单元格的值为平滑系数的说明性文字，G7单元格的值为均方误差的说明性文字。

（2）在图形中绘制一个文本框，用鼠标点击其边缘，使其处于编辑状态，然后在编辑栏输入“=$G$6”，此时，该文本框就与G6单元格建立了链接，其显示的内容始终与G6单元格一样。用同样的方法制作均方误差的说明性文本框。

（3）复制平滑系数的控制器按钮，粘贴到图形中，与平滑系数的文本框组合。

（4）调整修饰图表大小，使其美观。

13.5 数据透视表在财务分析中的使用

13.5.1 数据透视表简介

数据透视表是Excel的一项强有力的分析工具。数据透视表可以通过Excel 2019的“插入”菜单中的“数据透视表”命令，借助数据透视表向导生成（如图13-14所示）。

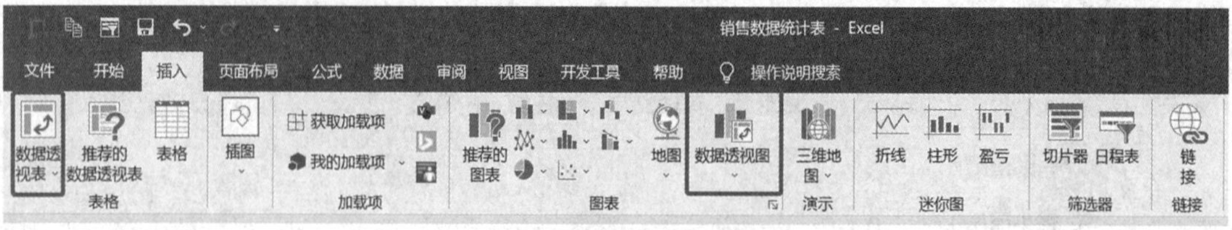

图13-14　数据透视表菜单

可以根据需要，使“数据透视表”创建在源数据表中或是创建在一个新的“数据透视表”工作表中。数据透视表创建出来后，会在“字段列表”中自动显示源数据表的各个字段名称；同时，会出现一个二维数据表的空表框架，如图13-15所示。

图13-15　数据透视表操作界面

在数据透视表的空表框架中，一共有四个不同的区域，分别是“行字段”区、“列字段”区、“数据项”区以及“页字段”区。这四个区域都可以包容一个或多个源数据表中的字段信息，但是由于它们的位置不同，所以名称和作用完全不同。

在数据透视表中，“行字段”区和“列字段”区的作用是分类；“数据项”区的作用是汇总（汇总有“求和”“求平均”“计数”等多种方式）；“页字段”区的作用则主要是分类筛选。无论是哪个区域，操作都是相同的，都是将字段列表中的“字段名”拖拽至相应的位置。

13.5.2　数据透视表在销售分析中的应用

下面以销售分析为例，说明数据透视表的应用。

表13-13是一组销售数据，现需要根据不同的字段进行分类汇总。

表13-13　**企业销售统计表**　金额单位：元

销售日期	客户	货品名称	规格	单位	数量	单价	金额	经办人
2021-05-01	北京马达	宝田扶手箱	宝田	个	8	128	1024	徐瑞年
2021-05-01	天津国龙	万美扶手箱	万美	个	10	108	1080	吴明华
2021-05-02	上海万城	万美扶手箱	万美	个	3	136	408	徐瑞年
2021-05-03	北京马达	宝田布座套	宝田	件	7	188	1316	方天浩
2021-05-05	浙江华泰	万美车套板	万美	个	12	65	780	班海燕
2021-05-06	天津国龙	万美挡泥板	万美	件	10	28	280	杨明雪
2021-05-06	南京利百	万美亚麻脚垫	万美	张	7	22	154	吴明华
2021-05-08	北京马达	宝田亚麻脚垫	宝田	张	12	28	336	赵国强
2021-05-08	上海万城	索龙喇叭6937	索龙	对	3	360	1080	李方田
2021-05-10	北京马达	索龙喇叭S-60	索龙	对	8	330	2640	方天浩
2021-05-12	杭州千叶	喜龙华套装喇叭	喜龙华	对	7	420	2940	徐瑞年
2021-05-14	上海万城	顺扬伸缩彩显	顺扬	台	3	1080	3240	赵国强
2021-05-16	天津国龙	索龙内置VCD	索龙	台	7	760	5320	吴明华
2021-05-17	上海万城	顺扬遮阳板显屏	顺扬	台	3	380	1140	李方田
2021-05-18	北京马达	索龙内置VCD	索龙	台	7	760	5320	徐瑞年
2021-05-18	浙江华泰	意得利内置VCD	意得利	套	7	1150	8050	张德胜
2021-05-20	上海万城	万美亚麻脚垫	万美	张	4	24	96	班海燕
2021-05-21	上海万城	宝田挡泥板	宝田	件	3	25	75	张德胜
2021-05-23	杭州千叶	宝田挡泥板	宝田	件	7	25	175	赵国强
2021-05-23	天津国龙	意得利752MP4	意得利	台	7	880	6160	班海燕
2021-05-23	南京利百	万美扶手箱	万美	个	10	108	1080	杨明雪
2021-05-26	浙江华泰	万美扶手箱	万美	个	7	108	756	李方田
2021-05-28	上海万城	顺扬788伸缩彩显	顺扬	台	3	960	2880	吴明华

操作方法如下：

第一步：打开数据透视表（如图13-16所示）。

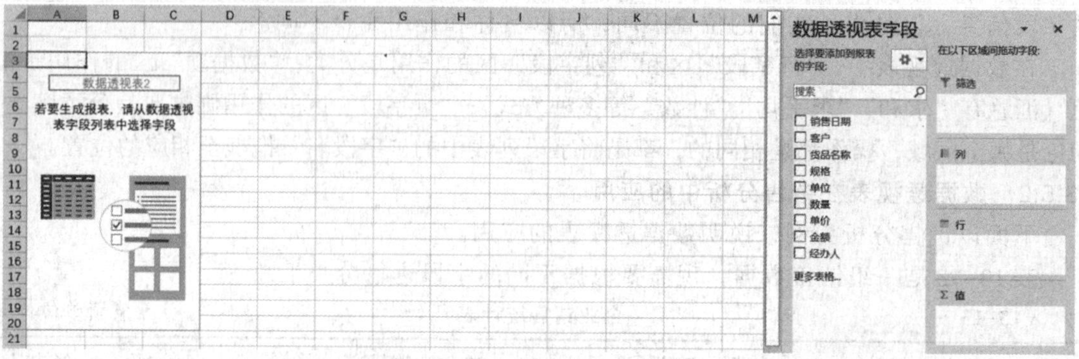

图13-16　打开数据透视表

第二步：建立数据透视表结构。把“客户”“规格”“金额”拉入相应的结构里，建立数据透视表结构（如图13-17所示）。

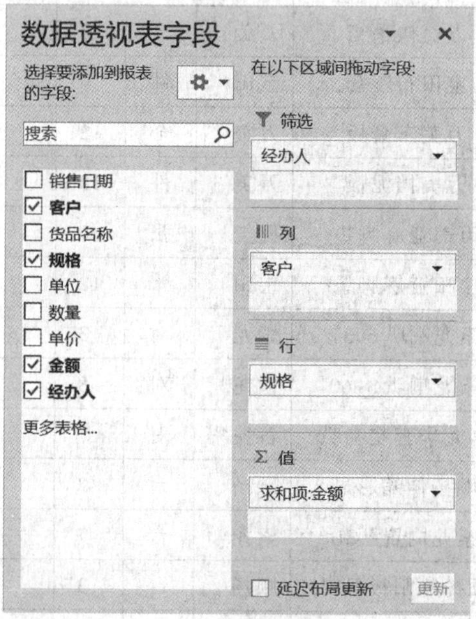

图13-17　建立数据透视表结构

第三步：实现数据透视表（如图13-18所示）。

	A	B	C	D	E	F	G	H
1	经办人	(全部)						
2								
3	求和项:金额	列标签						
4	行标签	北京马达	杭州千叶	南京利百	上海万城	天津国龙	浙江华泰	总计
5	宝田	2676	175		75			2926
6	顺扬				7260			7260
7	索龙	7960			1080	5320		14360
8	万美			1234	504	1360	1536	4634
9	喜龙华		2940					2940
10	意得利					6160	8050	14210
11	总计	10636	3115	1234	8919	12840	9586	46330

图13-18　实现数据透视表

运用数据透视表还可以进行其他标志的分类统计，方法同上。

另外，用同样的方法还可以方便地建立不同结构的数据透视图（如图13-19至图13-22所示）。

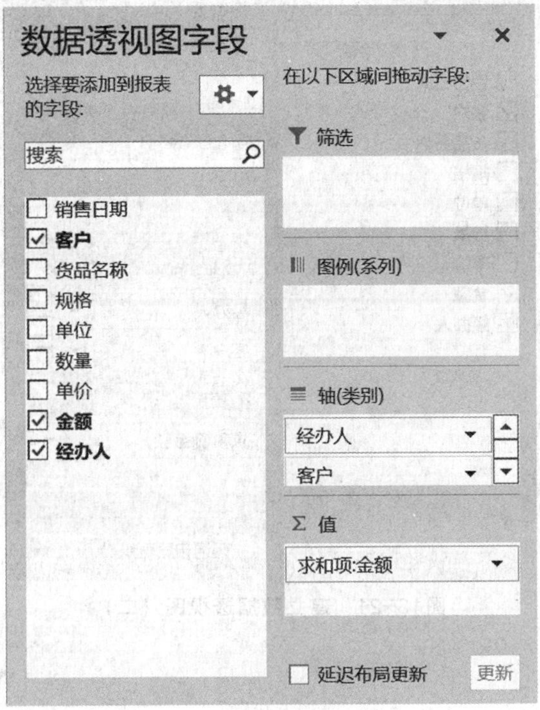

图13-19　建立数据透视图（一）

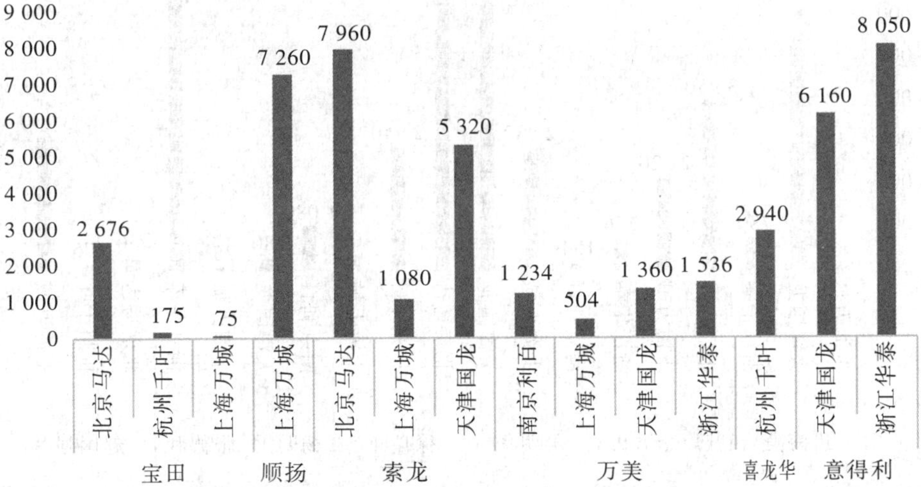

图13-20　根据商品分类建立数据透视图

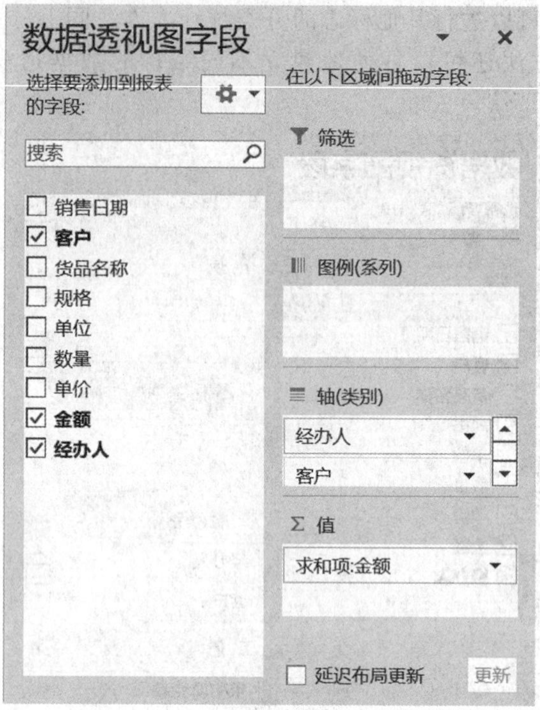

图13-21　建立数据透视图（二）

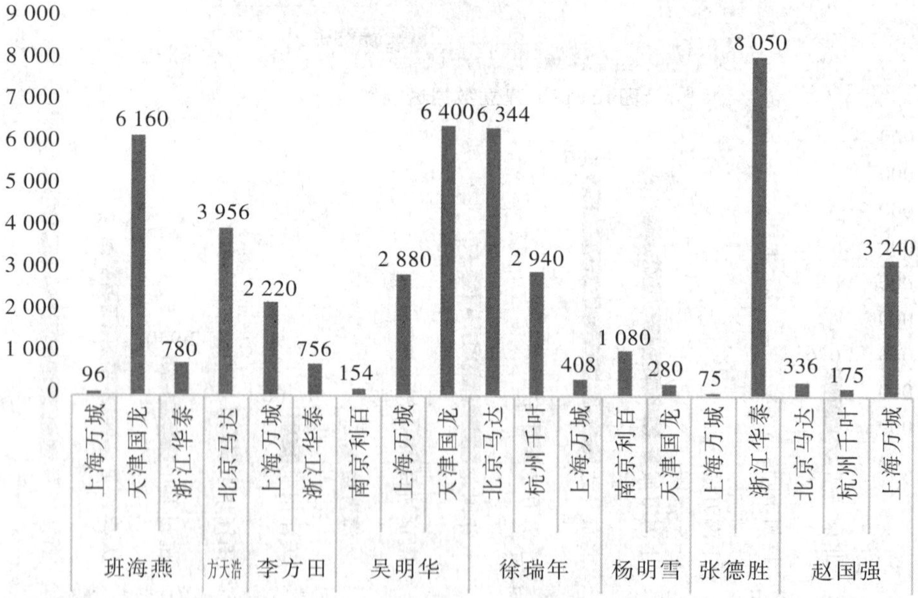

图13-22　根据经办人分类建立数据透视图

本章小结

本章主要介绍了Excel在财务分析中的应用方法。其主要包括：

（1）Excel的基本操作。Excel的数据获取方法可以来自于Access、文本文件、网站，也可以直接复制其他数据库文件。Excel的函数是其重要功能，包括数学函数、财务函数、文本函数、判断函数、查找函数、矩阵函数等。

（2）Excel在财务比率分析中的应用。Excel函数的数据获取功能能够方便地获得公司的财务报表中的数据，在此基础上运用Excel的公式和单元格引用功能能够方便地计算公司的财务指标。

（3）Excel在财务综合评价中的应用。运用Excel能够很方便地进行公司财务状况的综合评价，其中会运用到Excel的多种函数、数据引用等工具。

（4）Excel中的控件（特别是表单控件）的使用方法。

（5）Excel中的数据透视表的使用方法。

参考文献与推荐阅读

[1] KHAN M, SERAFEIM G, YOON A. Corporate Sustainability: First Evidence on Materiality [J]. The Accounting Review, 2016, 91 (6): 1697-1724.

[2] VESKOVIC. Financial Analysis of Serbian Companies Undergoing Privatization [J]. The European Journal of Applied Economics, 2016, 13 (1).

[3] VORST P. Real Earnings Management and Long-Term Operating Performance: The Role of Reversalsin Discretionary Investment Cuts [J]. The Accounting Review, 2016, 91 (4): 1219-1256.

[4] LISOWSKY P, MINNIS M, SUTHERLAND A. Economic Growth and Financial Statement Verification [J]. Journal of Accounting Research, 2017, 54 (4): 745-794.

[5] ZHANG J H. Accounting Comparability, Audit Effort, and Audit Outcomes [J]. Contemporary Accounting Research, 2017, 35 (1): 245-276.

[6] 温素彬. 管理会计：理论·模型·案例 [M]. 北京：机械工业出版社，2019.

[7] 孙玲莉，杨贵军，王禹童. 基于Benford律的随机森林模型及其在财务风险预警的应用 [J]. 数量经济技术经济研究，2021 (9)：159-177.

[8] 尚秋丽. 现金流量表与财务状况的关系分析 [J]. 产业与科技论坛，2022 (1). 57-58.

[9] 郁民. 汽车业上市公司财务风险预警研究 [J]. 统计与管理，2021 (3)：71-75.

[10] 郑芝锋. 大数据背景下提升企业财务报告质量的策略分析 [J]. 当代会计，2019 (24)：153-154.

[11] 梁庆，王迪. 从财务战略视角看企业资金链断裂 [J]. 商场现代化，2020 (12)：156-158.

[12] 柴源源. 基于财务战略矩阵的公司财务战略选择 [J]. 财会通讯，2019 (8)：66-70.

[13] 谭青，殷行. 非财务观的企业财务危机预警研究——基于环境嵌入性视角 [J]. 杭州电子科技大学学报（社会科学版），2021 (3)：9-14.

[14] 李妍婷. 关于企业财务分析存在的问题及对策思考 [J]. 财会学习，2021 (36)：30-31.

[15] 孙勇. 内部控制与企业财务报告质量——基于及时性的视角 [J]. 中国注册会计师，2019 (2)：51-56+3.

[16] 董育军，杨梦银，贺琛．内部控制对利润结构质量的影响研究 [J]．中国注册会计师，2019（3）：45-49.

[17] 徐昊．售后免费维保预计负债的计量及会计处理探析 [J]．财务与会计，2022（5）：48-51.

[18] 陈莎．透过现金流量表解读企业价值 [J]．中国集体经济，2021（16）：147-148.

[19] 李征阳，王富强．基于财务管理视角的企业盈利能力探析 [J]．唐山师范学院学报，2022（2）：105-109.

[20] 李洪艳．企业营运能力分析体系研究 [J]．经济研究导刊，2021（16）：23-25.

[21] 陈康．利益相关者会计信息需求的比较与分析 [J]．会计师，2019（5）：3-4.

[22] 罗雁．上市公司应收账款坏账准备政策制定优化探讨 [J]．财会通讯，2019（34）：71-74.

[23] 雷永刚．浅谈降低企业资产负债率的有效途径 [J]．纳税，2019，13（28）：212.

[24] 杨孝海，仝晓萌．“应收账款”与“应收票据”合并对投资者影响探析 [J]．财会通讯，2019（28）：66-69.

[25] 牛彩苹．企业偿债能力分析的思考 [J]．会计师，2020（7）：70-71.

[26] 张亚丽，万相宜．中小企业绿色财务管理应用的问题与对策 [J]．中国中小企业，2020（3）：146-147.

[27] 罗兰．新会计准则下“直接计入所有者权益”利得与损失问题的研究 [J]．会计师，2021（7）：3-4.

[28] 杨紫维，杨小舟．上市公司会计差错更正增加的原因探讨 [J]．财务与会计，2021（14）：77-78.

[29] 张力，路贺童．我国创业板上市公司股利分配实证分析 [J]．商业观察，2021（23）：58-60.

[30] 王小平．加强业财融合，提高财务管理水平 [J]．财经界，2022（7）：128-130.

[31] 尤嘉苗，蒋伟．浅析大数据对企业财务分析的双重影响 [J]．商讯，2022（9）：69-72.